Sprachkurs Plus Anfänger

Koreanisch

systematisch, schnell und gut

베커스 김영자 박사 (Dr. Young-ja Beckers-Kim)
und Andrea Steinbach

Cornelsen

Sprachkurs Plus
Koreanisch

Autorinnen: 베커스 김영자 (Dr. Young-ja Beckers-Kim), Andrea Steinbach
Redaktion: Elke Golchert-Jung
Bildredaktion: Tina Harnischfeger
Redaktionelle Mitarbeit: Franziska Pannhorst, Stefanie Pott, Christina Wurst
Projektleitung: Rebecca Syme
Layout und technische Umsetzung: zweiband.media, Berlin
Umschlaggestaltung: Cornelsen Schulverlage Design
Umschlagfoto: JUNOPHOTO, Berlin

Zum Cover:
Zentrale Figur der koreanischen Mythologie, Glücksbringer und Maskottchen der Olympischen Spiele in Seoul – der Tiger „trägt" die koreanische Kultur, wie hier zum Beispiel den Ginseng. Diese Wurzel steht in der traditionellen Medizin für ein langes und gesundes Leben. Heute kommt sie zudem als Tee, Schnaps oder frittiert auf den koreanischen Tisch. Auch der schwarze, fast durchsichtige Herrenhut aus Pferdehaar hat eine lange Tradition. Vor allem während der Joseon-Dynastie (1392–1897) diente er den privilegierten Gesellschaftsschichten als Kopfbedeckung.

Weitere Sprachkurse Plus in dieser Reihe:
978-3-589-01849-9 Lextra Sprachkurs Plus Arabisch + CDs
978-3-589-01578-8 Lextra Sprachkurs Plus Chinesisch + CDs
978-3-589-01522-1 Lextra Sprachkurs Plus Dänisch + CDs
978-3-589-01520-7 Lextra Sprachkurs Plus Kroatisch + CDs
978-3-589-01584-9 Lextra Sprachkurs Plus Portugiesisch + CDs
978-3-589-01583-2 Lextra Sprachkurs Plus Russisch + CDs
978-3-589-01864-2 Lextra Sprachkurs Plus Tschechisch + CDs
978-3-589-01865-9 Lextra Sprachkurs Plus Ungarisch + CDs

www.cornelsen.de
www.lextra.de

Die Webseiten Dritter, deren Internetadressen in diesem Lehrwerk angegeben sind, wurden vor Drucklegung sorgfältig geprüft. Der Verlag übernimmt keine Gewähr für die Aktualität und den Inhalt dieser Seiten oder solcher, die mit ihnen verlinkt sind.

1. Auflage, 4. Druck 2018

© 2011 Cornelsen Verlag, Berlin
© 2018 Cornelsen Verlag GmbH, Berlin

Das Werk und seine Teile sind urheberrechtlich geschützt. Jede Nutzung in anderen als den gesetzlich zugelassenen Fällen bedarf der vorherigen schriftlichen Einwilligung des Verlages. Hinweis zu den §§ 46, 52a UrhG: Weder das Werk noch seine Teile dürfen ohne eine solche Einwilligung eingescannt und in ein Netzwerk eingestellt oder sonst öffentlich zugänglich gemacht werden.

Druck: H. Heenemann, Berlin

ISBN: 978-3-589-01867-3

PEFC zertifiziert
Dieses Produkt stammt aus nachhaltig bewirtschafteten Wäldern und kontrollierten Quellen.
www.pefc.de

PEFC/04-31-1156

Inhaltsverzeichnis

Einleitung **6**

Das koreanische Alphabet: Koreanisch schreiben und lesen **8**
die koreanischen Buchstaben
die Aussprache der Buchstaben
Schreiben und Lesen auf Koreanisch

1 안녕하십니까? Wie geht es Ihnen? **22**
jemanden begrüßen
sich verabschieden
sich bedanken
über Nationalitäten sprechen

2 독일 사람입니다 Ich bin Deutsche/r **36**
sich vorstellen
sagen, welchen Beruf Sie ausüben
koreanische Namen und Titel richtig benutzen

3 어디에 가세요? – 시장에 갑니다 Wohin gehen Sie? – Auf den Markt **50**
zählen
Wünsche äußern
Lebensmittel kaufen
beschreiben, wo etwas passiert
beschreiben, woher jemand kommt und wohin jemand geht
Wünsche und Pläne formulieren

4 오늘이 며칠이에요? Was für einen Tag haben wir heute? **62**
nach dem Datum und der Uhrzeit fragen
die Wochentage
sinokoreanische Zahlen benutzen
sinokoreanische Zähleinheitswörter benutzen

Wiederholungskapitel 1 .... **74**

5 한국말을 잘 하십니까? Sprechen Sie gut Koreanisch? **82**
über Sprachkenntnisse sprechen
sagen, was Sie können oder nicht können
über zukünftige Ereignisse sprechen

Inhaltsverzeichnis

6 한국어 수업 Koreanischunterricht **98**

über Distanzen und Zeitspannen sprechen
Sätze miteinander verbinden
erklären, wem etwas gehört

7 어느 나라에서 오셨어요? Aus welchem Land kommen Sie? **108**

über Dinge in der Vergangenheit sprechen
Aussagen verneinen
Aussagen begründen
die Verlaufsform

8 한국 음식을 좋아하세요? Mögen Sie koreanisches Essen? **118**

über koreanische Gerichte sprechen
über Essensvorlieben reden
die Lage von Gegenständen angeben

Wiederholungskapitel 2 .... **130**

9 지하철역을 찾습니다 Ich suche nach einer U-Bahn-Station **138**

Menschen und Gegenstände vergleichen
sagen, wer der größte, beste, schnellste usw. ist
lautmalerische Ausdrücke verwenden
das koreanische U-Bahnnetz benutzen
sich über öffentliche Verkehrsmittel unterhalten

**10 목이 아파요 … 병원에 가야겠어요
Der Hals tut weh … Ich muss zum Arzt gehen** **148**

sagen, welche Körperteile wehtun
sich mit einem Arzt unterhalten
ein Rezept einlösen
höfliche Aufforderungen und Verbote aussprechen
Vermutungen ausdrücken

11 빨간 자켓을 사고 싶어요 Ich möchte eine rote Jacke kaufen **158**

in Korea einkaufen
Farbbezeichnungen benutzen
erklären, warum etwas passiert
Beschlüsse ausdrücken

12 돈을 바꿔야 되겠어요 Ich muss Geld wechseln **170**

Geld wechseln
über Geldangelegenheiten sprechen
gleichzeitige Geschehnisse ausdrücken
Kontraste ausdrücken

Wiederholungskapitel 3 .... **180**

13 제 오빠예요 **Mein älterer Bruder** **188**

über die Familie sprechen
Verpflichtungen ausdrücken
nach dem Besitzer von Gegenständen fragen

14 한국에 가기로 했어요 **Wir haben beschlossen, nach Korea zu reisen** **200**

sich als Tourist auf dem Flughafen und im Hotel verständlich machen
fragen, ob etwas passiert
erklären, was notwendig oder nicht notwendig ist
sagen, was vor oder nach einem Ereignis passiert

15 내일 날씨가 좋을까요? 비가 오겠습니다
Wird das Wetter morgen gut? Es wird regnen **212**

über das Wetter sprechen
erklären, was Sie machen, obwohl …
sagen, wer der erste, zweite usw. ist

16 취미 생활은 인생을 즐겁게 합니다 **Hobbys bereichern das Leben** **224**

über Hobbys und Freizeitaktivitäten sprechen
ausdrücken, von wem Sie etwas bekommen haben
sagen, was Sie machen, sobald etwas passiert
über Entwicklungen sprechen

Wiederholungskapitel 4 .... **234**

Lösungsschlüssel 244
Übersetzung zu den Dialogen 254
Anhang 278
Grammatikalischer Index 286
Glossar 288

Einleitung

Mit ca. 78 Mio. Sprechern ist Koreanisch eine der 15 meistgesprochenen Sprachen der Welt. Der größte Teil der Sprecher lebt in Süd- und Nordkorea. Es gibt jedoch auch zahlreiche Sprecher auf dem Gebiet der ehemaligen Sowjetunion, in Australien, Kanada, den Vereinigten Staaten, Brasilien, Europa, vor allem in Deutschland und England, und in den asiatischen Nachbarländern, hauptsächlich in Japan und China.

In Asien haben der wirtschaftliche Erfolg Koreas und die Hallyu (koreanisch: 한류), die sogenannte koreanische Welle (bezeichnet die weltweit steigende Popularität der koreanischen Kultur, vor allem in den Bereichen Musik, Computerspiele, Film und Fernsehen), dazu geführt, dass Koreanisch eine der populärsten Fremdsprachen geworden ist. Dennoch haben sich in Europa bisher wenige Fremdsprachenlerner mit dieser Sprache beschäftigt. Neben der großen räumlichen und kulturellen Distanz liegt ein Grund vermutlich darin, dass man Koreanisch, abgesehen von wenigen universitären Lehrbüchern, bisher nur über die Vermittlung des Englischen erlernen konnte. Vorliegendes Lehrbuch möchte diese Lücke schließen und dem interessierten Selbstlerner einen schnellen und übersichtlichen Einstieg in die koreanische Sprache und Kultur ermöglichen.

Koreanisch ist nicht so schwer wie Sie denken!

Die Schrift gilt als eines der systematischsten und logischsten Schreibsysteme der ganzen Welt und kann leicht und schnell erlernt werden. Auch die Grammatik ist sehr logisch und regelmäßig, mit nur wenigen Ausnahmen.

Für deutsche Lerner ist die größte Hürde normalerweise der Wortschatz, der stark vom Chinesischen beeinflusst wurde und daher oft zwei Worte für denselben Gegenstand kennt: ein rein koreanisches Wort und eines chinesischen Ursprungs. Diese Vielfalt und die ungewohnte Struktur und Lautung der Wörter erschweren zu Beginn oft das Lernen. Am Ende des Buches finden Sie Lerntipps, die Ihnen helfen sollen, diese Hürde möglichst problemlos zu meistern.

Korea besteht aus zwei unabhängig voneinander existierenden Staaten: Süd- und Nordkorea. Durch die räumliche und politische Teilung gab es in den letzten Jahrzehnten auch eine zunehmende sprachliche Teilung. In Südkorea orientiert sich die Standardsprache in Aussprache und Rechtschreibung am Dialekt der Hauptstadt Seoul, in Nordkorea wurde der um die Hauptstadt Pjöngjang gesprochenen Dialekt zum Standard.

In Südkorea sind viele Begriffe als Lehnwörter aus dem Englischen übernommen oder aus englischen Wörtern neu gebildet worden, wie z. B. 뉴스 *news*, also *Nachrichten*. In Nordkorea dagegen wird bei Wortneubildungen oft auf den koreanischen Kernwortschatz zurückgegriffen.

Dieses Buch orientiert sich am südkoreanischen Standard, mit dem Sie sich problemlos überall verständigen können, da auf der ganzen koreanischen Halbinsel die Unterschiede zwischen den Dialekten relativ gering sind (mit Ausnahme des auf der Insel Jeju-do gesprochenen Dialekts) und Sie überall auf den Standard treffen werden.

Aufbau des Lehrbuchs

Jedes Kapitel, außer der Einführung in die koreanische Schrift, besteht aus folgenden Teilen: Dialoge, landeskundliche Informationen, Grammatik, Übungen und Redewendungen.

Dialoge
Die Dialoge sind alltagssprachlich und sollen Sie mit den wichtigsten Ausdrücken und Redewendungen vertraut machen.

Landeskundliche Information
Die landeskundlichen Informationen sollen Ihnen einerseits die Etikette Koreas nahebringen, andererseits aber auch Hintergrundinformationen zur Struktur der Sprache liefern, die sich oft aus der geschichtlichen Perspektive bzw. mithilfe des Weltbilds der Koreaner leichter verstehen lässt.

Grammatik
Die Grammatikerklärungen versuchen möglichst auf grammatikalischen Fachwortschatz zu verzichten, um das Verständnis zu erleichtern. Wichtige grammatikalische Ausdrücke werden dennoch zumindest erwähnt, um Ihnen die Suche nach einem bestimmten Thema in einer umfassenden Grammatik des Koreanischen zu erleichtern.

Redewendung
Am Ende eines Kapitels steht jeweils eine kurze Redewendung oder ein kurzer Ausdruck. Die vorgestellten Redewendungen stammen aus dem Chinesischen und könnten theoretisch auch alle mit chinesischen Schriftzeichen dargestellt werden. Diese sogenannten sinokoreanischen (sino = chinesisch) Redewendungen finden im Alltag oft Verwendung, sind jedoch meist so pointiert und verkürzt, dass man sie ohne entsprechende Erklärung nur schwer versteht.

Eingeschoben zwischen den eigentlichen Kapiteln gibt es immer wieder **Wiederholungseinheiten**, die Ihnen noch einmal die Möglichkeit geben, die wichtigsten Ausdrücke und Phrasen anzuwenden und zu üben.

Am Ende des Buches finden Sie ein **alphabetisches Wortverzeichnis** mit einer Angabe des Kapitels, in dem das entsprechende Wort zuerst erwähnt wird. Ebenfalls am Ende des Buches finden Sie den **Lösungsschlüssel** für die Aufgaben aus den einzelnen Kapiteln im Buch. Schließlich gibt es auch einen ausführlichen **Anhang** mit den schon erwähnten Tipps zum Koreanisch-Lernen sowie Vorschläge, wie man seine Sprachkenntnisse weiter vertiefen kann.

Hinweise

Wichtig ist vor allem am Anfang eine gute Beherrschung des *Alphabetes*. In diesem Lehrbuch wurde auf die Verwendung einer lateinischen Umschrift verzichtet, da, trotz einer offiziellen Umschrift, verschiedenste Varianten im Umlauf sind, die mit ihren Buchstabenkombinationen eher verwirren und in die Irre führen. Der Vollständigkeit halber finden Sie die beiden gängigsten Umschriftsysteme im Anhang. Versuchen Sie aber gleich zu Beginn das Alphabet richtig zu lernen. Das erste Kapitel bietet eine umfassende Einführung in die koreanische Schrift. Scheuen Sie sich nicht, dieses Kapitel mehrmals durchzuarbeiten. Es lohnt sich!

Achten Sie von Anfang an auf das Kriterium der *Höflichkeit*. Das Koreanische kennt ein vielschichtigeres System der Anredeformen und Höflichkeitsabstufungen im Vergleich zum deutschen *du* und *Sie*. Dieses Buch macht Sie mit den zwei formellsten Stufen vertraut. Diese Stufen reichen auch auf fortgeschrittenem Niveau aus, um den Alltag in Korea erfolgreich zu meistern.

Das koreanische Alphabet: Koreanisch schreiben und lesen

In diesem Kapitel lernen Sie:

- die koreanischen Buchstaben
- die Aussprache der Buchstaben
- wie Sie Koreanisch schreiben und lesen

Koreanisch sprechen

Koreaner nennen ihr Alphabet Hangeul (한글). König Sejong ließ Mitte des 15. Jahrhunderts eine Schrift schaffen, die besser zur Darstellung der koreanischen Sprache geeignet war, als die bis dahin offiziell verwendeten chinesischen Schriftzeichen. Die Abhandlung „Die richtigen Laute zur Unterweisung des Volkes" (훈민 정음), in der das Alphabet im Jahre 1446 offiziell verkündet wurde, ist von der UNESCO als dokumentarisches Erbe der Welt (*Memory of the World*) anerkannt worden. Hangeul gilt als eines der effizientesten und logischsten Schriftsysteme der Welt und wird in seinem Ursprungsland mit einem eigenen Tag, dem Hangeul-Tag (9. Oktober), geehrt.

Das koreanische Alphabet besteht wie unser Alphabet aus Buchstaben, die bestimmte Laute symbolisieren. Während das deutsche Alphabet aus 26 Buchstaben besteht (aus 5 Vokalen und 21 Konsonanten), umfasst das koreanische Alphabet weniger Buchstaben, nämlich 14 Grundkonsonanten und 10 Grundvokale. Diese Grundbuchstaben können, wie im Deutschen bei *au* oder *sch*, kombiniert werden, um weitere Laute auszudrücken.

Die folgende Liste zeigt Ihnen die koreanischen Buchstaben in der Reihenfolge, in der sie im Wörterbuch angeordnet sind.

Konsonanten:
ㄱ ㄲ ㄴ ㄷ ㄸ ㄹ ㅁ ㅂ ㅃ ㅅ ㅆ ㅇ ㅈ ㅉ ㅊ ㅋ ㅌ ㅍ ㅎ

Vokale:
ㅏ ㅐ ㅑ ㅒ ㅓ ㅔ ㅕ ㅖ ㅗ ㅘ ㅙ ㅚ ㅛ ㅜ ㅝ ㅞ ㅟ ㅠ ㅡ ㅢ ㅣ

Mit allen Kombinationen ergeben sich 51 mögliche Buchstabenvarianten: 14 Grundkonsonanten, 10 Grundvokale, 5 Doppelkonsonanten, 11 zusammengesetzte Vokale und 11 zusammengesetzte Konsonanten, die nur am Ende einer Silbe verwendet werden. Lassen Sie sich jedoch von der Menge dieser Kombinationen nicht überwältigen. Wenn Sie die 10 Grundvokale und 14 Grundkonsonanten beherrschen, sind die weiteren Kombinationsmöglichkeiten praktisch alle selbsterklärend.

⏵ CD 1 | 1 Grundvokale
2

Hören und lesen Sie die Grundvokale.

ㅏ, ㅑ, ㅓ, ㅕ, ㅗ, ㅛ, ㅜ, ㅠ, ㅡ, ㅣ

ㅏ	wie *a* in *Anne* oder *Mama*
ㅑ	wie *ja* in *ja* oder *Jacke*
ㅓ	wie das sogenannte „offene" *o* in *offen* oder *Ochse*
ㅕ	wie *jo* in *Jochen*
ㅗ	wie das sogenannte „geschlossene" *o* in *Boot* oder *Ofen*
ㅛ	wie *jo* in *Joghurt*
ㅜ	wie *u* in *Ursula* oder *Ute*
ㅠ	wie *ju* in *jung*

ㅡ ist zwischen u und e angesiedelt, existiert jedoch im Deutschen und Englischen nicht. Hören Sie dem Sprecher auf der CD deshalb genau zu.

Merkhilfe: Wenn Sie die Wörter *Clemens* und *Klavier* aussprechen und das *CL/KL* mit Druck artikulieren, kann man ansatzweise zwischen *c/k* und *l* einen Laut hören, der dem koreanischen ㅡ ähnelt.

ㅣ wie *i* in *Inge* oder *immer*

Koreanische Schriftzeichen sind sehr logisch aufgebaut. So wie der Unterschied von ㅏ und ㅑ nur ein kleiner Strich ist, der im Deutschen einem *j* vor dem Grundvokal entspricht, unterscheiden sich auch *o* und *jo* oder *u* und *ju* nur durch diesen kleinen Strich.

● CD1 3 Hören Sie die Grundvokale noch einmal und sprechen Sie die Laute nach. Machen Sie anschließend die Übung.

Übung

● CD1 4 Welche Laute hören Sie? Umkreisen Sie die richtigen Buchstaben.

ㅏ, ㅑ, ㅓ, ㅕ, ㅗ, ㅛ, ㅜ, ㅠ, ㅡ, ㅣ

● CD1 5 ## 2 Grundkonsonanten

Lesen und hören Sie die Grundkonsonanten und ihre Aussprache.

ㄱ, ㄴ, ㄷ, ㄹ, ㅁ, ㅂ, ㅅ, ㅇ, ㅈ, ㅊ, ㅋ, ㅌ, ㅍ, ㅎ

Man unterscheidet die koreanischen Laute nach dem Ort, an dem sie gebildet werden, in Gaumen-, Zungen-, Lippen- und Kehllaute sowie Zisch- und Halbzischlaute, die mithilfe von Zunge und Zähnen gebildet werden. Die Zeichen für die Konsonanten beschreiben großteils die Form der Sprechorgane (Zunge, Mund und Gaumen), mit deren Hilfe sie gebildet werden.

Wir beschreiben die Grundformen der Buchstaben nach Artikulationsort. In der Tabelle sehen Sie links immer den Grundbuchstaben und rechts die weiteren Buchstaben, die sich daraus entwickeln lassen. Die Doppelkonsonanten (rechte Spalte) werden gesondert in einem Teilkapitel behandelt.

	Grundbuchstaben			Doppelkonsonanten
Gaumenlaut	ㄱ		ㅋ	ㄲ
Zungenlaut	ㄴ	ㄷ	ㅌ	ㄸ
Lippenlaut	ㅁ	ㅂ	ㅍ	ㅃ
Zischlaut	ㅅ	ㅈ	ㅊ	ㅆ, ㅉ
Kehllaut	ㅇ		ㅎ	
Halbzischlaut	ㄹ			

Gaumenlaute:

ㄱ wie *g* in *Grill*, *gehen*

Merkhilfe: Der Buchstabe sieht wie eine Zungenwurzel aus, die den Hals blockiert.

ㅋ wie *k* in *klein* und *Klaus*

Merkhilfe: Diesen Laut bilden Sie, indem Sie ein ㄱ mit etwas mehr Druck sprechen. Die zusätzliche Linie soll Sie daran erinnern, mehr Druck als beim ㄱ zu verwenden.

Zungenlaute:

ㄴ wie *n* in *Nora* oder *Nelke*

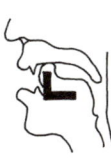

Merkhilfe: Dieser Buchstabe sieht wie eine Zunge aus, die den oberen Gaumen berührt.

ㄷ wie *d* in *Daniel* oder *David*

Merkhilfe: Die Form dieses Buchstaben können Sie sich leicht merken, wenn Sie sich veranschaulichen, wie man ein *d* spricht: Die Zunge ist ursprünglich in einer Ausgangsposition, die dem ㄴ entspricht, und wird dann zusätzlich mit Schwung vom Mund gelöst.

ㅌ wie *t* in *Thorsten* oder *Tina*

Merkhilfe: Wie der zusätzliche Strich beim ㅋ den zusätzlichen Druck zeigt, mit dem der Buchstabe gesprochen wird, so sprechen Sie beim ㅌ ein ㄷ mit extra viel Druck.

Lippenlaute:

ㅁ wie *m* in *Maria* oder *Mutter*

Merkhilfe: Dieser Buchstabe sieht aus wie die Form des Mundes beim Sprechen.

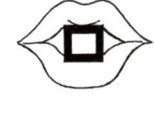

ㅂ wie *b* in *Boris* oder *Barbara*

Merkhilfe: Dieser Buchstabe basiert auf dem ㅁ und zeigt, dass das ㅂ ebenfalls mithilfe der Lippen gebildet wird.

ㅍ wie *p* in *Pia* oder *Pampelmuse*.

Merkhilfe: Das Zeichen beschreibt, wie der Laut gebildet wird: Sie bringen Ihre Lippen in Position für ein ㅁ, flachen aber Ober- und Unterlippe etwas ab, wenn Sie einen Luftstoß aus dem Mund entlassen.

Zischlaute:

ㅅ wie *s* in *Simone* oder *Sara*

Merkhilfe: Dieser Buchstabe beschreibt die Zunge, die an die Zähne anstößt.

Vorsicht: Wird ㅅ mit Zwischenlaute wie ㅑ, ㅕ, ㅖ, ㅛ und ㅠ kombiniert, spricht man es wie *schi* aus.

ㅈ wie *dsch* in *Dschungel*

Merkhilfe: Sprachforscher erklären die Form dieses Buchstabens aus dem Grundbuchstaben ㅅ, der oben mit einer zusätzlichen Linie versehen wird, um darzustellen, wie die Zunge beim Sprechen Kontakt mit dem Gaumen herstellt.

ㅊ wie *tsch* in *Deutschland*

Merkhilfe: Das ㅊ ist einfach ein ㅈ, das mit mehr Druck gesprochen wird, der durch den zusätzlichen Strich dargestellt wird.

Kehllaute:

ㅇ wie *ng* in *eng*

Merkhilfe: Dieser Buchstabe beschreibt die Form des Rachens.

Vorsicht: Zu Beginn einer Silbe geschrieben, bleibt dieser Buchstabe stumm und wird nicht ausgesprochen, man hört in diesem Fall nur den damit kombinierten Vokal.

ㅎ wie *h* in *Hut* oder *Horst*

Halbzischlaute:

ㄹ befindet sich lautlich irgendwo zwischen *r* und *l*

Merkhilfe: Sie bilden ihn, indem Sie Ihre Zunge im Mund wie für ein *r* positionieren und dann etwas nach vorne bewegen, ohne dass sie die Zähne berührt. Die Zunge nimmt eine Form an, die dem ㄹ entspricht. Je nach lautlicher Umgebung wird der Laut eher als *r* oder als *l* ausgesprochen. Am Anfang und Ende eines Wortes erinnert das ㄹ eher an ein *l*, im Wortinneren eher an ein *r*.

▶ CD 1 / 6 Hören Sie die Grundkonsonanten noch einmal und sprechen Sie die Laute nach. Machen Sie danach die Übung.

Übung

▶ CD 1 / 7 Welche Laute hören Sie? Umkreisen Sie die richtigen Buchstaben. (Manche Konsonanten klingen am Anfang und Ende einer Silbe unterschiedlich. Vergleichen Sie dazu die Liste im Anhang.)

ㄱ, ㄴ, ㄷ, ㄹ, ㅁ, ㅂ, ㅅ, ㅇ, ㅈ, ㅊ, ㅋ, ㅌ, ㅍ, ㅎ

Gratulation! Sie beherrschen nun die koreanischen Grundbuchstaben!

▶ CD 1 / 8 ## 3 Zusammengesetzte Vokale

So wie man im Deutschen Buchstaben zu neuen Lauten kombinieren kann (z. B. *ei*, *au* oder *sch*), können auch im Koreanischen die Grundbuchstaben zusammengesetzt werden.

Auch bei zusammengesetzten Vokalen gilt die Regel, dass ein zusätzlicher Strich das Hinzufügen eines *j* symbolisiert.

ㅐ (ㅏ + ㅣ)	wie *ä* in *Ärger*
ㅒ (ㅑ + ㅣ)	wie *jä* in *Jäger*
ㅔ (ㅓ + ㅣ)	wie das langgezogen gesprochene *e* in *gehen*
ㅖ (ㅕ + ㅣ)	wie *je* in *jeder*
ㅘ (ㅗ + ㅏ)	wie *wa* in der englischen Zahl *one*
ㅙ (ㅗ + ㅐ)	wie *wä*, ähnlich wie in *quengeln*
ㅞ (ㅜ + ㅔ)	wie *we*, ähnlich wie in dem englischen Namen *Wendy*

ㅚ (ㅗ + ㅣ)   wie *o*, an das ein sehr kurz gesprochenes *e* angehängt wird. Es unterscheidet sich aber in der Aussprache praktisch nicht mehr von ㅙ oder ㅞ (siehe Tipp).

ㅝ (ㅜ + ㅓ)   wie *wo,* wobei das *o* kurz gesprochen wird, wie das *o* in *offen*

ㅟ (ㅜ + ㅣ)   wie *wi*, ähnlich wie das französische *oui* oder die bekannte Spielkonsole *Wii*

ㅢ (ㅡ + ㅣ)   wie ein „dumpfes" *i*, gebildet mit einer weiter hinten im Mund liegenden Zunge. Dieser Laut existiert im Deutschen und Englischen nicht. Hören Sie dem Sprecher auf der CD deshalb genau zu.

Zwei Möglichkeiten, einen Laut zu bilden, der ㅢ entspricht, sind entweder ein *i* zu sprechen, wobei die Zunge hinten im Mund behalten wird, ähnlich wie bei einem *j*, oder ein deutsches *ü* zu sprechen, wobei das *ü* nicht mit gespitzten, sondern mit gespreizten Lippen gesprochen wird.

Vorsicht: Je nach lautlicher Umgebung gibt es von diesem Buchstaben drei Aussprachevarianten: ㅢ, ㅣ und ㅔ!

❶ Aussprache heutzutage

Im heutigen Koreanisch existiert in der gesprochenen Sprache zwischen einigen der zusammengesetzten Vokale praktisch kein Unterschied mehr. Vor allem die jüngere Generation gleicht die Aussprache einiger Vokale einander an.

ㅐ, ㅔ und ㅖ werden zusehends wie ㅔ ausgesprochen. Auch bei ㅙ, ㅞ und ㅚ ist der Unterschied kaum noch hörbar.

Für den Lerner ist es am Einfachsten, sich diese Vokale als Schreibkonventionen zu merken, statt sich um eine differenzierte Aussprache zu bemühen.

▶ CD 1 9 4 Doppelkonsonanten

Die Doppelkonsonanten sind recht einfach, weil man nur die bisher verwendeten Konsonanten ㅂ, ㅈ, ㄷ, ㄱ und ㅅ verdoppelt, um zu zeigen, dass die folgenden Vokale kürzer ausgesprochen werden, ähnlich wie im Deutschen bei vorhergehenden Vokalen: *Rat – Ratte* oder *wir – wirr*.

ㄲ ㄸ ㅃ ㅆ ㅉ

Versuchen Sie den Unterschied zu hören.

ㄲ	곳 *Ort*	꽃 *Blume*
	가치 *Wert*	까치 *Elster*
ㄸ	당근 *Karotte*	땅 *Erde, Boden*
	동무 *Freund*	또한 *auch*
ㅃ	방 *Raum, Zimmer*	빵 *Brot*
	보리 *Gerste*	뽀뽀 *Kuss*
ㅆ	사다 *kaufen*	싸다 *billig sein*
	소나무 *Tanne*	쓰다 *schreiben*
ㅉ	자다 *schlafen*	짜다 *salzig sein*
	짓다 *bellen*	찍다 *stempeln*

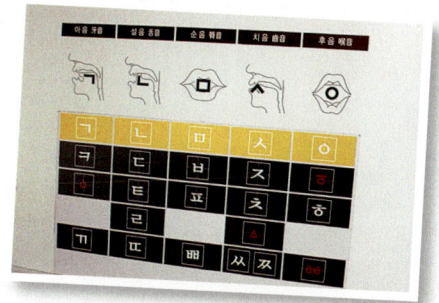

5 Zusammengesetzte Konsonanten

Zusammengesetzte Konsonanten treten nur am Ende einer Silbe als Auslaut (= Endlaut der Silbe) auf. Es gibt elf solcher Konsonantenkombinationen:

ㄱㅅ, ㄴㅈ, ㄴㅎ, ㄹㄱ, ㄹㅁ, ㄹㅂ, ㄹㅅ, ㄹㅍ, ㄹㅌ, ㄹㅎ, ㅂㅅ

Bei diesen Kombinationen wird normalerweise nur der erste der beiden Konsonanten ausgesprochen. In drei Ausnahmefällen wird jedoch der zweite Konsonant gesprochen: ㄹㄱ, ㄹㅁ, ㄹㅍ.

Beginnt die folgende Silbe mit einem Vokal, wird der erste Konsonant der Konsonantengruppe als Auslaut der ersten Silbe ausgesprochen und der zweite Konsonant als Anlaut der zweiten Silbe. Nur bei Kombinationen mit ㅎ wird die erste Silbe ohne Auslaut gesprochen und die neue Silbe beginnt mit dem zweiten der beiden Konsonanten. Der erste der beiden Konsonanten bleibt stumm.

Die folgende Tabelle bietet einen Überblick.

Zusammengesetzter Konsonant	Aussprache im Normalfall	Aussprache, wenn die nachfolgende Silbe mit einem Vokal beginnt
ㄱㅅ	g	Silbenende g Anfang der neuen Silbe s
ㄹㄱ	g	Silbenende l Anfang der neuen Silbe g
ㄴㅈ	n	Silbenende n Anfang der neuen Silbe dsch
ㄴㅎ	n	Silbenende ohne Konsonant Anfang der neuen Silbe n
ㄹㅁ	m	Silbenende l Anfang der neuen Silbe m
ㄹㅂ	l	Silbenende l Anfang der neuen Silbe b
ㄹㅅ (wird kaum verwendet)	l	Silbenende l Anfang der neuen Silbe scharfes s
ㄹㅌ	l	Silbenende l Anfang der neuen Silbe t
ㄹㅎ	l	Silbenende ohne Konsonant Anfang der neuen Silbe r
ㄹㅍ	p	Silbenende l Anfang der neuen Silbe p
ㅂㅅ	b	Silbenende b Anfang der neuen Silbe s

▶ CD 1
11

Hören und lesen Sie zur Verdeutlichung diese Wörter:

Gelesen wird bei den Verben jeweils der erweiterte Stamm, die Konverbalform. Den eigentlichen Infinitiv finden Sie jeweils in Klammern.

넉시	(넋 Seele + Subjektpostposition 이)
일거	(Konverbalform von 읽다 lesen)
안자	(Konverbalform 앉다 sitzen)
안타	(Konverbalform von 않다 nicht sein)
절머	(Konverbalform von 젊다 jung sein)
짤바	(Konverbalform von 짧다 kurz sein)
골이	(곬 Pfad + Subjektpostposition 이)
할타	(Konverbalform von 핥다 lecken)
끌어	(Konverbalform von 끓다 sieden, kochen)
을퍼	(Konverbalform von 읊다 (Gedichte) rezitieren)
갑시	(값 Preis + Subjektpostposition 이)

Tipp: Hören Sie die Laute mehrmals an, um sie sich besser einzuprägen. Bedenken Sie: Das Gefühl für diese Laute kommt erst mit der Zeit. Wenn Sie dennoch einmal auf einen zusammengesetzten Konsonanten stoßen, der Ihnen Schwierigkeiten mit der Aussprache macht, sehen Sie in der oben stehenden Tabelle nach.

Sonderfall
Auch bei einzelnen Konsonanten kann der auslautende Konsonant (der letzte Konsonant der Silbe) bei der Aussprache in die nächste Silbe gezogen werden. Dies passiert nur, wenn eine Silbe mit einem Konsonanten endet und die nächste Silbe mit ㅇ beginnt. So wird das Wort 놀이 (Spiel) als 노리 ausgesprochen.
Weitere Sonderfälle sind in den jeweiligen Kapiteln erklärt.

Koreanisch schreiben

Das Schreiben erleichtert das Lernen der Buchstaben.

Die Buchstaben sind Kombinationen der Grundelemente —, | und •, die die Erde, den Menschen und den Himmel symbolisieren sollen. Der Punkt • wird jedoch in der modernen koreanischen Schrift als kurzer Strich dargestellt. Diese Darstellung als kurzer Strich ergibt sich aus der Schreibweise mit dem Pinsel.

Die Buchstaben können, wie in westlichen Alphabeten, nebeneinander geschrieben werden. Dies wird jedoch nur in Ausnahmefällen praktiziert. Normalerweise werden die Buchstaben silbenweise zusammengefasst, so dass jede Silbe in ein gedachtes Quadrat passt. Diese Silbenblöcke können sowohl horizontal von links nach rechts, als auch vertikal von oben nach unten und von links nach rechts geschrieben werden. Die am meisten verbreitete Variante ist die Schreibung von links nach rechts.

Silben werden ohne Leerzeichen aneinandergefügt. Wörter werden mit Leerzeichen voneinander getrennt. Die Interpunktion entspricht der deutschen.

Wichtig beim Schreiben eines Buchstaben ist die Reihenfolge der Striche. Die Buchstaben werden hier aufgelistet, dabei zeigen Ihnen die Pfeile, wie die Buchstaben geschrieben werden sollten. Schreiben Sie jeden Buchstaben mehrmals.

1 Grundvokale

Sie sehen nun jeweils den Buchstaben und daneben die Strichfolge, das heißt die Richtung und Reihenfolge in der die einzelnen Striche zu einem ganzen Buchstaben zusammengesetzt werden. Üben Sie jeden Buchstaben mehrmals, bis Sie ihn problemlos beherrschen.

Buchstabe	Strichfolge	
ㅏ		_____
ㅑ		_____
ㅓ		_____
ㅕ		_____
ㅗ		_____
ㅛ		_____
ㅜ		_____
ㅠ		_____
ㅡ		_____
ㅣ		_____

2 Grundkonsonanten

Buchstabe	Strichfolge	
ㄱ		_____
ㄷ		_____
ㅌ		_____
ㅁ		_____
ㅂ		_____

3 Die Schreibung in Silbenblöcken

Die Schreibung in Silbenblöcken mag auf den ersten Blick verwirrend erscheinen. Eine derartige Anordnung der Buchstaben erleichtert aber später das Lesen ungemein.

Koreanische Silben bestehen normalerweise aus drei Teilen: einem Anlaut, einem Mittellaut und einem Auslaut, z. B.: ㅎ + ㅏ + ㄴ   h + a + n = eine Silbe.

Bei Silben, die mit einem Vokal beginnen, wird die erste Position mit dem konsonantischen Zeichen ㅇ gefüllt. Dieses ㅇ wird jedoch nicht gesprochen. Es bleibt stumm, z. B. 아이 *ai*, 우유 *uyu*.

Als Mittellaut steht immer ein Vokal bzw. ein zusammengesetzter Vokal. Die dritte Position wird entweder mit einem Konsonantenbuchstaben gefüllt oder bleibt leer. Das heißt, dass manche Silben keinen Auslaut besitzen.

Die Position der Laute ist festgeschrieben. Die vertikalen Vokale (ㅏ, ㅓ, ㅔ, ㅐ, ㅒ, ㅖ, ㅑ, ㅕ und ㅣ) stehen auf der rechten Seite des Anlautkonsonanten und die horizontalen Vokale (ㅗ, ㅜ, ㅛ, ㅠ und ㅡ) stehen unter dem Anlautkonsonanten.

Auslautende Konsonanten stehen am Fuß der Silbe. Zusammengesetzte Vokale und Konsonanten werden bei der Silbenanordnung wie ein einzelner Buchstabe behandelt. Das Gleiche gilt für die doppelten Konsonanten.

Die Buchstaben verändern bei der Zusammensetzung leicht ihre Form, sodass die Silbe ungefähr in ein Quadrat passt.

Ein Blick auf ein Beispiel verdeutlicht die Regeln.

ㅎ + ㅏ + ㄴ → 한

ㄱ + ㅡ + ㄹ → 글

한글 = *Hangeul*, die koreanische Schrift

Auch das folgende Beispiel zeigt Ihnen die Verwendung von Silbenblöcken:

ㄱ + ㅏ → 가   가   수
ㅅ + ㅜ → 수

가수 = *gasu*, Sänger, Sängerin

Folgende Tabelle zeigt Ihnen die möglichen Kombinationen der Grundvokale und Grundkonsonanten und hilft bei der Orientierung.

자음 *Konsonanten* \ 모음 Vokale	ㅏ	ㅑ	ㅓ	ㅕ	ㅗ	ㅛ	ㅜ	ㅠ	ㅡ	ㅣ
ㄱ	가	갸	거	겨	고	교	구	규	그	기
ㄴ	나	냐	너	녀	노	뇨	누	뉴	느	니
ㄷ	다	댜	더	뎌	도	됴	두	듀	드	디
ㄹ	라	랴	러	려	로	료	루	류	르	리
ㅁ	마	먀	머	며	모	묘	무	뮤	므	미
ㅂ	바	뱌	버	벼	보	뵤	부	뷰	브	비
ㅅ	사	샤	서	셔	소	쇼	수	슈	스	시
ㅇ	아	야	어	여	오	요	우	유	으	이
ㅈ	자	쟈	저	져	조	죠	주	쥬	즈	지
ㅊ	차	챠	처	쳐	초	쵸	추	츄	츠	치
ㅋ	카	캬	커	켜	코	쿄	쿠	큐	크	키
ㅌ	타	탸	터	텨	토	툐	투	튜	트	티
ㅍ	파	퍄	퍼	펴	포	표	푸	퓨	프	피
ㅎ	하	햐	허	혀	호	효	후	휴	흐	히

Jetzt können Sie üben!

1 Lesen Sie die folgenden koreanischen Wörter. Sie werden erstaunt sein, was Sie schon verstehen können. Behalten Sie bitte in Erinnerung, dass die Koreaner kein *f* benutzen, sondern es in Lehnwörtern einfach durch ㅍ *p* ersetzen.

Bitte lesen Sie erst selbst die Worte, bevor Sie sich die Aussprache auf der CD anhören.

> 라디오 • 피아노 • 파티 • 팀 • 바나나 • 커피 • 피자 • 코카 콜라 • 소파 •
> 아시아 • 호텔 • 카메라 • 비키니 • 레스토랑

2 Schreiben Sie diese Wörter nun selbst. Benutzen Sie dafür den Text auf der CD wie bei einem Diktat und vergleichen Sie Ihre Lösung danach mit den Wörtern im Buch.

3 Die koreanischen Namen deutscher Städte imitieren die deutsche Aussprache. Versuchen Sie die Städtenamen auf der Landkarte zuzuordnen.

슈투트가르트 • 하노버 • 뮌헨 • 뒤셀도르프 • 베를린 • 마인츠 • 포츠담 • 자르브뤼켄 • 브레멘 • 드레스덴 • 함부르크 • 막데부르크 • 비스바덴 • 킬 • 슈베린 • 에어푸르트

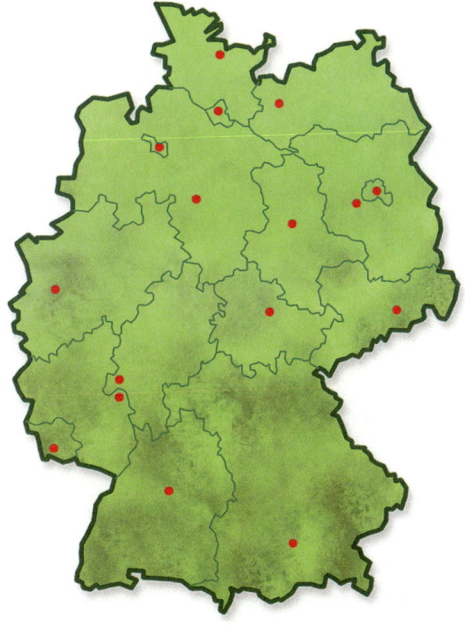

4 Schreiben Sie die folgenden, jeweils aus zwei Silben bestehenden, Wörter in Silbenblöcken, wie im Beispiel:

ㅈ ＋ ㅓ ＋ ㄴ ＋ ㅎ ＋ ㅗ ＋ ㅏ
→ 전화 *Telefon*.

ㅇ ＋ ㅡ ＋ ㅁ ＋ ㅇ ＋ ㅏ ＋ ㄱ → *Musik*

ㅅ ＋ ㅣ ＋ ㄴ ＋ ㅁ ＋ ㅜ ＋ ㄴ → *Zeitung*

ㅅ ＋ ㅏ ＋ ㄹ ＋ ㅏ ＋ ㅇ → *Liebe*

5 Leseübung

Lesen Sie die folgenden Wörter. Hören Sie danach die CD mit der Aussprache und schreiben Sie die Wörter selbst.

나무 *Baum*	새 *Vogel*	학교 *Schule*
시계 *Uhr*	가위 *Schere*	눈 *Auge*
과자 *Kekse*	맥주 *Bier*	숟가락 *Löffel*
꽃 *Blume*	기차 *Zug*	장갑 *Handschuhe*
토마토 *Tomate*	지도 *Landkarte*	지갑 *Portemonnaie*
양파 *Zwiebel*	커피 *Kaffee*	잎 *Blatt*
포도 *Trauben*	돼지 *Schwein*	경찰 *Polizist*
책상 *Schreibtisch*	딸기 *Erdbeere*	잠수함 *U-Boot*
책 *Buch*	감자 *Kartoffeln*	애기 *Baby*
가방 *Tasche*	비행기 *Flugzeug*	남자 *Mann*
열쇠 *Schlüssel*	은행 *Bank*	여자 *Frau*
사진 *Foto*	컴퓨터 *Computer*	얼굴 *Gesicht*
안경 *Brille*	자동차 *Auto*	고양이 *Katze*
창문 *Fenster*	선물 *Geschenk*	빵 *Brot*
의자 *Stuhl*	침대 *Bett*	딱지 *Stempel*
집 *Haus*	사과 *Apfel*	토끼 *Hase*
휴대전화 *Handy*	복숭아 *Pfirsich*	쌀 *Reis*
구두 *Schuhe*	부엌 *Küche*	쪽 *Seite*

ⓘ Hanja

Manchmal kann man in koreanischen Texten auch einzelne chinesische Schriftzeichen finden. Diese Schriftzeichen werden Hanja (한자) genannt. Sie werden in wissenschaftlichen Publikationen und manchen Zeitungstexten verwendet. Aber auch in persönlichen Texten, z. B. privaten Briefen, können sie Verwendung finden. Mittlerweile werden sie meist als Verständnishilfe bei homophonen Wörtern, also bei Wörtern, die gleich klingen, aber unterschiedliche Bedeutungen haben, in Klammern angegeben. Sie sind erst für sehr fortgeschrittene Lerner interessant, da prinzipiell jedes koreanische Wort im koreanischen Alphabet Hangeul geschrieben werden kann.

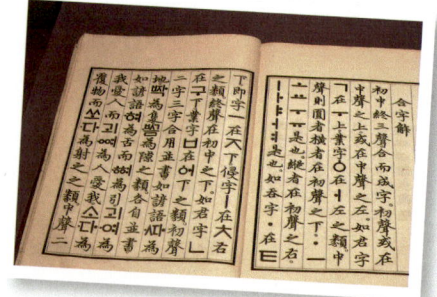

Das koreanische Alphabet: Koreanisch schreiben und lesen

Der eigene Name auf Koreanisch
Leider gibt es kein einheitliches Rezept, um deutsche Namen mit koreanischen Buchstaben zu schreiben.
Generell versuchen die Koreaner mit ihrer Schrift die Aussprache des Originalnamens so genau wie möglich zu imitieren.

Problematisch ist allerdings die Verwendung von Lauten, die es im Koreanischen nicht gibt. Statt *f* und *w* wird meist ein ㅍ und ein ㅂ gesprochen. *Sch*, wie z. B. im Nachnamen des ehemaligen deutschen Bundeskanzlers, wird meist mit 슈 wiedergegeben.

Namenschreibversuche von Besuchern des Hangeul-Museums

Deutsche Namen werden in Silben eingeteilt und so in die koreanische Schrift übertragen:
Si-mo-ne ➔ 시 모 네.

Schwierigkeiten gibt es oft bei Auslauten, also Lauten am Ende einer Silbe, und bei mehreren aneinandergereihten Konsonanten. In solchen Fällen wird meist ein ㅡ angehängt (in der deutschen Schreibung mit *eu* gekennzeichnet), z. B. *Tho-ma-seu* ➔ 토마스 und *An-deu-re-a* ➔ 안드레아.

> **Tipp:** Lassen Sie sich den von Ihnen geschriebenen Namen von Koreanern vorlesen, inwieweit er der gewünschten Aussprache entspricht. Oder suchen Sie im Internet. Dort gibt es mittlerweile umfangreiche Listen mit den gängigsten Namen. Falls Ihr Name dort nicht auftauchen sollte, können Sie ihn in den angeschlossenen Foren oft problemlos erfragen.

6 Welche fünf europäischen Vornamen finden Sie im Silbenquadrat (waagrecht und senkrecht, vorwärts und rückwärts)?

크	리	스	토	프
리	도	영	율	말
스	리	이	리	러
티	사	중	아	네
안	호	파	비	안

안녕하십니까?

Kapitel 1 — Wie geht es Ihnen?

In diesem Kapitel lernen Sie:

- wie Sie jemanden begrüßen
- wie Sie sich verabschieden
- wie Sie sich bedanken
- wie Sie sagen können, welcher Nationalität Sie angehören

대화 1   Dialog 1
인사   Begrüßung

🔊 CD1 14   Hören und lesen Sie diese Begrüßungs- und Abschiedssätze.

안녕하십니까?
Guten Tag! / Wie geht es Ihnen?
(*wörtl.*: Befinden Sie sich in Frieden?)

안녕하세요?
Guten Tag! / Wie geht es Ihnen?
(*wörtl.*: Befinden Sie sich in Frieden?)

안녕히 가십시오.
Kommen Sie gut nach Hause.
(*wörtl.*: Gehen Sie in Frieden.)

안녕히 가세요.
Kommen Sie gut nach Hause.
(*wörtl.*: Gehen Sie in Frieden.)

안녕히 계십시오.
Leben Sie wohl.
(*wörtl.*: Bleiben Sie in Frieden.)

안녕히 계세요.
Leben Sie wohl.
(*wörtl.*: Bleiben Sie in Frieden.)

단어집   Wortschatz

인사	Gruß, Begrüßung
안녕	Wohlergehen, Friede
안녕하다	wohl sein, in Frieden sein
가다	gehen
있다	sich befinden, vorhanden sein
계시다	*Höflichkeitsform von* 있다

Grammatikalische Erscheinungen:
-시 .... Suffix für die höflichste Form *(siehe Grammatik, Punkt 4)*

ⓘ Höflichkeit

Sie sehen auf Seite 23 denselben Dialog in zwei verschiedenen Varianten. Das liegt an der für Koreaner sehr wichtigen Kategorie der Höflichkeit.

Das Koreanische unterscheidet nicht wie das Deutsche zwischen *du* und *Sie* als Anredeformen, sondern kennt sieben verschiedene Abstufungen, die oft auch als Sprechstufen oder Höflichkeitsstufen bezeichnet werden.

In den Dialogen dieses Buchs werden die zwei höflichsten Sprechstufen verwendet, die für eine erfolgreiche Bewältigung des Alltags in Korea ausreichen.

Bitte lernen Sie die Ausdrücke in den ersten beiden Kapiteln als feststehende Ausdrücke. Sie werden so häufig verwendet, dass Sie sie immer wieder benutzen können. Was grammatikalisch hinter den einzelnen Formen steckt, wird im Laufe der nächsten Kapitel erläutert. Die Grundformen der einzelnen Wörter finden Sie in der Wortschatzliste, die konkreten Anwendungen in den Dialogen.

Verwendung der Sprechstufen

Die *formelle Form* mit den Verbendungen -ㅂ니다 / -습니다 / -(으)십니다 und -ㅂ니까 / -습니까 / -(으)십니까 wird als Aussageform oder Frageform in Situationen angewendet, in denen man besonderen Respekt ausdrücken will, also gegenüber
- Älteren
- Fremden
- Vorgesetzten
- einem großen öffentlichen Publikum, z. B. bei Vorträgen, im Radio oder im Fernsehen.

Die informelle Form mit den Endungen -아요 / -어요 / -세요 wird normalerweise im Gespräch mit vertrauten Menschen wie Eltern, Verwandten oder Freunden der älteren Generation verwendet.

Verabschiedungen

Es gibt zwei Abschiedsformen. Sie müssen je nachdem, ob Sie bleiben oder gehen, die richtige wählen. Gehen Sie, wünschen Sie Ihrem Gegenüber, dass er in Frieden zurückbleiben möge: 안녕히 계십시오 (formell) oder 안녕히 계세요 (informell). Als Antwort erhalten Sie den Gruß *Kommen Sie gut nach Hause*: 안녕히 가십시오 (formell) oder 안녕히 가세요 (informell).

Vorsicht: Diese Verabschiedung wird unabhängig davon gebraucht, wohin Sie gehen. Sie bedeutet so viel wie *Gehen Sie wohlbehalten* und kann, je nach Kontext mit *Kommen Sie gut nach Hause*, *Kommen Sie gut zur Arbeit* usw. übersetzt werden.

Wenn Sie beide gehen, weil Sie sich z.B. nach einem gemeinsamen Theaterbesuch trennen, benutzen Sie beide 안녕히 가십시오 (formell) oder 안녕히 가세요 (informell).

Diese Floskeln werden unabhängig von der Tageszeit verwendet. Das Koreanische kennt nur eine Abschiedsformel, die sich auf eine bestimmte Tageszeit bezieht: *Gute Nacht* (wörtl.: *Schlafen Sie gut.*): 안녕히 주무십시오 (formell) und 안녕히 주무세요 (informell).

> **Tipp:** Die in den Abschiedsformeln verwendeten Endungen -ㅂ시오 / -십시오 / -세요 sind eigentlich eine Befehlsform, deren genaue Bildung in späteren Kapiteln behandelt wird. Lernen Sie sie zum aktuellen Zeitpunkt einfach als feststehende Phrasen.

대화 2   Dialog 2
처음 뵙습니다   Erstes Treffen

Stefan Lang und Kim Cheol-ho stellen sich vor. Hören und lesen Sie den Dialog.

스테판: 안녕하십니까? 스테판 랑입니다.
          Guten Tag. Ich bin Stefan Lang.
          저는 독일 사람입니다.
          Ich bin Deutscher.

김철호: 네, 안녕하십니까? 김철호입니다.
          Ja, guten Tag. Ich bin Kim Cheol-ho.
          저는 한국 사람입니다.
          Ich bin Koreaner.

스테판: 반갑습니다.
          Es freut mich.

김철호: 네, 저도 반갑습니다.
          Ja, ich bin auch erfreut. / Ich freue mich auch.

단어집   Wortschatz

인사(하다)	Gruß / grüßen, begrüßen
처음	zum ersten Mal
뵙다	sehen, treffen, kennenlernen (*Höflichkeitsform von* 보다, *genaue Erklärung in Kapitel 5*)
보다	sehen, lesen
한국 사람	Koreaner/in
독일 사람	Deutsche/r
이다	sein
저	ich (*höfliche Form*)
도	auch
만나다	treffen, sich treffen
반갑다	erfreut sein, sich freuen
네	ja

Grammatikalische Erscheinungen:
-는 .... auch (-은) Thema-Postposition *(siehe Grammatik, Punkt 6)*

❶ Staaten, Sprachen und Nationalitäten

Staaten:
Einige koreanische Ländernamen unterscheiden sich sehr stark von unseren, viele kann man aber gut wiedererkennen, da sie oft den englischen Länderbezeichnungen ähneln, z. B. 이태리 *Italy* oder die Bezeichnung des Landes in der Landessprache nachahmen, z. B. 이탈리아 *Italia*. Wie Sie sehen können, existieren ab und zu auch beide Varianten gleichberechtigt nebeneinander.

Sprachen:
Wenn Sie an einen Ländernamen ein -어 anhängen, haben Sie das Wort für die in diesem Land gesprochene Sprache, z. B.:
독일 (*Deutschland*) + -어 (*Sprache*) → 독일어 (*deutsche Sprache*).
Synonym zu -어 kann auch -말 verwendet werden: 독일 + -말 → 독일말.
Nur wenige Sprachenbezeichnungen werden nicht mithilfe des Ländernamens gebildet, z. B. 영어 *englische Sprache*.

Nationalitäten:
Wenn Sie den Ländernamen mit dem Wort 사람 *Mensch* oder 인 *Mensch* kombinieren, erhalten Sie die Nationalitätenbezeichnung. So ist ein 독일 사람 oder 독일인 *eine Deutsche* oder *ein Deutscher* und ein 한국사람 oder 한국인 *eine Koreanerin* oder *ein Koreaner*. Zwischen der Nationalitätenbezeichnung mit 사람 und mit 인 besteht kein Unterschied.
Die folgende Liste gibt Ihnen einen Überblick über die Länderbezeichnungen und damit gebildete Sprachen- und Nationalitätenbezeichnungen.

Land	Name	Sprache -어 / -말	Nationalität 사람 / 인
Korea	한국	한국어 / 한국말	한국 사람 / 한국인
Deutschland	독일	독일어 / 독일말	독일 사람 / 독일인
Österreich	오스트리아 (오지리)	독일어 / 독일말	오스트리아 사람 / 오스트리아인
Amerika	미국	영어 / 미국말	미국 사람 / 미국인
England	영국	영어 / 영국말	영국사 람 / 영국인
Frankreich	프랑스	프랑스어 / 프랑스말	프랑스 사람 / 프랑스인
Luxemburg	룩셈부르그	룩셈부르그어 / 룩셈부르그말	룩셈부르그 사람 / 룩셈부르그인
Niederlande	네덜란드	네덜란드어 / 네덜란드말	네덜란드 사람 / 네덜란드인
Schweden	스웨덴	스웨덴어 / 스웨덴말	스웨덴 사람 / 스웨덴인
Dänemark	덴마크	덴마크어 / 덴마크말	덴마크 사람 / 덴마크인
Finnland	핀란드	핀란드어 / 핀란드말	핀란드 사람 / 핀란드인
Italien	이탈리아	이탈리아어 / 이탈리아말	이탈리아 사람 / 이탈리아인

Tschechien	체코	체코어 / 체코말	체코 사람 / 체코인
Ungarn	헝거리	헝거리어 / 헝거리말	헝거리 사람 / 헝거리인
Russland	러시아	러시아어 / 러시아말	러시아 사람 / 러시아인
Japan	일본	일본어 / 일본말	일본 사람 / 일본인
China	중국	중국어 / 중국말	중국 사람 / 중국인
Australien	호주	호주영어 / 호주말	호주 사람 / 호주인
Philippinen	필리핀	필리핀어 / 필리핀말	필리핀 사람 / 필리핀인
Thailand	태국	태국어 / 태국말	태국 사람 / 태국인
Mongolei	몽고	몽고어 / 몽고말	몽고 사람 / 몽고인
Indonesien	인도네시아	인도네시아어 / 인도네시아말	인도네시아 사람 / 인도네시아인
Malaysia	말레지아	말레지아어 / 말레지아말	말레지아 사람 / 말레지아인
Indien	인도	In Indien werden zahlreiche verschiedene Sprachen gesprochen, z.B. 힌디어 / 힌디말 (Hindi), 우르두어 (Urdu), 벵골어 (Bengali)	인도 사람 / 인도인

Neugierige Koreaner

Alter, Beruf, Familienstand – nichts, was man in den ersten Minuten eines Gespräches nicht gefragt werden würde. Warum sind Koreaner so neugierig? Die Antwort ist einfach: Weil sie höflich sein wollen. Das koreanische Anredesystem ist sehr vielschichtig. Um die richtige Abstufung zu benutzen, ist es notwendig, Ihren Platz in der Hierarchie der Gesellschaft herauszufinden. Lassen Sie sich also von der Fülle der Fragen nicht beunruhigen. Ihr Gegenüber möchte nur höflich sein.
Für Sie selbst ist es am einfachsten, immer mit der formellsten Sprechstufe zu beginnen und erst zu einer informelleren Form zu wechseln, wenn Ihr Gegenüber es Ihnen anbietet.
Tipp: Wenn Sie geschäftlich in Korea unterwegs sind, benutzen Sie zweisprachige Visitenkarten, um Ihrem Gegenüber die Einordnung Ihrer Person zu erleichtern. Bitte übergeben Sie Visitenkarten immer mit beiden Händen. Auch eine Übergabe mit der rechten Hand ist möglich, wenn sie von der linken Hand am Handgelenk gestützt wird. Alle anderen Varianten sind unhöflich.

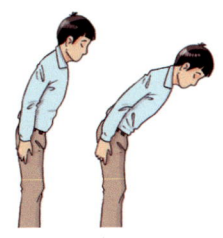

Verbeugen für Anfänger

Traditionelle Begrüßungsform in Korea ist die Verbeugung.
Dafür stehen beide Beine gerade nebeneinander auf dem Boden, die Arme werden links und rechts vom Körper platziert, der Rücken ist gerade und die Verbeugung erfolgt aus der Hüfte.
Sie sehen auf den Beispielbildern zwei Musterverbeugungen. Das linke Bild zeigt eine typische Alltagsverbeugung, die rechte Verbeugung wird in formelleren Kontexten benutzt.

Oft wird auch ein Dank von einer Verbeugung begleitet.
Mittlerweile wird jedoch auch das westliche Händeschütteln von der Mehrheit der Koreaner praktiziert.
Gelegentlich wird die Verbeugung auch mit einem Händeschütteln kombiniert. Achten Sie in solchen Fällen bitte darauf, nicht zu fest zuzugreifen.

대화 3   Dialog 3
미안합니다   Entschuldigen Sie bitte

▶ CD 1
16
Ein Ausländer spricht einen Koreaner an, um ihn etwas zu fragen. Hören und lesen Sie den Dialog.

외국인: 미안합니다.
          Entschuldigen Sie.

한국인: 네, 무엇을 도와 드릴까요?
          Ja, womit kann ich Ihnen helfen?

Etwas später:

외국인: 고맙습니다.
          Ich danke Ihnen.

한국인: 네, 괜찮습니다.
          Ja, gern geschehen. / Keine Ursache!

단어집   Wortschatz

외국인	Ausländer, Fremder
한국인	Koreaner/in
죄송(하다)	sich entschuldigen (*sehr formelle Form*)
미안(하다)	sich entschuldigen (*normale Form*)
말씀	Sprache (*höfliche Form von* 말)
좀	ein bisschen, bitte
묻다	fragen (*unregelmäßiges Verb*)
무엇	was (*Fragewort*)
돕다	helfen (*unregelmäßiges Verb*)
고맙다	danken, bedanken (*rein koreanisch, unregelmäßiges Verb, s. u.*)
괜찮다	nichts ausmachen, keine Unannehmlichkeiten bereiten
가다	gehen

Grammatikalische Erscheinungen:
-을/를   Objekt-Postposition *(siehe Grammatik, Punkt 2)*

ⓘ Varianten im Wortschatz

Für viele Wörter gibt es im Koreanischen zwei Varianten, eine mit chinesischem Ursprung und eine rein koreanische. Auch *danken* kann man im Koreanischen auf zwei Arten ausdrücken:
- 감사합니다 (sinokoreanisch, also mit chinesischen Wurzeln)
- 고맙습니다 (rein koreanisch)

Lange Zeit galt es als schick und gebildet, sinokoreanisch zu danken. Mittlerweile hat sich die Situation umgekehrt, da die durch den Wirtschaftsaufstieg nationalbewusst gewordenen Koreaner zu ihren sprachlichen Wurzeln zurückkehren wollen.
Es ist durchaus möglich, die beiden Formen abwechselnd zu verwenden. Schicker ist aber die koreanische Variante 고맙습니다.
Wortdubletten, die meist austauschbar verwendet werden können, sind im Wortschatz gesondert gekennzeichnet. Bisher kennen Sie bereits mehrere Wörter, für die es ebenfalls zwei Varianten gibt:

사람 und 인 – *Mensch*
-어 und -말(씀) – *Sprache*

문법 Grammatik

1 Satzstruktur des Koreanischen

Das Koreanische besitzt eine andere Reihenfolge der Satzbestandteile. Vergleichen Sie die folgenden zwei Sätze.

Deutsch	Jan	liest	ein Buch.
	Subjekt	*Prädikat (Verb)*	*Objekt*
Koreanisch	얀이 Jan	책을 ein Buch	읽어요. liest. (lesen)
	Subjekt	*Objekt*	*Prädikat (Verb)*

Wichtig ist, dass das Verb im Koreanischen immer am Ende des Satzes steht.
Das Subjekt wird oft weggelassen, wenn aus dem Zusammenhang verständlich ist, um wen es sich handelt.
얀이 책을 읽어요. 커피도 마셔요. *Jan liest ein Buch. Er trinkt auch Kaffee.*
Ab dem zweiten Satz können Sie 얀이 *Jan* weglassen, weil Ihre Zuhörer verstehen werden, dass es immer noch um Jan geht. Im Gegensatz zum Deutschen wird auch kein Personalpronomen wie das deutsche *er* verwendet. Der koreanische Satz 커피도 마셔요 bedeutet wörtlich übersetzt *Kaffee auch trinkt* und ist ein vollständiger koreanischer Satz. Dabei können Sie nur durch den Kontext erfahren, wer den Kaffee trinkt: ich, Sie oder irgendjemand anderes.

2 Verben

Das Koreanische kennt mehr verschiedene Verbarten als das Deutsche, insgesamt fünf. So gibt es die sogenannten *Tätigkeitsverben* (동작동사), die den normalen deutschen Verben wie *gehen*, *essen*, *schlafen*, *treffen* usw. entsprechen und eine Tätigkeit beschreiben.
Auf den ersten Blick ungewöhnlich sind für uns die sogenannten *Eigenschaftsverben* (상태동사) wie *gut sein*, *schön sein*, *kalt sein* usw., die im Deutschen den Adjektiven + *sein* entsprechen.
Die dritte Kategorie ist die der *Befindlichkeits- oder Existenzialverben* (있다동사), die normalerweise im Deutschen nicht gesondert betrachtet wird und unter der die Ausdrücke *sich befinden*, *sich nicht befinden*, *vorhanden sein*, *nicht vorhanden sein* zusammengefasst werden.
Die vierte Kategorie sind die sogenannten *Kopula* (이다동사): *sein*, *nicht sein*. Kopula mag dabei kompliziert klingen, es ist jedoch nur eine andere Möglichkeit *sein*, *nicht sein* zu sagen.
In der fünften Kategorie werden alle Kombinationen mit *machen*, *tun* (하다) zusammengefasst.

Die Frage, welcher Kategorie ein Verb angehört, ist hauptsächlich von Bedeutung, wenn Sie Verben der einzelnen Kategorien in einer Grammatik nachschlagen wollen. Wichtig ist für Sie momentan nur, die Unterscheidung von Tätigkeits- und Eigenschaftsverben im Kopf zu behalten.

3 Aufbau der Verben

Koreanische Verben bestehen aus zwei Teilen, dem Verbstamm und der Verbendung. Alle Verben enden im Infinitiv (Grundform) auf -다, z. B. 자다 *schlafen*, 먹다 *essen*.
Entfernt man die Endung -다, erhält man den Verbstamm. An diesen Verbstamm werden alle Verbendungen angehängt.

Infinitiv (Grundform)	Verbstamm	Formelle und informelle Endungen	Verb in den formellen und informellen Höflichkeitsstufen
보다 *sehen*	보	-ㅂ니다 / -습니다 -아요 / -어요	봅니다 봐요
만나다 *treffen*	만나	-ㅂ니다 / -습니다 -아요 / -어요	만납니다 만나요
고맙다 *sich bedanken*	고맙	-ㅂ니다 / -습니다 -아요 / -어요	고맙습니다 고마워요
이다 *sein*	이	-ㅂ니다 / -습니다 -아요 / -어요	입니다 이에요

Koreanische Verben werden nicht nach Personen (ich gehe, du gehst, er geht usw.) konjugiert, sondern nach Höflichkeits- bzw. Formalitätsstufen. So kann das Wort 갑니다 *ich gehe, er/sie/es geht, wir gehen, sie/Sie gehen* bedeuten. Dafür ist das Verb auf der Formalitätsskala eindeutig der formellen Höflichkeitsstufe zugeordnet.

4 Bildung der formellen Verbstufe

a Aussagesätze
Die formelle Verbstufe wird normalerweise gebildet, indem man im Aussagesatz -ㅂ니다 / -습니다 an den Verbstamm anhängt. Endet der Verbstamm mit einem Vokal, wird die Endung -ㅂ니다 angehängt, endet er auf einen Konsonanten, benutzt man -습니다. Das ㅂ verschmilzt dabei mit der letzten Silbe des Verbstammes und wird deren Auslaut, das heißt, der Endlaut der Silbe. Beachten Sie dabei, das in den Endungen der formellen Sprechstufe das ㅂ wie ein m ausgesprochen wird. Dies gilt sowohl für -ㅂ니다 als auch für -습니다.
Bei dem Verb 가다 *gehen* endet der Verbstamm auf einen Vokal (가-), also wird -ㅂ니다 angehängt.
가 + ㅂ니다 → 갑니다
Bei 반갑다 *erfreut sein, sich freuen* endet der Verbstamm auf einen Konsonanten (반갑-), also wird -습니다 angehängt.
반갑 + 습니다 → 반갑습니다

Vorsicht: Das -다 in den Endungen -ㅂ니다 / -습니다 mag an den Infinitiv der Verben erinnern, ist hier aber Bestandteil der formellen Endung.

Infinitiv	Verbstamm	formelle Verbform
가다 gehen	가	갑니다
만나다 treffen	만나	만납니다
반갑다 sich freuen	반갑	반갑습니다
사랑하다 lieben	사랑하	사랑합니다

b Fragesätze

Dasselbe System gilt auch für die Bildung von Fragesätzen. Dabei wird nur die Endung leicht verändert zu -ㅂ니까 und -습니까. Auch hier unterscheiden sich die Endungen abhängig davon, ob der Verbstamm auf einen Vokal (-ㅂ니까) oder einen Konsonanten (-습니까) endet.

가다 gehen　　　　　가 + ㅂ니까 → 갑니까?
　　　　　　　　　　Gehe ich, geht er/sie/es, gehen wir, gehen sie/Sie?
반갑다 sich freuen　　반갑 + 습니까 → 반갑습니까?
　　　　　　　　　　Freue ich mich, freut er/sie/es sich, freuen wir uns, freuen sie/Sie sich?

Vielleicht ist Ihnen bereits aufgefallen, dass alle hier angegebenen deutschen Übersetzungen auf *du* und *ihr* verzichten. Bitte beachten Sie, dass alle in diesem Buch vorgestellten Sprechstufen im Deutschen mit *Sie* übersetzt werden. Geduzt wird in Korea nur im engsten Familien- und Freundeskreis und selbst dort wird diese Form nur Jüngeren gegenüber verwendet.

Vorsicht: Bei der Aussprache der formellen Verbstufe wird das ㅂ wie ein *m* ausgesprochen. Dies gilt sowohl für die Aussageform, z. B. 갑니다, als auch für die Frageform, z. B. 갑니까.

c Das Suffix -시

Wollen Sie noch höflicher sein, setzen Sie die Silbe (das Suffix) -시 direkt hinter den Verbstamm und vor die Endungen -ㅂ니다 oder ㅂ니까.

Grundform	Verbstamm	Verbstamm + Suffix -시	formelle Form
가다 gehen	가	가시	가십니다
만나다 treffen	만나	만나시	만나십니다
사랑하다 lieben	사랑하	사랑하시	사랑하십니다

Vorsicht: Verbformen, die mit dem Höflichkeitssuffix -시 gebildet werden, werden nicht für die eigene Person verwendet, sondern nur für andere, also wenn Sie jemanden ansprechen bzw. über jemanden sprechen, dem Sie besonders viel Respekt entgegenbringen. Ist das -시 dagegen Teil des Verbstamms, so gilt diese Einschränkung in der Verwendung *nicht*.

Die folgende Tabelle bietet Ihnen einen Überblick über alle Formen der formellen Ausdrucksweise. Der Einfachheit halber sind in der Tabelle alle Beispiele mit *Sie* übersetzt worden. Prinzipiell kann man ein Verb wie 갑니다 aber auch mit *ich gehe, er/sie/es geht* usw. übersetzen, da Verben im Koreanischen nicht nach Personen verändert werden. Theoretisch wäre auch die Übersetzung *du gehst* grammatikalisch möglich, aber von der Formalitätsstufe her ist das nicht korrekt. Erinnern Sie sich: Die in diesem Buch vorgestellten Stufen, die im Gespräch mit Fremden, Vorgesetzten, aber auch Freunden und Familienangehörigen benutzt werden, entsprechen im Deutschen alle dem *Sie*. Auf der Übersicht in Kapitel 2 können Sie einen Überblick über alle koreanischen Sprechstufen gewinnen.

Aussageform	-ㅂ니다 -습니다 -(으)십니다	nach Vokalendung: 갑니다. *Sie gehen.* nach konsonant. Auslaut: 먹습니다. *Sie essen.* höflichste Endung: 가십니다. *Sie gehen.*
Frageform	-ㅂ니까 -습니까 -(으)십니까	nach Vokalendung: 갑니까? *Gehen Sie?* nach konsonant. Auslaut: 먹습니까? *Essen Sie?* höflichste Endung: 가십니까? *Gehen Sie?*
Befehlsform	-십시오 -(으)십시오	nach Vokalendung: 가십시오! *Gehen Sie (bitte)!* nach konsonant. Auslaut: 읽으십시오! *Lesen Sie (bitte)!*

5 Sein oder nicht sein: 이다 / 아니다

Den Formen der Verben 이다 *sein* und 아니다 *nicht sein* sind Sie teilweise schon bei der Selbstvorstellung begegnet. In einer Grammatik finden Sie die beiden Wörter unter dem Begriff *Kopula*. Sie benutzen die beiden Verben, indem Sie ein Nomen vor das Verb setzen und das Verb in die entsprechenden Höflichkeitsstufen setzen.

Grundform	Verbstamm	formelle Form	informelle Form
이다 *sein*	이	-입니다	-이에요 / 예요
아니다 *nicht sein*	아니	-아닙니다	-아니에요

한국 사람입니다. / 한국 사람이에요.   *Ich bin Koreaner.*
의사입니다. / 의사예요.   *Ich bin Arzt.*

Bitte beachten Sie die Schreibweise: 이다 wird nicht durch ein Leerzeichen vom Bezugswort abgetrennt. So wird der Satz 독일사람입니다 ohne Leerzeichen geschrieben!

의사예요 ist eine kontrahierte Form, die im Kapitel 6 erklärt wird.

Wollen Sie die Aussage verneinen, verändern Sie das Verb zu 아니다. An das verneinte Wort wird dabei die Silbe -가 angehängt, wenn es auf einen Vokal endet, und ein -이, wenn es auf einen Konsonanten endet.

한국 사람이 아닙니다. / 한국 사람이 아니에요.   *Ich bin kein Koreaner.*
의사가 아닙니다. / 의사가 아니에요   *Ich bin kein Arzt.*

Bitte beachten Sie die Schreibweise: Bei 아니다 wird zwischen Verb und Substantiv ein Leerzeichen gesetzt!

6 Das Thema des Satzes: -는 und -은

Im Dialog sind Ihnen bereits Silben aufgefallen, für die in der Wortschatzliste keine eindeutige Übersetzung zu finden war, z. B. 저는. Diese Silben entsprechen im Deutschen keinem Wort, sondern haben eine grammatikalische Funktion. Bei dem bereits erwähnten -는 handelt es sich um eine so genannte *Thema-Postposition*. Der Name verrät schon, was diese Silbe macht: Der Teil *Postposition* bedeutet, dass die Silbe nach einem Wort steht, an das es angehängt wird.
Der Teil *Thema* erklärt die Funktion der Silbe: Sie bezeichnet das Thema des Satzes. Sie wird oft mit *was … betrifft* übersetzt, da dies auch ihre zweite Funktion widerspiegelt: einen Gegensatz

zum vorher Gesagten zu betonen, z. B. *Tim lernt Italienisch. Was mich betrifft, so lerne ich Koreanisch.* Oft wird die Silbe aber gar nicht übersetzt.
Die Silbe existiert in zwei Varianten: -는 und -은. Endet das vorhergehende Wort auf einen Vokal, verwendet man -는, endet es auf einen Konsonanten, verwendet man -은, z. B. 독일사람은 und 저는. Im Dialog 2 sind Sie bereits auf die Verwendung solcher Nachsilben in ganzen Sätzen getroffen. Bei einer Vorstellung werden diese Silben immer verwendet:

저는 한국 사람입니다.	*Ich bin Koreaner/in.*
저는 독일 사람입니다.	*Ich bin Deutsche/r.*

Genaueres zu solchen Nachsilben finden Sie im Grammatikteil von Kapitel 2.

단어집   Wortschatz für die Grammatikerklärungen

책	Buch
읽다	lesen
커피	Kaffee
마시다	trinken
자다	schlafen
먹다	essen
보다	sehen, betrachten, lesen
반갑다	erfreut sein, sich freuen
만나다	treffen, begegnen
고맙다	dankbar sein, danken
아니다	nicht sein
사랑하다	lieben

대화 4   Dialog 4

CD 1 17 Lesen Sie, was Thomas von sich erzählt, und hören Sie den Text auf CD.

저는 미국 사람이 아닙니다.	Ich bin kein Amerikaner.
독일 사람입니다.	Ich bin Deutscher.
토마스 랑입니다.	Ich bin Thomas Lang.
한국어 책을 읽습니다.	Ich lese ein koreanisches Buch.
안나를 만납니다.	Ich treffe Anna.

❶ 미국 사람이에요? Sind Sie Amerikaner?

Die Frage 미국 사람이에요? *Sind Sie Amerikaner?* werden Sie in Korea oft hören. Seit dem Koreakrieg sind ständig amerikanische Truppen in Südkorea stationiert.
Trotz der Unterstützung der USA im Konflikt mit Nordkorea werden Ihnen die Koreaner meist herzlicher begegnen, wenn sie Sie nicht für einen Amerikaner, sondern für einen Deutschen halten. Deutschland und Korea werden aufgrund ihrer landesinternen Teilungen als eine Art Schicksalsgenossen betrachtet. Die Koreaner leiden immer noch unter der Teilung in einen Nord- und einen Südteil und träumen von einer friedlichen Revolution, ähnlich der, die in Deutschland die Wiedervereinigung ermöglicht hat.
Wundern Sie sich also nicht, wenn Sie, allein aufgrund Ihrer Nationalität, in ein Café eingeladen werden sollten.

Eine sinokoreanische Redewendung zum Abschluss

궁여지책 (in etwa:) *der letzte Ausweg*

Wird als 궁여지책 und als 궁여지책입니다 verwendet.
Stellen Sie sich vor, Sie haben ein wichtiges koreanisches Wort vergessen und versuchen nun, sich wild gestikulierend verständlich zu machen. Für so einen schauspielerischen Versuch könnten Sie ein scherzhaftes 궁여지책 ernten.
Sie können aber auch genauso gut einen eigenen Versuch mit 궁여지책 kommentieren. Egal, ob Sie einen sprachlichen Ausweg suchen, oder versuchen, Ihren Computer mit einem gezielten Faustschlag wieder zum Laufen zu bringen, Sie oder Ihre koreanischen Bekannten können in solchen Situationen 궁여지책 verwenden.

Jetzt können Sie üben!

1 Was sagen Sie in folgenden Situationen?

  a Sie begrüßen Ihren Vorgesetzten.
  b Sie verabschieden sich von ihm, als er nach Hause geht.
  c Sie verabschieden sich von einem Freund, als Sie nach Hause zurückkehren wollen.
  d Sie begrüßen eine Tante.
  e Sie erklären, dass es Sie freut jemanden kennenzulernen.
  f Sie stellen sich selbst kurz vor.

2 Bilden Sie von folgenden Verben die formelle Form als Aussage- und als Fragesatz.

  a 이다
  b 먹다
  c 가다
  d 만나다

3 Übersetzen Sie folgende Sätze in die formelle Sprechstufe.

  a Ich bin Koreaner/in.
  b Ich bin kein Amerikaner/in.
  c Stefan ist Deutscher.
  d Kim Cheol-ho ist Koreaner.
  e Maurice ist ein Franzose.

4 Vervollständigen Sie den Dialog, indem Sie die deutschsprachigen Zeilen auf Koreanisch schreiben. Hören Sie anschließend den Dialog auf CD und sprechen Sie Ihre Sätze in den Pausen.

Sie stellen sich einem Fremden vor.
Sie: Sagen Sie *Guten Tag, ich bin (Ihr Name)*.
Kim Cheol-ho: 안녕하십니까? 김철호입니다.
저는 한국 사람입니다.
Sie: Sagen Sie *Ich bin Deutscher*.
Kim Cheol-ho: 반갑습니다.
Sie: Sagen Sie *Ja, ich bin auch erfreut*.

Wie geht es Ihnen? 35

CD1 19 5 Üben Sie das Hören und Schreiben. Es werden fünf Länder genannt, notieren Sie sie auf Koreanisch.

a _____
b _____
c _____
d _____
e _____

Jetzt hören Sie fünf Sprachen, notieren Sie auch sie.

f _____
g _____
h _____
i _____
j _____

Und zuletzt schreiben Sie die fünf Nationalitäten auf, die Sie hören.

k _____
l _____
m _____
n _____
o _____

6 Welche Verben finden Sie im Silbenquadrat (waagerecht und senkrecht, vorwärts und rückwärts)? Notieren Sie die deutsche Übersetzung.

만	국	인	있	씀
나	합	가	다	보
다	갑	반	태	람
어	크	체	돕	다
괜	찮	다	영	묻

독일 사람입니다

Kapitel 2 — Ich bin Deutsche/r

In diesem Kapitel lernen Sie:

- wie Sie sich vorstellen können
- wie Sie sagen können, welchen Beruf Sie ausüben
- wie Sie koreanische Namen und Titel richtig benutzen

대화 1   Dialog 1
자기소개   Selbstvorstellung (1)

🔊 CD 1 / 20   Lesen Sie, wie sich Alfred Schmidt vorstellt, und hören Sie seine Selbstvorstellung auf CD.

Formell

안녕하십니까?
Geht es Ihnen gut?

저는 알프레드 슈미트입니다.
Ich bin Alfred Schmidt.

독일 사람입니다.
Ich bin Deutscher.

한국말을 공부합니다.
Ich lerne Koreanisch.

한국어 학생입니다.
Ich bin ein Koreanisch-Schüler.

한국 문화를 사랑합니다.
Ich liebe die koreanische Kultur.

한국 친구가 많습니다.
Ich habe viele koreanische Freunde.

처음 뵙습니다.
Ich freue mich Sie zu sehen.
(*wörtl.:* Ich sehe Sie zum ersten Mal.)

안녕히 주무십시오.
Schlafen Sie gut.

Informell

안녕하세요?
Geht es Ihnen gut?

저는 알프레드 슈미트예요.
Ich bin Alfred Schmidt.

독일 사람이에요.
Ich bin Deutscher.

한국말을 공부해요.
Ich lerne Koreanisch.

한국어 학생이에요.
Ich bin ein Koreanisch-Schüler.

한국 문화를 사랑해요.
Ich liebe die koreanische Kultur.

한국 친구가 많아요.
Ich habe viele koreanische Freunde.

처음 뵈어요.
Ich freue mich Sie zu sehen.
(*wörtl.:* Ich sehe Sie zum ersten Mal.)

안녕히 주무세요.
Schlafen Sie gut.

Wie Sie an der Übersetzung erkennen können, entsprechen sowohl die formelle als auch die informelle Form im Koreanischen dem deutschen *Sie*.

단어집 Wortschatz

알프레드 슈미트	Alfred Schmidt
학생	Student
한국말	Koreanisch, koreanische Sprache
문화	Kultur
사랑	Liebe
친구	Freund
뵈어요	sehen (*unregelm. Form von* 뵙다)
많다	viel sein

❶ Koreanische Nomen

Nomen haben im Koreanischen kein Geschlecht. So können Sie dem Wort 학생 nicht entnehmen, ob es sich um einen *Studenten* oder um eine *Studentin* handelt. Sollte es notwendig sein, dies deutlich zu machen, werden die Vorsilben 남- für männliche Personen und 여- bzw. 녀- für weibliche Personen verwendet:
남학생   *Schüler, Student*
여학생   *Schülerin, Studentin*
Der Einfachheit halber sind in den Wortschatzlisten nur die männlichen Formen angegeben.

대화 2   Dialog 2
자기소개   Selbstvorstellung (2)

▶ CD 1 21   Hören Sie, wie sich eine Koreanischlehrerin selbst vorstellt und erklärt, wer in ihrer Gruppe welchen Beruf ausübt.

저는 한국어 교사입니다.
Ich bin Koreanischlehrerin.

저는 한국어 교사예요.
Ich bin Koreanischlehrerin.

알프레드 씨는 의사입니다.
Alfred ist Arzt.

알프레드 씨는 의사예요.
Alfred ist Arzt.

김철호 씨는 삼성 회사원입니다.
Kim Cheol-ho ist Angestellter bei Samsung.

김철호 씨는 삼성 회사원이에요.
Kim Cheol-ho ist Angestellter bei Samsung.

마리오 씨는 오스람 회사원입니다.
Mario ist Angestellter bei Osram.

마리오 씨는 오스람 회사원이에요.
Mario ist Angestellter bei Osram.

김수미 씨는 대학교 교수이십니다.
Kim Sumi ist eine Professorin.

김수미 씨는 교수이세요 / 교수세요.
Kim Sumi ist eine Professorin.

장욱진 씨는 화가입니다.
Chang Ukjin ist Maler.

장욱진 씨는 화가이에요 / 화가예요.
Chang Ukjin ist Maler.

단어집   Wortschatz

교사	Lehrer (*in einer Schule*)
한국어 교사	Koreanischlehrer
의사	Arzt
회사원	Angestellter
삼성	Samsung
삼성 회사원	Angestellter von Samsung
오스람	Osram
교수	Professor
화가	Maler

대화 3   Dialog 3
자기소개   Selbstvorstellung (3)

Lesen und hören Sie, wie der erste Kontakt zwischen Thomas und Lee Myong-ho abläuft.

토마스:	안녕하세요? 김철호 씨예요?
Thomas:	Guten Tag. Sind Sie Herr Kim Cheol-ho?
이명호:	아닙니다. 저는 이명호입니다.
Lee Myong-ho:	Nein, ich bin Lee Myeong-ho.
토마스:	한국어 선생님이세요?
Thomas:	Sind Sie der Koreanischlehrer?
이명호:	네, 제가 한국어 선생님입니다.
Lee Myong-ho:	Ja, das bin ich.
토마스:	반갑습니다, 선생님!
Thomas:	Ich freue mich (Sie kennenzulernen), Herr Lehrer.
이명호:	김철호 씨도 한국말을 배웁니다.
Lee Myong-ho:	Kim Cheol-ho lernt auch Koreanisch.
토마스:	반갑습니다. 김철호 씨!
Thomas:	Sehr erfreut, Kim Cheol-ho.

문법   Grammatik

1 Die informelle Sprechstufe: -아요/-어요

Im letzten Kapitel haben Sie bereits die Bildung der höflichsten Sprechstufe kennengelernt. Erinnern Sie sich: Die formelle Stufe wird in Situationen verwendet, die besonderen Respekt erfordern, die informelle Stufe wird bei vertrauten Menschen verwendet.

Wie die formelle Stufe wird auch die etwas informellere Variante durch Anhängen einer Verbendung an den Verbstamm gebildet. An einen Verbstamm, der auf -ㅏ oder -ㅗ endet, wird -아요 angehängt. Endet der Verbstamm auf einen anderen Vokal, wird -어요 verwendet. Endet der Verbstamm auf einen Konsonanten, wird die Endung je nach dem letzten Vokal, des Verbstamms ausgewählt. Der Verbstamm von 많다 *viel sein* ist zum Beispiel 많. Der letzte Vokal des Verbstammes ist damit -ㅏ und -아요 wird angehängt. Der Verbstamm von 먹다 *essen* – 먹- – hat -ㅓ als letzten Vokal, erhält also -어요.

Die folgende Tabelle bietet Ihnen einen Überblick über alle Formen der informellen Form. Der Einfachheit halber sind in der Tabelle alle Beispiele mit *Sie* übersetzt worden. Prinzipiell kann man ein Verb wie 갑니다 aber mit *ich gehe, er/sie/es geht* usw. übersetzen, da Verben im Koreanischen nicht nach Personen verändert werden. Theoretisch wäre auch die Übersetzung *du gehst* grammatikalisch möglich, aber von der Formalitätsstufe her ist das nicht korrekt. Auch die informelle Sprechstufe entspricht im Deutschen dem *Sie*. Aus der Übersicht in diesem Kapitel können Sie einen Überblick über alle koreanischen Sprechstufen gewinnen.

Aussageform	-아요 -어요 -세요	bei ㅏ und ㅗ im Verbstamm: 가요. *Sie gehen.* wenn kein ㅏ und ㅗ im Verbstamm: 먹어요. *Sie essen.* höflichste Endung: 가세요. *Sie gehen.*
Frageform	-아요 -어요 -세요	bei ㅏ und ㅗ im Verbstamm: 가요? *Gehen Sie?* wenn kein ㅏ und ㅗ im Verbstamm: 먹어요? *Essen Sie?* höflichste Endung: 가세요? *Gehen Sie?*
Befehlsform	-아요 -어요 -세요	bei ㅏ und ㅗ im Verbstamm: 가요! *Gehen Sie (bitte)!* wenn kein ㅏ und ㅗ im Verbstamm: 먹어요! *Essen Sie (bitte)!* höflichste Endung: 가세요! *Gehen Sie bitte!*

Hier folgen einige Verben mit der informellen Endung:

Infinitiv	Verbstamm	Endung -아요 (bei ㅏ und ㅗ im Verbstamm)	informelle Form
좋다 *gut sein*	좋	+아요	좋아요
찾다 *suchen*	찾	+아요	찾아요
사다 *kaufen*	사	+아요	사아요 / 사요 (Kontraktion)
가다 *gehen*	가	+아요	가아요 / 가요 (Kontraktion)
오다 *kommen*	오	+아요	오아요 / 와요 (Kontraktion)

Vorsicht: Leider kommt es in dieser Sprechstufe bei einigen Wörtern zu Verschleifungen von Silben, den sogenannten *Kontraktionen*. Diese Kontraktionen sind keine Unregelmäßigkeiten, sondern folgen eigenen Regeln, die in Kapitel 6 etwas genauer behandelt werden. Für den Anfänger ist es jedoch leichter, die entsprechenden Formen wie gesonderte Vokabeln zu lernen, als sich die entsprechenden Regeln einzuprägen. Verben mit Kontraktionen sind daher im Wortschatz gesondert gekennzeichnet.
Generell gilt jedoch, dass Kontraktionen die Aussprache einfacher gestalten sollen. Sehen Sie sich die obigen Beispiele 가요 und 와요 an. Sie lassen sich leichter und schneller aussprechen, als wenn Sie 가아요 oder 오아요 sagen würden.

Weitere Verben in der informellen Form:

Infinitiv	Verbstamm	Endung -어요 (wenn kein 아 und ㅗ im Verbstamm)	informelle Form
먹다 essen	먹	+어요	먹어요
주다 geben	주	+어요	주어요 / 줘요 (Kontraktion)
쓰다 schreiben	쓰	+어요	쓰어요 / 써요 (Kontraktion)

Sonderformen:
Aus dem vorhergehenden Kapitel kennen Sie bereits die Silbe -시, die Sie für besonders höfliche Äußerungen verwenden können (Kapitel 1, Gramm. 4). Auch in der informellen Sprechstufe kann das Suffix -시 verwendet werden. Dann verschmilzt -시 mit der Endung -아요/-어요 zu -(으)세요. -세요 verwendet man, wenn der Verbstamm auf einen Vokal endet, -으세요, wenn er auf einen Konsonanten endet.

Infinitiv	Verbstamm	informelle Sprechstufen	informelle Sprechstufe + -시 = Endung -(으)세요
가다 gehen	가	가요	가세요
읽다 lesen	읽	읽어요	읽으세요
만나다 treffen	만나	만나요	만나세요
공부하다 lernen	공부하	공부해요	공부하세요

Beinhaltet der Verbstamm bereits ein -시, so verschmilzt dieses -시 mit dem -시 des Verbstammes. Vergleichen Sie folgendes Beispiel:
마시다 trinken   마시 + 어요 → 마시어요 / 마셔요 (Kontraktion) → 마시세요

Vorsicht: Wie auch bei der formellen Form gilt, dass Varianten mit dem Höflichkeitssuffix -시 nicht für die eigene Person verwendet werden, sondern nur, wenn man jemanden anspricht bzw. über jemanden spricht.

2 Das Hilfsverb 하다

Gesondert sollten Sie sich die informelle Form des Verbs 하다 *machen, tun* einprägen: 해요. Diese Form ist wieder ein Fall der bereits erwähnten Kontraktion. Sie ist sehr wichtig, da das Koreanische zahlreiche Wortkombinationen mit 하다 kennt. Dafür wird ein Substantiv mit 하다 kombiniert, um ein neues Verb zu schaffen, z. B. 일 *Arbeit* und 하다 → 일하다 *Arbeit machen/ tun, arbeiten*.

Betrachten Sie einige weitere Beispiele:

Substantiv	Hilfsverb 하다	kombiniertes Verb	informelle Verbform
일 *Arbeit*	하다	일하다 *arbeiten*	일해요
공부 *Studium*	하다	공부하다 *lernen*	공부해요
사랑 *Liebe*	하다	사랑하다 *lieben*	사랑해요
노래 *Gesang*	하다	노래하다 *singen*	노래해요
말 *Sprache*	하다	말하다 *sprechen*	말해요

In der formellen Stufe wird 하다 regelmäßig gebildet: 합니다. *Er singt* heißt in der formellen Form also 노래합니다.

Vorsicht: Wird 하다 mit einem Substantiv kombiniert, schreibt man Substantiv und 하다 zusammen, z. B. 일하다, 노래하다.

3 Frageform

Eine eigene informelle Frageform, wie Sie sie aus der formellen Sprechform kennen, existiert nicht. Fragen werden allein durch Intonation gekennzeichnet, ähnlich wie in den deutschen Sätzen *Das ist Peter. – Das ist Peter?* unterscheiden sich die entsprechenden koreanischen Sätze nur durch das Satzzeichen: 페터예요. – 페터예요?

CD 1
23 Hören Sie sich die folgenden Beispiele an. Achten Sie auf den Unterschied in der Intonation.

Grundform	Aussageform	Frageform	Befehlsform
먹다 *essen*	먹어요.	먹어요?	먹어요!
가다 *gehen*	가요.	가요?	가요!
만나다 *treffen*	만나요.	만나요?	만나요!
노래하다 *singen*	노래해요.	노래해요?	노래해요!
말하다 *sprechen*	말해요.	말해요?	말해요!

4 Subjekt- und Objektpostposition: -이/-가 und -을/-를

Sie sind im letzten Kapitel unter dem Grammatikpunkt 1 bereits dem Thema Postpositionen begegnet. Vergleichen Sie dazu die folgenden Sätze:

한국친구가 있어요.   *Ein koreanischer Freund befindet sich hier / ist da.*
한국말을 배웁니다.   *Er / Sie lernt die koreanische Sprache.*

Die Silben -이/-가 und -을/-를 erfüllen eine grammatische Funktion und markieren den Fall. Erinnern Sie sich noch einmal an den Beispielsatz aus Kapitel 1:

얀이 책을 읽어요.   *Jan liest ein Buch.*

Das -이, das an den Namen 얀 angehängt wird, markiert Jan als das Subjekt des Satzes, also als denjenigen, der etwas tut. Die Endung -을 an 책 markiert das Buch als das Objekt des Satzes, also als den Gegenstand, mit dem etwas passiert.

Diese Form der Markierung wird in der gesprochenen Sprache nicht immer verwendet, wenn der Sinn des Satzes auch so verständlich ist. Vor allem Anfänger sollten sich jedoch um eine regelmäßige Verwendung dieser Markierungen bemühen, um von ihren Gesprächspartnern problemlos verstanden zu werden und Missverständnisse zu vermeiden.

Stellen Sie sich den Satz 얀 곰 먹어요. *Jan Bär isst.* vor. Ohne die Markierung von Subjekt und Objekt wird nicht klar, ob Jan den Bären isst (얀이 곰을 먹어요) oder der Bär Jan (얀을 곰이 먹어요). Allein von der Reihenfolge der Worte lässt sich das im Koreanischen nicht erschließen. Sie brauchen also eine eindeutige Markierung von Subjekt und Objekt.
Sowohl bei den Subjekt- als auch bei den Objektmarkern gibt es zwei verschiedene Varianten, für die aber dieselben Verteilungsregeln gelten.
Als Subjektmarker gibt es die Postpositionen -이 und -가. Endet die letzte Silbe des Subjektes auf einen Konsonanten, wird -이 angehängt, endet sie auf einen Vokal, wird -가 verwendet.

토마스가 한국 사람을 만나요.   *Thomas trifft Koreaner.*
얀이 곰을 사랑해요.   *Jan liebt den Bären.*

크리스티안이 *der Christian* / 팀이 *der Tim* / 곰이 *der Bär*
안나가 *die Anna* / 한국 문화가 *die koreanische Kultur* / 친구가 *der Freund*

Die Markierung von Objekten mit den Postpositionen -을 und -를 erfolgt nach demselben Schema: Endet die letzte Silbe auf einen Konsonanten, wird -을 angehängt, endet sie auf einen Vokal, wird -를 verwendet.

토마스가 한국 사람을 만나요.   *Thomas trifft Koreaner.*
얀이 곰을 사랑해요   *Jan liebt den Bären.*
크리스티안이 팀을 만나요.   *Christian trifft Tim.*
친구가 독일 문화를 사랑해요.   *Der Freund liebt die deutsche Kultur.*

크리스티안을 *den Christian* / 팀을 *den Tim* / 곰을 *den Bären*
안나를 *die Anna* / 한국 문화를 *die koreanische Kultur* / 친구를 *den Freund*

5 Der Unterschied zwischen -은/-는 und -이/-가

Was ist nun der Unterschied im Gebrauch der Subjektpostpositionen -이/-가 und der im letzten Kapitel kurz behandelten Themenpostpositionen -은/-는?
-이/-가 werden normalerweise benutzt, wenn ein Subjekt das erste Mal erwähnt wird, das heißt, es handelt sich um eine neue Information. In den darauffolgenden Sätzen wird dasselbe Subjekt entweder mit -은/-는 markiert oder es wird ganz weggelassen, weil es eine alte Information ist.
-은/-는 wird oft mit *was … betrifft* übersetzt. Sie verwenden -은/-는 außerdem häufig, wenn Sie sich vorstellen, z. B. 저는 안드레아입니다. *(Was mich betrifft,) Ich bin Andrea.*

Vergleichen Sie die folgenden Beispiele:

토마스**가** 갑니다. (토마스**는**) 친구를 만납니다. *Thomas geht. Er trifft einen Freund.*
(Die alte Information 토마스는 kann weggelassen werden.)

저**는** 토마스입니다. *Ich bin Thomas.*
한국문화**는** 좋습니다. *Was die koreanische Kultur betrifft, ist sie gut.*

단어집 Wortschatz für die Grammatikerklärungen

대학교	Universität
-씨	*Anredeform*
가다	gehen
먹다	essen
많다	viel sein
쓰다	schreiben
공부하다	lernen, studieren
배우다	lernen, studieren *(rein koreanisches Wort, siehe Kap 1 für eine Erklärung)*
얀	Jan
읽다	lesen
곰	Bär
일	Arbeit
마시다	trinken
노래	Gesang, Lied
노래하다	singen

❶ Sprechstufen im Koreanischen

Im Koreanischen existiert keine Konjugation wie in den europäischen Sprachen, wo das Verb je nach Person verändert wird *(ich gehe, du gehst, er/sie/es geht, wir gehen, ihr geht, sie/Sie gehen)*. Stattdessen werden die Verben nach der Sprechstufe verändert. Die Verbendungen drücken also die Beziehung zwischen den Sprechern aus. Dies wird oft als Höflichkeitsstufe bezeichnet, was aber irreführen kann. Wenn Ihr Gesprächspartner Sie nicht in der höchsten Sprechstufe anredet, bedeutet das nicht, dass er unhöflich ist. Der Grund kann einfach sein, dass er älter oder ranghöher ist.

Die Koreaner nennen die höheren Sprechstufen, die dem Siezen im Deutschen entsprechen, 높임말 oder 존댓말 und die niederen Sprechstufen, die dem Duzen im Deutschen entsprechen, 낮춤말 oder 반말. In Kapitel 1 haben Sie bereits erfahren, in welchen Kontexten die formelle und informelle Sprechstufe gebraucht werden. Die unten stehende Tabelle gibt Ihnen einen Überblick über die möglichen Sprechstufen. Für Lerner, sogar auf recht hohem sprachlichem Niveau, reichen normalerweise die formelle und die informelle Sprechstufe.

Bitte beachten Sie, dass alle in diesem Buch verwendeten Sprechstufen dem Siezen entsprechen. Dem Duzen entsprechende Formen werden in Korea nur jüngeren Gesprächspartnern, z. B. Kindern gegenüber, bzw. in sehr vertrauten Beziehungen verwendet. Auch zwischen Freunden und Familienangehörigen duzt man sich nicht automatisch.

높임말 / 존댓말 *„Siezen"*
- -(으)십니다 — sehr respektvoll, formell: viel ältere Person, König, Präsident usw.
- -습니다/-ㅂ니다 — respektvoll, formell: ältere Person, Fremder, Vorgesetzter („Sie-Form")
- -(으)세요 — respektvoll, informell: vertraute Personen, z.B. Verwandte
- -아요/-어요 — respektvoll, informell: z.B. (ältere) Freunde

낮춤말 / 반말 *„Duzen"*
- -아/-어 — vertraut, informell: Gleichaltriger, Freund („Du-Form")
- -는다/-ㄴ다
- -아/-어 — vertraut, informell: jüngere Leute

ⓘ Verbreitete koreanische Namen

Dies sind einige in Korea geläufige Vornamen.

여성 *Frau*	남성 *Mann*
미자	민호
나래	태성
수미	인철
선자	철호
수진	영수
민주	영철
소라	유진
민정	수영
한나	재호
은정	진수
현희	영민
미라	동호

Familiennamen

„Wenn jemand vom Gipfel des Nam-san aus, der sich heute inmitten von Seoul befindet, einen Stein in die Stadt wirft, trifft er einen Kim, Lee oder Park." Dieses Sprichwort bezieht sich darauf, dass Kim, Lee und Park die drei häufigsten koreanischen Familiennamen sind. Insgesamt gibt es allerdings ca. 200. Die häufigsten sind:

김, 금, 이, 박, 최, 손, 정, 유(류), 석, 조, 권, 허, 양, 윤, 공, 황, 장, 하, 나, 천, 민, 한, 차, 봉, 정, 현, 함, 임

Koreanische Namen (Vornamen und Familiennamen) werden oft sehr willkürlich in lateinischen Buchstaben wiedergegeben. Es gibt zwar eigentlich eine offizielle Umschrift, aber aus historischen, ästhetischen oder persönlichen Gründen weicht die Schreibung der Namen oft voneinander ab. Es kann also manchmal schwer sein, Original und Umschrift einander zuzuordnen.

So wird der Familienname 이 zum Beispiel meistens als *Lee* wiedergegeben. Es existieren jedoch auch die Varianten *Rhi, Ri, Rhee, Yi, I* und einige mehr.

Vorsicht: Der Familienname wird stets zuerst genannt, der Vorname an zweiter Stelle! Frauen behalten auch nach der Hochzeit ihren Mädchennamen, sodass Ehepaare nicht den gleichen Familiennamen tragen. Wenn Sie eine verheiratete Frau Kim treffen, hieß die Frau bereits vor ihrer Heirat Kim.

Namensgebung

Koreanische Vornamen sind nicht unbedingt schon vorgegeben, wie die westlichen Namen Stefan, Thomas und Maria. Die Eltern können sich einen Namen für ihre Kinder ausdenken. Traditionell wurden Wahrsager konsultiert, die einen Namen empfahlen, der dem Neugeborenen Glück und Ruhm im Leben bringen sollte. In vielen Familien war es üblich, dass ein Bestandteil des Vornamens, die erste oder zweite Silbe, bei allen Mitgliedern einer Generation gleich ist. Prinzipiell sind auch einsilbige Vornamen möglich, allerdings sind sie sehr selten. Eine deutliche Unterscheidung von männlichen und weiblichen Vornamen wie in Deutschland ist in Korea nicht vorgeschrieben.

Nachname des Kindes ist normalerweise der des Vaters. Mittlerweile ist es jedoch auch möglich, dem Kind den Nachnamen der Mutter zu geben.

Herr Kim und Frau Lee

Dem koreanischen Wunsch nach Höflichkeit entsprechend, wird auch bei der Anrede auf ausgesuchte Höflichkeit geachtet. Niemand wird einfach mit *du* oder *Sie* angesprochen. Stattdessen verwendet man Namen und/oder Titel. Aber auch hier gilt, dass niemand einfach nur mit dem Namen angesprochen wird. Stattdessen wird eine respektvolle Anredeform (-씨 oder -님) hinzugefügt.

Die Anrede 씨 wird entweder an den Vornamen oder den vollen Namen angehängt. Zum Beispiel: 김철호 씨 *Kim Cheol-ho* oder 철호 씨 *Cheol-ho*. Aber seien Sie vorsichtig: Kombiniert man 씨 nur mit dem Nachnamen, wird es abwertend!

씨 wird nicht nur als Anrede verwendet, sondern auch wenn man respektvoll von jemandem erzählt.

씨 wird in Kombination mit dem vollständigen Namen oft als Herr oder Frau übersetzt. Das Beispiel oben könnte auch als *Herr Kim Cheol-ho* übersetzt werden. Bei der Verwendung mit einem Vornamen, wie bei 티나 씨, bleibt es dagegen im Deutschen unübersetzt.

Auch -님 wird an Namen angehängt. Es ist vor allem in Briefen verbreitet, wo es an den vollen Namen angehängt wird.

님 verleiht auch Titeln einen respektvolleren Ton. So wird der 사장 *Direktor* als 사장님 angesprochen oder ein 선생 *Lehrer* als 선생님.
선생님 wird nicht nur für Angehörige des Lehrberufs verwendet, sondern auch gerne als respektvolle Anrede (auch für Unbekannte) benutzt.

교사 *Lehrer* ist hingegen die reine Berufsbezeichnung und 선생님 die höfliche Anrede. Bitte benutzen Sie nie die Höflichkeitsendung -님, wenn Sie von sich selbst sprechen. Stellen Sie bei Titeln immer den Familiennamen dem Titel voran, z. B. 김 선생님 oder 박 사장님.

Vorsicht: Im Deutschen wird 김 선생님 als Herr oder Frau Kim wiedergegeben, da es sich bei den so Angesprochenen nicht automatisch um Lehrer handelt.

Für Geschäftsreisende: Korrekte Anrede in Unternehmen

In koreanischen Unternehmen herrscht eine strenge Hierarchie. Dies zeigt sich auch im Gespräch, da an den Namen des Gesprächspartners Stellung bzw. Dienstgrad angefügt werden. Benutzt man gegenüber seinem Partner eine falsche Rangbezeichnung, wird dies von ihm sofort korrigiert. Sind Sie sich wegen der korrekten Anrede unsicher, fragen Sie nach bzw. lesen Sie die Visitenkarte genau durch. Sie wird Ihnen normalerweise immer die Position Ihres Gegenübers in der Firma verraten.

Die folgende Auflistung zeigt exemplarisch die verschiedenen Positionen in einem typischen (mittelständischen) Unternehmen. Im Deutschen lassen sich die genauen hierarchischen Abstufungen nur schwer wiedergeben. So werden die untersten vier Stufen der Pyramide meist mit „Angestellter" übersetzt. Orientieren Sie sich daher am besten an der Reihenfolge innerhalb der Pyramide, um die ungefähre Stellung Ihres Gegenübers in der Hierarchie zu erkennen.

Positionen

소장   Direktor eines Instituts (연구소), eines Büros, einer Vertretung, Agentur usw. (사무소)
회장   Vorstandsvorsitzender eines Konzerns, Präsident eines Verbandes, Vereins, einer Kommission usw. (*bei Firmen*)

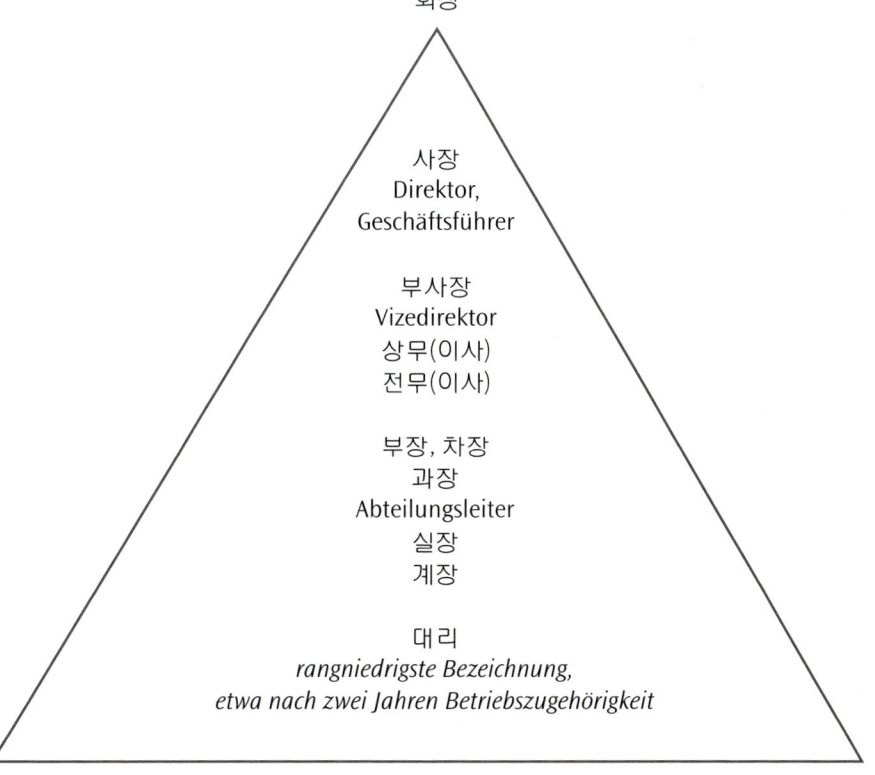

❶ Koreanische Firmen- und Eigennamen

Zahlreiche bekannte koreanische Firmen- und Eigennamen wirken in der Umschrift ganz anders als im Original. Vergleichen Sie die folgenden.

Samsung	삼성
Hyundai	현대
LG	엘지(금성)
Daewoo	대우
Kia	기아
Hanhwa	한화
Asiana Airline	아시아항공
KAL	대한항공

Vorsicht: Korea 한국, aber Korea Universität 고려대학교.

직업 Berufe

Hier finden Sie eine Liste von Berufen:

건축가	Architekt	신부	Priester
배우	Schauspieler	목사	Pastor
가수	Sänger	목수	Schreiner
장관	Minister	저자(작가)	Schriftsteller
사장	Firmendirektor	기사	Ingenieur
직장인	(Firmen)Angestellter	택시 기사	Taxifahrer
변호사	Rechtsanwalt		

Eine sinokoreanische Redewendung zum Abschluss

노심초사 *jemand, der sich übermäßig viele Sorgen macht*

Wenn Sie mit einer Person zu tun haben, die sich ständig übermäßig viele Sorgen macht, können Sie zu dieser Person 노심초사 oder 노심초사(를) 하십니다 sagen. Wörtlich bedeutet das so viel wie *Sie machen sich ständig Sorgen*. Das ist kein Vorwurf, sondern eher eine Feststellung, oft verbunden mit der Aufforderung: *Machen Sie sich nicht so viele Sorgen.*

Jetzt können Sie üben!

1 Übersetzen Sie die folgenden Sätze (informelle Sprechstufe).

    a Thomas ist Deutscher.
    b Ich bin Koreanischlehrer.
    c Sind Sie Student? – Ja, ich bin Student.
    d Ich lerne Koreanisch.
    e Yeong-min liebt Hanna.

2 Finden Sie in den folgenden Sätzen die Subjekt- und Objekt-Postposition und übersetzen Sie sie.

    a 토마스가 한국 문화를 사랑합니다.
    b 독일 사람이 한국말을 공부합니다.
    c 김철호가 토마스를 돕습니다.
    d 김 선생님이 미국 사람을 만납니다.

Ich bin Deutsche/r

3 Verbinden Sie die Kurzvorstellungen mit den Bildern der Sprecher.

1  2  3

a 안녕하십니까?
저는 박나래입니다.
저는 학생입니다.
한국말을 배웁니다. 한국 문화를 사랑합니다.

b 안녕하십니까?
저는 유미라 입니다.
저는 한국 사람입니다.
저는 한국어 교사입니다.

c 안녕하십니까?
저는 잭 존스입니다.
저는 영국 사람입니다.
저는 의사입니다.

4 Welche Berufe sind auf den Bildern dargestellt?

a   b   c   d   e   f

5 Was macht Goeun auf den Bildern? Antworten Sie in der informellen Form. Hören Sie danach die CD, um sich zu überprüfen.

a   b   c   d   e   f   g

Kapitel 2

Kapitel 3

어디에 가세요? – 시장에 갑니다
Wohin gehen Sie? – Auf den Markt

In diesem Kapitel lernen Sie:

- wie man zählt
- wie Sie Ihre Wünsche äußern können
- wie man Lebensmittel kauft
- wie man beschreibt, wo etwas passiert
- wie man beschreibt, woher jemand kommt oder wohin jemand geht
- wie Sie Ihre Wünsche und Pläne formulieren können

대화 1 Dialog 1
시장보기 Einkaufen auf dem Markt

▶ CD1 27 Gyeonga und Sonja unterhalten sich über einen geplanten Besuch auf dem Markt. Lesen und hören Sie den Dialog.

경아:	손야 씨, 안녕하세요? 어디(에) 가세요?
Gyeonga:	Sonja, wie geht es Ihnen? Wohin gehen Sie?
손야:	시장에 갑니다.
Sonja:	Ich gehe auf den Markt.
경아:	무엇을 사고 싶어요?
Gyeonga:	Was wollen Sie kaufen?
손야:	사과 세 개와 배 한 개를 사려고 합니다.
Sonja:	Drei Äpfel und eine Birne (will ich kaufen).
	그런데 채소는 어디(에)서 삽니까? 오이와 상추를 사고 싶어요.
	Aber wo kaufe ich Gemüse? Ich will Gurken und Kopfsalat kaufen.
경아:	채소 가게는 여기 있어요.
Gyeonga:	Hier ist der Gemüseladen.
손야:	대단히 고마워요.
Sonja:	Ich danke Ihnen sehr.
경아:	안녕히 가세요.
Gyeonga:	Auf Wiedersehen!

단어집 Wortschatz

어디	*Fragewort* wo
시장	Markt (*traditioneller Markt*)
무엇	was
과일	Obst
사과	Apfel
배	Birne
와/과	und
그런데	aber
채소	Gemüse
가게	Geschäft
여기	hier
사다	kaufen
대단히	sehr

Grammatikalische Erscheinungen:

-에 가다	wohin gehen (*siehe Grammatik, Punkt 3*)
-(으)려고 하다	beabsichtigen, planen (*siehe Grammatik, Punkt 5*)
-고 싶다 und -고 싶어 하다	möchten, wollen (*siehe Grammatik, Punkt 4*)
고마워요	(*von* 고맙다 – kontrahierte Form der informellen Form)

Tipp: In den bisherigen Dialogen sind Sie bislang immer auf zwei verschiedene Sprechstufen getroffen, die formelle und die informelle. Im realen Leben existieren die beiden Stufen aber nicht getrennt, sondern werden in einem Dialog oft abwechselnd verwendet.
Es ist sehr schwer, Regeln für die Verwendung einzelner Stufen anzugeben. Denken Sie daran, dass Sie im Deutschen ja auch verschiedene Dinge mit einer Sprechstufe ausdrücken können, mit *Sie* zum Beispiel Respekt und Höflichkeit, aber auch Distanz, mit *du* Freundschaft und Nähe, aber auch Abwertung.
Die Koreaner entscheiden spontan nach Gefühl und können oft selbst nicht begründen, warum sie in einem Gespräch die Höflichkeitsstufe mehrmals ändern. Generell gilt, dass bei Entschuldigungen und Dankesbekundungen oft eine formellere Sprechstufe verwendet wird, um ihre Bedeutung hervorzuheben. Die formelle und informelle Form entsprechen aber beide dem deutschen *Sie*, sind dementsprechend beide recht höflich.
Als Nicht-Muttersprachler wählen Sie Ihre Sprechstufe gemäß den Verwendungsbeispielen in Kapitel 1 und 2 und sollten sich möglichst an eine Stufe halten. Seien Sie nicht empört, wenn ein Koreaner Ihnen gegenüber eine unerwartete Sprechstufe verwendet, der Gedankengang dahinter ist vielleicht nicht auf Anhieb erkennbar.

대화 2   Dialog 2
장보기 준비   Vorbereitung für den (Lebensmittel-)Einkauf

Hören Sie die Überlegungen einer jungen Frau, die Gäste erwartet und ihren Einkauf plant.

손님이 오십니다. 그래서 장을 보러 갑니다.
Gäste kommen. Daher gehe ich einkaufen.

먼저 한국말 단어장을 만듭니다. 종이에 생활품 이름을 적습니다.
Als Erstes mache ich eine Einkaufsliste (*wörtl.:* Vokabelliste). Auf das Papier schreibe ich die Namen der Lebensmittel.

채소와 과일, 그리고 고기 종류입니다.
(Je) Eine Sorte Gemüse, Obst und Fleisch.

슈퍼마켓은 우리 집에서 가깝습니다.
Der Supermarkt liegt nahe bei unserem Haus.

장바구니와 돈도 준비합니다.
Ich bereite auch die Einkaufstasche und Geld vor.

단어집 Wortschatz

장보기	Einkauf
준비하다	vorbereiten
손님	Gast
그래서	deshalb, daher
장을 보다	einkaufen
먼저	vorher
한국말 단어장	koreanisches Vokabelheft
종이	Papier
생활품	Lebensmittel
이름	Name

적다	aufschreiben
그리고	und
장바구니	Einkaufstasche, Einkaufskorb
고기	Fleisch
종류	Art, Sorte
슈퍼마켓	Supermarkt
우리 집	unser Haus
가깝다	nah sein
돈	Geld

대화 3   Dialog 3

시장에서   Auf dem Markt

CD 1 29 Sonja und ein Verkäufer unterhalten sich auf dem Markt. Hören und lesen Sie den Dialog.

손야:	여보세요.
Sonja:	Hallo.

상인:	네, 무엇을 드려요?
Verkäufer:	Was darf ich Ihnen geben?

손야:	사과 세 개와 배 두 개를 주세요.
Sonja:	Drei Äpfel und zwei Birnen, bitte.
	채소는 어디서 팔아요?
	Wo kaufe ich Gemüse?

상인:	여기 있어요.
Verkäufer:	Hier ist es (das Gemüse).

손야:	피망 두 개와 오이 한 개를 주세요.
Sonja:	Bitte geben Sie mir zwei Paprika und eine Gurke.

상인:	네, 여기 있어요. 고맙습니다.
Verkäufer:	Hier sind Ihre Sachen. Danke.

단어집   Wortschatz

여보세요	hallo
상인	Verkäufer
드리다	geben (*höfliche Form von* 주다)
주다	geben
여기	hier
모두	zusammen

Wohin gehen Sie? – Auf den Markt

Was man auf einem Markt alles kaufen kann

채소	Gemüse	포도	Weintraube
배추	Chinakohl	복숭아	Pfirsich
오이	Gurke	토마토	Tomate*
무	Rettich		
파	Lauch	**고기**	**Fleisch**
마늘	Knoblauch	소고기	Rindfleisch
상치 (상추)	Kopfsalat	돼지고기	Schweinefleisch
깻잎	Wildsesamblatt	닭고기	Hühnerfleisch
피망	Paprika		
호박	Zucchini/Kürbis	**생선 + 해물**	**Fisch + Meeresfrüchte**
콩나물	Sojabohnenkeimling	청어	Hering
감자	Kartoffel	참치	Thunfisch
		연어	Lachs
과일	**Obst**	고등어	Makrele
배	Birne	잉어	Karpfen
사과	Apfel	장어	Aal
오렌지	Orange	오징어	Tintenfisch
참외	Honigmelone	게	Krebs
수박	Wassermelone	굴	Austern
바나나	Banane	새우	Garnele
메론	Melone		
무화과	Feige		

* In Korea finden Sie die Tomaten in der Obstabteilung und nicht in der Gemüseabteilung.

문법 Grammatik

1 Die Postposition -에

In diesem und im nächsten Kapitel werden Sie mehrmals der Postposition -에 begegnen. Genau wie das deutsche *in* in verschiedenen Situationen unterschiedliche Bedeutungen hat, z. B. *in Seoul, in einer Stunde*, so kann auch das koreanische -에 verschiedene Dinge ausdrücken. Die häufigsten Verwendungen sind räumlich (lokativ) – 서울에 *in Seoul*, 책상 위에 *auf dem Tisch* – und zeitlich (temporal) – 8 시에 *um 8 Uhr*.
Wie Sie sehen, wurden in der deutschen Übersetzung verschiedene Wörter als Entsprechung für -에 gewählt. Sie müssen also je nach Kontext entscheiden, wie Sie -에 übersetzen. Wie so oft bei Prä- oder Postpositionen in anderen Sprachen gibt es keine immer passende 1 zu 1 – Übersetzung.

2 Postposition für Ortsangaben -에 und -에서

In diesem Kapitel lernen Sie die Ortsangaben mit -에 und -에서. Beide Postpositionen (Nachsilben) werden an den Ort angehängt, an dem sich jemand aufhält. 서울에 und 서울에서 bedeuten beide *in Seoul*.
-에 wird benutzt, wenn es nur um die *Präsenz*, das *an einem bestimmten Ort sein* geht, z. B.:

친구가 서울에 있어요.	Der Freund ist in Seoul.
로버트가 독일에 있어요.	Robert befindet sich in Deutschland.
시장에 채소가 있어요.	Auf dem Markt gibt es Gemüse.

-에서 wird verwendet, wenn Sie den *Ort einer Handlung* beschreiben, z. B.:

| 팀이 서울에서 공부를 해요. | Tim studiert in Seoul. |
| 저는 한국에서 한국말을 배웁니다. | Ich lerne Koreanisch in Korea. |

3 Richtungsangaben -에 가다 und -에서 오다

Um Richtungen zu beschreiben, benutzen Sie die bereits bekannten Nachsilben -에 und -에서. Dabei bezeichnet -에 가다 den Ort, zu dem man geht, und -에서 오다 den Ort, von dem man kommt.

시장에 갑니다.	*Ich gehe zum Markt.*
한국에 가요.	*Ich gehe nach Korea.*
독일에서 와요.	*Ich komme aus Deutschland.*
서울에서 친구가 옵니다.	*Der Freund kommt aus Seoul.*

4 Ich möchte! Sie möchten! – Wünsche äußern -고 싶다 und -고 싶어 하다

Im Koreanischen werden Wünsche durch die Verbendung -고 싶다 ausgedrückt, die unmittelbar an den Verbstamm angefügt wird, z. B. 먹고 싶다 *essen wollen*. Wie Sie am -다 sehen können, handelt es sich dabei um die Grundform, den Infinitiv.
Wollen Sie den Ausdruck -고 싶다 im Satz verwenden, müssen Sie die Endungen der formellen oder der informellen Sprechstufe anhängen.

Infinitiv	Verbstamm	+ 고 싶다
가다:	가	+ 고 싶다 → 가고 싶습다 *gehen wollen*
먹다:	먹	+ 고 싶다 → 먹고 싶습니다 *essen wollen*

Formell:	친구를 만나고 싶습니다.	*Ich möchte den Freund treffen.*
	한국에 가고 싶습니다.	*Ich möchte nach Korea fahren.*
Informell:	친구를 만나고 싶어요.	*Ich möchte den Freund treffen.*
	한국에 가고 싶어요.	*Ich möchte nach Korea fahren.*

Während man -고 싶다 benutzt, wenn man von sich selbst spricht, benutzt man bei allen anderen Personen die Endung -고 싶어 하다. Bei -고 싶어 하다 handelt es sich um einen Infinitiv, die Endungen der informellen oder formellen Sprechstufe müssen also noch angehängt werden.

Formell:	저는 한국에 가고 싶습니다.	*Ich möchte nach Korea fahren.* (-고 싶다)
	토마스가 한국에 가고 싶어 합니다.	*Thomas möchte nach Korea gehen.* (-고 싶어 하다)
Informell:	커피를 마시고 싶어요.	*Ich möchte Kaffee trinken.* (-고 싶다)
	팀이 커피를 마시고 싶어 해요.	*Tim möchte Kaffee trinken.* (-고 싶어 하다)

Was Sie bisher über die Fragebildung in der formellen und informellen Sprechstufe gelernt haben, gilt auch hier: In der informellen Stufe reicht die Intonation aus, um aus dem Aussagesatz einen Fragesatz zu machen:

라우라가 한국에 가고 싶어 해요?	*Will Laura nach Korea fahren?*
네, 라우라가 한국에 가고 싶어 해요.	*Ja, Laura möchte nach Korea fahren.*

In der formellen Sprechstufe brauchen Sie die spezielle Endung für den Fragesatz:

Formell:	친구를 만나고 싶습니까?	*Wollen Sie den Freund treffen?*
Informell:	토마스가 친구를 만나고 싶어 해요?	*Will Thomas den Freund treffen?*

5 Pläne und Vorhaben -(으)려고 하다 und -(으)러 가다

Im Deutschen sagen wir oft *ich möchte*, auch wenn wir keinen eigentlichen Wunsch, sondern einen Plan oder ein Vorhaben ausdrücken wollen.

Im Koreanischen wird jedoch zwischen einem Wunsch und einem Vorhaben genau unterschieden. Mit -고 싶다 und -고 싶어 하다 haben Sie bereits gelernt, Wünsche auszudrücken. Wollen Sie jedoch sagen, was Sie beabsichtigen oder planen, so benutzen Sie stattdessen die Endung -려고 하다. Diese Endung wird an den Verbstamm angehängt und, je nach verwendeter Sprechstufe, verändert.

Infinitiv	Verbstamm	+ (으)려고 하다	Beispiele
가다 gehen	가	+ 려고 하다	가려고 합니다.
먹다 essen	먹	+ 으려고 하다	먹으려고 해요.
공부하다 lernen	공부하	+ 려고 하다	공부하려고 합니다.

Formell: 한국에 가려고 합니다.   Ich beabsichtige/plane nach Korea zu fahren.
Informell: 집에 가려고 해요.   Ich beabsichtige/plane nach Hause zu gehen.
시장에 가려고 해요.   Ich beabsichtige/plane auf den Markt zu gehen.
저녁에 식당에서 김치를 많이 먹으려고 합니다.   Ich beabsichtige/plane heute Abend im Restaurant viel Gimchi zu essen.

In ähnlicher Weise können Sie ausdrücken, dass man irgendwo hingeht, um etwas zu tun. Dabei wird -(으)러 가다 an den Verbstamm angehängt. Der Ort wird ganz normal durch das Anhängen einer Richtungsangabe gekennzeichnet. Im Deutschen wird diese Konstruktion mit *um zu …* übersetzt.

Infinitiv	Verbstamm	+ (으)러 가다	Beispiele
만나다 treffen	만나	+ 러 가다	만나러 갑니다.
사다 kaufen	사	+ 러 가다	사러 가요.
먹다 essen	먹	+ 으러 가다	먹으러 갑니다.

친구를 만나러 호텔에 갑니다.   Ich gehe ins Hotel, um den Freund zu treffen.
과일을 사러 시장에 가요.   Ich gehe zum Markt, um Obst zu kaufen.
팀이 책을 읽으러 책방에 가요.   Tim geht zur Buchhandlung, um zu lesen.

6 Und und und: … -와 und -과

Auch das Wort *und* wird im Koreanischen durch das bereits bekannte System der Postpositionen (Nachsilben) ausgedrückt. Für *und* verwendet man die Nachsilben -와 und -과, womit Sie zwei oder mehrere Substantive verbinden können.

-와 wird verwendet, wenn das vorhergehende Wort auf einen Vokal endet, -과 wenn es auf einen Konsonanten endet.

Endung auf Vokal:

사과**와** 배	*Apfel und Birne*
호주**와** 미국	*Australien und Amerika*
친구**와** 고양이	*Freund und Katze*
커피**와** 차	*Kaffee und Tee*

Endung auf Konsonanten:

독일 사람**과** 친구	*Deutscher und Freund*
스테판**과** 안나	*Stephan und Anna*
책**과** 공책	*Buch und Heft*
한국**과** 독일	*Korea und Deutschland*

스테판**과** 안나가 집에서 한국어 공부를 해요.	*Stephan und Anna lernen zu Hause Koreanisch.*
한국**과** 독일은 친합니다.	*Korea und Deutschland sind befreundet.*
안나**와** 토마스는 독일 학생이에요.	*Anna und Thomas sind deutsche Studenten.*
사과**와** 오렌지를 사러 가요.	*(Ich) Gehe Äpfel und Orangen kaufen.*

7 Die ersten Fragen: wo 어디 und was 무엇

In den Dialogen sind Sie auf Ihre ersten koreanischen Fragewörter gestoßen. Vielleicht ist Ihnen bereits aufgefallen, dass im Koreanischen die Fragewörter nicht unbedingt am Satzanfang stehen müssen (vergleichen Sie die Frage *Mit **wem** treffen Sie sich?*).
Mit dem Fragewort 어디 stellen Sie die Frage nach dem *wo*. 어디 kann dabei mit -에 (Aufenthaltsort) oder -에서 (Ort der Handlung) kombiniert werden,

친구가 어디(에) 있어요?	*Wo befindet sich der Freund?*
친구가 어디(에)서 일해요?	*Wo arbeitet der Freund?*

Mit dem Fragewort 무엇 fragen Sie nach dem *was*. Wie an 어디 können auch an 무엇 Postpositionen angehängt werden, beispielsweise die Subjektposition: 무엇이.

무엇이 있어요?	*Was ist da?*	사과가 있어요.	*Der Apfel ist da.*
무엇이에요?	*Was ist das?*	사과예요.	*Das ist ein Apfel.*

Auch die Objektposition kann angehängt werden: 무엇을.

무엇을 보세요?	*Was sehen Sie?*	친구를 봐요.	*Ich sehe den Freund.*
무엇을 찾아요?	*Was suchen Sie?*	친구를 찾아요.	*Ich suche den Freund.*

Vor allem in der gesprochenen Sprache wird jedoch auf die Postpositionen nach Fragewörtern verzichtet.

8 Zahlen 수사

Im Koreanischen werden zwei verschiedene Zahlensysteme verwendet: die ursprünglich koreanischen Zahlen und die Zahlen chinesischen Ursprungs („sinokoreanische Zahlen"). Die beiden Systeme sind nicht beliebig austauschbar; für bestimmte Zwecke wird jeweils ein bestimmtes System verwendet.
Beachten Sie: Einen „sichtbaren" Unterschied zwischen den beiden Systemen gibt es nur, wenn die Zahlen ausgeschrieben werden. Da die Koreaner Zahlen jedoch oft in Ziffern schreiben, müssen Sie je nach Kontext entscheiden, wie Sie die Zahlen aussprechen.

Tipp: Geben Sie sich *nicht* der Illusion hin, ein Zahlensystem würde reichen. Sie brauchen wirklich beide!

Quälen Sie sich aber auch nicht mit abstrakten Regeln, wie: „Bei der Zeitangabe wird nur die Stunde mit der koreanischen Zahl kombiniert; Minuten und Sekunden dagegen werden mit den sinokoreanischen Zahlen angegeben." Lernen Sie lieber ein konkretes Beispiel.

a Die koreanischen Grundzahlen

Das System der koreanischen Zahlen reicht von 1 bis 99. Für größere Zahlen werden die sino-koreanischen Zahlen verwendet. Es existieren eigene Wörter für die Ziffern 1–9 sowie Wörter für 10, 20, 30 usw. Die anderen Zahlen werden aus Kombinationen gebildet. So wird die Zahl 14 als 열넷 *zehn vier* ausgedrückt und die Zahl 35 als 서른다섯 *dreißig fünf* geschrieben.

CD 1
31

Ziffern	Zahlen 11–19	Zehner
1 하나 (한)	11 열하나 (열한)	10 열
2 둘 (두)	12 열둘 (열두)	20 스물 (스무)
3 셋 (세)	13 열셋 (열세)	30 서른
4 넷 (네)	14 열넷 (열네)	40 마흔
5 다섯	15 열다섯	50 쉰
6 여섯	16 열여섯	60 예순
7 일곱	17 열일곱	70 일흔
8 여덟	18 열여덟	80 여든
9 아홉	19 열아홉	90 아흔
10 열	20 스물	99 아흔아홉

Beachten Sie: Die Zahlen 1-4 und 20 besitzen Sonderformen. Zählen Sie einfach 1, 2, 3 … benutzen Sie die erste Variante der Zahl. Benutzen Sie die Zahl direkt vor dem Wort, das Sie zählen wollen (*1 Tasse Tee, 3 Äpfel*), entfällt der letzte Laut und ergibt die Form in Klammern.

b Eine Tasse Tee: Zähleinheitswörter – 수량명사

Sie kennen Zähleinheitswörter bereits aus dem Deutschen. Bei vielen Gegenständen werden sie benutzt, um die Menge zu verdeutlichen. So bestellen Sie *vier **Gläser** Cola* oder *zwei **Teller** Suppe*. Im Koreanischen wird das Zähleinheitswort immer benutzt, auch an Stellen, an denen dies für deutsche Muttersprachler überflüssig erscheint. So zählen Koreaner nicht *vier Katzen*, sondern *vier Katzentiere* und nicht *drei Nachbarn*, sondern *drei Nachbarmenschen*.

Die Reihenfolge ist bei Mengenangaben etwas anders als im Deutschen. An erster Stelle steht der Gegenstand, der gezählt wird, an zweiter die Zahl und an dritter Stelle das Zähleinheitswort:

고양이 세 마리
Katze drei Tier = drei Katzen

우유 한 병
Milch eine Flasche = eine Flasche Milch

Das Zähleinheitswort unterscheidet sich in der Regel von dem gleichbedeutenden Grundwort. So bedeutet Mensch im Normalfall 사람, das Zähleinheitswort lautet jedoch 명 (und 분, wenn man besondere Höflichkeit ausdrücken will).

Die folgende Liste bietet einen Überblick über die wichtigsten Zähleinheitswörter. Hören Sie sie an.

Zähleinheitswort	Anwendung für	Beispiel
개	Stück (Dinge)	사과 한 개 *1 Apfel*
권	(gebundenes) Buch	책 두 권 *2 Bücher*
그릇	Schüssel, Gefäß	국 두 그릇 *2 Schüsseln Suppe*
달	Monat	한 달 *1 Monat*
마리	Tier	고양이 세 마리 *3 Katzen*
명 사람 분 (sehr respektvoll: honorativ)	Mensch, Leute	두 명 *2 Menschen* 학생 다섯 명 *5 Studenten* 독일 사람 세 명 *3 Deutsche* 독일 사람 세 분 *3 Deutsche* (sehr respektvoll: honorativ)
벌	Kleid (Garnitur, Kombination)	옷 두 벌 *2 Kleider, 2 Garnituren*
병	Flasche	우유 한 병 *1 Flasche Milch*
살	Alter	스무 살 *20 Jahre alt*
시간	Stunde (Dauer)	세 시간 *drei Stunden*
시	Uhr(zeit), *wörtl.* Stunde	오후 세 시 *15 Uhr*
송이	Stück (Blume, Weißkohl)	장미 세 송이 *3 Rosen*
잔	Tasse, Glas, Becher	커피 네 잔 *4 Tassen Kaffee*
접시	Teller	과일 두 접시 *2 Teller Obst*
채	Haus	집 네 채 *4 Häuser*
켤레	Schuhe (Paar)	구두 한 켤레 *ein Paar Schuhe*

Bei manchen Wörtern ist das Zähleinheitswort mit dem gezählten Nomen identisch, z. B. 달 – Monat → 한 달 *1 Monat*, 병 Flasche → 한 병 *eine Flasche.*
Sollte Ihnen eines der zahlreichen Zähleinheitswörter einmal entfallen, können Sie sich recht gut mit 개 (für Dinge) und 명 (für Menschen) behelfen. Sie werden so auf jeden Fall verstanden.

Vorsicht: Bei der Uhrzeit werden nur die Stunden mit der koreanischen Zahl kombiniert. Minuten und Sekunden werden mit den sinokoreanischen Zahlen angegeben. Genaueres zu den Uhrzeiten finden Sie im nächsten Kapitel.

❶ Ein koreanisches Spiel mit Zahlen: 윷놀이 Yutnori

Yutnori ist ein beliebtes koreanisches Gesellschaftsspiel, das traditionellerweise vor allem am Neujahrsfest gespielt wird. Es eignet sich sowohl für zwei Spieler als auch für Mannschaften. Ziel des Spiels ist es, die eigenen Steine möglichst schnell über das Spielfeld zu bewegen.

Hierzu benötigen Sie vier halbierte Holzstücke, die auf der einen Seite gerundet und auf der anderen Seite flach sind. Sie benötigen weiterhin einen Spielplan und acht Spielfiguren (je vier von einer Farbe).

Auf dem Spielplan sehen Sie ein Quadrat, dass Sie möglichst schnell mit all Ihren Spielsteinen umrunden müssen. An den Feldern mit den eingezeichneten Markierungen gibt es Abkürzungen. Allerdings dürfen Sie eine solche Abkürzung nur nehmen, wenn Sie im vorhergehenden Zug genau auf so einem markierten Feld zum Stehen gekommen sind.

Statt mit Würfeln wird die Anzahl der Felder, die sich Ihr Spielstein in einer Runde fortbewegen darf, durch das Werfen der halbierten Holzstäbe ermittelt.

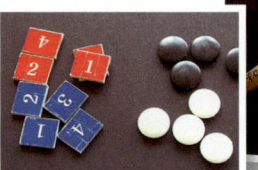 

Zahlreiche Yutnori-Sets haben zum leichteren Zählen die gerundete Seite der halbierten Holzstäbe markiert.

Gezählt werden jeweils die flachen Seiten, die nach einem Wurf sichtbar zu liegen kommen. Dabei hat jede Kombination runder und flacher Stabseiten einen eigenen Namen.

1 flache Seite + 3 runde Seiten = 도 (*do*, Schwein) = 1 Feld vor
2 flache Seiten + 2 runde Seiten = 개 (*gae*, Hund) = 2 Felder vor
3 flache Seiten + 1 runde Seite = 걸 (*geol*, Huhn) = 3 Felder vor
4 flache Seiten = 윷 (*yut*, Kuh) = 4 Felder vor
4 runde Seiten = 모 (*mo*, Pferd) = 5 Felder vor

Die Würfe müssen jedoch nicht mit Tiernamen benannt werden. Es können auch die koreanischen Zahlen benutzt werden. Für das Zählen der Felder, die ein Spielstein vorrückt, werden ausschließlich koreanische Zahlen verwendet.

Das Spiel wird von dem Spieler (oder der Mannschaft) gewonnen, der als erster alle vier Steine ins Ziel bringt. Das Ziel entspricht dabei dem Startfeld. Oft wird in mehreren Runden gespielt, z. B. bis ein Spieler drei Runden gewonnen hat. Wie bei vielen traditionellen Spielen haben sich auch bei Yutnori unterschiedliche Varianten und Zusatzregeln entwickelt. Alle bauen jedoch auf den hier vorgestellten Grundregeln auf und ergänzen diese nur.

Eine sinokoreanische Redewendung zum Abschluss

언어불통 *Verständigungsschwierigkeit / Verständigungsproblem*

Diesen Ausdruck können Sie verwenden, wenn Sie Verständigungsprobleme haben. Dabei spielt es keine Rolle, ob die Verständigungsprobleme rein sprachlicher Natur sind oder ob Sie einfach den Gedankengängen einer Person nicht folgen können.

Sie können dann sagen: 언어불통입니다. *Ich habe Verständigungsschwierigkeiten. / Es gibt Verständigungsschwierigkeiten.*

Für Ihre erste Zeit in Korea finden Sie vielleicht auch folgenden Satz sehr hilfreich:
한국어를 잘 못 해요. *Ich spreche nicht gut Koreanisch und habe noch oft Verständigungsprobleme.*

Jetzt können Sie üben!

1 Welche Orts- und Richtungsangaben würden Sie in den folgenden Sätzen verwenden: -에 oder -에서?

- **a** Ich treffe meine Freundin im Café.
- **b** Ich bin zu Hause.
- **c** Ich arbeite zu Hause.
- **d** Ich gehe nach Hause.
- **e** Thomas kommt aus Amerika.

2 Übersetzen Sie (informelle Sprechstufe).

- **a** Ich möchte zum Markt gehen. (Plan)
- **b** Möchten Sie nach Hause gehen? (Wunsch)
- **c** Der deutsche Freund will nach Korea reisen (gehen). (Plan)
- **d** Ich möchte eine Banane essen. (Wunsch)
- **e** Sora möchte 3 Äpfel kaufen. (Wunsch)

3 Bilden Sie vier Sätze mit -에 가다 oder 에서

Beispiel: Ich – Markt – gehen. (formell) → 시장에 갑니다.

- **a** Thomas – Hamburg – kommen. (formell)
- **b** Schule – sie – lernen. (formell)
- **c** Sie – Seoul – was – machen. (informell, Frage)
- **d** Freund – zu Hause – Buch – lesen. (informell)

4 Vervollständigen Sie die Fragen in der informellen Sprechstufe mit dem in Klammern angegebenen Wort.

- **a** 어디(에) _____ ? (gehen)
- **b** 친구를 _____ 만나요? (wo)
- **c** 일본 _____ 갑니까? (nach) _____ 가려고 해요? (wohin)
- **d** 한국 _____ 만나요. (in)

5 무엇이 있어요? *Was ist hier?* Antworten Sie auf Koreanisch. (Formulieren Sie ihre Antworten in der informellen Form.)

- **a** 3 Flaschen Bier
- **b** 2 Bücher
- **c** 2 Tassen Kaffee
- **d** 1 Katze
- **e** 1 Paar Schuhe
- **f** 2 Äpfel und 1 Banane

6 Ergänzen Sie die Lücke mit der Zahl in Klammern und dem passenden Zähleinheitswort.

- **a** 친구 두 _____ 이 커피 _____ _____ 을 마셔요. (2)
- **b** 한국어 책 _____ _____ 을 사요? (3)
- **c** 여기 개 한 _____ 가 있어요? 아니요, 없어요.
- **d** 오늘 바나나 6 _____ 와 사과 한 _____ 를 삽니다.
- **e** 옷 한 _____, 구두 두 _____, 맥주 3 _____ 이 있어요.
- **f** 친구가 21 _____ 입니다.

Kapitel 4 — 오늘이 며칠이에요?
Was für einen Tag haben wir heute?

In diesem Kapitel lernen Sie:

- wie Sie nach dem Datum und der Uhrzeit fragen können
- wie Sie Auskünfte zu Wochentagen geben können
- wie man die sinokoreanischen Zahlen gebraucht
- wie man die sinokoreanischen Zähleinheitswörter benutzt

대화 1   Dialog 1
Fragen und Antworten

▶ CD 1 33 Lesen Sie die folgenden Fragen und Antworten und hören Sie sie auf CD.

질문:	오늘이 며칠이에요?
Frage:	Der Wievielte ist heute?
대답:	2010년 8월 24일입니다.
Antwort:	Der 24. August 2010.
질문:	오늘이 무슨 요일이에요?
Frage:	Welchen Wochentag haben wir heute?
대답:	오늘은 수요일이에요.
Antwort:	Heute ist Mittwoch.
질문:	지금 몇 시예요?
Frage:	Wie viel Uhr ist es jetzt?
대답:	오후 3시 15분입니다.
Antwort:	Viertel nach drei nachmittags.
질문:	몇 시에 친구를 만나세요?
Frage:	Um wie viel Uhr treffen Sie die Freunde?
대답:	저녁 7시 30분(반)에 만나요.
Antwort:	Um 7 Uhr 30 abends.
질문:	생일이 언제예요?
Frage:	Wann haben Sie Geburtstag?
대답:	1982년 5월 30일입니다.
Antwort:	Am 30. 5. 1982.
질문:	몇 살이에요?
Frage:	Wie alt sind Sie?
대답:	스물세 살입니다.
Antwort:	Ich bin 23 Jahre alt.

단어집   Wortschatz

질문	Frage
대답	Antwort
오늘	heute
며칠	was für ein Tag, wievielter Tag
년/월/일	Jahr, Monat, Tag (*sinokorean. Zähleinheitswort*)
무슨	was für, welcher
요일	Wochentag
지금	jetzt
몇 시	wie viel Uhr (*Fragewort*)
오후	Nachmittag, nachmittags
시	Uhrzeit, Stunde (*korean. Zähleinheitswort*)
분	Minute (*sinokorean. Zähleinheitswort*)
반	Hälfte
생일	Geburtstag
언제	wann (*Fragewort*)
몇	wie viel (*Fragewort*)

문법 Grammatik

1 Die sinokoreanischen Zahlen

In Kapitel 3 haben Sie die koreanischen Zahlen kennengelernt sowie einiges über ihre Verwendung erfahren. Bitte erinnern Sie sich: Die beiden Zahlensysteme sind nicht beliebig austauschbar.

Während die koreanischen Zahlen nur für Mengen von 1–99 benutzt werden, lassen sich mit dem sinokoreanischen Zahlensystem alle Zahlen von 0 bis unendlich wiedergeben.

Benutzt werden die sinokoreanischen Zahlen bei Zeit- (Minuten und Sekunden) und Datumsangaben, bei Geldmengen, Telefon- und Hausnummern.

Die sinokoreanischen Zahlen sind ebenso wie die rein koreanischen Zahlen logisch aufgebaut. Zahlen wie 11, 12 oder 13 werden als *zehn-eins* (십일), *zehn-zwei* (십이) und *zehn-drei* (십삼) wiedergegeben. *Zwanzig* ist *zwei-zehn* (이십), *dreißig drei-zehn* (삼십). Dementsprechend ist 22 *zweimal zehn plus zwei = zwei-zehn-zwei* (이십이). Für 100 (백), 1 000 (천) und 10 000 (만) gibt es eigene Wörter.

Ein Blick auf eine große Zahl wie 4 857 verdeutlicht das System: Sie können die Zahl in *vier-tausend acht-hundert fünf-zehn sieben* zerlegen, sagen also auf Koreanisch 사천팔백오십칠. Ähnlich wie man im Deutschen statt *eintausend Euro* auch *tausend Euro* sagen kann, wird im Koreanischen bei Zahlen wie 100, 1000, 10 000 usw. die erste 1'ser Zahl weggelassen. So sagt man bei der Jahreszahl 1950 einfach 천구백오십 und nicht 일천 구백오십.

Vernachlässigen Sie es nicht, auch große Zahlen zu üben. Ein Euro entspricht derzeit ca. 1500 koreanischen Won. Dementsprechend müssen Sie beim Einkaufen schnell mit großen Summen jonglieren, beispielsweise:

책이 만오천삼백원이에요.   *Das Buch kostet 15 300 Won.*

Zahlen von 1–10	Zahlen von 11–20	Zehnerzahlen (10, 20, 30 …)	Weitere Zahlen (0, 10, 100, 1 000 …)
1 일	11 십일	10 십	0 영, 공
2 이	12 십이	20 이십	10 십
3 삼	13 십삼	30 삼십	100 백
4 사	14 십사	40 사십	1000 천
5 오	15 십오	50 오십	10 000 만
6 육	16 십육	60 육십	100 000 십만
7 칠	17 십칠	70 칠십	1 000 000 백만
8 팔	18 십팔	80 팔십	10 000 000 천만
9 구	19 십구	90 구십	100 000 000 일억
10 십	20 이십	100 백	

2 Sinokoreanische Zähleinheitswörter

Hier sehen Sie eine Auswahl von Zähleinheitswörtern, die immer mit sinokoreanischen Zahlen verwendet werden.

Koreanische Schreibweise	Verwendung für	Beispiele
년 (年)	Jahr	1953년 *das Jahr 1953*
도 (度)	Grad, Prozent	10도 *10 Grad* 45도 *45 %*
동 (洞)	Straße	인사동 *Insa-dong*
번지 (番地)	Hausnummer	427번지 *Hausnr. 427*
분 (分)	Minute, Bruchzahl	30분 *30 Minuten* 100분의 일 *1/100*
세 (歲)	Alter (sehr respektvoll: honorativ)	82세 *82 Jahre alt*
월 (月)	Monat	1월, 2월 *Januar, Februar*
일 (日)	Tag	3일, 4일 *03., 04.*
층 (層)	Stockwerk	3층 *2. Stock**
호 (號)	Nummer, Heft	아파트 203호 *Apartment Nr. 203*

*In Korea wird das Erdgeschoss als 1. Stockwerk gerechnet, deshalb ist der koreanische 3. Stock auf Deutsch der 2. Stock.

Tipp: Lassen Sie sich von den chinesischen Schriftzeichen in Klammern nicht irritieren. Solche Schriftzeichen (Hanja) finden sich gelegentlich in koreanischen Texten, um die Bedeutung gleichlautender Wörter eindeutig klarzustellen (siehe Kapitel *Koreanisch schreiben*). Als Anfänger müssen Sie sie nicht lernen. Sie sind hier nur zur Information abgedruckt, da sie bei den sinokoreanischen Zähleinheitswörtern oft verwendet werden. Die Schriftzeichen geben die Aussprache der Hanja direkt wieder.

3 Datumsangabe

Bei koreanischen Datumsangaben wird zuerst das Jahr, dann der Monat und schließlich der Tag genannt. Ordinalzahlen wie *der erste, der zweite* usw. werden nicht verwendet. Ein Datum wie der 28.8.1978 wird auf Koreanisch so angegeben: 1978년 8월 28일 (gesprochen: 천구백칠십팔년 팔월 이십팔일).

Der Koreakrieg ist am 25.6.1950 ausgebrochen: 1950년 6월 25일 (gesprochen: 천구백오십년 유월 이십오일).

생일은 천구백팔십삼년 오월 십사일이에요.   *(Mein) Geburtstag ist am 14.05.1983.*

Sie haben die Postposition -에 bereits in Verbindung mit 가다 *gehen* gelernt (-에 가다 *gehen zu*). Man kann sie jedoch auch in Verbindung mit Zeit- oder Datumsangaben verwenden. Sie wird dann mit *am, um* übersetzt und an die entsprechende Zeit- oder Datumsangabe angehängt.

2월 20일에 친구를 만납니다.   *Ich treffe den Freund am 20. 02.*
1월에 한국에 갑니다.   *Ich gehe im Januar nach Korea.*

4 Zeitangaben

Bei Zeitangaben werden sowohl koreanische als auch sinokoreanische Zahlen verwendet.
Bei der Stundenangabe (시) benutzt man eine koreanische Zahl. Bei der Angabe von Minuten (분) und Sekunden (초) finden die sinokoreanischen Zahlen Verwendung.
Erinnern Sie sich an die Angabe ganzer Stunden (Kap. 3, Gram. 8):

한 시	*1 Uhr*
열한 시	*11 Uhr*
오후 세 시	*15 Uhr*

Bei der Angabe von Minuten und Sekunden wird eine sinokoreanische Zahl mit den Zähleinheitswörtern 분 und 초 kombiniert:

35분 10초	*35 Minuten 10 Sekunden* (gesprochen: 삼십오 분 십 초)
55분 42초	*55 Minuten 42 Sekunden* (gesprochen: 오십오 분 사십이 초)

Vorsicht: Da Stunden mit den rein koreanischen Zahlen angegeben werden, müssen Sie bei den meisten Uhrzeitangaben die beiden Zahlensysteme kombinieren, z. B.:

1.20 Uhr   한 시 이십 분

Das erfordert anfangs etwas Konzentration. Vergleichen Sie die folgenden Beispiele:

지금 몇 시예요?	*Wie spät ist es jetzt?*
오후 세 시 십오 분입니다.	*Es ist 3 Uhr 15 nachmittags.*
아홉 시 이십 오 분 십구 초	*09:25:19 Uhr*
오후 아홉 시 삼십 분 / 오후 아홉 시 반	*21:30 Uhr*

Statt 30분 *30 Minuten* kann man auch 반 *die Hälfte* verwenden. 12시 반 bedeutet also *12 Uhr 30*. Sie sagen auf Koreanisch also nicht *halb eins*, sondern *12 Uhr und die Hälfte (einer ganzen Stunde)*.

5 몇 시에? *Um wie viel Uhr?*

Sie kennen die Postposition -에 bereits aus dem vorhergehenden Grammatikpunkt als Angabe von *am* und *um*. Sie können -에 auch an eine Uhrzeit anhängen, um anzugeben, dass etwas um eine bestimmte Zeit passiert.
Vergleichen Sie auch die Fragen nach der Zeit:

몇 시   *wie viel Uhr?*   →   몇 시에   *um wie viel Uhr?*

몇 시에 친구를 만나요?	*Um wie viel Uhr treffen Sie den Freund?*
9시 30분에 만납니다 / 9시 반에 만나요.	*Um 9.30 Uhr treffe ich ihn.*
영화는 오후 3시 45분에 시작합니다.	*Der Film beginnt um 15.45 Uhr.*
12시에 기차를 탑니다.	*Ich steige um 12 Uhr in den Zug.*

6 Fragen über Fragen!

Das Koreanische kennt insgesamt 13 Fragewörter:

Koreanisches Fragewort	Deutsche Übersetzung
누구	wer? *(kann mit jeder Kasusendung kombiniert werden)*
누가	wer? *(nur im Nominativ)*
무엇	was?
언제	wann?
어디	wo?
어떻게	wie?
왜	warum?, weshalb?, wieso?
어느	welche/r/s?
어떤	was für?
무슨	was für?
몇	wie viele?
며칠	welches Datum?
얼마(나)	wie viel?

Im Folgenden sehen wir uns die einzelnen Fragewörter und ihre Verwendungen an. Es gibt leider keine einfachen klaren Regeln für die Stellung der Fragewörter im Satz.

a 누구? wer? / 누가? wer?

Mit dem Fragewort 누구 wird nach einer Person gefragt. Seine Verwendung entspricht im Großen und Ganzen der des deutschen *wer*. Der einzige Unterschied ist der Gebrauch in den verschiedenen Fällen. Im Deutschen werden, je nach Fall, eigene Fragewörter verwendet, z. B. *Wen sehen Sie?* oder *Wem geben Sie das Buch?* Im Koreanischen werden alle diese Fragen mit demselben Fragewort 누구 gebildet und nur je nach Verwendung mit dem entsprechenden Subjekt- oder Objektmarker ergänzt.

누구입니까?	*Wer ist er/sie?*
친구가 누구를 만나요?	*Wen trifft der Freund?*

Das Fragewort 누가 kann, wenn man nach dem Subjekt eines Satzes fragt, synonym zu 누구 verwendet werden.

누가 책을 사요?	*Wer kauft das Buch?*
누가 오세요?	*Wer kommt?*

b 무엇? was?
Mit 무엇 fragt man nach einer Sache. Die Verwendung entspricht der des deutschen *was*, allerdings ist 무엇, wie 누구, veränderlich. Das heißt, Sie können an 무엇, wie auch an 누구, Postpositionen anhängen, z. B. Objektpostpositionen.

무엇이에요?	*Was ist das?*
무엇을 찾아요?	*Was suchen Sie?*

c 언제? wann?
Mit 언제 fragt man nach dem Zeitpunkt, an dem etwas passiert. Die Verwendung entspricht der des deutschen *wann*.

언제 커피를 마시러 갑니까?	*Wann gehen Sie Kaffee trinken?*
언제 오세요? 오후에 옵니다.	*Wann kommen Sie? Ich komme nachmittags.*
친구가 언제 시장에 가요?	*Wann geht die Freundin zum Markt?*

d 어디? wo?
Mit 어디 fragt man nach Orten. Es entspricht dem deutschen *wo*.

Vorsicht: 어디 wird oft mit den bereits gelernten Richtungsangaben -에 und -에서 kombiniert. Damit ergibt sich 어디 als Frage nach dem *wo*, 어디에 als Frage nach dem *wohin* und 어디에서 als Frage nach dem *woher*. 어디에서 kann aber auch mit *wo* übersetzt werden, wenn man nach dem Ort einer Handlung fragt.

여기가 어디입니까?	*Wo befinden wir uns?* (wörtl.: *Wo ist hier?*)
어디(에) 갑니까?	*Wohin gehen Sie?*
토마스가 어디에서 와요?	*Woher kommt Thomas?*
어디에서 공부합니까?	*Wo studieren Sie?*

e 어떻게? wie?
Mit 어떻게 fragt man nach einer Methode, einer Art und Weise usw. Es entspricht dem deutschen *wie*.

비빔밥을 어떻게 먹어요?	*Wie isst man Bibimbab?*
어떻게 지내세요?	*Wie geht es Ihnen?* (wörtl.: *Wie verbringen Sie die Zeit?*)

f 왜? warum/weshalb/wieso?
Mit 왜 fragt man nach dem Grund für etwas. Es entspricht den deutschen Wörtern *warum*, *weshalb* und *wieso*.

왜 가세요?	*Warum gehen Sie?*
왜 한국어를 공부하세요?	*Wieso lernen Sie Koreanisch?*

g 어느? welche/r/s?
Fragewort nach einer Auswahl (von mehreren Dingen oder Menschen usw.).

어느 책을 삽니까?	*Welches Buch kaufen Sie?*
어느 친구가 한국어를 잘 해요?	*Welcher Freund spricht gut Koreanisch?*

h 어떤 und 무슨? was für?
어떤 und 무슨 werden mit *was für* übersetzt.

어떤 친구가 오늘 함께 커피집에 갑니까?	*Was für ein Freund geht heute zusammen mit mir ins Kaffeehaus?*

<u>무슨</u> 책을 사세요? *Was für ein Buch kaufen Sie?*
<u>무슨</u> 요일이에요? *Was für ein Wochentag ist es?*

Umgangssprachlich wird im Deutschen nicht immer ein Unterschied zwischen *welcher* und *was für* gemacht. Stellen Sie sich vor, Sie gehen einkaufen und im Geschäft hören Sie die Frage *Was für einen Pullover möchten Sie kaufen?*. Diese Frage ist sehr allgemein und die passende Antwort wäre, den Pullover zu beschreiben: *Ich möchte einen Angorapullover, einen Wollpullover, einen Rollkragenpullover …*

Hören Sie dagegen *Welchen Pullover möchten Sie?*, wird der Verkäufer Sie nicht nach Ihren allgemeinen Wünschen fragen, sondern ganz konkret um eine Entscheidung bitten. Mögliche Antworten wären: *Ich möchte den rechten (oder den linken).* oder *Ich möchte den roten (oder den blauen).*

Wenn Sie sich nicht sicher sind, welches Wort das richtige ist, stellen Sie sich einfach wieder die Situation im Bekleidungsgeschäft vor.

Sollten Sie die beiden Wörter einmal durcheinanderbringen, ist das kein Problem. Wie das Deutsche unterscheidet sie das Koreanische in der Alltagssprache nicht immer. Sie werden auf jeden Fall verstanden werden!

i 몇 wie viele?

Mit 몇 wird nach zählbaren Dingen wie Stücken, Stunden und dergleichen gefragt. Darin entspricht es dem deutschen *wie viele*. Allerdings wird dieses Fragewort in verschiedenen Kombinationen unterschiedlich übersetzt. Vergleichen Sie die folgenden häufigen Kombinationen von 몇:

몇 살 *wie alt (wörtl.: wie viel Alter)*
몇 시 *wie spät (wörtl.: wie viele Stunden)*

사과 <u>몇</u> 개를 먹어요? *Wie viele (Stücke) Äpfel essen Sie?*
지금 <u>몇</u> 시예요? *Wie spät ist es jetzt?*
친구가 <u>몇</u> 살이에요? 열두 살이에요. *Wie alt ist der Freund? Er ist 12 Jahre alt.*

j 며칠 welches Datum?

며칠 wird mit *welches Datum* oder *der Wievielte* übersetzt. Es ist eine kontrahierte Form von 몇 일 und heißt wörtlich *wie viele Tage*.

<u>며칠</u>입니까? 4월 15일이에요. *Der Wievielte ist heute? Heute ist der 15. April.*

k 얼마(나) wie viel?

얼마 übersetzt man mit *wie viel*. 얼마나 ist das Fragewort für Dauer, Tiefe, Länge usw.

사과가 <u>얼마</u>예요? *Wie viel kostet der Apfel?*
한국에서 <u>얼마나</u> 계십니까? *Wie lange bleiben Sie in Korea?*

Der Unterschied zwischen 몇 und 얼마 kann am Anfang irritieren. Lernen Sie beide Ausdrücke wie Vokabeln. Wenn Sie im Deutschen *wie viele* fragen, benutzen Sie 몇. Benutzen Sie im Deutschen *wie viel* (ohne das *e* am Ende), stellen Sie die koreanische Frage mit 얼마.

단어집 Wortschatz zu den Grammatikerklärungen	
물	Wasser
깊다	tief sein
영화	Film
시작하다	beginnen, anfangen

대화 2   Dialog 2

한국어학원을 찾습니다   Suche nach dem Koreanisch-Sprachinstitut

In diesem Dialog und den darauffolgenden kommen noch einmal Fragewörter und Zähleinheitswörter vor.

Ein Besucher (방문자) und eine Mitarbeiterin (직원) unterhalten sich darüber, wo das Koreanisch-Sprachinstitut zu finden ist. Hören Sie den Dialog und lesen Sie mit.

방문자:	미안합니다. 어디(에) 한국어 학원 사무실이 있습니까?
Besucher:	Entschuldigen Sie, wo befindet sich das Büro des Koreanisch-Sprachinstituts?
직원:	4층에 있어요.
Mitarbeiterin:	Im 3. Stock.
방문자:	어떻게 갑니까?
Besucher:	Wie komme ich (da hin)?
직원:	승강기를 타고 4층에서 내려 15호실로 가세요.
Mitarbeiterin:	Nehmen Sie den Aufzug und steigen Sie im 3. Stock aus, dann gehen Sie ins Zimmer 15.
	누구를 찾으세요?
	Wen suchen Sie?
방문자:	김 원장님 계십니까?
Besucher:	Ist Direktor Kim anwesend?
직원:	약속 시간이 언제예요?
Mitarbeiterin:	Wann sind Sie verabredet?
방문자:	수요일 10시 30분이에요.
Besucher:	Am Mittwoch um 10 Uhr 30.
직원:	원장님이 지금 사무실에 계십니다.
Mitarbeiterin:	Der Direktor ist im Büro.

단어집 Wortschatz

한국어 학원	Koreanisch-Sprachinstitut
사무실	Büro
찾다	suchen
4층	3. Stock (nach europäischer Zählweise)
15호실	Zimmer Nummer 15
승강기	Fahrstuhl, Aufzug
원장	Institutsleiter
약속시간	Termin

대화 3   Dialog 3

오늘 무엇을 하세요?   Was machen Sie heute?

Seong-ho und Simone unterhalten sich über ihre Pläne für den heutigen Tag. Hören Sie den Dialog und lesen Sie mit.

성호:	시모네 씨, 오늘 무엇을 하세요?
Seong-ho:	Simone, was machen Sie heute?
시모네:	시내 구경과 쇼핑을 갑니다.
Simone:	Ich gehe die Stadt besichtigen und einkaufen.
성호:	누구와 같이 가세요?
Seong-ho:	Mit wem gehen Sie?
시모네:	독일 친구와 갑니다.
Simone:	Mit einem deutschen Freund.

단어집 Wortschatz

시내 구경	Stadtbesichtigung
쇼핑	Shopping, Einkauf

7 Wochentage, Monate und Tageszeiten

Hören Sie die Wochentage an.

일요일	*Sonntag*		목요일	*Donnerstag*
월요일	*Montag*		금요일	*Freitag*
화요일	*Dienstag*		토요일	*Samstag*
수요일	*Mittwoch*			

Vielleicht ist Ihnen beim ersten Durchlesen bereits aufgefallen, dass sich die Wochentage nur in ihrer ersten Silbe unterscheiden. 요일 bedeutet *Tag der Woche*.

Der erste Teil der Tagesbezeichnung orientiert sich an den sogenannten sieben Himmelskörpern, der Sonne, dem Mond und den fünf Planeten, die mit bloßem Auge sichtbar sind. Die fünf Planeten entsprechen den fünf Elementen der ostasiatischen Philosophie:

일	(日)	*die Sonne*		목	(木)	*das Holz / Jupiter*
월	(月)	*der Mond*		금	(金)	*das Gold, das Metall / Venus*
화	(火)	*das Feuer / Mars*		토	(土)	*die Erde / Saturn*
수	(水)	*das Wasser / Merkur*				

Tageszeitenbezeichnungen

오전	*Vormittag, vormittags*		저녁	*Abend, abends*
아침	*Morgen, morgens*		밤	*Nacht, nachts*
점심	*Mittag, mittags*		어제	*gestern*
정오	*12 Uhr*		오늘	*heute*
오후	*Nachmittag, nachmittags*		내일	*morgen*

Die Tageszeitenbezeichnungen benennen auch die entsprechenden Mahlzeiten, die zur jeweiligen Tageszeit eingenommen werden:

아침	*Frühstück*
점심	*Mittagessen*
저녁	*Abendessen*

Mit 밤참 bezeichnet man einen nächtlichen Imbiss.

▶ CD 1 / 40 Zuletzt hören Sie die Monatsnamen. Die Monatsnamen werden gebildet, indem man die sinokoreanischen Zahlen für den jeweiligen Monat mit dem Wort 월 *Monat* kombiniert. Der Januar ist der erste Monat im Jahr, also bedeutet 일월 *Januar* (auch 1 월 geschrieben), 이월 *Februar* und so weiter.

1월 / 일월	Januar	7월 / 칠월	Juli
2월 / 이월	Februar	8월 / 팔월	August
3월 / 삼월	März	9월 / 구월	September
4월 / 사월	April	10월 / 시월	Oktober
5월 / 오월	Mai	11월 / 십일월	November
6월 / 유월	Juni	12월 / 십이월	Dezember

Eine sinokoreanische Redewendung zum Abschluss

안하무인 *ein übermütiger und hochmütiger Mensch*

Dieser Ausdruck beschreibt jemanden, der andere Menschen ignoriert oder sich Ihnen gegenüber rücksichtslos verhält. Auch: *frech, ungezogen, unverschämt*. 안하무인 können Sie sowohl benutzen, wenn Sie jemanden ansprechen, als auch wenn Sie über jemanden reden. Stellen Sie sich zum Beispiel vor, Sie warten im Regen auf ein Taxi. Endlich finden Sie eines, sind gerade dabei einzusteigen und plötzlich drängelt sich jemand vor und schnappt es Ihnen weg, ohne sich zu entschuldigen. In so einer Situation könnten Sie 안하무인입니다. sagen: *So ein ungezogener, frecher Kerl*.

Jetzt können Sie üben!

1 Übersetzen Sie die deutschen Fragen mit den angegebenen Fragewörtern in formeller und informeller Form und beantworten Sie sie, sofern eine Antwort vorgegeben ist.

a 누구	Wer sind Sie? (Andrea)
b 누구	Wen treffen Sie? (Andrea)
c 누가	Wer telefoniert? (Thomas)
d 어디(에)	Wo befindet sich das Buch? (zu Hause)
e 무엇이	Was gibt es hier? (ein Buch)
f 무엇을	Was suchen Sie? (ein Buch)
g 언제	Wann gehen Sie einkaufen? (nachmittags)
h 어떻게	Wie gehen Sie? *(Womit fahren Sie?)*
i 어느	In welchem Haus wohnen Sie?
j 어떤	In was für einem Haus wohnen Sie?
k 무슨	Was für ein Buch lesen Sie? (ein Koreanischbuch)
l 몇	Wie viele Äpfel kaufen Sie? (drei)
m 얼마	Was kostet das koreanische Buch? (12,000 Won)

n 얼마나   Wie lange bleiben Sie in Korea? (1 Monat)
o 왜   Warum gehen Sie heute in die Schule?
p 며칠   Was für ein Tag ist heute? / Der Wievielte ist heute? (23.04.2011)

2 Sagen Sie auf Koreanisch:

    a Ich gehe ins Koreanisch-Sprachinstitut.
    b Das Institut befindet sich in diesem Haus, 3. Stock, Zimmer Nummer 7.
    c Heute Abend treffe ich Herrn Thomas Lang. Ich treffe ihn um 19.35 Uhr.
    d Im Januar fliege (gehe) ich nach Amerika.

3 Sagen Sie die folgenden Uhrzeiten auf Koreanisch. 몇 시예요? *Wie spät ist es?*
    a   **b**   **c**   **d**   **e**

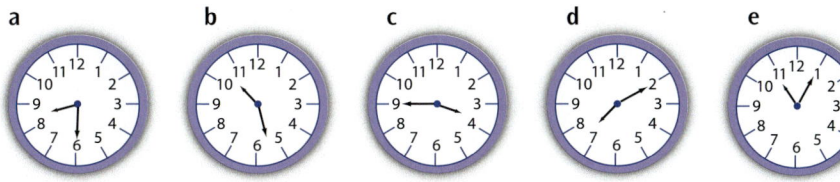

4 Bilden Sie Sätze: *Ich gehe auf den Markt und kaufe …* 시장에 갑니다. 그리고 … 삽니다.

CD1 41
5 Vervollständigen Sie den Dialog, indem Sie die deutschsprachigen Zeilen auf Koreanisch schreiben. Hören Sie sich anschließend den Dialog auf der CD an und sprechen Sie Ihre Sätze in den Pausen.

    a 지금 몇 시 입니까?   *Es ist 2 Uhr 32 Minuten nachmittags.*
    b 몇 시에 토마스를 만나세요?   *Abends um 7 Uhr 45 Minuten treffe ich ihn.*

CD1 42
6 Hören Sie, wie sich Sumi nach Thomas' Handynummer erkundigt. Schreiben Sie seine Antwort auf.

Wiederholungskapitel 1

In diesem Kapitel wiederholen Sie:

- Begrüßungen und Verabschiedungen
- Fragen und Antworten
- wie Sie über Pläne und Wünsche sprechen können
- Zahlen und Zähleinheitswörter
- Essen und Bestellen
- wie Sie Einkaufen gehen können

Wiederholungskapitel 1

Hier können Sie den bisher gelernten Stoff üben und vertiefen.

Die Dialoge geben Ihnen die Möglichkeit, wichtige Phrasen in verschiedenen Verwendungsvarianten zu sehen bzw. die Dialoge (mit leichten Veränderungen) selbst durchzuspielen.

Vor einigen Dialogen finden Sie neuen, hilfreichen Wortschatz. Sie können aber auch weitere Wörter auch in einem Wörterbuch oder im Glossar am Ende des Buches nachschlagen.

Begrüßung und Verabschiedung
Nützliche Ausdrücke 1 (formell)

Verbinden Sie die koreanischen Begrüßungen und Verabschiedungen mit ihren deutschen Entsprechungen.

1 안녕하십니까? 만나서 반갑습니다.
2 안녕하십니까? 어떻게 지내십니까?
3 안녕히 가십시오.
4 안녕히 계십시오.
5 안녕히 주무십시오.

a Gehen Sie in Frieden!
b Schlafen Sie gut.
c Guten Tag! / Wie geht es Ihnen? Ich freue mich Sie kennenzulernen.
d Guten Tag! / Wie geht es Ihnen?
e Bleiben Sie in Frieden!

Nützliche Ausdrücke 2 (informell)

Verbinden Sie die koreanischen Begrüßungen und Verabschiedungen mit ihren deutschen Entsprechungen.

1 안녕하세요?
2 안녕하세요? 네, 잘 있어요. 고맙습니다.
3 안녕히 가세요.
4 안녕히 계세요.
5 안녕히 주무세요.

a Wie geht es Ihnen? Ja, es geht mir gut. Danke.
b Gehen Sie in Frieden!
c Schlafen Sie gut.
d Bleiben Sie in Frieden!
e Wie geht es Ihnen?

Dialog 1 Erster Kontakt: Frage und Antwort

In diesem Dialog antwortet Thomas Lang auf verschiedene Fragen zu seiner Person. Bilden Sie Dialoge nach dem Muster des unten abgedruckten Dialogs. Ersetzen Sie dafür Thomas Lang und Deutsche/r durch die Wörter im Kasten und ergänzen Sie den Dialog mit eigenen Angaben, z. B. einem Geburtsdatum.

> Personen: Tim, Sumi, Laura, Simone
> Nationalität: Amerikaner/in, Japaner/in, Franzose/Französin, Österreicher/in

A: 이름이 무엇이에요?
B: 저는 토마스 랑 입니다.
A: 한국에서 무엇을 하세요?
B: 저는 한국어 공부를 합니다.
A: 관광을 합니다.
B: 회사에 다닙니다.
A: 한국인 친구가 많아요?

B: 네, 친구가 많습니다.
A: 생일이 언제예요?
B: 1980년 5월 7일입니다. 천구백팔십년 오월 칠일입니다.

Dialog 2   Fragen und Antworten

Lesen und hören Sie die einfachen Fragen und Antworten der Musterunterhaltung. Achten Sie vor allem auf die Unterschiede der formellen und informellen Form. Versuchen Sie selbst, ähnliche Fragen und Antworten zu bilden.

formell	informell
A: 어디 가십니까? Wo gehen Sie hin?	어디 가세요?
B: 시장에 갑니다. Ich gehe auf den Markt.	시장에 가요.
A: 누가 오십니까? Wer kommt?	누가 오세요?
B: 토마스가 옵니다. Thomas kommt.	토마스가 와요.
A: 책을 읽으십니까? Lesen Sie ein Buch?	책을 읽으세요?
B: 책을 읽습니다. Ich lese ein Buch.	책을 읽어요.
A: 친구를 만나십니까? Treffen Sie einen Freund?	친구를 만나세요?
B: 친구를 만납니다. Ich treffe einen Freund.	친구를 만나요.

Dialog 3   Pläne und Wünsche: Fragen und Antworten

Lesen und hören Sie die folgenden Sätze zum Thema Pläne und Wünsche. Versuchen Sie mithilfe des Musters, jemanden nach seinen Plänen zu fragen bzw. formulieren Sie eigene Wünsche.

Der folgende Wortschatz soll Ihnen bei der Formulierung Ihrer Wünsche helfen.

극장 Theater   영화관 Kino   공원 Park   잡지 Zeitschrift   신문 Zeitung   편지 Brief
엽서 Postkarte   쓰다 schreiben   굽다 backen   놀다 spielen   케이크 Kuchen
게임 Spiel   전화하다 anrufen   방문하다 besuchen   런던 London   뉴욕 New York
도쿄 Tokyo

A: 어디에 가고 싶어요?
　　Wohin möchten Sie gehen?

B: 서울에 가고 싶어요.
　　Ich möchte nach Seoul.

A: 토마스도 한국에 가고 싶어 합니까?
　　Will Thomas auch nach Korea gehen?

B: 네, 한국에 가고 싶어 해요.
Ja, er möchte nach Korea.

A: 무엇을 하려고 해요?
Was beabsichtigen Sie zu tun?

B: 책을 사려고 합니다.
Ich beabsichtige ein Buch zu kaufen.

A: 점심을 먹을까요? 어디에서 점심을 먹을까요?
Wollen wir Mittag essen? Wo wollen wir Mittag essen?

B: 아니요, 책을 사러 가고 싶어요.
Nein, ich möchte ein Buch kaufen gehen.

Dialog 4 Wohnort und Telefonnummer

Tom und Sumi unterhalten sich über ihren Wohnort und tauschen ihre Telefonnummern aus. Nehmen Sie den unten stehenden Dialog als Muster und geben Sie Auskunft über ihren Wohnort und ihre Telefonnummer.

톰: Tom:	수미 씨, 어디에서 살아요? Sumi, wo wohnen Sie?
수미: Sumi:	종로구 인사동에서 살아요. Ich wohne in Insadong, Jongno. 톰 씨는 어디서 살아요? Wo wohnen Sie, Tom?
톰: Tom:	한남동 23번지 은마 아파트 5층 201호에 살아요. Ich wohne im Eunma-Apartment. 4. Stock Nr. 201, 23 Hansam-dong. 수미 씨, 휴대 전화가 있어요? Sumi, haben Sie ein Handy?
수미: Sumi:	네, 휴대 전화가 있어요. Ja, ich habe eins.
톰: Tom:	전화번호 좀 알려주실 수 있어요? Können Sie mir die Nummer verraten? 전화번호는 011-356-(의) 9876번입니다. (공(영)일일-삼오육-(의) 구팔칠육번입니다.) Meine Nummer ist 011-356-9876.
수미: Sumi:	제 전화번호는 010-123-4567번이에요. (공일공-일이삼-사오육칠번이에요) Meine Nummer ist 010-123-4567.

단어집 Wortschatz

살다	leben, wohnen
한남동	Hannamdong, *Name einer Straße*
종로구	Jongno-gu, *Name eines Bezirkes (Gu) in Seoul, benannt nach der Straße Jongno*
인사동	Insadong, *Name einer Straße im Künstlerviertel in Seoul, die bekannt für ihre Antiquitätengeschäfte und Souvenirläden ist*
은마 아파트	*Name eines Apartments*
휴대 전화	Mobiltelefon
전화번호	Telefonnummer

Dialog 5 커피집에서 Im Café

Lesen und hören Sie den unten stehenden Dialog.
Bestellen Sie selbst und fragen Sie nach dem Preis.
Die Getränkekarte hilft Ihnen dabei.

a
종업원: 무엇을 드시겠어요?
Angestellter: Was wollen Sie trinken?
손님: 냉녹차 한 잔 주세요.
Kunde: Ich hätte gern eine Tasse grünen Eistee.

b
종업원: 무엇을 드시겠어요?
Angestellter: Was wollen Sie trinken?
손님: 카푸치노와 생강차 주세요.
               합해서 얼마예요?
Kunde: Ich hätte gern einen Cappuccino und einen Ingwertee. Was kostet das zusammen?
종업원: 7 600원입 니다.
Angestellter: 7 600 Won.

커피 Kaffee	₩3 800
카페 라떼 Caffè Latte	₩4 000
아메리칸커피 amerikanischer Kaffee (Filterkaffee)	₩4 000
카푸치노 Cappuccino	₩4 200
코코아 Kakao	₩4 000
우유 Milch	₩2 500
홍차 Schwarztee	₩2 800
녹차 Grüner Tee	₩2 800
냉녹차 Grüner Eistee	₩3 000
녹차 라떼 kalter Grüner Tee mit Milch	₩3 200
유자차 Zitronentee	₩3 000
생강차 Ingwertee	₩3 400
대추차 Roter Datteltee	₩3 600
한방차 Kräutertee/Medizintee	₩3 600
쑥차 Beifußtee	₩4 000
오미자차 Schisandratee (*wörtl.*: Fünf-Geschmäcker-Tee)	₩4 000

단어집 Wortschatz

합해서	zusammen

Dialog 6   Einkaufen
Fragen Sie mithilfe der im Kasten angegebenen Wörter nach dem Preis und versuchen Sie ihn herunterzuhandeln.

티셔츠 T-Shirt	15 000 Won	1 500 Won weniger
배낭 Rucksack	46 000 Won	3 400 Won weniger
운동화 Trainingsschuhe	39 000 Won	2 550 Won weniger

유르겐:	이 스웨터가 얼마예요?
Jürgen:	Was kostet dieser Pullover?
상인:	2만 3천원입니다.
Verkäufer:	Er kostet 23 000 Won.
유르겐:	너무 비싸요.
Jürgen:	Er ist zu teuer.
	좀 싸게 해주세요.
	Können Sie ihn mir bitte billiger geben?
상인:	2천원 깎아 드리겠습니다.
Verkäufer:	Ich berechne Ihnen 2 000 Won weniger.
유르겐:	고맙습니다.
Jürgen:	Ich danke Ihnen.
상인:	안녕히 가세요. 또 오세요.
Verkäufer:	Auf Wiedersehen!

단어집 Wortschatz

| 싸다 | billig sein |
| 비싸다 | teuer sein |

Dialog 7   Im Buch- und Schreibwarenladen
Fragen Sie mithilfe der im Kasten angegebenen Wörter nach dem Preis.

손님:	이 책이 얼마입니까?	
Kunde:	Was kostet dieses Buch?	
종업원:	12 900원입니다. (만이천구백원입니다.)	
Angestellter:	Das kostet 12 900 Won.	

한국어 책 Koreanischbuch	₩12 900
연필 Bleistift	₩ 1 200
공책 Notizheft	₩ 6 500
액자 Bilderrahmen	₩18 700
볼펜 Kugelschreiber	₩ 2 100
씨디 CD	₩21 000
마우스 Computermaus	₩24 600

단어집 Wortschatz

| ... 이 / 가 얼마예요? | Was kostet ...? |

Dialog 8 Einkauf auf dem Markt

Hören Sie den Dialog zwischen 상인, dem Händler, und 손님, dem Käufer. Nehmen Sie drei Objekte aus dem Kasten, die Sie selbst kaufen möchten, und spielen Sie den Dialog nach.

5 000 Won	5 500 Won	6 000 Won
사과 Apfel	무 Rettich	호박 Zucchini / Kürbis
배추 Chinakohl	시금치 Spinat	생강 Ingwer
양배추 Weißkohl	피망 Paprika	버섯 Pilze
오이 Gurke	마늘 Knoblauch	고추 Peperoni
브로콜리 Brokkoli	감자 Kartoffel	양파 Zwiebel
토마토 Tomate	당근 Karotte	파 Lauch

상인: 어서 오세요. 무엇을 찾으세요?
Händler: Willkommen. Was suchen Sie?
        무엇을 드릴까요?
        Was darf ich Ihnen geben?

손님: (브로콜리, 토마토, 사과)가 있어요?
        한 개에 얼마예요?
Käufer: Haben Sie (Brokkoli, Tomaten, Äpfel)?
        Was kosten sie pro Stück?

상인: 5천원이에요.
Händler: 5 000 Won.

손님: 너무 비싸요. 좀 깍아 주세요.
Käufer: Das ist zu teuer. Können Sie mir das etwas billiger geben?

상인: 4천 5백원에 드릴게요.
Händler: Ich gebe sie Ihnen für 4 500 Won.

손님: 마가린과 우유 한 병도 주세요.
Käufer: Ich möchte auch Margarine und eine Flasche Milch kaufen.

상인: 네, 여기 있어요.
Händler: Ja, hier haben Sie sie.

손님: 달걀은 10개에 얼마예요?
Käufer: Was kosten 10 Eier?

상인: 3천 5백원입니다.
Händler: 3 500 Won.

Dialog 9 Fragen und Antworten des Alltags

Hören und lesen Sie typische Fragen und Antworten aus verschiedenen Bereichen des Alltagslebens. Können Sie sie schon alle verstehen und selbst bilden? Wenn nicht, gehen Sie zurück zum entsprechenden Kapitel und wiederholen Sie nochmals.

1: 무엇을 사려고 하십니까?
   Was wollen Sie kaufen?
2: 옷 한 벌, 구두 한 켤레와 가방 한 개를 사려고 합니다.
   Ich will eine Bluse und einen dazu passenden Rock, ein Paar Schuhe und eine Tasche kaufen.
1: 친구와 몇시에 만나십니까?
   Um wie viel Uhr treffen Sie Freund(e)?
2: 오후 한 시 45 분에 만나려고 합니다.
   Ich beabsichtige sie um 13.45 Uhr treffen.
1: 또 어디 가십니까?
   Wo wollen Sie noch hingehen?
2: 책방에도 가려고 합니다.
   Ich möchte auch in die Buchhandlung gehen.
1: 무슨 책을 사시겠어요?
   Was für ein Buch wollen Sie kaufen?
2: 한국어책 1 권을 사려고 합니다.
   Ich möchte ein Koreanischbuch kaufen.
1: 한국어 책이 왜 필요합니까?
   Warum benötigen Sie es?
2: 한국어를 배우려고 합니다.
   Ich beabsichtige Koreanisch zu lernen.
1: 이 책이 얼마예요?
   Was kostet dieses Buch?
2: 1만 3천 5백원입니다.
   13500 Won.
1: 화장실이 어디에 있습니까?
   Wo befindet sich die Toilette?
2: 저기 끝에 있습니다.
   Dort am Ende ist sie.

단어집 Wortschatz

화장실	Toilette
필요하다	benötigen, brauchen
끝	Ende

한국말을 잘 하십니까?

Kapitel 5 — Sprechen Sie gut Koreanisch?

In diesem Kapitel lernen Sie:

- wie Sie über Sprachkenntnisse sprechen können
- wie Sie um langsameres Sprechen und Wiederholung bitten können
- wie Sie sagen, dass Sie etwas können oder nicht können
- wie man über zukünftige Ereignisse spricht

Sprechen Sie gut Koreanisch?

Ab diesem Kapitel werden die Dialoge ohne Übersetzung angegeben. Die Übersetzungen sind aber im Anhang ab Seite 254 zu finden.

대화 1   Dialog 1

Eine Ausländerin fragt nach dem Weg. Hören Sie den Dialog und lesen Sie mit.

외국인:	미안합니다. 길 좀 묻겠습니다.
한국인:	어떻게 해요? 제가 영어를 잘 못 합니다.
	한국말을 하실 수 있어요?
외국인:	네, 조금 할 줄 압니다.
한국인:	그럼 좋아요. 어떻게 도와 드릴까요?
외국인:	동숭동에 어떻게 갑니까?
한국인:	여기가 종로 2 가예요. 종로 3가에서 전철을 타세요.
	그리고 종로 4가에서 환승하셔야 해요.
외국인:	좀 천천히 말씀해 주시겠어요?
	잘 이해할 수(가) 없습니다.
한국인:	네, 아주 천천히 말해 드리겠습니다.

단어집 Wortschatz

길	Weg, Straße
좀	bitte
잘	gut
없다	nicht vorhanden sein (*Gegenteil von* 있다)
조금	ein wenig
그럼	wenn es / dem so ist
좋다	gut sein
동숭동	Dongsung-dong, *eine Straße in* Jongno-gu, *einem Bezirk von Seoul*
종로 2가, 3가	Jongno, *eine der größten Straßen in Seoul*
전철	U-Bahn
타다	einsteigen
환승 (하다)	Umsteigen, umsteigen
이해 (하다)	Verstehen, Verständnis, verstehen
천천히	langsam

대화 2   Dialog 2
이것이 무엇이에요? Was ist das?

▶ CD 1 / 47 Lesen Sie die folgenden Fragen und Antworten und hören Sie den Text auf der CD.

a
이것이 무엇이에요?
한국어 책입니다.
그것은 그림입니까?
아니요, 이것은 한국 지도예요.
저것은 무엇이에요?
저것은 한국어 책입니다.

b
이 집이 어학원이에요?
아니요, 이 집은 우리 집이에요.
그 친구는 미국에서 옵니까?
네, 그 친구는 미국에서 옵니다.
저 친구는 독일 사람이에요?
네, 독일 사람입니다.

c
여기가 어디에요?
여기는 서울입니다.
거기에 언제 가세요?
거기에 오늘 오후 2시 반에 가겠습니다.
저기(에)서 누가 전화를 해요?
저기서 필립이 전화를 해요.
저기 아우디 자동차가 있어요.
소라가 저 자동차를 사고 싶어 해요.

단어집 Wortschatz

그림	Bild
한국 지도	Landkarte von Korea
집	Haus
자동차	Auto
전화하다	telefonieren

Grammatikalische Erscheinungen:

-겠	Futurform *(siehe Grammatik, Punkt 2)*
못 하다	nicht können *(siehe Grammatik, Punkt 1)*
-ㄹ/을 수 있다/없다	können / nicht können *(siehe Grammatik, Punkt 1)*
-아/어도 되다	dürfen *(siehe Grammatik, Punkt 1)*
-아/어도 좋다	dürfen *(siehe Grammatik, Punkt 1)*
-아/어 드리다	einen Gefallen tun *(siehe Grammatik, Punkt 5)*
이, 그, 저	Zeigewort *(siehe Grammatik, Punkt 7)*
-을/를까요?	Höfliche Frage nach dem Willen oder der Absicht *(siehe Grammatik, Punkt t 6)*
-기 바라다	wünschen *(siehe Grammatik, Punkt 4)*

문법 Grammatik

1 Können, sollen, dürfen, müssen

Die Verben *können, sollen, dürfen, müssen* kennen Sie vielleicht noch aus der Schulgrammatik unter dem Namen *Modalverben*. Auch das Koreanische kennt solche modalen Ausdrücke.

a Können (1): 잘 하다, 잘 못 하다

Im Koreanischen gibt es zwei Möglichkeiten, um auszudrücken, dass man etwas kann oder nicht kann. Beide Varianten unterscheiden sich nicht in ihrer Bedeutung. Auch das Deutsche kennt bedeutungsgleiche Satzvarianten wie z. B. *Ich kann gut/kein Koreanisch* und *Ich kann Koreanisch (nicht) gut sprechen*.

Die Koreaner selbst zählen die Konstruktion mit 잘 하다 oder 잘 못 하다 nicht zu den Modalverben, aber da die Konstruktion im Deutschen durch das Modalverb *können* wiedergegeben wird, ist sie in diesem Buch unter den Modalverben gelistet.

Für die Übersetzung des ersten Satzes kombinieren Sie einfach die Sache, die Sie können, mit der Endung (잘) 하다:
한국어를 (잘) 해요.   *Ich kann (gut) Koreanisch.*

Die Verneinung wird ähnlich konstruiert. Sie nehmen die Sache, die Sie nicht beherrschen, und fügen -못 하다 an:
한국어를 못 해요.   *Ich kann kein Koreanisch.*

Außerdem können Sie, wenn Sie ausdrücken wollen, dass Sie etwas nicht gut können, das Ihnen bereits bekannte Wort 잘 verwenden:
한국어를 잘 못 해요.   *Ich kann nicht gut Koreanisch.*

Bitte beachten Sie: 잘 wird ausschließlich für Tätigkeitsverben verwendet und nicht mit Eigenschaftswörtern kombiniert.

In der informellen Stufe könnte man einen kurzen Dialog so führen:
김치를 잘 먹어요?   *Können Sie Gimchi gut essen?*
네, 잘 먹어요.   *Ja, ich kann es gut essen.*

Können (2): -ㄹ/을 수 있다
Beim zweiten Ausdruck für *können* kommt das Ihnen bereits bekannte System der Verbendungen zur Anwendung. Dafür nehmen Sie den Verbstamm und hängen -ㄹ/을 수 있다 an. Endet der Verbstamm auf einen Konsonanten, verwendet man -을 수 있다, bei einem Verbstamm mit einer Vokalendung -ㄹ 수 있다, z.B. 가다 → 갈 수 있어요 oder 사다 → 살 수 있어요.

Wenn Sie verneinen wollen, dass Sie etwas können, benutzen Sie als Endung -ㄹ/을 수 없다.

Erinnern Sie sich: 있다 allein bezeichnet die *Existenz* oder das *Vorhandensein*, 없다 die *Nicht-Existenz* oder das *Nichtvorhandensein*.

한국말을 할 수 있어요   *Koreanische Sprache sprechen können / (wörtl.:) Koreanisch Sprachkenntnis existiert*

한국말을 할 수 없어요   *Koreanische Sprache nicht sprechen können / (wörtl.:) Koreanisch Sprachkenntnis existiert nicht*

Hier sind einige weitere Beispielsätze:
- 지금 시장에 갈 수 있어요?   *Können Sie gerade zum Markt gehen?*
- 아니요, 갈 수 없어요.   *Nein, kann ich nicht.*

- 이 사과를 먹을 수 있어요?   *Können Sie diesen Apfel essen?*
- 네, 먹을 수 있어요.   *Ja, kann ich.*

- 한국말을 잘 하실 수 있어요?   *Können Sie gut Koreanisch sprechen?*
- 아니요, 한국말을 잘 할 수 없어요.   *Nein, kann ich nicht.*

b Dürfen -도 좋다 oder -도 되다

Auch das deutsche *dürfen* wird im Koreanischen durch eine Verbendung wiedergegeben. Dafür nehmen Sie den Verbstamm und fügen -도 좋다 oder -도 되다 an. Es gibt dabei nur eine Form, egal, ob der Verbstamm auf einen Konsonanten oder einen Vokal endet. 좋다 und 되다 werden aber ganz normal je nach Formalitätsstufe verändert. Sie können synonym verwendet werden, es gibt keinen Unterschied in der Bedeutung. Betrachten Sie folgende Beispiele:

	formell	informell
Darf ich nach Hause gehen?	집에 가도 됩니까?	집에 가도 돼요?
	집에 가도 좋습니까?	집에 가도 좋아요?
Ich darf zum Kaffee trinken gehen (gehen, um Kaffee zu trinken).	커피를 마시러 가도 됩니다.	커피를 마시러 가도 돼요.
	커피를 마시러 가도 좋습니다.	커피를 마시러 가도 좋아요.

c Müssen -야 되다 oder -야 하다

Das deutsche Wort *müssen* wird im Koreanischen ebenfalls durch eine Verbendung ausgedrückt. Dafür nehmen Sie den Verbstamm und fügen -야 되다 oder -야 하다 an. Es macht dabei keinen Unterschied, ob der Verbstamm auf einen Vokal oder einen Konsonanten endet. 되다 und 하다 können in diesem Fall synonym verwendet werden.

	formell	informell
Ich muss jetzt zum Markt gehen.	지금 시장에 가야 합니다.	지금 시장에 가야 해요.
Ich muss heute meinen Freund treffen.	친구를 오늘 만나야 됩니다.	친구를 오늘 만나야 돼요.

2 Zukunft mit dem Suffix -겠

Die Konstruktion mit -겠 wird im Koreanischen sehr vielseitig verwendet. Abgesehen davon, dass sie allgemein eine Handlung in der Zukunft kennzeichnet, wird sie noch für Absichtserklärungen, Willenserklärungen, Vermutungen u. ä. benutzt. Das mag auf den ersten Blick verwirrend erscheinen, ist aber gar nicht so kompliziert. Die folgenden Erklärungen werden Ihnen helfen, Schritt für Schritt den Überblick über die einzelnen Verwendungsformen zu gewinnen und sie korrekt anzuwenden.

a Ich werde – Einfaches Futur (Zukunft)

Mit der Silbe -겠 können Sie zukünftige Ereignisse ausdrücken. Dafür fügen Sie -겠 zwischen den Verbstamm und die Verbendung ein:

밥을 먹겠어요.   *Ich werde essen.*

Tipp: Für die korrekte Verwendung reicht es, wenn Sie -겠어요 als Endung lernen, die einfach an den Verbstamm angehängt wird. Wie sie aufgebaut ist, müssen Sie sich nicht unbedingt merken.

b Zukunftsformen als Ausdruck der Absicht und als Vorhersagen

Wie Sie am deutschen Satz *ich werde essen* sehen können, können Aussagen über die Zukunft zweideutig sein und sowohl die Absicht des Sprechers als auch eine Vorhersage über die Zukunft ausdrücken.

Ich werde jetzt essen kann eine Vorhersage darüber sein, was in der Zukunft geschehen wird, kann aber auch einen Plan oder eine Absicht ausdrücken. Auch im folgenden Beispielsatz sind beide Interpretationen möglich:

그 친구를 만나겠어요.   *Ich werde den Freund treffen. (Vorhersage)*
  Ich werde/will den Freund treffen. (Absicht)

Beim nächsten Beispielsatz kann es sich dagegen nur um eine Annahme handeln, da das Wetter nicht beeinflussbar ist.

오늘 날씨가 좋겠어요.   *Das Wetter heute wird gut sein.*

3 Wollen Sie? – Willen oder Absicht des Gesprächspartners erfragen

In einem Fragesatz wird mit -겠 gebildeten Verbformen nicht nur nach zukünftigen Geschehnissen gefragt, sondern auch nach dem Willen oder der Absicht des Gesprächspartners:

드시겠어요?   *Wollen Sie essen?*
가시겠어요?   *Wollen Sie gehen?*
좀 천천히 말씀해 주시겠습니까?   *Würden Sie bitte etwas langsamer sprechen?* (wörtl.: *ein bisschen langsam Sprache sprechen wollen*)

저기(에) 함께 가시겠어요?   *Wollen wir gemeinsam dorthin gehen?*
이 책을 읽을 수 있겠어요?   *Können Sie dieses Buch lesen?*

In den Beispielen sehen Sie ein Ihnen unbekanntes Verb für *essen* und zwar ein besonders höfliches Verb, ein sogenanntes *honoratives Verb*. Die Unterschiede werden am Ende des Grammatikteils in diesem Kapitel erklärt. Dort werden die Unterschiede zwischen normalen und besonders höflichen Verben genauer beschrieben.

4 Um einen Gefallen bitten -아/-어 주다

Im Koreanischen wird eine Bitte oft mit dem Verb 주다 *geben* formuliert. Dafür fügen Sie -아/-어 주다 an den Verbstamm an. Dabei gilt für -아 und -어 dieselbe Verteilungsregel wie bei der Bildung der informellen Sprechstufe: Ist der letzte Vokal des Verbstammes ein -ㅏ oder ein -ㅗ, so wird -아 주다 angehängt; ist der letzte Vokal des Verbstammes ein anderer Vokal, wird -어 주다 angehängt.
In Sätzen wird 주다 fast immer in der höflichen Variante der informellen Sprechstufe (주세요) verwendet, in der das respektvolle Suffix 시 mit der Endung der informellen Höflichkeitsstufe zu 세요 verschmilzt.

Grundform	Verbstamm	+ -아/-어	Beispiel	Übersetzung
찾다	찾	아 주다	찾아 주세요	*Bitte suchen Sie für mich / Tun Sie mir den Gefallen und suchen Sie für mich.*
오다	오	아 주다	오(아)/와 주세요	*Bitte kommen Sie.*
기다리다	기다리	어 주다	기다려 주세요	*Warten Sie bitte!*

Gelegentlich werden Sie 주세요 auch in Verbindung mit Substantiven begegnen, z. B. 밥을 주세요 oder 물 주세요. Damit bitten Sie direkt um einen Gegenstand. Diese Form ist anfangs oft einfacher zu bilden. Bemühen Sie sich trotzdem darum, die Variante Verb + 아/어 주세요 zu verwenden, da sie höflicher ist.

5 Einen Gefallen tun -아/-어 드리다

Sie wissen bereits, wie Sie jemanden um einen Gefallen bitten. Wenn Sie nun ausdrücken wollen, dass Sie jemand anderem einen Gefallen tun oder eine Handlung für jemand anderen ausführen, fügen Sie -아/-어 드리다 an den Verbstamm an.
Die Verteilungsregeln sind identisch mit denen, die Sie für -아/-어 주다 gelernt haben: Ist der letzte Vokal des Verbstammes ein -ㅏ oder ein -ㅗ, so wird -아 드리다 angehängt, ist der letzte Vokal des Verbstammes ein anderer Vokal, wird -어 드리다 angehängt.
Wie gewohnt müssen Sie -아/-어 드리다 in die formelle oder informelle Sprechstufe setzen, wenn Sie den Ausdruck in einem Satz verwenden wollen.

Grundform	Verbstamm	+ -아/-어	Beispiel	Übersetzung
찾다	찾	아 드리다	찾아 드려요	Ich suche für Sie / tue Ihnen einen Gefallen und suche …
전화하다	전화하	아 드리다	전화해 드려요	Ich rufe für Sie an. (Kontraktion 하 +아 → 해)
쓰다	쓰	쓰어 드리다	써 드려요	Ich werde für Sie schreiben. (Kontraktion 쓰어 → 써)

Hier sind einige weitere Beispielsätze:

책을 읽어 드립니다.   Ich lese Ihnen das Buch vor.
전화를 드려요.   Ich rufe Sie an.
커피를 사 드릴까요?   Soll ich Ihnen Kaffee bestellen (kaufen)?

Die folgenden Sätze sind Gegenüberstellungen, die Ihnen den Unterschied zwischen -아/-어 주다 und -아/-어 드리다 verdeutlichen sollen. Jeweils zuerst genannt ist die Variante, in der Sie um einen Gefallen bitten, während Sie im zweiten Satz die Handlung für jemand anderen ausführen, z. B.: 사 주세요 *Kaufen Sie es mir.* (wörtl.: *kaufen mir bitte geben*), 사 드려요 (사 드리겠어요). *Ich kaufe für jemanden.* (wörtl.: *kaufen ich Ihnen geben*).

읽어 주겠어요?   Wollen Sie (für mich) lesen?
읽어 드려도 좋아요?   Darf ich Ihnen vorlesen?
길을 좀 가리켜 주세요.   Zeigen Sie mir den Weg.
길을 가리켜 드리겠습니다.   Ich zeige Ihnen den Weg.
불고기를 사 주세요.   Bitte bestellen Sie Bulgogi (für mich).
오늘은 제가 불고기를 사 드려요.   Heute bestelle ich Bulgogi (für Sie).

6 Wünsche und Erwartungen -기(를) 바라다

Die Satzendung -기(를) 바라다 bedeutet so viel wie *wünschen* oder *erwarten* und wird unmittelbar an den Verbstamm angehängt. Dabei spielt es keine Rolle, ob der Verbstamm auf einen Vokal oder Konsonanten endet. Das in Klammern gesetzte (를) ist die Objektpostposition.
Die Satzendung wird, wie gewohnt, je nach Sprechstufe verändert. Die folgende Übersicht veranschaulicht Ihnen die Bildung:

Grundform	Verbstamm	+ 기 바라다	Beispiel (formell/informell)
배우다 *lernen*	배우	+기 바라다	배우기 바랍니다 / 바래요
읽다 *lesen*	읽	+기 바라다	읽기(를) 바랍니다 / 바래요
쓰다 *schreiben*	쓰	+기 바라다	쓰기(를) 바랍니다 / 바래요

Vergleichen Sie die folgenden Beispielsätze:

한국어를 잘 배우기 바랍니다.	*Ich hoffe* (wörtl.: *wünsche mir*), *dass Sie gut Koreanisch lernen.*
남편이 일찍 집에 돌아오기를 바래요.	*Ich wünsche mir, dass mein Mann frühzeitig nach Hause kommt.*
한국에 갈 수 있기를 바랍니다.	*Ich wünsche mir, dass ich nach Korea fahren kann.*
꼭 오시기를 바랍니다.	*Ich wünsche mir, dass Sie auf jeden Fall kommen.*

7 Fragen nach Willen oder Absicht des Hörers -ㄹ/을까요?

-ㄹ/을까요? ähnelt der Fragesatzendung -겠습니까 oder -겠어요. Mit -ㄹ/을까요? wird nach dem Willen des Hörers gefragt. Dabei hängt man -ㄹ/을 까요? an den Verbstamm an.

무엇을 도와드릴까요?	*Womit kann ich (Ihnen) helfen?*
커피를 마시러 갈까요?	*Sollen wir zum Kaffeetrinken gehen?*

Ein weiterer ähnlicher Ausdruck wird mit dem Verb 하다 gebildet und lautet -할까요? Diese Satzendung kann nur in der ersten Person Singular und der ersten Person Plural verwendet werden und bedeutet *soll ich?/ sollen wir?* Sie kann eine leichte höfliche Aufforderung beinhalten.

노래를 할까요?	*Wollen/Sollen wir singen?*

Wenn Sie besonders höflich sein wollen, können Sie noch das höfliche Suffix 시 einfügen:

한국어를 공부하실까요?	*Wollen/Sollen wir Koreanisch lernen?*
한국에 같이 가실까요?	*Wollen/Sollen wir zusammen nach Korea reisen (wörtl.: gehen)?*

8 Hier, dort und dort drüben: die Zeigewörter 이, 그 und 저

Die drei Silben 이, 그, 저 dienen im Koreanischen dazu, Personen oder Dinge näher zu bestimmen. Die Zeigewörter 이, 그, 저 werden immer mit dem kombiniert, was durch sie genauer bestimmt werden soll, z. B. 이것 *dieses Ding*, 이 집 *dieses Haus* oder 그 사람 *jener Mensch*. Auch Orte und Richtungen können durch 이, 그 und 저 bestimmt werden, z. B. 이리 *hierher*, 그리 *dahin*, 저리 *dorthin* oder 여기 *hier*, 거기 *dort*, 저기

dort drüben. Beachten Sie: Zusätzlich zur Zeigefunktion kann man 그 auch verwenden, um auf etwas bereits Erwähntes zu verweisen: 그 집 *jenes (bereits zuvor erwähnte) Haus*. 저, das Wort, mit dem Sie die am weitesten entfernten Gegenstände bezeichnen, darf sich nur auf etwas Sichtbares beziehen!

이 책이 한국어 책입니까? – 네, 그 책은 한국어 책입니다.
Ist dieses Buch (hier) ein koreanisches Buch? – Ja, dieses (bereits erwähnte) Buch ist ein koreanisches Buch.

저 사람이 독일사람입니까? – 네, 저 사람이 독일사람입니다.
Ist diese Person dort ein Deutscher? – Ja, diese Person dort ist ein Deutscher.

이리로 오세요. *Kommen Sie hierher.*
이리로 오시겠습니까? *(höflicher:) Wollen Sie bitte hierher kommen?*
저리로 가세요. *Gehen Sie dorthin.*

ⓘ Gewusst wie: Ja und nein – 네 und 아니요

Sie kennen bereits 네 als die koreanische Form von *ja*. Synonym wird auch oft 예 verwendet, das einen mehr oder weniger formalen Charakter hat. 아니요 bedeutet *nein*.
네 und 아니요 werden fast wie im Deutschen verwendet. Vergleichen Sie dafür die beiden folgenden Beispielsätze:

토마스 씨에요? – 아니요, 팀이에요. *Sind Sie Thomas? – Nein, ich bin Tim.*
차를 마시겠어요? – 네, 한 잔 주세요. *Möchten Sie einen Tee trinken? – Ja, bitte eine Tasse.*

Diese Ähnlichkeit beschränkt sich leider nur auf die sogenannten positiven Entscheidungsfragen. Sobald in der Frage eine Verneinung verwendet wird, wird es nämlich komplizierter. Wenn Sie im Deutschen fragen *Mögen Sie keinen Kaffee?*, kann die Antwort lauten *Nein, ich mag keinen. / Doch, ich mag einen.*
Im Koreanischen dagegen drücken Sie mit 네 und 아니요 nicht nur *ja* und *nein* aus, sondern auch Zustimmung zu dem, was gerade gesagt wurde.
Sehen wir uns zur Verdeutlichung einmal den Satz *Mögen Sie keinen Kaffee?* im Koreanischen an:
커피 안 좋아해요?
Die beiden möglichen Antworten lauten:

네, 안 좋아해요. **Nein**, *ich mag keinen Kaffee.* (wörtl.: **Ja**, *Sie haben Recht, ich mag keinen Kaffee.*)
아니요, 좋아해요. **Doch**, *ich mag Kaffee.* (wörtl.: **Nein**, *Sie haben nicht Recht, ich mag Kaffee.*)

Seien Sie also bei verneinten Fragen vorsichtig und überlegen Sie genau, um Missverständnisse zu vermeiden. Es dauert einige Zeit, bis man sich an diese Art der Fragebeantwortung gewöhnt hat.

Übrigens schüttelt man im Koreanischen nicht immer den Kopf, um ein *nein* auszudrücken, sondern man kann mit den beiden Zeigerfingern ein Kreuzchen bilden (siehe Illustration).

단어집 Wortschatz für die Grammatikerklärungen

아니요	nein
네	ja (*Synonym* 예)
되다	werden
지금	jetzt
남편	Ehemann
일찍	zeitig, früh
돌아오다	zurückkommen
가리키다	zeigen (**Vorsicht:** *nicht verwechseln mit* 가르치다 lehren)
이제	nun, gerade, jetzt
빵	Brot
우유	Milch
컴퓨터 게임	Computerspiel (*vom englischen* computer game)
약	Medikament
개	Hund
고양이	Katze
날씨	Wetter
좋다	gut sein, in Ordnung sein
대신	anstelle (von)

대화 3   Dialog 3

송 선생님과 손야의 대화   Lehrerin Song und Sonja unterhalten sich

Sonja löchert ihre Koreanischlehrerin mit zahlreichen Fragen. Lesen Sie den Dialog und hören Sie sich die Aufnahme an.

손야: 언제 집에 가도 좋아요?
송 선생님: 오후 3시 45분에 가도 됩니다.
손야: 지금 무엇을 (뭘) 할 수 있어요?
송 선생님: 한국어 책을 읽어야 합니다.
손야: 이 한국어 책이 얼마예요?
송 선생님: 칠천구백오십 원이에요.
손야: 왜 이 책을 사야 해요?
송 선생님: 한국어 공부를 해야 합니다.
손야: 네, 한국어를 잘 하고 싶어요.
송 선생님: 저녁에 친구가 옵니다. 그래서 남편이
  오늘 집에 일찍 돌아올 수 있기를 바랍니다.
  손야 씨, 이제 가도 좋아요.
손야: 선생님, 안녕히 가세요.
  저는 지금 빵과 우유를 사러 슈퍼마켓에 가야 합니다.

❶ Höfliche Verben

Im Koreanischen gibt es Verben, die sich in ihrer Höflichkeitsstufe unterscheiden. So unbekannt ist das System für Deutsch Sprechende gar nicht: Auch das Deutsche kennt Abstufungen bei Verben. So kann man statt *essen* auch *fressen*, *spachteln* oder *dinieren* sagen: Zeitungen berichten über Politiker, die *dinieren*, Normalsterbliche *essen* und ganz Ungehobelte *fressen* oder *stopfen* Essen in sich *hinein*.

Ähnlich dürfen Sie sich die Unterscheidung im Koreanischen vorstellen. Dabei benutzt man die weniger höfliche Form für sich selbst und die respektvollere Form für den Gesprächspartner oder für Dritte, über die man redet. Bitte beachten Sie, dass die in diesem Buch verwendete weniger höfliche Form in diesem Fall immer noch sehr höflich ist. Man kann aber fast alles immer noch eine Stufe höflicher ausdrücken.

Dafür gibt es zwei Möglichkeiten: das Suffix -시 und spezielle honorative (höfliche) Verben. Dem Suffix -시 sind Sie bereits in vorhergehenden Kapiteln begegnet. Zur Erinnerung ein kurzer Überblick über die Bildung:

Grundform	Infinitiv mit höflichem Morphem 시	Anwendung: formelle und informelle Form
가다 *gehen*	가 + 시 + 다 / 가시다	가십니다 / 가세요
오다 *kommen*	오 + 시 + 다 / 오시다	오십니다 / 오세요
공부하다 *lernen*	공부하+시다 / 공부하시다	공부하십니다 / 공부하세요

Sie sehen, dass das -시 nur in der formelleren Stufe wirklich als -시 zu erkennen ist. In der informelleren Verbform verschmilzt es mit der Endung zu einem -세요.

Die Formen mit -시 werden in der informellen Form nicht immer benutzt. Vor allem unter jungen Leuten wird meist nur die -아요/-어요-Endung verwendet. Doch auch bei der informellen Sprechstufe gilt generell: Die Form mit -시 wird auch Freunden gegenüber verwendet, denen gegenüber man Respekt zeigen will.

Bei einigen Verben wird die höflichere Variante nicht mit -시 gebildet. Für diese Verben existiert eine eigene, respektvolle Form, die auf den ersten Blick leider oft nicht mit dem Ausgangsverb in Verbindung zu bringen ist. Da die höfliche Bedeutung der Silbe -시 bereits ein fester Bestandteil dieser Verben ist, kombiniert man diese speziellen höflichen Verbformen nicht zusätzlich mit -시.

Verb	Honoratives Verb	Deutsche Übersetzung
있다	계시다	*sich befinden*
먹다	잡수시다 / 드시다	*essen, speisen*
아프다	편찮으시다	*krank sein*
자다	주무시다	*schlafen*
주다	드리다	*geben*

보다	뵙다	*sehen, treffen, betrachten*
묻다	여쭈다	*fragen*
(잘) 있다 (잘) 지내다	안녕하시다	*wohl sein, in Frieden sein*

Dabei wird die höfliche, honorative Form benutzt, wenn Sie über Ihren Gesprächspartner oder über Dritte sprechen, während Sie, wenn Sie von sich oder Ihrer Familie erzählen, die normale Form wählen. Gegenüber älteren Familienmitgliedern wird aber ebenfalls die honorative Form verwendet.

저는 토마토를 먹겠어요.
사과를 드시겠어요?
처음 만납니다. / 처음 뵙(겠)습니다.

Ich will/werde eine Tomate essen.
Wollen/Werden Sie einen Apfel essen?
Ich freue mich Sie kennenzulernen.
(wörtl.: Ich treffe Sie zum ersten Mal.)

Vorsicht: Es mag verführerisch sein, sich nur jeweils eines dieser Verbpaare zu merken. Schließlich kann man sich dann verständlich machen und muss nicht den doppelten Aufwand für zwei gleichbedeutende Wörter investieren. Aber es wirkt extrem unhöflich, wenn Sie die Grundform für Ihr Gegenüber benutzen. Auch sollten Sie die höfliche Form nicht benutzen, wenn Sie über sich selbst sprechen. Bitte nehmen Sie diese Wortpaare ernst!

Vorsicht: Wenn Ihr Gesprächspartner älter als Sie ist oder einen höheren Status hat, kann er die normale Form der Wörter wählen, auch wenn er Sie direkt anspricht. Das ist in so einem Fall nicht unhöflich, sondern einfach durch die Wahl der unterschiedlichen Sprechstufen bedingt.

Höfliche Nomen

Auch für manche Nomen gibt es eine spezielle Höflichkeitsform. In Grammatiken finden Sie diese Form oft als *Honorativ* erklärt.

Substantiv	Deutsche Übersetzung	Honorativ
밥	*Mahlzeit, gekochter Reis*	진지, 식사
병	*Krankheit*	병환
나이	*Alter*	연세
생일	*Geburtstag*	생신
아내	*Ehefrau*	부인
남편	*Ehemann*	부군
말	*Sprache*	말씀

Auch hier gilt wieder, dass die einfache Form benutzt wird, wenn über die eigene Person oder die eigene Familie gesprochen wird, die honorative Form dagegen, wenn über andere gesprochen wird. Wenn Sie Ihren Partner oder Ihre Partnerin vorstellen, benutzen Sie also 아내 oder 남편 und wenn Sie nach dem Ehepartner Ihres Gegenübers fragen, benutzen Sie 부인 oder 부군.

ⓘ Traditionelle Märkte 재래시장 in Korea

Von jeher haben regelmäßig stattfindende Märkte das dörfliche Leben bestimmt. Heute haben die modernen Supermärkte das traditionelle Marktleben ziemlich verdrängt, dennoch werden die traditionellen Märkte heute zusehends wiederbelebt.

Einige dieser Märkte haben in Seoul bis heute überdauert und sind mittlerweile zu beliebten touristischen Attraktionen geworden. Am bekanntesten sind der Dongdaemun-Markt 동대문시장 am Dongdae-mun (Heungye-Osttor), der Namdaemun Markt 남대문시장 am Sungnye-Mun (Südtor), der Medizinkräutermarkt 경동시장 und der Fischmarkt 수산시장 in Garak-dong.

Außerhalb Seouls haben es besonders der Hadong-Markt 하동장 im Süden Koreas, der vor allem grünen Tee und Produkte aus grünem Tee anbietet, und der Jagalchi-Fischmarkt 자갈치시장 in Busan zu überregionaler Berühmtheit gebracht und sollten bei keiner Korearundreise fehlen.

동대문시장 und 남대문시장 bieten alle möglichen Artikel für den alltäglichen Bedarf, von Kleidern, Taschen und Geschirr bis hin zu Kunstblumen, Schmuck und Lebensmitteln. Preislich ist die Bandbreite ebenso groß wie bei den angebotenen Artikeln: von wenigen 1000 Won bis hin zu Millionenbeträgen können Sie jede Summe ausgeben.

경동시장 bietet alle erdenklichen Medizinkräuter für die traditionelle koreanische Medizin. Besonders begehrt sind koreanischer Ginseng (Insam 인삼) und Ginsengprodukte. Alle Pflanzen finden Sie frisch und in getrocknetem Zustand. Aber auch tierische Bestandteile traditioneller Arzneien wie z. B. getrocknete Kleintiere und Insekten findet man hier. Daegu bietet einen vom Angebot her ähnlichen Medizinmarkt, der als der älteste Koreas gilt.

수산시장, der Fischmarkt in Seoul, bietet zahlreiche Fischsorten, vor allem fangfrische, lebendige Fische aus den Häfen Koreas. Die Märkte in Seoul sind verkehrstechnisch sehr günstig gelegen und lassen sich bequem mit der U-Bahn erreichen. Auch Taxis transportieren günstig und bequem zu den Märkten.

Kleine traditionelle Märkte lassen sich in fast jedem Bezirk in Seoul finden und auch in anderen Städten gibt es zahlreiche Märkte für den täglichen Bedarf. Sprachlich mit den Verkäufern zu kommunizieren kann zwar manchmal anstrengend sein, aber gerade derartige Herausforderungen helfen Ihnen, Ihr Koreanisch zu verbessern!

Eine sinokoreanische Redewendung zum Abschluss

일석이조 (wörtl.:) *mit einem Stein zwei Vögel treffen*.

Dieser Ausdruck entspricht dem bekannten *Sieben auf einen Streich* aus dem Märchen vom tapferen Schneiderlein und wird genauso verwendet. In Situationen, in denen Sie auf Deutsch sagen würden, dass Sie *mehrere Fliegen mit einer Klappe geschlagen* haben, können Sie auf Koreanisch stolz 일석이조입니다 verkünden.

Jetzt können Sie üben!

1 Ergänzen Sie die Sätze mit Modalverben (*können, müssen, dürfen*).
Beispiel: 한국어를 잘 할 _____? → 한국어를 잘 할 수 있어요?

a 무엇을 할 _____ 요?
b 집에 가 _____ 됩니까?
c 시장에 가 _____ 해요? 네, _____.
d 이 사과를 먹 _____ 좋 _____ 까?
  아니요, 안 _____.
e 손야가 독일어를 잘 _____ 수 있어요?

2 Ergänzen Sie die Lücken, indem Sie nach dem Willien und der Einschätzung ihres Gesprächspartners fragen.
Beispiel: 커피를 마_____? 마실까요.

a 함께 저기 가_____?
b 이 책을 읽어 _____ 실까요?
c 한국어 공부를 같이 _____?
d 제가 이 과일을 살 _____?
e 토마스 씨가 어디 _____?

3 Füllen Sie die folgenden Lücken aus, indem Sie erklären, dass Sie jemanden um einen Gefallen bitten (-아/-어 주다) bzw. jemandem einen Gefallen tun (-아/-어 드리다).
Beispiel: 종로에 같이 가 _____? → 종로에 같이 가 주시겠어요?

a 이 한국어 책을 사 _____?
b 길을 가르쳐 _____ 겠습니다.
c 읽어 _____ 요.
d 한국말을 가르쳐 _____.

4 Übersetzen Sie die folgenden Sätze ins Koreanische.

a Was ist das? Das ist ein Buch.
b Ist das Buch bei Ihnen ein Koreanisch-Buch? Ja, dieses Buch ist ein Koreanisch-Buch.
c Wer befindet sich dort drüben?
d Wollen Sie dorthin kommen?
e Wo bin ich hier?
f Wollen Sie hierher kommen?

CD1 49 **5** Hören Sie die Unterhaltung, in der nach dem Weg zum Gyeongbok Palast gefragt wird. Zeichnen Sie den beschriebenen Weg in den kleinen Stadtplan im Buch ein.

한국어 수업

Kapitel 6 — Koreanischunterricht

In diesem Kapitel lernen Sie:

- wie man über räumliche Distanzen und Zeitspannen spricht
- wie man Sätze miteinander verbindet
- wie man erklären kann, wem etwas gehört

대화 1   Dialog 1
한국어 수업   Koreanischunterricht

▶ CD 1
51
Hanna und Kevin unterhalten sich über ihren Koreanischunterricht. Hören Sie ihre Unterhaltung und lesen Sie mit.

손수미 선생님께서 교실에서 학생들을 기다리십니다.

한나: 한국어 학원에 다니세요?
케빈: 네, 그렇습니다.
한나: 한국어 수업이 몇 시에 있어요?
케빈: 오전 9시부터 12시까지예요.
한나: 케빈의 반에 다른 나라 친구도 많이 있어요?
케빈: 물론이에요. 영국인, 중국인, 일본인 아주 다양합니다.
한나: 우리 교실에 책상이 10개 있어요. 그러면 의자가 몇 개 있어야 해요?
케빈: 한 책상에 네 명이 앉아요. 그래서 의자는 40개 있어요.
한나: 오후에는 무엇을 하세요?
케빈: 친구들과 시내에서 점심을 먹고 맥주도 한 잔 마시려고 합니다.
　　　한국말 공부는 어렵고도 재미있습니다.
　　　그런데 아직 단어를 많이 모릅니다.
　　　그래서 더 어렵습니다.

단어집 Wortschatz

교실	Klassenzimmer
학생	Schüler, Student
기다리다	warten, abwarten
다니다	regelmäßig besuchen
수업	Unterricht
다른	andere
물론(이다)	selbstverständlich, natürlich sein
그러면	und dann *(Satzeinleitung)*
반	*(hier:)* Klasse
다양	verschieden
책상	Tisch
앉다	sitzen, sich setzen
의자	Stuhl
시내	Innenstadt
어렵다	schwierig sein

Grammatikalische Erscheinungen:
의	Besitzangabe Kasus-Postposition *(siehe Grammatik, Punkt 2)*
들	Pluralsuffix *(siehe Grammatik, Punkt 5)*
... 부터 ... 까지	von ... bis *(zeitlich) (siehe Grammatik, Punkt 6)*
... 에서 ... 까지	von ... bis *(räumlich) (siehe Grammatik, Punkt 7)*

대화 2 Dialog 2

▶ CD1 52 Takeshima und Maria unterhalten sich. Lesen und hören Sie den Dialog.

다케시마: 선생님께서 지금 무엇을 하세요?
마리아: 우리 한국어 학생들을 기다리세요.
다케시마: 이 상자가 누구의 것이에요?
마리아: 한나의 상자입니다.
다케시마: 한나 씨가 누구에게 선물을 줍니까?
마리아: 한나 씨가 고양이한테 선물을 하려고 해요.
고양이의 한 살 생일이에요.
다케시마: 그러면 고양이님께 드립니까?
마리아: 하하하, 다케시마 씨는 농담을 잘 하세요.

단어집 Wortschatz

재미있다	spaßig sein, interessant sein
아직	noch nicht
많이	viel (Adv.)
상자	Schachtel
것	Ding
하하하	hahaha
농담	Scherz

Wörterbuch zum Thema Lernen und Unterricht

명사 Nomen

책	Buch
연필	Bleistift
볼펜	Kugelschreiber
공책	Heft
책상	Tisch
의자	Stuhl
교실	Klassenzimmer
칠판	Tafel
강의실	Vorlesungsraum
어학원	Sprachinstitut
대학교	Universität
선생님	Lehrkraft
대학생	Student
도서관	Bibliothek
학원	Lerninstitut (Privateinrichtung)

동사 Verb

가르치다	unterrichten
배우다	lernen
읽다	lesen
쓰다	schreiben
따라하다	nachsprechen
받아쓰다	(Diktat) aufschreiben
질문하다	fragen, Fragen stellen
대답하다	antworten
묻다	fragen
복습하다	wiederholt lernen
숙제하다	Aufgaben machen
시험(을)보다	Prüfung schreiben
반복하다	wiederholen
수업이 있다/없다	Unterricht / keinen Unterricht haben
수업을 하다	Unterricht geben, unterrichten

Wie auch in Deutschland haben koreanische Schüler und Studenten viel mit neuen Medien und Computern zu tun. Die entsprechenden Wörter wurden auch in Korea oft aus dem Englischen übernommen, was Ihnen das Lernen erleichtern wird.

Vorsicht: Die englischen Lehnwörter werden oft koreanisiert ausgesprochen und sind nicht immer sofort mit dem ursprünglichen englischen Wort in Verbindung zu bringen.

Diese Wörter kennen Sie schon:

컴퓨터	Computer
마우스	Maus
노트북	Notebook
씨디	CD *(an der englischen Aussprache orientiert)*
디비디	DVD *(an der englischen Aussprache orientiert)*
배터리	Batterie *(an der englischen Aussprache orientiert)*
메모리	Memory
랩톱	Laptop
이메일	Email
채팅	Chatten, Chat *(Chatting)*
디지털카메라/디카	Digitalkamera
온라인	online
컴퓨터게임	Computerspiel *(computer game)*
아이폰	iPhone
모빌폰	Mobiltelefon *(mobile phone)*
네비게이션	Navigationsgerät *(navigation)*

Auch aus anderen Bereichen hat Korea Wörter aus dem Englischen entlehnt:
Mode: 코트 Mantel *(coat)*, 스카프 Schal *(scarf)*, …
Immobilien: 샤워 Dusche *(shower)*, 엘리베이터 Fahrstuhl *(elevator)*, 아파트 Apartment, …
Lebensmittel: 아이스크림 Eis *(ice cream)*, 케이크 Kuchen *(cake)*, …
Verkehr: 렌트카 Mietauto *(rent a car)*, 택시 Taxi, …

Wenn Sie Englisch können, lohnt es sich also, Augen und Ohren offen zu halten.
Aber Vorsicht: Manche Wörter sind koreanische Neuschöpfungen, wie z. B. 오피스텔 *Officetel*, eine Art Mischung aus einem Büro *(office)* und einem Hotel. Andere Wörter verändern ihre ursprüngliche Bedeutung. So wird das aus dem Deutschen stammende 아르바이트 im Koreanischen nur für *Teilzeitarbeit* verwendet.

문법 Grammatik

1 Wem geben Sie das Buch? – Der Dativ im Koreanischen: -에게 und -한테

Im Deutschen fragt man mit *wem?* nach dem Dativ, z. B. **Wem** gebe ich das Buch? Zu **wem** gehst du? usw. Im Koreanischen wird der Dativ durch die Endung -에게 ausgedrückt, die direkt an das im Dativ stehende Substantiv angehängt wird.
Während im Deutschen der Dativ mit Präpositionen ergänzt wird, um z. B. eine Richtung anzugeben (*zu dem Freund, von meinen Eltern*), reicht im Koreanischen alleine -에게/에게서 für diese Zwecke aus.
Synonym kann auch -한테 verwendet werden. -한테 ist jedoch verstärkt in der Umgangssprache anzutreffen. Auch für Tiere wird grundsätzlich diese Endung gebraucht.

Vorsicht ist bei manchen Verben geboten, die im Koreanischen mit Dativ konstruiert werden, im Deutschen aber nicht. So sagt man im Koreanischen beispielsweise *jemandem anrufen*:

누가 손야 씨에게 전화를 해요? / 누가 손야 씨한테 전화를 해요?
Wer ruft Sonja an?

Vergleichen Sie die folgenden Beispiele:
이 선물을 친구에게 주려고 해요. / 이 선물을 친구한테 주려고 해요.
Dieses Geschenk will ich dem Freund geben.

친구가 친구에게 갑니다.
Der Freund geht zum Freund.

고양이한테 우유를 주세요?
Geben Sie der Katze Milch?

조심하세요. 개한테 물려요.
Passen Sie auf. Der Hund beißt. (wörtl.: *Sie werden vom Hund gebissen.*)

2 Hannas Buch – Besitzangaben mit -의

Besitzangaben werden im Koreanischen durch eine spezielle Endung ausgedrückt, ähnlich wie im deutschen Ausdruck *Hannas Buch*. Dabei wird an den Namen des Besitzers die Endung -의 angehängt. Vergleichen Sie folgende Beispiele:

나의 친구	*mein Freund* (wörtl.: *der Freund von mir*)
친구의 책	*Buch des Freundes*
할아버지의 구두	*Schuhe des Großvaters*
어머니의 옷	*Kleid der Mutter*
선생님의 책	*Buch des Lehrers / der Lehrerin*
케빈의 반에 외국인이 많습니다.	*In der Klasse von Kevin sind viele Ausländer.*
한나의 책을 빌립니다.	*Ich leihe das Buch von Hanna.*
니콜의 여동생도 한국어를 배웁니다.	*Nicoles Schwester lernt auch Koreanisch.*

Tipp: Hey du! Ist das dein Buch?
Das Koreanische vermeidet direkte Anreden wie *du* und *dein*. Stattdessen werden oft Titel, Verwandtschaftsgrad oder volle Namen verwendet. Im Wörterbuch finden sich zwar diverse Übersetzungen von *du* und *dein*, diese werden jedoch nur in Ausnahmefällen verwendet. Stattdessen werden Besitzangaben gebraucht, ähnlich dem bereits gelernten *Hannas Buch*. 이것이 한나의 책입니까? kann also heißen *Ist das Hannas Buch?* oder *Hanna, ist das dein Buch?*

Betrachten Sie folgenden Satz aus dem Dialog: 케빈의 반에 다른 나라 친구도 많이 있어요? Auch wenn Kevin hier direkt angesprochen wird, wird nach Kevins Klasse gefragt und nicht das Wort *dein* verwendet.

3 Übersicht über die Fälle und ihre Postpositionen

Im Deutschen kennen wir vier verschiedene Fälle (*Nominativ, Genitiv, Dativ* und *Akkusativ*). Der lateinische Begriff für einen Fall lautet *Kasus*.

In diesem Kapitel sind Sie erstmals auf die Endungen -에게 und -한테 gestoßen, die dem deutschen Dativ entsprechen, und auf -의, was dem deutschen Genitiv entspricht. Jetzt ist also eine gute Gelegenheit, um in einem kurzen Überblick noch einmal die Fälle im Koreanischen zu wiederholen.

Kasus	Postposition	Beispiele
Nominativ	-이 / -가 und -께서	책이 *das Buch* 친구가 *der Freund* 선생님께서 *der Lehrer*
Genitiv	-의	친구의 책 *das Buch des Freundes*
Dativ	-에게, -한테 und -께	친구에게 책을 줍니다 *dem Freund das Buch geben* 선생님께 *dem Lehrer …*
Akkusativ	-을 / 를	책을 *das Buch* 친구를 *den Freund*
Satzthema als Subjekt	-은 / 는 und -께서는	저는 *was mich betrifft* 팀은 *was Tim betrifft* 선생님께서는 *was den Lehrer betrifft*

4 Höfliche Kasusendungen

Sie können mittlerweile alle Fälle und somit alle Kasusendungen im Koreanischen bilden. Allerdings gilt auch hier: Die Koreaner kennen von einigen Endungen wieder besonders höfliche und respektvolle Formen, die sogenannten *honorativen Kasusendungen*. Sie sind in der oben abgebildeten Übersicht farblich gekennzeichnet.
Wie Sie sehen, gibt es nur im Nominativ und Dativ besonders respektvolle Endungen, genauso wie bei der Kennzeichnung des Satzthemas.

Vorsicht: Benutzen Sie die honorativen Kasusendungen, müssen Sie von den Verben im Satz ebenfalls die respektvolle Variante (-시 bzw. eines der gesondert gelernten honorativen Verben) benutzen.

Respektvolle Kasusendungen gibt es nicht automatisch für den ganzen Satz, sondern nur für die Personen, die aufgrund ihres Alters oder ihrer gesellschaftlichen Stellung besonderen Respekt verdienen.

Im Folgenden sehen Sie einige Beispiele für die honorativen Kasusendungen im Nominativ und im Dativ. Die Kasusendungen und die respektvolle Verbform sind hervorgehoben.

Nominativ:
선생님께서 학생들을 기다리십니다.   *Die Lehrerin wartet auf die Studenten.*
아버지께서 신문을 보십니다.   *Der Vater liest Zeitung.*
할아버지께서 사과를 드십니다.   *Der Großvater isst einen Apfel.*

Dativ:
안드레아가 할아버지께 커피를 드려요.   *Andrea gibt dem Großvater Kaffee.*
한나가 선생님께 전화를 드려요.   *Hanna ruft den Lehrer an.*
김 사장님께 신문을 드립니다.   *Ich gebe Direktor Kim die Zeitung.*

5 Pluralbildung – das Pluralsuffix -들

Möchte man von einem Substantiv den Plural (die Mehrzahl) bilden, so hängt man -들 an:
고양이 *Katze* → 고양이들 *Katzen*, 곰 *Bär* → 곰들 *Bären*.

Das -들 wird allerdings nicht immer verwendet. Es kann weggelassen werden, wenn aus dem Rest des Satzes bereits ersichtlich ist, dass es sich um den Plural handelt:
공원에 사람이 많이 있어요. *Im Park sind viele Menschen.* → Der Plural ist hier bereits im Verb 많다 *viel sein* ausgedrückt. Es kann sich also nur um mehrere Menschen handeln.

Auf die Pluralkennzeichnung kann auch verzichtet werden, wenn die Information als nicht wichtig eingestuft wird, bzw. wenn aus vorhergehenden oder folgenden Sätzen die Information Singular oder Plural entnommen werden kann. So sind beide Varianten des folgenden Satzes richtig, wenn man beschreiben will, dass Thomas mehrere Koreaner trifft.

토마스가 한국 사람을 만나요.　　*Thomas trifft (mehrere) Koreaner.*
토마스가 한국 사람들을 만나요.　*Thomas trifft (mehrere) Koreaner.*

6 Von 8 bis 16 Uhr – Zeitspannen ... -부터 ... -까지

Um Zeitspannen anzugeben, benutzen Sie den Ausdruck -부터 ... -까지 *von ... bis ...*. Während aber die deutschen Wörter *von* und *bis* vor der Uhrzeitangabe stehen, werden 부터 und 까지 danach platziert.

Vergleichen Sie folgende Beispielsätze:

아침 8시부터 오후 4시까지 일을 해요.　　*Ich arbeite von morgens 8 bis nachmittags 4 Uhr.*
점심 시간은 12시부터 오후 1시까지예요.　*Mittagszeit ist von 12 bis 13 Uhr.*
오전 9시부터 11시까지 상담시간입니다.　　*Die Sprechstunde dauert von 9 bis 11 Uhr vormittags.*

7 Von Seoul nach Busan – Strecken und Distanzen ... -에서 ...-까지

Von ... bis... wird im Deutschen nicht nur für Zeitspannen, sondern auch für Strecken und Distanzen verwendet, z. B. *Ich fahre von Berlin (bis) nach Hamburg*. Im Koreanischen gibt es dafür einen gesonderten Ausdruck: -에서 ... -까지. -에서 kennen Sie bereits von den Richtungsangaben. Da wurde diese Endung verwendet, um anzugeben, woher jemand kommt. -까지 kennen Sie schon aus den Angaben der Zeitspanne in der Funktion von *bis*. ...-에서 ... -까지 bedeutet also *von (aus) ... (bis) nach ...*.

Wie bei der Angabe der Zeitspannen gilt auch hier, dass *von* und *bis* vor dem jeweiligen Ort stehen, während -에서 und -까지 danach platziert werden.

서울에서 부산까지 기차로 3시간입니다.　　*Von Seoul nach Busan braucht man mit dem Zug drei Stunden.*
독일에서 한국까지 10시간 걸립니다.　　　　*Von Deutschland nach Korea braucht man 10 Stunden.*
뮌헨에서 함부르그까지 얼마나 걸려요?　　　*Wie lange braucht man von München bis nach Hamburg?*
서울에서 부산까지 500km입니다.　　　　　　*Von Seoul nach Busan sind es 500 km.*

8 Und, und, und … – die Konjunktion -고

Sie kennen bereits zwei Möglichkeiten, das deutsche *und* im Koreanischen auszudrücken: -와 und -과. Beide Nachsilben werden an Substantive angehängt. Wollen Sie von zwei Tätigkeiten berichten, wie z. B. *Ich höre Musik und lese Zeitung*, wird die Nachsilbe -고 an den Verbstamm des ersten Verbs angehängt.

Informationen wie die Formalitätsstufe oder das Tempus (*Vergangenheit, Gegenwart, Zukunft*) erfährt der Zuhörer dabei erst aus dem letzten Verb einer solchen Aufzählung.

밥을 먹고 맥주를 마십니다.	*Ich esse (Reis) und trinke Bier.*
책을 읽고 숙제도 해요.	*Ich lese ein Buch und erledige Hausaufgaben.*
한국어를 가르치고 독일어를 배웁니다.	*Ich unterrichte Koreanisch und lerne Deutsch.*

9 Satzeinleitung

Wie im Deutschen wird auch im Koreanischen nicht einfach Aussagesatz an Aussagesatz gereiht. Stattdessen werden Sätze miteinander verbunden, um verschiedene logische Zusammenhänge auszudrücken. Die Wörter, mit denen dies geschieht, können einen zeitlichen Zusammenhang kennzeichnen (z. B. *während*, *nachdem*), die Art und Weise einer Handlung erklären (z. B. *indem*) oder einen Grund oder eine Wirkung anzeigen (z. B. *weil*, *obwohl*). Die folgenden Wörter werden wie ihre deutschen Entsprechungen verwendet.

그런데	aber, dennoch
그리고	und
그러나	aber
그래서	deshalb, daher
그래도	trotzdem
그렇지만	dennoch
그러면	und dann, in diesem Fall

Vorsicht: 그리고 wird zwar im Deutschen mit *und* übersetzt, kann jedoch nicht in jedem Fall als Übersetzung des deutschen *und* gebraucht werden. Es wird nur benutzt, wenn das Subjekt in den beiden verbundenen Sätzen identisch ist. In dem Satz *Peter isst Schokolade und hört Musik.* ist Peter das Subjekt von beiden Satzteilen (*Schokolade essen und Musik hören*), das *und* kann also durch das koreanische 그리고 übersetzt werden.
Beispiele:

토마스가 밥을 먹습니다. 그리고 맥주를 마십니다.
Thomas isst. Und er trinkt Bier.

친구가 독일말을 합니다. 그리고 한국말을 합니다.
Der Freund spricht Deutsch. Und er spricht Koreanisch.

오늘 친구가 와요. 그래서 기분이 좋아요.
Heute kommt der Freund. Deshalb bin ich gut gelaunt. (Deshalb freue ich mich.)

안나가 한국말을 배웁니다. 그래서 한국어 책을 사요.
Anna lernt Koreanisch. Daher kauft sie ein Koreanischlehrbuch.

친구를 기다려요. 그러나 / 그런데 친구가 안 옵니다.
Ich warte auf den Freund. Aber er kommt nicht.

밥은 있어요. 그런데 김치가 없어요.
Der Reis ist da, aber Gimchi gibt es nicht.

토마스가 기다려요. 그러면 빨리 가보세요.
Thomas wartet. Dann (in diesem Fall) gehen Sie schnell.

10 Kontraktionen im Koreanischen

Im Koreanischen werden sehr häufig Silben zusammengezogen. Dies passiert vor allem in der gesprochenen Sprache, in der die Postpositionen, wie Sie wissen, nicht nur entfallen, sondern manchmal auch mit anderen Wörtern verschmelzen können.

Für diese Kontraktionen gibt es leider nur teilweise feste Regeln, Sie werden aber mit der Zeit ein gewisses Gefühl für Kontraktionen entwickeln. Anfangs sollte man am besten die gängigsten Beispiele wie Vokabeln auswendig lernen. Hier sind einige häufige Beispiele:

CD 1
54

normal	Kontraktion	Beispiele
a Zeigewörter 지시대명사		
이, 그, 저 것이 이, 그, 저 것은 이, 그, 저 것을	이게, 그게, 저게 이건, 그건, 저건 이걸, 그걸, 저걸	이게 무엇이에요? *Was ist das?* 그건 한국 배입니다. *Das ist eine koreanische Birne.* 저걸 보세요! *Sehen Sie jenes Ding dort!*
b Ortsangabe 장소대명사		
여기, 거기, 저기는 여기를, 거기를, 저기를	여긴, 거긴, 저긴 여길, 거길, 저길	여긴 어디에요? *Wo sind wir hier?* 거길 어떻게 가요? *Wie gehe ich zu dem Ort?*
c Frageangabe 의문대명사		
무엇이 무엇을	뭐(가), 뭣이 (Subjektfall) 뭘, 뭐, 무얼 (Objektfall)	뭘 찾아요? *Was suchen Sie?* 뭐 사세요? *Was kaufen Sie?* 뭐 드시겠어요? *Was wollen Sie essen?* 뭘/뭐 해요? *Was tun Sie?*

d Kontraktionen mit -아 주다 / -어 주다

normal +아 주다 / +어 주다	Kontraktion	Beispielsätze
오다 + 아 주다 사다 + 아 주다 쓰다 + 어 주다	와 주다 사 주다 써 주다	우리 집에 와 주세요. *Bitte kommen Sie zu uns.* 이 책을 사 주세요. *Bitte kaufen Sie (mir) dieses Buch.* 이 글을 써 주세요. *Schreiben Sie bitte diesen Artikel.*

e Frageangabe mit Personalform 인층 의문대명사

누구가	누가 (Subjektfall)	누가 와요? *Wer kommt?*
누구는	누군 (Satzthema)	누군줄 아세요? *Wissen Sie, wer er/sie ist?*
누구를	누굴 (Objektfall)	누굴 만나요? *Wen treffen Sie?*
저는	전 (Subjektfall)	전 몰라요. *Ich weiß es nicht.*

단어집 Wortschatz zur Grammatikerklärung

아버지	Vater
할아버지	Großvater
신문	Zeitung
물리다	gebissen werden
상담시간	Sprechstunde
일 (하다)	Beschäftigung, Geschehnis, Arbeit (arbeiten, beschäftigt sein)
점심시간	Mittagszeit
서울	Seoul *(Hauptstadt Südkoreas)*
부산	Busan *(nach Seoul die zweitgrößte Stadt Südkoreas, liegt im Südosten des Landes)*
걸리다	dauern
밥	gekochter Reis, Mahlzeit
김치	Gimchi *(koreanische Nationalspeise)*
빨리	schnell
기분	Laune, inneres Gefühl, Gemüt
빌리다	ausleihen, leihen
비서	Sekretär
사장실	Direktorenzimmer
전무	Geschäftsführer
부엌	Küche
먹이	Futter
광주	Gwangju *(Großstadt im Südwesten)*
KTX	Hochgeschwindigkeitszug *(vergleichbar mit dem ICE)*
듣다	hören

대화 3   Dialog 3

Tamia berichtet Sora von ihrem Koreanischunterricht. Lesen Sie den Text und hören Sie den Dialog.

소라:	미경이 어디 있어요?
타미아:	부엌에서 고양이한테 먹이를 줍니다.
	그리고 친구한테도 사과를 줍니다.
소라:	타미아 씨, 한국어 수업이 언제 있어요?
타미아:	오늘 오후 두 시에 있어요.
소라:	한국어 수업이 얼마나 걸려요?
타미아:	2시부터 4시까지예요.
소라:	주말에 어디 가세요?
타미아:	일본인 친구와 광주에 가려고 해요.
	그런데 서울에서 광주까지 4시간 쯤 걸려요.
소라:	좋겠어요. 잘 다녀오세요.

ⓘ Schulsystem und Bildungsdrill

Bildung hat in Korea einen sehr hohen Stellenwert. Koreaner aller Altersgruppen versuchen immer, sich weiterzubilden und Neues zu lernen.

Besonders wichtig ist Bildung jedoch für die Kinder. Landesweite Eignungstests entscheiden über die Zulassung zu bestimmten Universitäten. Ist man erst einmal an einer renommierten Eliteuniversität, ist die spätere Karriere bereits vorprogrammiert.

Um ihren Kindern den Weg zu einer angesehenen beruflichen Karriere zu ebnen, beginnen Koreaner schon früh mit der Förderung. So gibt es spezielle Musik-, Sprach- oder Mathematik-CDs, die man bereits dem ungeborenen Kind vorspielen kann. Später geht die Förderung weiter, von der Wahl der richtigen Kindertagesstätte, über die Schule bis hin zu Universität und Ausbildung.

Das Schulsystem gliedert sich in eine sechsjährige Grundschule (초등학교), eine dreijährige Mittelschule (중학교) sowie eine dreijährige High School (고등학교). Der Besuch von Grundschule und Mittelschule ist Pflicht, fast alle Schüler wechseln anschließend auf die High School (die Zahlen liegen bei über 99%).

Das koreanische Schulsystem gilt als sehr effektiv. Korea hat eine der höchsten Alphabetisierungsraten der Welt und mit einem Wert von gut 97% erfolgreichen Schulabschlüssen in der High School liegt Südkorea weltweit an der Spitze. In Bildung wird viel investiert. So war Südkorea das erste Land überhaupt, das allen Schulen einen Hochgeschwindigkeitsinternetzugang zur Verfügung gestellt hat.

Dennoch gerät das koreanische Schulsystem immer wieder in die Kritik, da die Arbeitsbelastung für Schüler extrem hoch ist. Neben der Schule (학교) besuchen die meisten Schüler private Lerninstitute (학원), um sich möglichst gut auf die Abschlussprüfungen vorzubereiten. Ohne diese privaten Nachhilfeinstitute wären die umfangreichen Abschlussprüfungen nicht zu bewältigen. Die Folge ist aber, dass Schüler wenig Freizeit für sich haben und stattdessen nach der Schule oft noch bis spät abends (22 und 23 Uhr sind keine Seltenheit) in Nachhilfeinstituten sitzen und lernen.

> **Eine sinokoreanische Redewendung zum Abschluss**
>
> 고진감래 *auf ein hartes Leben folgt ein süßes Leben voller Freude*
>
> Wenn jemand viel gearbeitet hat und nun die Früchte seiner Arbeit erntet, wird dieses Sprichwort verwendet. In dem Beispiel 손야 씨, 한국말을 이제는 잘 하세요. 고진감래입니다. hat Sonja hart gearbeitet und spricht jetzt gut Koreanisch. Damit erntet sie jetzt die Früchte ihrer Arbeit, sprich des langen Lernens.

Jetzt können Sie üben!

1 Füllen Sie die richtigen Kasusendungen in die Lücken. Achten Sie besonders auf die höflichen Varianten (께서 und 께)!

   a 할아버지 _____ 지금 무엇을 하십니까?

   b 김 사장님 _____ 누구 _____ 전화를 하세요?

   c 손야 _____ 고양이 _____ 사과를 줍니까?

   d 팀 _____ 소라 _____ 선물을 삽니다.

   e 팀 _____ 선생님 _____ 책을 드립니다.

2 Ergänzen Sie die Lücken (에서...까지, 부터...까지) und übersetzen Sie die Sätze.

   a 한국어 수업이 오전 9시 _____ 11시 _____ 있어요?

   b 약속을 했어요. 그리고 손야와 10시 _____ 12시 _____ 공부를 합니다.

   c 서울 _____ 대구 _____ KTX를 2시간 탑니다.

   d 프랑크푸르트 _____ 서울 _____ 10시간 걸립니다.

   e 뮌헨 _____ 워싱턴 _____ 몇 시간 걸려요?

3 Füllen Sie die Lücken mit den entsprechenden Satzeinleitungen / Konjunktionen.

   a 학교에 가요. _____ 한국어를 공부해요.

   b 친구를 기다려요. _____ 집에 있어요.

   c 공책이 있어요. _____ 연필이 없어요.

   d 토마스가 기다려요. _____ 가 보세요.

   e 친구를 기다려요. _____ 친구가 안 옵니다.

4 Verbinden Sie die beiden Sätze mit *und*.

   a 밥을 먹어요. 맥주를 마십니다.
   b 책을 읽어요. 공부를 해요.
   c 영어를 가르칩니다. 한국말을 배웁니다.
   d 고양이가 있어요. 개도 있어요.
   e 텔레비전을 봅니다. 라디오를 듣습니다.

5 Wie werden die folgenden Wörter verkürzt (Kontraktion)?

   a 이것이 _____ 그것이 _____ 저것이 _____

   b 무엇이 _____ , _____

   c 무엇을 _____ , _____

   d 누구를 _____

   e 저는 _____ , 나는 _____

어느 나라에서 오셨어요?

Kapitel 7 — Aus welchem Land kommen Sie?

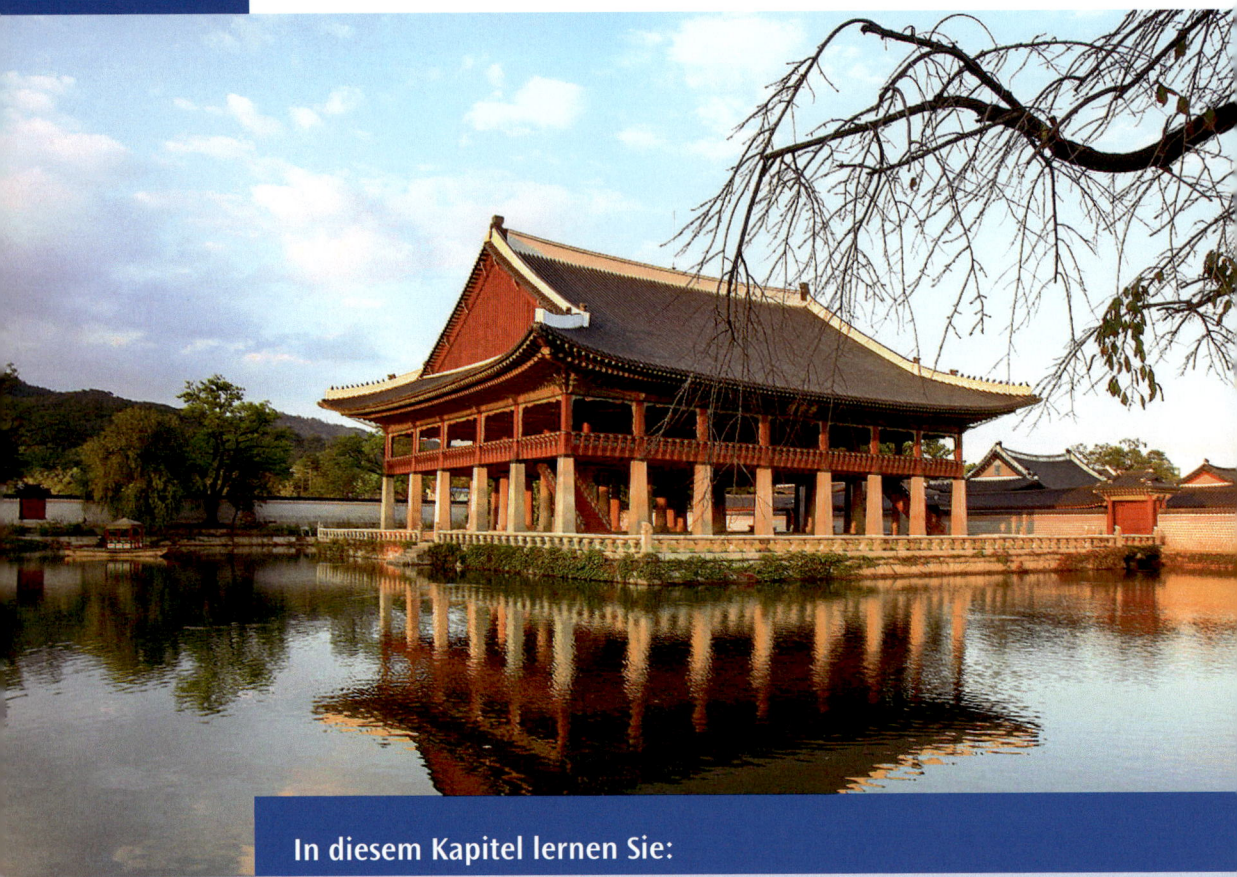

In diesem Kapitel lernen Sie:

- wie Sie über Dinge in der Vergangenheit sprechen können
- wie Sie Aussagen verneinen können
- wie Sie Aussagen begründen können
- wie Sie über gerade passierende Vorgänge sprechen können

대화 1　Dialog 1

Lehrer Park fragt die Schüler, woher sie kommen. Hören und lesen Sie den Dialog.

박 선생님:　어느 나라에서 오셨어요?
토비아스:　독일에서 왔습니다.
베티:　미국에서 왔어요.
제인:　영국에서 왔어요.
밍후이:　중국에서 왔어요.
멜리사:　호주에서 왔습니다.
피터:　네델란드에서 오아요.
박 선생님:　피터 씨는 네델란드에서 왔어요.
　　　　　　피터 씨 답이 틀렸어요.
　　　　　　어디가 틀렸어요?
　　　　　　누가 정확한 답을 말할 수 있어요?

단어집　Wortschatz

틀리다	falsch sein, nicht richtig sein
답	Antwort
정확한	korrekt (Adjektiv)
주말	Wochenende

대화 2　Dialog 2

Lehrer Kim, Professor Schmidt und dessen Frau unterhalten sich darüber, wie sie ihr Wochenende verbracht haben. Hören und lesen Sie den Dialog.

김 선생과 슈미트 교수 부부
김 선생:　　슈미트 교수님, 어제 어디 다녀오셨어요?
슈미트 교수:　네, 주말이어서 경주에 다녀왔습니다.
김 선생:　　아, 그래요. 경주의 날씨가 좋았어요?
슈미트 교수:　네, 아주 좋았어요. 덥지 않아서 남산 등산을 아주 잘 했습니다.
슈미트 부인:　그리고 경주에는 문화 유적이 많이 있어서 시간이 모자랐어요.
　　　　　　다음 주말에는 수원 화성과 용인 민속촌을 보러 가려고 해요.
김 선생:　　두 분께서는 언제 결혼하셨어요?
슈미트 부인:　칠 년 전에 결혼 했어요. 그리고 한국에는 일 년 전에 왔어요.

단어집　Wortschatz

경주	Gyeongju (alte historische Stadt im Südosten Koreas)
날씨	Wetter
춥다	kalt sein, frieren
덥다	heiß sein
아주	sehr
남산	Namsan (Südberg. Ein Berg in Gyeongju)
등산	Bergwanderung
부부	Ehepaar
모자라다	nicht ausreichend sein, wenig sein
다음	nächste
수원 화성	Hwaseong (alte Festung in der Stadt Suwon)

용인 민속촌	Hanguk Minsokchon *(Volkskundliches Freilichtmuseum in der Stadt Yongin)*
전	vor, vorher

Grammatikalische Erscheinungen:

-았-, -했	Vergangenheitsmarker *(siehe Grammatik, Punkt 1)*
-아서/-어서	weil, da, wegen *(siehe Grammatik, Punkt 2)*
아서/-어서	und *(siehe Grammatik, Punkt 4)*
-지않다	Verneinung *(siehe Grammatik, Punkt 5)*

문법 Grammatik

1 Die Vergangenheit -았/-었 und -였/-했

Die Vergangenheit wird gebildet, indem zwischen den Verbstamm und die Markierung der Höflichkeitsstufe die Silben -았 oder -었 und -였/-했 eingefügt werden.

Die Silbe -았 wird verwendet, wenn der Verbstamm auf -ㅏ oder -ㅗ endet. -었 benutzt man für alle anderen Verben und -였/-했 für die Verbkombinationen mit 하다 (siehe Kapitel 2, Punkt 2).

Formell:

Infinitiv	Verbstamm	+ 았/었	+ form. Endung	Beispiele
좋다	좋	+ 았	+ 습니다	좋았습니다 *war gut / ist gut gewesen*
가다	가	+ 았	+ 습니다	갔습니다 *ging / ist gegangen*
읽다	읽	+ 었	+ 습니다	읽었습니다 *las / hat gelesen*
틀리다	틀리	+ 었	+ 습니다	틀렸습니다 *war falsch / ist falsch gewesen*

Informell:

Infinitiv	Verbstamm	+았/었	+ inform. Endung	Beispiele
좋다	좋	+ 았	+ 어요	좋았어요 *war gut / ist gut gewesen*
가다	가	+ 았	+ 어요	갔어요 *ging / ist gegangen*
읽다	읽	+ 었	+ 어요	읽었어요 *las / hat gelesen*
틀리다	틀리	+ 었	+ 어요	틀렸어요 *war falsch / ist falsch gewesen*

Wie in den anderen Zeitstufen gibt es auch hier eine besondere (kontrahierte) Form für 하다: 했습니다 im formellen Sprachgebrauch und 했어요 im informellen Sprachgebrauch. Die folgenden Beispiele erleichtern Ihnen das Verständnis:

Infinitiv	Verbstamm	+ (였)했	+ 습니다	Beispiele
공부하다	공부하	+ 였	+ 습니다	공부했어요 *lernte / hat gelernt*
전화하다	전화하	+ 였	+ 습니다	전화했어요 *rief / hat gerufen*

Tipp: Im Koreanischen wird nicht wie im Deutschen zwischen Präteritum *(ich ging)* und Perfekt *(ich bin gegangen)* unterschieden.

Tipp: Wenn Sie im Koreanischen fragen wollen, aus welchem Land jemand kommt, müssen Sie die Vergangenheitsform verwenden und fragen: 어디서 오셨어요? *Woher sind Sie gekommen?*

Wenn Sie für Ihre Frage die Gegenwartsform benutzen – 어디서 와요(오-아요)? *Woher kommen Sie?* –, fragen Sie danach, woher Ihr Gesprächspartner gerade kommt.

Auch wenn Sie es etwas anders formulieren, müssen Sie immer auf diesen zeitlichen Unterschied achten: 어느 나라에서 오셨어요? – *Aus welchem Land kommen Sie?* (wörtl.: *Aus welchem Land sind Sie gekommen?*).

2 Weil, da, wegen – die kausale Konjunktion -아서/-어서

Wie Sie bereits an einigen anderen Beispielen gesehen haben, werden Zusammenhänge, die im Deutschen mit einem eigenen Wort bezeichnet werden, im Koreanischen oft mit einer Verbendung wiedergegeben. So ist es auch mit den Wörtern *weil*, *da*, *wegen*, die durch die Endungen -아서 und -어서 ausgedrückt werden. Kommen im Verbstamm -ㅏ oder -ㅗ vor, wird -아서 verwendet, bei allen anderen Vokalen dagegen -어서. In Grammatiken finden Sie -아서/-어서 unter dem Stichwort *kausale Konjunktion*.

Die Zeit wird bei den mit -아서 und -어서 kombinierten Verben nicht bestimmt, es ist das zweite Verb des Satzes, das die Zeit markiert. Die so verbundenen Sätze können das gleiche, oder auch verschiedene Subjekte haben. Der erste Satz ist jeweils die Ursache des zweiten Satzes. Mit -아서/-어서 Formen wird auf Fragen mit 왜 geantwortet.

Verbstamm + 아서	**Verbstamm + 어서**	**Verbstamm + 해서**
좋다 *gut sein*: 좋 → 좋아서	먹다 *essen*: 먹 → 먹어서	공부하다 *lernen*: 공부하여 → 공부해서
가다 *gehen*: 가 → 가(아)서	읽다 *lesen*: 읽 → 읽어서	노래하다 *singen*: 노래하여 → 노래해서
사다 *kaufen*: 사 → 사(아)서 → 사서	쓰다 *schreiben*: 쓰 → 쓰(어)서 → 써서	전화하다 *telefonieren*: 전화하여 → 전화해서

날씨가 **좋아서** 여행을 잘 했어요.
Weil das Wetter schön war, hatten wir eine gute Reise.

한국 친구를 **사랑해서** 한국말을 배웁니다.
Weil ich den koreanischen Freund liebe, lerne ich Koreanisch.

그 책을 다 **읽어서** 공부를 많이 했어요.
Da ich jenes Buch ganz gelesen habe, habe ich viel gelernt.

어제 **왜** 안 오셨어요?
Warum sind Sie gestern nicht gekommen?

비가 **와서** 집에서 차를 한 잔 마시고 책을 읽었어요.
Da es regnete, trank ich zu Hause eine Tasse Tee und las ein Buch.

3 Unregelmäßige Verben auf -ㅂ

Glücklicherweise kennt das Koreanische viel weniger Unregelmäßigkeiten als das Deutsche. Es gibt nur sieben Verbgruppen, die unregelmäßig sind. Trotzdem werden Ihnen bei Wörtern wie 춥다 oder 덥다 vielleicht schon unerwartete Formen aufgefallen sein. Derartige Formen lassen sich allerdings mit wenigen Sonderregeln erklären. So bilden einige Verben und Eigenschaftsverben, deren Stämme auf -ㅂ enden, solche unregelmäßigen Formen. Wenn auf den Auslaut -ㅂ ein Vokal folgt, entfällt das -ㅂ als Auslaut. Stattdessen wird normalerweise 우 und in einigen Fällen 오 hinzugefügt.

Dabei kommt es zu folgenden Verschleifungen:
오 + 아 → 와
우 + 어 → 워

So lautet die formelle Variante von 덥다 *heiß sein* ganz regelmäßig 덥습니다, die informelle Form ist jedoch nicht, wie zu erwarten wäre, 덥어요, sondern 더워요.

Die folgende Übersicht zeigt Ihnen, wie die informelle Form mit -아요/-어요 bei den unregelmäßigen Verben gebildet wird:

Infinitiv	Verbstamm	Verbstamm vor Vokal (ㅂ entfällt)	Beispiele mit 아요/어요 (Kontraktion)
아름답다 *schön sein*	아름답	아름다	아름다워요
곱다 *hübsch sein*	곱	고(오아)	고와요
맵다 *scharf sein*	맵	매	매워요
고맙다 *danken*	고맙	고마	고마워요

Anfangs ist es oft schwierig, die Verben mit diesen Kontraktionen wiederzuerkennen. Um Ihnen die erste Orientierung zu erleichtern, ist im Folgenden eine Tabelle abgedruckt, die die wichtigsten unregelmäßigen Verben aus dieser Gruppe mit den einzelnen Endungen zeigt.

Verben	-습니다 (formelle Form, Gegenwart)	-아요/-어요 (informelle Form, Gegenwart)	-아서/-어서 (Verbstamm + -아서/-어서)	-았습니다/ -었습니다 (formelle Form / informelle Form Vergangenheit)
아름답다 *schön sein*	아름답습니다	아름다워요	아름다워서	아름다웠습니다/ 아름다웠어요
덥다 *heiß sein*	덥습니다	더워요	더워서	더웠습니다/ 더웠어요
맵다 *scharf sein*	맵습니다	매워요	매워서	매웠습니다/ 매웠어요
춥다 *kalt sein*	춥습니다	추워요	추워서	추웠습니다/ 추웠어요

Ausnahmen: 잡다 *halten*, 뽑다 *herausnehmen*, 좁다 *eng sein*, 입다 *tragen, kleiden*, 업다 *auf dem Rücken tragen*, 붙잡다 *festhalten*, 씹다 *kauen* sind regelmäßige Verben.

Zum Beispiel:

입다 *kleiden*	입습니다	입어요	입어서	입었습니다/ 입었어요.

4 Die Verlaufsform -고 있다

Das Koreanische kennt eine Verlaufsform, d. h. eine Verbform, mit der ausgedrückt wird, dass etwas gerade passiert. Wenn Sie Englisch sprechen, kennen Sie die sogenannte *-ing* Form. Mit der Verbendung -고 있다 macht das Koreanische genau das Gleiche wie das Englische mit *-ing*.

Dabei wird -고 있다 an den Verbstamm angehängt und wie gewohnt nach der Formalitätsstufe verändert. Man übersetzt sie im Deutschen mit *gerade … tun* oder *dabei sein … zu tun*.

Infinitiv	Verbstamm + 고 있다	Verlaufsform
읽다	읽 + 고 있다	읽고 있어요 *gerade lesen*
먹다	먹 + 고 있다	먹고 있습니다 *gerade dabei sein zu essen*
기다리다	기다리 + 고 있다	기다리고 있어요 *gerade warten*
공부하다	공부하 + 고 있다	공부하고 있습니다 *gerade lernen*

비가 와서 집에서 책을 읽고 있었어요. *Da es regnete, las ich zu Hause gerade ein Buch.*
친구를 기다리고 있습니다. *Ich warte gerade auf Freunde.*
맥주를 마시고 있어요. *Ich trinke gerade ein Bier.*

Tipp: Um den Verlauf einer Handlung auszudrücken, genügt jedoch in den meisten Fällen auch die einfache Gegenwartsform. Die Verlaufsform wird nur verwendet, wenn der Verlauf der Handlung besonders betont werden soll.

5 Verneinungsform mit 안 und -지 않다

Im Koreanischen gibt es grundsätzlich zwei Möglichkeiten der Verneinung.
Im schriftlichen Gebrauch wird -지 않다 an den Verbstamm des zu verneinenden Verbs angehängt, z. B. 먹지 않습니다 (formell) oder 먹지 않아요 (informell) für *ich esse nicht* oder 시장에 가지 않습니다 (formell) oder 시장에 가지 않아요 (informell) für *ich gehe nicht zum Markt*.

Leichter fällt meistens die Verneinung mit 안, die besonders im mündlichen Sprachgebrauch verbreitet ist.

Dabei setzt man einfach 안 vor das zu verneinende Verb, z. B. 안 먹습니다 (formell) oder 안 먹어요 (informell) für *ich esse nicht* oder 시장에 안 갑니다 (formell) oder 시장에 안 가요 (informell) für *ich gehe nicht zum Markt*.

Im Folgenden sehen Sie einige Beispiele, in denen die beiden Verneinungsformen einander gegenübergestellt werden.

Infinitiv	Verneinung mit 안	Verneinung mit -지 않다
가다 *gehen*	안 갑니다 / 안 가요	가지 않습니다 / 가지 않아요
좋다 *gut sein*	안 좋습니다 / 안 좋아요	좋지 않습니다 / 좋지 않아요
먹다 *essen*	안 먹습니다 / 안 먹어요	먹지 않습니다 / 먹지 않아요

| 공부하다 lernen | 공부를 안 합니다/
공부를 안 해요 | 공부를 하지 않습니다/
공부를 하지 않아요 |

Tipp: Auch wenn Ihnen anfangs die Verneinung mit 안 leichter fallen dürfte, bemühen Sie sich bitte darum, beide Formen zu üben und zu benutzen. Beide sind so weitverbreitet, dass Sie sich nicht auf eine Variante der Verneinung beschränken können.

6 Und noch mehr „und": die aneinanderreihende Konjunktion -아서/-어서

Die Form -아서/-어서 hat zwei Bedeutungen: eine kausale (ursächliche) und eine aneinanderreihende. Die kausale Bedeutung wurde bereits zu Beginn dieses Kapitels behandelt. Die aneinanderreihende Konjunktion -아서/-어서 verbindet zwei aufeinanderfolgende Handlungen. Die Subjekte der beiden Satzteile sind immer identisch.

Verbstamm + 아서	**Verbstamm + 어서**	**Verbstamm + 해서**
좋다 *schön sein*: 좋 → 좋아서	먹다 *essen*: 먹 → 먹어서	공부하다 *lernen*: 공부 → 공부해서
가다 *gehen*: 가 → 가(아)서	읽다 *lesen*: 읽 → 읽어서	노래하다 *singen*: 노래 → 노래해서
사다 *kaufen*: 사 → 사(아)서 → 사서	쓰다 *schreiben*: 쓰 → 쓰(어)서 → 써서	전화하다 *telefonieren*: 전화 → 전화해서

백화점에 가서 옷을 사려고 해요.
Ich gehe ins Kaufhaus und will ein Kleid kaufen.

책을 사서 친구에게 선물을 합니다.
Ich kaufe das Buch und schenke es dem Freund.

안나를 만나서 점심을 함께 하려고 합니다.
Ich treffe Anna und möchte mit ihr zusammen Mittag essen.

Tipp: Es mag im ersten Moment verwirrend erscheinen, dass Sie -아서/-어서 einmal in der Bedeutung *und* und einmal in der Bedeutung *weil* kennengelernt haben. Wenn Sie von *und* als Standardübersetzung ausgehen, verrät ihnen der Kontext immer, ob es sich um ein *und deswegen* oder um ein *und dann* handelt. Vergleichen Sie die folgenden Beispielsätze:

비가 와서 친구를 안 만납니다.
Es regnet und ich treffe den Freund nicht. (Weil es regnet, treffe ich den Freund nicht.)

친구와 약속을 해서 지금 학교에 갑니다.
Ich bin mit dem Freund verabredet und gehe jetzt in die Schule.
(Da ich mich mit dem Freund verabredet habe, gehe ich jetzt in die Schule.)

집에 가서 공부를 합니다.
Ich gehe nach Hause und lerne (dann).

편지를 써서 친구에게 보냅니다.
Ich schreibe den Brief und schicke ihn (dann) an den Freund.

-고 und -아서/-어서 = *und* – Wo ist der Unterschied?

Der Unterschied zwischen den beiden Formen für *und*, die Sie bereits kennen, -고 und -아서/ -어서, liegt darin, dass mit -아서/-어서 zwei nacheinander passierende Handlungen aneinandergereiht werden, mit -고 dagegen werden verbundene Handlungen aneinandergereiht, die praktisch gleichzeitig passieren. Vergleichen Sie die folgenden Beispielsätze:

집에 가서 공부를 하겠어요.
Ich gehe nach Hause und (dann) werde ich lernen.

사과와 배를 사고 과일도 삽니다.
Ich kaufe Äpfel und Birnen und (gleichzeitig) auch (anderes) Obst.

Tipp: Sollten Sie -고 und -아서/-어서 verwechseln, werden Sie von Ihrem Zuhörer trotzdem verstanden. Fehler lassen sich aber leicht vermeiden, wenn Sie -아서/-어서 als *und dann* lernen anstatt als *und*.

Eine Email an einen Koreanischlehrer

Lesen Sie die folgende Email an einen Koreanischlehrer und hören Sie den Text danach auf CD.

보내는 사람:	hakseng123@naver.com
받는 사람:	LehrerKim@uni.kr
제목:	생일축하편지

김민수 선생님께 드립니다.

안녕하십니까? 선생님! 어떻게 지내십니까?
저는 잘 지내고 있습니다. 여기 남독일의 겨울 날씨는
선생님도 자주 경험하셨습니다.
지금 눈이 많이 왔고 아주 춥습니다. 한국의 겨울 날씨는 좋기를 바랍니다.
어제는 손야의 생일이어서 파티를 했습니다. 손야는 23살입니다.
김 선생님의 생신일이 내일 아닙니까? 그래서 생일 축하 인사를 드리려고 합니다.
진심으로 생일 축하 드립니다.
손야의 생일에 백화점에 가서 음악 CD를 선물로 샀습니다.
그럼 안녕히 계십시오.

단어집 Wortschatz zur Email

보내는 사람 .... Absender
받는 사람 .... Empfänger
제목 .... Betreff

단어집 Wortschatz zur Email	
여행하다	reisen
편지	Brief
보내다	verschicken, senden
남독일	Süddeutschland
경험(하다)	Erfahrung (erfahren)
생일 축하 인사	Geburtstagsgruß
진심으로	von ganzem Herzen
백화점	Kaufhaus
음악 CD	Musik-CD
극장	Kino, Theater

▶ CD1 59 **대화 3   Dialog 3**

Lesen Sie den folgenden Dialog von Cheol-su, Anna und Tom und hören Sie ihn anschließend auf CD.

철수: 어제 학교에 안 가셨어요?
톰: 네, 어제 학교에 가지 않았습니다.
철수: 왜 안 가셨어요?
톰: 일요일이어서 집에서 책을 읽었습니다.
안나: 톰 씨, 주말에 손야를 만나러 갔어요?
톰: 네, 손야를 만나서 점심을 먹고 극장에 갔어요.

ⓘ Gyeongju (경주시) – Weltkulturerbe in Korea

Korea hat zahlreiche Orte, die von der Unesco zum Weltkulturerbe erklärt worden sind, doch eine der beeindruckendsten Stätten ist Gyeongju, die ehemalige Hauptstadt des Königreichs Silla (신라 – gesprochen: Schilla). Das Königreich Silla bestand von 57 v. Chr. bis 935 nach Chr. und regierte in seiner Blütezeit (7.–9. Jahrhundert) fast die gesamte koreanische Halbinsel. Damals lebte gut eine Million Menschen in Geumseong, der Goldfestung, wie Gyeongju damals genannt wurde.

Nach dem Ende des Silla-Königreichs versank Gyeongju in eine Art Dornröschenschlaf, der dazu führte, dass zahlreiche Kulturschätze die Zeit unbeschadet überstehen konnten.

Heute leben in Gyeongju ca. 300 000 Menschen. Die historische Königsstadt ist nach wie vor ein bedeutendes buddhistisches Zentrum und ein wichtiger Anziehungspunkt für Touristen.
Für sie ist die Stadt ein wahres Eldorado. Neben zahlreichen buddhistischen Klöstern und Statuen beeindrucken auch der Tumulipark (ein Park mit zahlreichen Grabhügeln), ein altes, einzigartiges Observatorium und die erstaunlich modern wirkenden Silla-Keramiken im Nationalmuseum, in dem sich auch zahlreiche Grabbeigaben und prähistorische Kunstschätze aus der Umgebung bewundern lassen.

Besonders sehenswert ist auch der Namsan (남산), der Südberg, der Teil des Nationalparks in Gyeongju ist. Dieser Berg besticht nicht nur durch die wunderbare Natur, sondern ist auch ein bedeutender kultureller Ort in Gyeongju. Auf dem Namsan befinden sich hunderte kulturelle Relikte, neben einigen Königsgräbern der Silla-Zeit auch viel buddhistische Kunst, darunter zahlreiche Skulpturen, über 80 Steinreliefs, ca. 60 Steinpagoden und die Überreste von gut 100 Klöstern und Palästen. Besonders in der Ruhe und Stille des frühen Morgens entfaltet die Gegend ihren besonderen Reiz.

> **Eine sinokoreanische Redewendung zum Abschluss**
>
> 만수무강 *ohne schlechte Ereignisse und ohne Krankheiten 10 000 Jahre gesund leben*
>
> Vor allem älteren Menschen gegenüber, denen man Gesundheit wünscht, benutzt man 만수무강. 만수무강하십시오/하세요. *Bleiben Sie 10 000 Jahre gesund!*

Jetzt können Sie üben!

1 Übersetzen Sie die folgenden Fragen und beantworten Sie sie auf Koreanisch!

    a Wann sind Sie zum Markt gegangen? (gestern Morgen)
    b Haben Sie 2 Äpfel und 1 Pfund Tomaten gekauft? (nein)
    c Was haben Sie heute Nachmittag getan? (Koreanisch lernen)
    d Wen haben Sie unterwegs (길에서) getroffen? (Hanna)

2 Bilden Sie aus den zwei vorgegebenen Sätzen einen Satz, sodass die logische Verbindung erhalten bleibt.

    a 비가 옵니다. 그래서 집에서 책을 읽어요.
    b 한나를 사랑합니다. 그래서 한국어를 배웁니다.
    c 날씨가 좋아요. 그래서 여행을 하려고 합니다.
    d 친구가 안 옵니다. 그래서 찾으러 갑니다.

3 무엇을 하고 있어요? – *Was tun Sie gerade?* Füllen Sie die Lücken mit den richtigen Formen.

    a 공부를 ———— 있어요.

    b 밥을 ———— 있어요.

    c 책을 ———— 있어요.

    d 친구를 만 ———— 있어요.

4 Übersetzen Sie die folgenden Sätze je zweimal ins Koreanische. Einmal mit der eher schriftsprachlichen Verneinung -지 않다 und einmal mit der eher umgangssprachlichen Verneinung 안.

    a Ich lese heute zu Hause kein Buch.
    b Tamia geht nicht auf den Markt, um Obst zu kaufen.
    c Tobias hat gestern keine Freunde getroffen.
    d Warum trinken Sie keine Milch?

5 Was haben Dosik und Soyoon gestern gemacht? Hören Sie und kreuzen Sie an.

	a 도식	b 소윤
1	춤추다	읽다
2	공부하다	구경하다
3	읽다	공부하다
4	구경하다	춤추다

Kapitel 8

한국 음식을 좋아하세요?
Mögen Sie koreanisches Essen?

In diesem Kapitel lernen Sie:

- wie man über koreanische Gerichte spricht
- wie Sie über Essensvorlieben reden können
- wie man die Lage von Gegenständen angibt

대화 1   Dialog 1

Lesen Sie den Dialog von Tim und Tanja, die eine Verabredung zum Mittagessen haben, und hören Sie den Text auf CD.

팀: 우리 오늘 점심 먹으러 갈까요?
탄야: 네, 좋아요. 어디로 갈까요?
팀: 김치찌개를 먹으러 가면 좋겠어요.
탄야: 나는 비빔밥을 먹고 싶어요. 그리고 김치도 여러번 주문하겠어요.
팀 한국 음식을 좋아하세요?
탄야: 네, 아주 좋아합니다.
 팀 씨는 왜 김치찌개를 좋아하세요?
팀: 김치찌개는 아주 맵고 뜨거워서 속이 시원해요.
탄야: 또 무슨 음식을 좋아하세요?
팀: 너무 많아서 다 말할 수 없어요.
탄야: 괜찮아요. 나도 그래요.

대화 2   Dialog 2

식당에서   Im Restaurant

Hören Sie die Unterhaltung zwischen einem Angestellten und einigen Gästen im Restaurant. Lesen Sie den dazugehörigen Text.

종업원: 어서 오세요!
 여기 앉으시겠어요?
손님들: 여보세요, 메뉴 좀 보여 주세요!
종업원: 네, 여기 있습니다. 뭐 드시겠어요?
손님들: 이 식당에 특별히 맛있는 음식이 있어요?
종업원: 네, 잡채, 탕수육, 삼겹살구이, 한정식을
 추천합니다.
손님들: 그럼 저는 불고기와 한정식, 그리고 여기 친구는 탕수육을
 주문하겠어요.
 탕수육이 맵습니까?
종업원: 아니요, 탕수육은 안 매워요. 달아요. 음료수는 뭘 하시겠어요?
손님들: 맥주 한 병과 콜라 1 병을 주세요. 그리고 컵도 네 개 주세요.
종업원: 주문 하신 음식 여기 나왔습니다. 맛있게 드십시오.
 물병, 김치, 간장, 고추가루, 소금은 식탁 위에 있고 수저는 식탁 아래
 설합에 들어있습니다.
손님들: (식사후) 전부 얼마예요?
종업원: 합해서 19000원입니다. 여기 1000원 거스름돈 있습니다.
 고맙습니다. 또 오세요!

단어집 Wortschatz

좋아하다	gern haben, mögen
김치찌개	Gimchijjigae, *Eintopf mit Gimchi*
비빔밥	Bibimbab
여러번	mehrmals
주문하다	bestellen
(한국)음식	*(koreanische)* Speise
뜨겁다	heiß sein
속이 시원하다	im Herzen erfrischend sein, wohltuend sein *(Idiom)*
괜찮다	in Ordnung sein
종업원	Angestellter *(in einem Restaurant)*
메뉴	Speisekarte *(vom englischen* menu*)*
한정식	traditionelles koreanisches Hauptgericht *(Reis, Bulgogi, gebratener Fisch und mehrere Beilagen)*
추천하다	empfehlen
나오다	*hier:* serviert werden
맵다	scharf sein *('ㅂ' unregelm.)*
전부	alles, insgesamt
달다	süß sein
물병	Wasserflasche
간장	Sojasoße
고추가루	Chilipulver
소금	Salz
식탁	Esstisch
수저	Essbesteck *(Löffel und Stäbchen zusammen)*
위	oben, auf
아래	unten
설합	Schublade
거스름돈	Wechselgeld, Restgeld

Grammatikalische Erscheinungen:

좋다	gut sein, lieb sein *(Grammatik, Punkt 1)*
좋아하다	mögen, lieben *(Grammatik, Punkt 1)*
-(으)면	wenn, falls *(Grammatik, Punkt 2)*
아래, 위	Ortsangaben *(Grammatik, Punkt 3)*
-(으)로	Instrumentalendung *(Grammatik, Punkt 4)*
전	vorher *(Grammatik, Punkt 6)*
후	nachher *(Grammatik, Punkt 6)*

ⓘ Eigenschaftsverben für Geschmack

맵다 *scharf sein*, 짜다 *salzig sein*, 싱겁다 *mild sein*, 달다 *süß sein*, 시다 *sauer sein*, 쓰다 *bitter sein*, 고소하다 *einen nussigen Geschmack haben*, 달콤하다 *süßlich sein*

Tipp: Die Eigenschaftsverben für den Geschmack bilden die informelle Form mit Kontraktionen. Verwenden Sie daher einfach die formelle Form, um Fehler zu vermeiden, z. B. 맵습니다 statt der kontrahierten Form 매워요.

ⓘ Essen in Korea
Restaurants

In Korea existieren zwei sehr verschiedene Arten von Esslokalen nebeneinander: Westliche Lokale, die in ihrer Art den deutschen gleich sind, und traditionelle koreanische Lokale, in denen Sie die Schuhe ausziehen und auf dem Boden Platz nehmen.

수저 Besteck

Das koreanische Besteck 수저 besteht aus einem Löffel 숟가락 und zwei dünnen Metallstäbchen 젓가락.
Mit 숟가락 주세요 bitten Sie um einen Esslöffel, mit 젓가락 주세요 um Stäbchen und mit 수저 주세요 um ein komplettes Besteck.

Koreanische Gerichte werden klein geschnitten serviert, so dass man normalerweise kein Messer benötigt. Man kann zu große Stücke sehr gut mit den Essstäbchen zerteilen. Die Essstäbchen selbst sind allerdings nicht scharf. Beim Grillen an Tischgrillen wird oft eine Schere zum Zerteilen des Fleisches gereicht, niemals ein Messer. Nach koreanischem Verständnis gehören Messer ausschließlich in die Küche.

Tischsitten

Sie dürfen durchaus einmal schmatzen oder eine heiße Suppe schlürfen. Es gilt allerdings als sehr unhöflich, sich am Tisch lautstark die Nase zu putzen. Wenn Ihre Nase läuft, drehen Sie sich diskret zur Seite und tupfen Sie sie ab.

문법 Grammatik

1 Mögen: 좋다 und 좋아하다

Das Koreanische kennt zwei Wörter, die dem deutschen Wort *mögen* entsprechen: 좋다 und 좋아하다. Von der Grundbedeutung her ist 좋다 ein Eigenschaftsverb und wird normalerweise mit *gut sein* übersetzt. Das davon abgeleitete 좋아하다 bedeutet *gern haben, mögen*. Die folgenden Beispielsätze verdeutlichen die Verwendung der beiden Wörter.

좋다

날씨가 좋아요.	*Das Wetter ist gut.*
한나가 좋아요.	*Hanna ist gut (nett). / Ich mag Hanna.*
한국 문화가 좋습니다.	*Die koreanische Kultur ist gut. / Ich mag die koreanische Kultur.*

좋아하다

안나를 좋아합니다.	*Ich mag Anna.*
이 책을 좋아합니다.	*Ich mag dieses Buch.*
토마스가 수미를 좋아해요?	*Mag Thomas Sumi?*
한국 음식을 좋아합니다.	*Ich mag koreanisches Essen.*

In den meisten Fällen sind die Bedeutungen von 좋다 und 좋아하다 klar getrennt. Manchmal kann aber auch die Aussage, dass etwas gut ist, bedeuten, dass der Sprecher diese Sache mag. So kann der Sprecher mit dem oben bereits erwähnten Satz 한나가 좋아요. *Hanna ist gut (nett).* auch ausdrücken, dass er Hanna mag.
Vergleichen Sie auch die folgenden zwei Sätze:

한국어가 좋습니다.	*Koreanisch ist gut (für mich). = Ich mag Koreanisch.*
한국어를 좋아합니다.	*Ich mag Koreanisch.*

Beachten Sie jedoch die unterschiedlichen Konstruktionen der beiden Sätze. Im ersten Satz ist 한국어 das Subjekt, gekennzeichnet durch die Postposition -가. Im zweiten Satz ist 한국어 das Objekt, gekennzeichnet durch die Postposition -를.

In dem Beispielsatz mit der koreanischen Sprache werden 좋다 und 좋아하다 fast synonym verwendet. Seien Sie aber vorsichtig, wenn Sie einen Satz mit Personen bilden: Es lässt sich dann nicht mehr so einfach erschließen, wer etwas mag und wer gemocht wird. Da muss der Satz richtig konstruiert werden.

2 Wenn, falls: die Konjunktion -(으)면

In vielen Fällen werden deutsche Wörter im Koreanischen durch eine eigene Verbendung ausgedrückt. Auch bei der Übersetzung von *wenn, falls* passiert dies. Dabei wird -(으)면 an das Verb angehängt.

Sie benutzen -으면, wenn das Verb auf einen Konsonanten endet, z. B. 찾다 → 찾으면 und -면, wenn das Verb auf einen Vokal endet, z. B. 가다 → 가면.

그 책을 찾으면 좀 빌려 주세요.	*Wenn Sie das Buch finden, leihen Sie es mir bitte.*
집에 가면 어머니께서 기다리십니다.	*Wenn Sie nach Hause kommen, wartet die Mutter.*

Endet der Verbstamm auf einen Vokal, z. B. 가다 – gehen, dann wird -면 angehängt → 가면 – *wenn ich/er/sie gehe/gehen*.

Vergleichen Sie die folgenden Beispielsätze:

시장에 가면 싱싱한 채소가 많아요.	*Auf dem Markt gibt es viele frische Gemüsesorten.* (wörtl.: *Wenn man auf den Markt geht, ...*)
안나를 만나면 이것을 물어 보려고 해요.	*Wenn ich Anna treffe, will ich sie danach fragen.*
김치찌개를 먹으러 가면 어떨까요?	*Wie wäre es, wenn wir Gimchijjigae essen gehen?*

3 Ortsangaben -위치

An Ortsangaben werden in der Regel die ortsbestimmenden (*lokativen*) Postpositionen -에, -에서 und -(으)로 angehängt.

Ortsangaben wie 위 oben, 아래 unten usw. werden dem Substantiv nachgestellt und mit der Postposition -에 verwendet.

Substantiv	Lagewort	Verwendung im Satz (+에)
책상	위	책상 위에 책이 있어요. *Ein Buch liegt auf dem Tisch.*
집	앞	집 앞에 자동차가 있어요. *Ein Auto steht vor dem Haus.*
안나	옆	안나 옆에 팀이 있어요. *Tim befindet sich neben Anna.*
집	왼쪽	집 왼쪽에 학교가 있어요. *Links von dem Haus befindet sich die Schule.*

Erinnern Sie sich: In Kapitel 3 haben Sie gelernt, dass -에 den Ort bezeichnet, an dem sich etwas befindet, und -에서 den Ort, an dem eine Handlung stattfindet. Wenn Sie also -에서 an ein Lagewort anhängen, so bezeichnen Sie damit immer den Ort der Handlung, z. B. 방안에서 공부를 해요. *Ich lerne im Zimmer.*

Ortsangaben	Deutsch	Beispiel
위	auf, über, oben	책상 위에 한국어 책이 있어요? *Liegt das Koreanischbuch auf dem Tisch?* 예, 책상 위에 한국어 책이 있어요. *Ja, das Koreanischbuch liegt auf dem Tisch.*
밑/아래	unter, unten	책상 밑에/아래에 뭐가 있어요? *Was ist unter dem Schreibtisch?* 책상 아래에 고양이가 있어요. *Die Katze ist unter dem Schreibtisch.*
앞	vor, vorne	우리 집 앞에 무엇이 있어요? *Was ist vor unserem Haus?* 우리 집 앞에 안나의 자동차가 있어요. *Das Auto von Anna ist vor unserem Haus.*
뒤	hinter, hinten	집 뒤에 나무가 있어요? *Ist hinter dem Haus ein Baum?* 아니오, 집 뒤에는 주차장이 있어요. *Nein, hinter dem Haus ist die Garage.*
옆	neben, seitlich, bei	집 옆에 한국 친구가 서 있어요. *Neben dem Haus steht ein koreanischer Freund.*
오른쪽/오른편	rechts, rechte Seite	자동차 오른쪽에/오른편에 독일 친구가 있어요. *Rechts neben dem Auto ist ein deutscher Freund.*
왼쪽/왼편	links, linke Seite	집 왼쪽에는/왼편에는 무엇이 있어요? *Was ist links vom Haus?*
안/속	in, innen, drinnen	안나의 가방 안에/속에 빵이 들어있어요? *Befindet sich in der Tasche von Anna Brot?* 네, 안나의 가방 안에 빵이 들어있어요. *Ja, in Annas Tasche ist Brot.* 물속에 고양이가 있어요? *Ist die Katze im Wasser?*
밖	außen, draußen, auswärts	밖에 누가 있어요? *Wer ist draußen?* 오늘 저녁은 밖에서 먹습니다. *Heute Abend esse ich auswärts.*
가운데	mitten, in, zwischen	방 가운데 책상 한 개와 의자 두 개가 있어요. *Mitten im Zimmer stehen ein Tisch und zwei Stühle.*

Tipp: Sie wissen bereits, dass -에 가다 *gehen zu* bedeutet. In der Bedeutung einer Richtungsangabe wird -에 auch oft mit anderen Bewegungsverben verwendet. Gleichbedeutend wird bei Bewegungsverben wie 가다 *gehen*, 오다 *kommen*, 내려가다 *hinuntergehen*, 들어가다 *hineingehen* auch oft die Endung -로/-으로 verwendet, allerdings nur dann, wenn die Bewegung gerade stattfindet oder *im Begriff ist stattzufinden*.

어디로 내려가세요?	*Wo gehen Sie gerade hinunter?*
왼쪽으로 들어갑니다.	*Ich gehe gerade nach links hinein.*
뒤로 들어오세요!	*Kommen Sie durch den Hintereingang.* (gerade)
역으로 갑니다.	*Ich gehe zum Bahnhof.* (gerade)

Tipp: Wird eine Frage mit -으로 gestellt, wird auch in der Antwort -으로 verwendet, z. B. 역으로 가세요? *Gehen Sie gerade zum Bahnhof?* 네, 역으로 갑니다. *Ja, ich gehe gerade zum Bahnhof.*

4 Instrumentale Postpositionsendung -(으)로

Sie haben soeben -로/-으로 als richtungsangebendes Wort kennengelernt. Mit -(으)로 können Sie allerdings auch das Mittel oder Instrument, mit dem eine Handlung erfolgt, ausdrücken. Im Deutschen fragen Sie mit *wodurch*, *womit* nach diesen sogenannten instrumentalen Angaben.

So können Sie z. B. angeben, womit Sie lieber essen, mit traditionell koreanischem Besteck oder dem westlichen Besteck, das Sie von zu Hause kennen. Das Besteck als das Instrument, das Sie benutzen, bekommt die Endung -(으)로.

한국에 어떻게 가세요?	*Wie kommen Sie nach Korea?*
비행기로 갑니다.	*Ich komme mit dem Flugzeug.*
부산에 자동차로 가세요?	*Fahren Sie mit dem Auto nach Busan?*

5 Vorher 전 und nachher 후 – Zeitangaben

Die zeitlichen Angaben *vor* und *nach* werden durch die Silben 전 und 후 ausgedrückt. Beide Silben werden nachgestellt, z. B. 삼일 전에 *vor drei Tagen*, 연극 후에 *nach dem Theater*.
Bitte beachten Sie, dass die Nachsilbe -에, die angibt, dass etwas zu einem bestimmten Zeitpunkt passiert, immer nach dem Ausdruck mit 전 oder 후 angehängt wird.

-전에	-후에
점심 전에 *vor dem Mittagessen*	점심 후에 *nach dem Mittagessen*
약속 전에 *vor der Verabredung*	약속 후에 *nach der Verabredung*
수업 전에 무엇을 하세요? *Was tun Sie vor dem Unterricht?*	수업 후에 누구를 만나요? *Wen treffen Sie nach dem Unterricht?*

Vergleichen Sie die folgenden Beispielsätze:

한국어 수업 전에 한국어 책을 꼭 사야 됩니다.	*Vor dem Koreanischunterricht muss ich unbedingt das Koreanischbuch kaufen.*
점심 후에 맥주를 마시러 시내에 갑니다.	*Nach dem Mittagessen gehe ich in die Stadt zum Bier trinken.*

Mögen Sie koreanisches Essen?

▶ CD2 4 Übung mit CD

Hören Sie die Fragen auf der CD und versuchen Sie, sie mithilfe der Bilder richtig zu beantworten. Nach einer kurzen Pause für Ihre Antwort hören Sie die richtige Lösung auf der CD.

a 한국어 책이 어디(에) 있어요?
   Wo befindet sich das Koreanischbuch?
b 책상 밑에 뭐가 있어요?
   Was ist unter dem Tisch?
c 컴퓨터 위에 뭐가 있어요?
   Was ist auf dem Computer?
d 여학생 옆에 뭐가 있어요?
   Was ist neben der Schülerin?
e 안나의 의자 뒤에 뭐가 있어요?
   Was ist hinter dem Stuhl von Anna?
f 안나 뒤에 누가 있어요?
   Wer ist hinter Anna? (Thomas)
g 컴퓨터가 어디 있어요?
   Wo befindet sich der Computer?

단어집 Wortschatz aus den Grammatikerklärungen

자동차	Auto *(allgemein)*
나무	Baum
주차장	Garage
서 있다	stehen
들어 있다	sich befinden
내려가다	hinuntergehen
들어오다	hereinkommen
아름답다	schön sein
주문하다	bestellen

❶ 김치 Was macht Gimchi so besonders?

Gimchi ist *das* koreanische Nationalgericht: Ein Essen ohne Gimchi ist für die meisten Koreaner nicht vorstellbar. Mittlerweile erfreut sich Gimchi allerdings auch in vielen anderen Ländern zunehmender Popularität, vor allem in den Nachbarländern Koreas. Gimchi wird oft mit dem deutschen Sauerkraut verglichen, auch wenn Sauerkraut bei Weitem nicht so scharf ist. Die Herstellung ist jedoch sehr ähnlich. Sauerkraut wird aus Weißkraut fermentiert, Gimchi normalerweise aus Chinakohl. Es gibt allerdings zahlreiche verschiedene Zubereitungsarten.

Üblicherweise wird Chinakohl gesalzen und zusammen mit weiteren klein geschnittenen Zutaten wie Rettich, Frühlingszwiebeln, Knoblauch und Ingwer mit Chilipulver vermengt. In einigen Gegenden werden auch kleine Fische wie Sardellen u. a. hinzugefügt. Durch Fermentation wird das Gemisch haltbar und nimmt nach einigen Tagen den typischen Gimchi-Geschmack an. Es gibt aber auch Gimchi, das unfermentiert angeboten wird. Das fertige Gimchi wurde früher in Tontöpfen aufbewahrt, heute haben viele Familien dafür spezielle Gimchikühlschränke.

Auf dem Markt werden die verschiedensten Sorten Gimchi angeboten, ein Besuch lohnt sich auf jeden Fall! Einige gängige Gimchisorten (김치종류) sind:

배추김치	Gimchi aus Chinakohl
배추겉절이	Frisches Gimchi *(für den sofortigen Verzehr)*
배추백김치	Gimchi ohne Chilipulver
총각무김치	Gimchi aus ganzen, kleinen Rettichen
깍두기	Gimchi aus Rettichwürfeln

In Korea essen sie Hunde!

In Korea essen sie Hunde! Diese Schlagzeile ging 1988 um die Welt, als Korea das Gastland der olympischen Sommerspiele war. Obwohl Korea bei Weitem nicht das einzige asiatische Land war, in dem man Hundefleisch aß, wurde der Verzehr von Hundefleisch aufgrund massiver internationaler Proteste mittlerweile immer mehr in den Hintergrund gedrängt.

Dennoch gibt es nach wie vor koreanische Lebensmittel, die für Europäer, vorsichtig ausgedrückt, gewöhnungsbedürftig sind. Man sollte sich jedoch immer vor Augen halten, dass jedes Land Gerichte besitzt, die im Ausland (und teilweise auch im Inland) skeptisch betrachtet werden. Man denke nur an Kutteln oder Schnecken, die in Deutschland gegessen werden, die französischen Froschschenkel, die chinesischen Hähnchenfüße, den Wurm im mexikanischen Tequila oder auch englische Fleischgerichte mit Minzsauce.

In Korea wird z. B. 산낙지 *lebender Oktopus* gegessen. Die Bezeichnung lebender Oktopus ist jedoch etwas irreführend: Der Tintenfisch wird dafür aus dem restauranteigenen Aquarium gefischt, schnell zerhackt und sofort serviert. Die einzelnen Stücke bewegen sich noch eine ganze Weile und können sich sogar am Teller festsaugen. Vor dem Verzehr werden die Stücke in Sesamöl oder Chilipaste getunkt. 산낙지 gilt als Spezialität und ist recht teuer.

Ein Alltagsgericht, das man von zahlreichen Straßenhändlern kaufen kann, sind gebratene Seidenraupen, die in riesigen Pfannen zubereitet werden. Man kauft einen Becher voll Seidenraupen und bekommt einen Zahnstocher zum Aufspießen und Essen dazu.

Eine sinokoreanische Redewendung zum Abschluss

진수성찬 *herrlich angerichtete Tafel*

Stellen Sie sich vor, Sie sind von einer koreanischen Familie zum Essen eingeladen worden und nun überwältigt von der Mühe, die sich Ihre Gastgeber bei der Zubereitung und dem Anrichten der Speisen gegeben haben. Dann können Sie diese 진수성찬 *herrlich angerichtete Tafel* mit folgenden Worten loben: 잘 먹었습니다. 진수성찬이었습니다.

Jetzt können Sie üben!

1 Antworten Sie mithilfe der in Klammern angegebenen Worte.

    a 무엇을 좋아하세요? (김치찌개)
    b 누구를 좋아하세요? (철호)
    c 어제 날씨가 좋았어요? (아니요)
    d 한국 문화를 좋아하세요? (네)
    e 무슨 한국 음식을 좋아해요? (비빔밥과 김치)

Mögen Sie koreanisches Essen?

2 Schreiben Sie auf Koreanisch (informelle Form).

   a Wenn mein Freund zu mir kommt, werden wir ein Glas Bier zusammen trinken.
   b Wenn es regnet, gehe ich nicht auf den Markt.
   c Wenn ich zum Buchladen gehe, kaufe ich das Koreanischbuch.
   d Wenn ich heute Koreanisch esse, bestelle ich bestimmt Bibimbab.
   e Wie wäre es, wenn wir Gimchijjigae essen gehen?

3 Übersetzen Sie folgende Ausdrücke und Sätze. Benutzen Sie dafür die informelle Form.

   a neben dem Tisch
   b hinter dem Haus
   c vor dem Haus
   d Links von der Tasche steht ein Baum.
   e Nach dem Mittagessen gehe ich Bier trinken.
   f Vor dem Koreanischunterricht muss ich unbedingt das Koreanischbuch kaufen.

4 Hören Sie die Fragen auf der CD und formulieren Sie Ihre Antworten mit dem Instrumental -(으)로. Nach einer kurzen Pause hören Sie die richtige Lösung und können sich selbst überprüfen.

   a 미국에 어떻게 가세요? (mit dem Flugzeug)
   b 경주에 어떻게 가세요? (mit dem Zug)
   c 토미스가 무슨 책으로 한국어를 공부해요? (mit dem Koreanischbuch)
   d 안나가 숙제를 어떻게 해요? (mit dem Computer)

Einige gängige koreanische Gerichte

잡채밥
Japchaebab – Glasnudel-gericht mit Reis

육개장
Yukgaejang – scharfer Eintopf mit Rindfleisch

김치찌개
Gimchi-jjigae – scharfer Gimchieintopf

된장찌개
Doenjang-jjigae – Eintopf mit einer Soße aus Sojabohnen-paste

순두부찌개
Sundubu-jjigae – Eintopf mit Tofu, Muscheln und Gemüse

비빔밥
Bibimbab – Reis gemischt mit Gemüse, Kräutern und Chilipaste

Mögen Sie koreanisches Essen?

만두
Mandu – Maultaschen

볶음밥
Bokkeumbab – gebratener Reis

떡볶기
Tteokbokki – Reiskuchen in scharfer Chilisoße

고등어찌개
Godeungeo-jjigae – Eintopf mit Makrelen

불고기
Bulgogi – mariniertes, gegrilltes Rindfleisch, manchmal auch Schweinefleisch

삼겹살구이
Samgyeopsal gui – marinierter, gegrillter Schweinebauch

매운탕
Maeuntang – scharfer Fischeintopf

김밥
Gimbab – gerollter Reis in Seetang)

냉면
Naengmyeon – kalte Nudeln in Fleischbrühe

자장면
Jjajangmyeon – Nudeln mit schwarzer Soße

생선구이
Saengseon-gui – gegrillte Fische

설렁탕
Seolleongtang – Rinderknochensuppe

국수전골
Guksujeongol – Nudelschmorpfanne mit Gemüse

갈비탕
Galbi-tang – Rinderrippensuppe

삼계탕
Samgyetang – Hühnereintopf mit Reis und Ginseng (Insam)

Mögen Sie koreanisches Essen?

갈비
Galbi – marinierte, gegrillte Rinderrippen

떡국
Tteok-guk – Reiskuchensuppe

해물탕
Haemultang – scharfer Eintopf mit Meeresfrüchten (im Schmortopf)

칼국수
Kalguksu – Eintopf mit handgerollten Nudeln

감자전
Gamjajeon – Pfannkuchen mit Kartoffeln

모듬전
Moedeumjeon – Teller verschiedener Pfannkuchen

빈대떡
Bindaetteok – Pfannkuchen aus Mungobohnenmehl

해물파전
Haemul pajeon – Pfannkuchen mit Frühlingszwiebeln und Meeresfrüchten

김치전
Gimchijeon – Pfannkuchen mit Gimchi

한정식
traditionelles koreanisches Hauptgericht mit Reis, Bulgogi, gebratenem Fisch und mehreren Beilagen

Wiederholungskapitel 2

In diesem Kapitel wiederholen Sie:

- Verwendung von Zeigewörtern
- Verlaufsform
- wie man Wünsche und Begrüßungen ausdrückt
- Kasusendungen
- Modalverben
- Wochentage
- Verneinungen
- Distanz- und Zeitangaben

Wiederholungskapitel 2

Hier können Sie den bisher gelernten Stoff üben und vertiefen.

Die Dialoge geben Ihnen die Möglichkeit, wichtige Redewendungen in verschiedenen Verwendungsvarianten zu sehen bzw. die Dialoge (mit leichten Veränderungen) selbst durchzuspielen.

Dialog 1 무엇이에요? Was ist das?

In den folgenden kurzen Dialogen können Sie die Verwendung der Zeigewörter 이, 그, 저 und ihrer Kombinationen 여기, 거기, 저기, 이 분, 그 분, 저 분 sehen. Bilden Sie nach den vorgegebenen Mustern eigene Sätze.

Mit Zeigewörtern:
A: 이것이 그림이에요?
B: 아니요, 그것은 그림이 아닙니다. 사진입니다.
A: 그것이 무엇이에요?
B: 커피예요.
A: 저것이 그림책이에요?
B: 네, 저것은 독일 그림책입니다.
A: 저 사람이 토마스 씨예요?
B: 아니요, 저 분은 김철호 선생님이에요.
A: 그 분이 누구세요?
B: 이 분은 독일 사람입니다.

Fragen nach dem Ort:
A: 여기가 어디예요? 여기는 한국어 학원이에요.
B: 거기에 어떻게 가요? / 거기에 어떻게 가세요?
A: 저기가 우리 교회입니까?
　　저기에 학교 / 어학원 / 역이 있어요?
B: 네, 저기에 학교 / 어학원 / 역이 있어요.

단어집 Wortschatz

교회 .... Kirche

Dialog 2 안나가 뭘 하고 있어요? Was macht Anna gerade?

Lesen Sie den Beispieldialog. Benutzen Sie die Verben im Kasten, um ähnliche Dialoge in der Verlaufsform zu führen.

> 책을 읽다 ein Buch lesen, 바나나를 먹다 eine Banane essen, 팀을 만나다 Tim treffen, 구두를 찾다 Schuhe suchen, 전화를 하다 telefonieren, 전화를 받다 ans Telefon gehen

A: 안나가 뭘 하고 있어요?
B: 안나가 공부를 하고 있습니다.
A: 안나가 무엇을 먹고 있어요?
B: 안나가 사과를 먹고 있어요.
A: 선생님께서 뭘 하고 계세요?
B: 선생님께서 책을 읽고 계십니다/계세요.

Dialog 3 할아버지께서 뭘 하세요? Was macht der Großvater?

Hören und lesen Sie den Beispieldialog. Erzählen Sie selbst von Ihrem Großvater. Beachten Sie dabei die Höflichkeitsmarker.

A: 할아버지께서 뭘 하세요?
B: 할아버지지께서 책을 읽으십니다. / 책을 읽으세요.
A: 할아버지께서 바나나를 드십니다. / 바나나를 드세요.
B: 할아버지께서 팀을 만나십니다. / 만나세요.
A: 구두를 찾으십니다. / 구두를 찾으세요.
B: 전화를 하십니다. / 전화를 하세요.
A: 전화를 받으십니다. / 전화를 받으세요.

Dialog 4 손야의 소원 Sonjas Wunsch

Lesen Sie den Beispieldialog. Orientieren Sie sich an diesem Muster und fragen Sie selbst, was jemand anders möchte bzw. erklären Sie, was Sie selbst gerne täten. Im Kasten finden Sie dafür mögliche Ausdrücke.

> 영국/프랑스에 가다 nach England/Frankreich reisen, 사과를 먹다 einen Apfel essen, 책을 읽다 ein Buch lesen, 극장에 가다 ins Theater gehen, 안나에게 전화 하다 Anna anrufen, 팀을 만나다 Tim treffen

손야의 소원
손야: 팀 씨, 내년에 한국에 가고 싶어요?
        나도 한국에 가고 싶어요.
        그리고 한국말도 잘 하고 싶어요.
        김치를 좋아해서 김치도 많이 먹고 싶어요.

단어집 Wortschatz

소원	Wunsch
극장	Kino, Theater

Dialog 5 … 면 좋겠어요 Es wäre schön …

Hören und lesen Sie die folgenden Musterdialoge mit den leicht verwechselbaren Wörtern 좋다 und 좋아 하다 und benutzen Sie die Wörter im Kasten, um selbst ähnliche Dialoge zu bilden.

> Anwendung mit 좋다 / 좋아 하다 und 면:
> Länder: 한국, 미국, 영국; Städte: 뮌헨, 함부르그, 베를린, 경주, 수원; Objekten: 박물관, 책, 사과, 오렌지, 토마토, 여행

철호: 주말에 어디 가면 좋겠어요?
안야: 경주에 가면 좋겠어요.
        베를린에 가면 좋겠어요.
        토마스가 무엇을 좋아합니까?

        토마스는 고양이를 아주 좋아해요.
        누가 안나를 좋아해요?
        저 친구가 안나를 좋아해요.
        무슨 음악을 좋아하세요?
        베토벤의 피아노곡을 좋아합니다.
        방학이 되면 어디에 가고 싶어요?

단어집 Wortschatz	
베토벤	Beethoven
피아노	Klavier
곡	Melodie, Lied

Dialog 6 좀 도와주세요! Helfen Sie mir!

Hören und lesen Sie die Musterdialoge durch. Orientieren Sie sich daran und bitten Sie selbst jemanden um einen Gefallen bzw. erklären Sie, wem Sie einen Gefallen tun und wen Sie bei welcher Tätigkeit unterstützen. Die Ausdrücke im Kasten geben Ihnen mögliche Aktivitäten vor.

구두, 책, 과일을 사다, 대신 전화를 하다, 대신 안나를 만나다, 한국어 공부를 도와 주다

톰:	명희 씨, 이 책을 좀 읽어 줄 수 있어요?
명희:	네, 읽어 드리겠어요.
톰:	명희 씨, 머리가 아파요.
	선생님께 대신 전화를 좀 해 주겠어요?
명희:	그래요. 선생님께 대신 전화를 해 드릴게요.
톰:	좀 도와 주세요.
수진:	어떻게 도와 드릴까요?
톰:	어디서 한국어 책을 사면 됩니까?
수진:	아, 이리 오세요.
톰:	함께 커피를 마시고 싶어요.
수진:	미안합니다. 시간이 없어요. 집에서 어머니를 도와 드려야 합니다.
	그리고 토마스가 숙제를 안 해서 도와 주고 있어요.

단어집 Wortschatz	
대신	anstelle

Dialog 7 Der Dativ

Der folgende Dialog präsentiert Ihnen nochmals Verben, die im Koreanischen (und meistens auch im Deutschen) mit dem Dativ konstruiert werden. Bilden Sie nach dem Muster selbst Sätze.

-에게, -한테 mit Verben 주다, 보내다, 가다, 전화(를)하다

티나:	사라 씨, 어제 누구에게 갔어요?
사라:	안나에게 갔어요.
티나:	방금 누구에게 전화를 했어요?
사라:	남자 친구에게 전화를 했어요.
티나:	누구의 생일이에요?
사라:	내일 영수의 생일이어서 영수한테 선물을 보내기로 했어요.

Dialog 8 Dativ (*honorativ*)

Wie bereits der obige Dialog präsentieren Ihnen auch die Mustersätze dieser Übung Verben, die im Koreanischen (und meistens auch im Deutschen) mit dem Dativ konstruiert werden. Der einzige Unterschied ist hier die Verwendung der honorativen (besonders respektvollen) Formen. Bilden Sie nach dem Muster selbst Sätze.

> mit 께서, 께:
>
> 책을 읽다, 바나나를 먹다, 팀을 만나다, 구두를 찾다, 전화를 하다, 전화를 받다, 커피를 드리다

할아버지께서 뭘 하세요?
할아버지께서 책을 읽으십니다. / 책을 읽으세요.
할아버지께서 바나나를 드십니다. / 바나나를 드세요.
할아버지께서 팀을 만나십니다. / 만나세요.
구두를 찾으십니다. / 구두를 찾으세요.
전화를 하십니다. / 전화를 하세요.
전화를 받으십니다. / 전화를 받으세요.
할아버지께 커피를 드립니다 / 도려요.
사장님께 구두를 드립니다. / 도려요.
사장님께 커피를 한 잔 드립니다. / 도려요.

▶ CD2 10 Dialog 9 어디에서 왔어요? Woher kommen Sie?

Bilden Sie selbst nach dem vorgegebenen Muster kurze Dialoge mit Fragen und Antworten zum Herkunftsort/-land.

피터: 손야 씨, 어디(에)서 왔어요?
손야: 독일에서 왔어요. 피터 씨는요?
피터: 미국 워싱턴에서 왔어요.
  피에르 씨도 독일에서 왔어요?
피에르: 아니요. 프랑스에서 왔어요. 저 친구는 이태리에서 왔어요.
  그리고 이 친구는 영국에서 왔어요.
  오늘 오후 일본에서 마사코 씨가 와요.
  그런데 미나 씨는 서울에서 왔어요?
피터: 네, 서울에서 왔어요.

Dialog 10 Modalverben: können, dürfen, müssen

Die folgenden Dialoge zeigen Ihnen nochmals die Verwendung der im Kasten aufgelisteten Modalverben. Bilden Sie nach dem Frage-Antwort-Muster des Dialogs selbst Sätze mit *können*, *dürfen* und *müssen*.

> 을/를 수 있다/없다, 아/어도 좋다, 아/어도 되다, 아/어야도 하다, 아/어야 되다

토비아스: 지은 씨, 함께 책을 사러 갈 수 있어요?
지은: 미안해요. 다른 약속이 있어서 함께 갈 수 없어요.
토비아스: 그럼, 내일 학원에서 만나요?
지은: 네, 내일 같이 한국어 공부를 해요.
  오늘 숙제는 꼭 해야 됩니다.
토비아스: 알겠어요. 그렇게 하겠어요.

Dialog 11 요일 Wochentage

Bilden Sie nach dem Vorbild des Textes selbst kurze Gespräche mit den Wochentagen. Was würden Sie zum Beispiel sagen, wenn Sie sich für einen bestimmten Tag verabreden wollen?

일요일 Sonntag, 월요일 Montag, 화요일 Dienstag, 수요일 Mittwoch, 목요일 Donnerstag, 금요일 Freitag, 토요일 Samstag

토비아스:	지은 씨, 오늘 토요일에 극장에 가면 좋겠어요.
지은:	미안합니다. 오늘 약속이 있어요.
토비아스:	내일 일요일은 어때요?
지은:	일요일은 교회에 가야 해요. 안 되겠어요.
토비아스:	그럼 다음 목요일이나 금요일에는 가능해요?
지은:	좋아요, 다음 금요일에 만나서 극장에 가요.
토비아스:	수요일에 한국어 수업이 있어요?
지은:	아니요, 목요일에 있어요.
토비아스:	월요일에 토마스가 독일에서 한국에 와요.
지은:	토비아스 씨, 요일의 뜻을 알아요? 일요일은 해의 날, 월요일은 달의 날, 화요일은 불의 날, 수요일은 물의 날, 목요일은 나무의 날, 금요일은 금의 날, 토요일은 땅의 날이에요.
토비아스:	우와, 참 많이 배웠어요. 고맙습니다.

단어집 Wortschatz

요일	Wochentag
알다	wissen, kennen
해	Sonne
달	Mond
불	Feuer
물	Wasser
나무	Holz
금	Gold, Metall
땅	Erde
어때요	wie sein (ㅎ unregelm. Verb von 어떻다)
다음	nächste

Dialog 12 어디 있어요? Wo ist…?

Die folgenden kurzen Dialoge zeigen Ihnen nochmals die Verwendung der Ortsangaben. Versuchen Sie doch mal, ein eigenes Zimmer zu beschreiben. Die Wörter im Kasten helfen Ihnen dabei.

위, 아래, 옆, 뒤, 앞, 왼 쪽/ 좌측, 오른 쪽/우측, 안, 속, 밖, 중간, 밑

A:	이 책상 위에 뭐가 있어요? 컴퓨터가 있어요.
B:	책상 아래에 고양이가 있어요? 아니요, 없어요. 구두가 있어요.
A:	의자 옆에 누가 있어요? 팀이 있어요.
B:	전화가 컴퓨터 뒤에 있어요? 아니요, 컴퓨터 앞에 있어요.
A:	책상 오른 쪽에 뭐가 있어요? 책상 오른 쪽에 꽃이 있어요.
B:	책상 뒤에 안나가 있어요? 아니요, 안나가 책상 앞에 있어요.
A:	방안에 고양이가 있어요? 네, 고양이가 두 마리 있어요.
B:	고양이가 어디 있어요? 방 중간에 있어요.

A: 책상 밑에 뭐가 있어요? 구두가 있어요.

Dialog 13   ... 면 뭐 해요? Was wollen wir tun, wenn ...?
Lesen Sie die Beispieltexte und fragen Sie mithilfe der Wörter aus dem Kasten selbst, was Sie tun können, wenn ...

산책 가다, 맥주 마시다, 책 읽다, 노래 하다, 친구 만나다, 편지 쓰다, 시내구경 가다

손야: 우리 오늘 날씨가 좋으면 뭐 해요?
날씨가 좋으면 산책을 가요.
날씨가 좋으면 맥주를 마시러 가요.
날씨가 좋으면 시내구경을 가요.

토비아스: 비가 오면 뭐 해요?
맥주를 한 잔 마셔요.
노래를 해요.
친구를 만나요.
집에서 편지를 써요.
시내 구경을 가면 좋겠어요.

Dialog 14   아니요 Nein!
Lesen Sie den Beispieldialog und überlegen Sie sich dann selbst Fragen, die Sie verneinen können.

팀: 마리아 씨, 집에서 편지를 쓰고 있어요?
마리아: 아니요. 편지를 쓰지 않아요.
팀: 그럼, 공부를 하고 있어요?
마리아: 아니요, 공부를 하지 않아요.
팀: 그럼, 뭐 하세요?
마리아: 컴퓨터 게임을 하고 있어요.

Dialog 15   왜 안 오셨어요? Warum sind Sie nicht gekommen?
Lesen Sie die Musterdialoge und erklären Sie dann an selbst gewählten Beispielen, warum Sie etwas gemacht oder nicht gemacht haben.

어제 왜 안 오셨어요?
비가 와서 집에 있었어요.
약속이 있어서 수업에 못 갔어요.
아파서 집에서 쉬었어요.
잠을 못 자서 기운이 없었어요.

단어집 Wortschatz
쉬다 .... ausruhen

Dialog 16 안나 씨, 뭘 했어요? Was haben Sie gemacht, Anna?

Lesen Sie die Mustersätze und überlegen Sie sich selbst zweiteilige Antworten, in denen Sie erzählen, was Sie in der Vergangenheit alles gemacht haben. Benutzen Sie dafür, wie im Beispiel, die aneinanderreihende Konjunktion -아서/-어서.

안나 씨, 뭘 했어요?
백화점에 가서 옷을 샀어요.
친구를 만나서 비빔밥을 먹으러 갔어요.
병원에 가서 의사를 만났어요.
카메라를 사서 사진을 찍으러 시내에 갔어요.
은행에 가서 돈을 찾았어요.

Dialog 17 Unregelmäßige Verben mit -ㅂ

Unregelmäßige Verben muss man auswendig lernen und ständig wiederholen. Der folgende Dialog hilft Ihnen dabei, die unregelmäßigen Verben im Kontext zu sehen. Formulieren Sie selbst Sätze mit den Verben.

> 맵다 scharf sein, 뜨겁다 heiß sein, 춥다 kalt sein, 덥다 heiß sein (Wetter), 아름답다 schön sein

스테파니: 김치찌개 먹으러 가요?
톰: 김치찌개가 너무 매워요. 그리고 뜨거워요. 사람 죽여요.
스테파니: 맵고 뜨거워요. 그러나 맛이 있어요.
톰: 비빔밥도 뜨거워요?
           그러면 먹지 않겠어요.
톰: 오늘 추워요 더워요?
스테파니: 어제 추웠어요. 오늘 오후에는 더워요.
톰: 이 꽃은 참 아름다워요.
           스테파니 씨도 아름다워요.

단어집 Wortschatz

죽이다 .... umbringen

Dialog 18 9시부터 11시까지 그리고 독일에서 한국까지
Von 9 Uhr bis 11 Uhr und von Deutschland nach Korea

Hören und lesen Sie die Musterdialoge und bilden Sie selbst Sätze, in denen Sie über Distanzen und Zeitspannen sprechen.

티나: 언제 한국어 수업이 있어요?
김 선생님: 수요일 오전 9시부터 12시까지 수업이 있어요.

팀: 티나 씨, 약속시간은 언제예요?
티나: 오늘 오후 7시에 있어요.

팀: 독일에서 서울까지 몇 시간 걸려요?
티나: 독일에서 서울까지 10시간 걸려요.

단어집 Wortschatz

어때요 .... wie ... sein (ㅎ unregelm. Verb von 어떻다)

지하철역을 찾습니다

Kapitel 9 — Ich suche nach einer U-Bahn-Station

In diesem Kapitel lernen Sie:

- wie man Menschen und Gegenstände vergleicht
- wie man sagt, wer der Größte, Beste, Schnellste usw. ist
- wie man lautmalerische Ausdrücke verwendet
- wie man das koreanische U-Bahnnetz benutzt
- wie Sie sich über öffentliche Verkehrsmittel unterhalten können

대화 1   Dialog 1

Paula unterhält sich mit einem Passanten darüber, wie sie am besten zum Dongdaemun-Markt (동대문시장) kommt. Hören Sie sich den Dialog an und lesen Sie mit.

행인: 어디를 찾으세요?
파울라: 지하철역을 찾습니다.
행인: 어디로 가시겠어요?
파울라: 동대문시장에 가려고 합니다.
행인: 광화문 세종문화회관 뒤에 5호선 역이 있어요.
5호선을 타고 종로 3가에서 1호선으로 바꿔 타세요.
그리고 동대문역에서 내리세요. 바로 그 근처 전체가 동대문시장입니다.
파울라: 네, 알겠습니다.
행인: 거기서 옷이나 옷감이나, 생활필수품 등 모두 다 구입하실 수 있습니다.
가격도 저렴해요. 특히 최근 유행하는 옷을 사실 수 있어요.
파울라: 감사합니다.

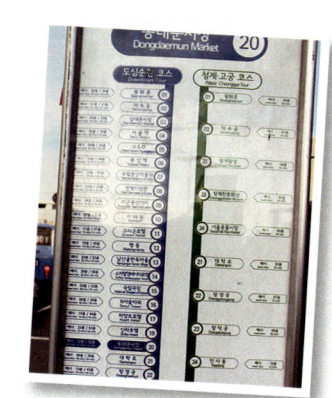

단어집 Wortschatz

지하철	U-Bahn-Station
동대문시장	Dongdaemun-Markt *(in Seoul, benannt nach einem früheren Stadttor, dem Heungin-mun, heute noch als Osttor der Stadt bekannt)*
행인	Fußgänger, Passant
세종 문화 회관	Sejong Kulturcenter *bei Gwanghwamun, dem Haupttor des Gyeongbok-Palastes*
5호선	Linie 5
타다	einsteigen
종로 3가	Jongno 3 ga, *ein wichtiger Boulevardname (Metrostation in Seoul, Haltepunkt für die Linien 1, 3 und 5)*
의정부행	Richtung Uijeongbu *(eine Stadt nördlich von Seoul)*
이나	oder
덕수행	Richtung Deoksu *(ein Palast in der Altstadt von Seoul)*
내리다	aussteigen
바로	sofort, gleich
근처	in der Nähe, nahe bei
전체	alle, alles
의복	Bekleidung
옷감	Stoffe
생활필수품	Waren für das Alltagsleben
모두	alles, alle
다	alles, alle
유행하다	modisch sein
구입하다	einkaufen
저렴하다	günstig, billig sein
특히	besonders

대화 2 Dialog 2

CD 2 / 14 Hören Sie die Unterhaltung zwischen Jutta und einer Passantin, in der die Passantin Jutta bei der Bedienung eines Fahrkartenautomaten hilft. Lesen Sie den dazu passenden Text.

유타: 여보세요! 삼성역으로 가려고 해요.
행인: 네, 여기가 인사동 입구이고 바로 오른편에 3호선 안국역이 있어요.
유타: 고마워요. 그런데 가격이 얼마예요?
행인: 1000원 정도입니다. 1회용 교통카드를 구입하세요. 보증금이 포함되 어 있으니(까) 전철역에서 나오실 때 보증금 자판기에서 꼭 보증금을 찾아가세요.
유타: 그런데 택시는 어디서 탑니까?
행인: 택시를 타시려고요? 여기서부터 삼성역까지 택시보다 전철이 훨씬 더 빠릅니다.

Beachten Sie: Die Linienzahlen der U-Bahnlinien werden *nur* mit den sinokoreanischen Zahlen ausgedrückt.

단어집 Wortschatz

삼성역	Samseong-Station *(eine Metrostation der Linie 2 in Seoul)*
인사동	Insadong, *eine Straße in Seoul mit vielen kunsthandwerklichen Geschäften*
안국동	Angukdong, *eine Straße in der Nähe von Insadong (in Seoul)*
한 번	einmal *(Ordnungszahl)*
교통카드	Verkehrsnetzkarte
전철역	U-Bahn-Station
보증금	Pfandgeld
택시	Taxi
나오다	herauskommen
꼭	unbedingt, absolut
갈아타다	umsteigen

Grammatikalische Erscheinungen:
-보다 (더)	mehr als *(siehe Grammatik, Punkt 1)*
-훨씬 더	sehr viel mehr *(siehe Grammatik, Punkt 1)*
가장, 최고로 und 제일	Superlativformen *(siehe Grammatik, Punkt 4)*
-만큼, 처럼, 같이	Vergleiche *(siehe Grammatik, Punkt 1-3)*
-으니까	weil, da; Konjunktion *(siehe Grammatik, Punkt 5)*
-(이)나 ... -(이)나	sowohl ... als auch / ob ... *(siehe Grammatik, Punkt 6)*

문법 Grammatik
1 Vergleiche mit mehr als: -보다, -보다 더 und -훨씬 더

Wenn Sie einen Vergleich zwischen verschiedenen Gegenständen ziehen wollen, hängen Sie die Postposition -보다 *mehr als* an das Substantiv an, mit dem Sie vergleichen wollen:

Substantiv 1 (was verglichen wird)	Substantiv 2 + -보다 (mit dem verglichen wird)	Verb
비행기가	기차 + 보다	빨라요 *schnell sein*
오늘은	어제 + 보다	더워요 *heiß sein*
영수가	수미 + 보다	큽니다 *groß sein*

비행기가 기차보다 빨라요.	Das Flugzeug ist schneller als der Zug.
오늘은 어제보다 덥습니다.	Heute ist es heißer als gestern.
영수가 수미보다 큽니다.	Yeongsu ist größer als Sumi.

Wenn Sie an -보다 ein 더 anhängen, wird dem Vergleich mehr Nachdruck verliehen. Betrachten Sie folgende Beispielsätze:

한국보다 독일이 큽니다.	Deutschland ist größer als Korea.

Aber:

한국보다 독일이 더 큽니다.	Deutschland ist viel größer als Korea.

Mit 훨씬 더 wird der Kontrast zwischen den zu vergleichenden Gegenständen oder Personen noch einmal besonders verstärkt bzw. besonders betont:

수미보다 영희가 훨씬 더 공부를 잘 해요.	Yeonghui lernt <u>sehr viel besser (um einiges besser)</u> als Sumi.
한국보다 독일의 인구가 훨씬 더 많아요.	Die Bevölkerung Deutschlands ist sehr <u>viel größer (um einiges größer)</u> als die Koreas.

2 Vergleiche mit so wie: -처럼 und -같이

Bei Vergleichen kann man nicht nur Kontraste betonen, sondern auch die Gleichheit von Dingen feststellen, z. B. *Robert ist so alt wie Sandra*.

Im Koreanischen entsprechen die beiden Wörter -처럼 und -같이 dem deutschen *so wie*. -처럼 und 같이 werden direkt an das Substantiv angeschlossen. *Wie Sandra* heißt dementsprechend 산드라처럼 oder 산드라같이.

Die zweite Silbe, -같이, ist eher in der Umgangssprache verbreitet. Die folgenden Beispielsätze demonstrieren die Verwendung im Satz:

Substantiv	-처럼 oder -같이	Beispiele	
안나	처럼/같이	안나처럼 / 안나같이	*so wie Anna*
사과	처럼/같이	사과처럼 / 사과같이	*so wie der Apfel*

수미는 가수처럼 노래를 잘 해요.	Sumi singt so gut wie eine Sängerin.
수미처럼 노래를 잘하고 싶어요.	Ich möchte gerne so gut singen wie Sumi.
이처럼 맛있는 사과가 또 있어요?	Gibt es noch einen so gut schmeckenden Apfel wie diesen?
토마스같이 영어를 잘하면 좋겠습니다.	Es wäre schön, wenn ich so gut Englisch sprechen würde wie Thomas.

3 Vergleiche mit so viel: die Postposition -만큼

-만큼 ist ebenso wie die obigen Postpositionen eine Nachsilbe, die für Vergleiche benutzt wird. Sie wird normalerweise mit *so viel wie, so gut wie* übersetzt. Mit -만큼 drücken Sie einen Vergleich ähnlicher Gegenstände aus, aber oft auch eine Art quantitativen Unterschied. Die Verwendung entspricht der von -처럼 und -같이.

안나만큼 한국어를 잘 하고 싶어요.	*Ich möchte so gut wie Anna Koreanisch sprechen.*
미리암은 동수만큼 키가 커요.	*Miriam ist so groß wie Dongsu.*
한국 사람은 독일 사람만큼 부지런해요.	*Koreaner sind genau so fleißig wie die Deutschen.*
토마스만큼 독일어를 잘 하면 좋겠어요.	*Ich möchte so gut wie Thomas Deutsch sprechen.*

Sollten Sie anfangs von der Vielzahl der Ausdrucksmöglichkeiten verwirrt sein, ist das ganz normal. Konzentrieren Sie sich auf eine Form, z. B. 처럼, wenn Sie selbst sprechen, und versuchen Sie die anderen Ausdrücke erst einmal passiv zu verstehen, bevor Sie sie selbst benutzen.

4 Superlativ 가장, 최고로 und 제일

Bisher haben Sie gelernt, Menschen und Dinge zu vergleichen. Wenn aber etwas besonders herausragend ist, braucht man den sogenannten *Superlativ*, z. B. *der beste Schüler, der höchste Berg*. Man braucht dafür keine Vergleichswörter wie *als* oder *so wie*.

Das Koreanische kennt drei Wörter, um den Superlativ auszudrücken, 가장, 최고로 und 제일. Alle drei Wörter sind synonym verwendbar. Sie werden jeweils vor dem Verb platziert, wie Ihnen die folgenden Sätze zeigen:

무슨 음식을 가장 좋아해요?	*Was ist Ihr Lieblingsessen? (wörtl.: Welche Speise ist Ihnen am liebsten?)*
김치를 제일 좋아해요.	*Ich mag Gimchi am liebsten.*
한국인은 세계에서 가장 부지런한 민족입니다.	*Die Koreaner sind das fleißigste Volk der Welt.*
한국인은 세계에서 최고로 부지런한 민족입니다.	*Die Koreaner sind das fleißigste Volk der Welt.*
수미는 학교에서 제일 공부를 잘 해요.	*Sumi ist die beste Schülerin in der Schule.*
세상에서 누가 가장 / 제일 / 최고 로 예뻐요? – 백설 공주예요.	*Wer ist die Schönste auf der Welt? – Schneewittchen.*

5 Weil, da: die Konjunktion -(으)니(까)

Mit -아서 / -어서 haben Sie bereits in Kapitel 7 eine Möglichkeit gelernt, Sätze mit *da* und *weil* zu verbinden. Im Koreanischen gibt es jedoch noch eine weitere Möglichkeit, solche Zusammenhänge auszudrücken: die Endung -(으)니(까).

-아서 / -어서 und -(으)니(까) werden synonym gebraucht.

-(으)니(까) wird an den Verbstamm angehängt. -으니(까) wird benutzt, wenn der Verbstamm auf einen Konsonanten endet, und -니(까), wenn der Verbstamm auf einen Vokal endet. Dabei wird -(으)니(까) an den Teil angehängt, der die Ursache ausdrückt. Diese Ursache wird immer dem eigentlichen Hauptsatz vorangestellt. Vergleichen Sie die folgenden Beispielsätze.

밥을 먹으니 살 것 같아요.	*Weil ich gegessen habe, habe ich wieder Kraft weiterzuleben.*
비가 올 것 같으니 우산을 들고 가세요.	*Da es nach Regen aussieht, nehmen Sie den Regenschirm mit.*

감기 같으니 크게 걱정 하지 않아도 됩니다.   *Weil es nur eine Erkältung zu sein scheint, müssen Sie sich nicht allzu viele Sorgen machen.*

Die letzte Endsilbe 까 kann nach Belieben weggelassen werden.

Der Sprecher begründet mit dem –(으)니-Satz seine Meinung oder gibt Gründe für das an, was er im zweiten Teil des Satzes tut oder tun wird. -(으)니(까) kann in allen Zeitstufen eingesetzt werden.

Infinitiv	Verbstamm + Markierung der Zeit	+ -(으)니(까)	Beispiel
만나다	만나 (Gegenwart)	+ 니까	만나니까 *da ich treffe*
	만났 (Vergangenheit)	+ 으니까	만났으니까 *da ich traf*
	만나겠 (Zukunft)	+ 으니까	만나겠으니까 *da ich treffen werde*

친구를 만났으니 차를 마시러 가요.   *Da ich Freunde getroffen habe, gehe ich (mit ihnen) Tee trinken.*

약속을 안 지켰으니 어떻게 해요?   *Was soll ich machen, da ich mein Versprechen nicht gehalten habe?*

김치를 먹으니 기분이 좋아요.   *Weil ich Gimchi esse, fühle ich mich wohl.*
만나겠으니 기다리세요.   *Da ich Sie treffen will, warten Sie (auf mich).*

6 Sowohl … als auch / ob … oder: -(이)나 … -(이)나

Dem deutschen *sowohl … als auch*, bzw. *ob … oder* entspricht das koreanische -(이)나 … -(이)나. Während das deutsche *sowohl … als auch* vorangestellt wird, wird das koreanische -(이)나 … -(이)나 nachgestellt. *Sowohl Julia als auch Florian* heißt dementsprechend 율리아나 플로리안이나. Die folgenden Beispielsätze demonstrieren die Verwendung im Satz:

한국말이나 독일말이나 제게는 다 어렵습니다.
Ob Koreanisch oder Deutsch, für mich ist beides schwierig. / Sowohl Koreanisch als auch Deutsch sind für mich schwierig.

토마스나 손야나 두 사람 다 한국말을 잘 해요.
Ob Thomas oder Sonja, alle beide sprechen gut Koreanisch. / Sowohl Thomas als auch Sonja sprechen gut Koreanisch.

7 Lautmalerei

Mit dem Ausdruck Lautmalerei beschreibt man das Phänomen, durch das in vielen Sprachen mit Lauten außersprachliche Realitäten nachgebildet werden. Bekannte Beispiele sind die Nachahmung von Tierlauten oder das Imitieren von Geräuschen. So geht man davon aus, dass Wörter wie *rauschen* oder *klirren* bei dem Versuch entstanden sind, das jeweilige Geräusch nachzuahmen.

Im Koreanischen werden zahlreiche lautmalerische Ausdrücke verwendet. Leider sind diese Ausdrücke für uns nicht immer problemlos auf den ersten Blick erkennbar wie bei der Darstellung des Lachens als 하하 oder 호호, da sich lautmalerische Darstellungen in verschiedenen Sprachen stark voneinander unterscheiden können. So kräht der deutsche Hahn *Kikeriki*, der englische aber *cock-a-doodle-doo*. Dennoch kann man Lautmalerei oft erkennen oder zumindest als Merkhilfe nutzen, da die lautmalerischen Ausdrücke, z.B. für das Bellen eines Hundes (dt. *wau-wau*, frz. *oua-oua*, engl. *woof-woof*, russ. *gav-gav*, korean. 멍멍), viel häufiger Übereinstimmungen aufweisen als nichtlautmalerische Bezeichnungen für das Tier, das diese Geräusche macht: *Hund*, *chien*, *dog*, *sobaka*, 개.

In dem folgenden kurzen Gedicht machen Sie mit einigen der am häufigsten verwendeten lautmalerischen Ausdrücke Bekanntschaft. Hören Sie sie auch an.

▶ CD 2
15

밤하늘에 별이 반짝반짝,	In der Nacht am Himmel die Sterne funkeln,
바다의 물결이 출렁출렁,	im Meer die Wellen rollen,
숲속에서 새들이 짹짹,	im Wald die Vögel zwitschern,
눈이 펄펄 오는 들판에서	auf die Wiese der Schnee in dicken, weichen Flocken fällt,
토끼가 깡충깡충 뛰어갑니다.	der Hase hoppelt und hoppelt.
농부가 땀을 뻘뻘 흘리며 걸어가면	Der Bauer geht schwitzend voran,
돼지 한 마리가 꿀꿀,	ein Schwein grunzt,
개가 멍멍,	ein Hund bellt,
닭이 꼬끼오꼬끼오,	ein Hahn kräht,
고양이가 야옹야옹	eine Katze miaut,
뒤따라 갑니다.	und so gehen sie ihm hinterher.

von Young-ja Beckers-Kim

Auch die oft gehörte Phrase 빨리빨리 („bballi bballi"), eines der „Markenzeichen" der koreanischen Sprache und Kultur, mit der Koreaner oft ungeduldig zu mehr Schnelligkeit antreiben, gehört zu den lautmalerischen Ausdrücken:

빨리빨리 갑시다	*schnell gehen*
빨리빨리 오세요	*schnell kommen*
빨리빨리 먹어요	*schnell essen*

Halten Sie Augen und Ohren offen! Ihnen werden sicher noch mehr lautmalerische Ausdrücke begegnen. Machen Sie sich doch Notizen und sammeln Sie diese Ausdrücke. Sie helfen Ihnen dabei, sich Wörter und Ausdrücke leicht zu merken und können Ihnen und Ihren Freunden viel Spaß bereiten: So können Sie z.B. zusammen ein Quiz mit lautmalerischen Ausdrücken aus verschiedenen Sprachen veranstalten.

단어집 Wortschatz aus den Grammatikerklärungen

빠르다	schnell sein
세상	Welt
백설공주	Schneewittchen
훨씬 더	viel mehr
인구	Einwohner, Bevölkerung
(약속)을 지키다	Versprechen halten
별	Stern
반짝이다	funkeln
숲	Wald
들판	Wiese
밤	Nacht
바다	Meer
토끼	Hase
닭	Hahn

ⓘ Verkehrsnetz in Korea

Korea ist eine ca. 99 000 km² große Halbinsel, deren nördliche Grenze China darstellt. Seit der Teilung in Nord- und Südkorea 1947 ist Südkorea praktisch eine Insel geworden. Südkoreaner können nur per Schiff oder Flugzeug ihr Land verlassen.
Der größte Flughafen Koreas, Incheon International Airport (인천국제공항), liegt auf der Insel Yeongjong in der Nähe

von Seoul. Daneben gibt es zahlreiche weitere Flughäfen, die auch aus dem Ausland angeflogen werden.
Die Personenschifffahrt wird meist für kürzere Strecken, z. B. in den südlichen Teil Japans oder nach China, genutzt.
Korea hat ein hervorragendes Verkehrsnetz im Inland aufgebaut, es gibt zahlreiche autobahnähnliche Schnellstraßen in alle Richtungen, die das ganze Land verbinden.
Auf diesen Straßen verkehren regelmäßig Überlandbusse, die, je nach Bekanntheitsgrad der angefahrenen Städte, im 20-Minuten bis 1-Stunden-Takt fahren.
Die nummerierten Tickets für die Überlandbusse können Sie an Busbahnhöfen (고속버스 터미널) kaufen, von denen die Busse auch abfahren.
Auch das koreanische Schienennetz ist gut ausgebaut und umfasst derzeit ca. dreieinhalbtausend Kilometer. In Korea gibt es Nahverkehrszüge, die sogenannten *Tonggeun* (통근 열차, *Pendelzug für Berufsverkehr*), die beliebten *Mugunghwa*-Züge (무궁화호; *Sharonrose*), die nach Koreas Nationalblume benannt sind, sowie die sehr komfortablen *Saemaeul*-Züge (새마을호; *Neue Gemeinde-Zug*).

Seit 2004 gibt es außerdem einen Hochgeschwindigkeitszug namens KTX (*Korea Train Express*), der zwischen Seoul und Busan sowie Seoul und Mokpo verkehrt. Mit dem KTX hat sich die Reisedauer auf diesen Linien fast halbiert.
In den sechs größten Städten Koreas gibt es ein U-Bahnnetz, das regelmäßig erweitert wird.
Das älteste U-Bahnnetz Südkoreas befindet sich in Seoul und umfasst heute acht Linien mit einer Gesamtlänge von 287 Kilometern und 263 Stationen. Es verbindet die Stadt mit den zahlreichen Satellitenstädten der Umgebung und wird täglich von fast 6 Millionen Menschen genutzt.

Übrigens: Ab einem Alter von 65 Jahren können die Koreaner den öffentlichen Nahverkehr in ihren Städten kostenlos nutzen.

Ich suche nach einer U-Bahn-Station

> **Eine sinokoreanische Redewendung zum Abschluss**
>
> 선입견 *vorgefasste Meinung, Vorurteil*
>
> Wenn Sie einem Vorurteil begegnen, können Sie höflich sagen: 선입견입니다. Wörtlich bedeutet das: *Dies ist ein Vorurteil.* Damit drücken Sie Ihre Zweifel gegenüber einer Verallgemeinerung aus und bitten Ihr Gegenüber, seine Meinung zu überdenken und nicht alles über einen Kamm zu scheren.

Jetzt können Sie üben!

1 Schließen Sie die Lücken mit den vergleichenden Wörtern -보다 oder -보다 더.

    a 토마스가 수미 _____ 한국말을 더 잘해요?

    b 한국은 독일 _____ _____ 커요?

    c 이 책이 저 책 _____ 훨씬 더 비싸요?

    d 그 분이 이 분 _____ 더 좋아요?

    e 한국에서 미국이 독일 _____ 멀어요

2 Schließen Sie die Lücken mit den vergleichenden Wörtern -처럼, -같이 oder -만큼.

    a 누가 욕흔 _____ 한국어를 잘 해요?

    b 팀 _____ 빨리 가세요.

    c 토마스가 팀 _____ 돈이 많아요?

    d 수미가 안나 _____ 노래를 잘 해요.

    e 독일 _____ 한국이 커요?

3 Vergleichen Sie in der informellen Form.

a ein Hochhaus (이 집) eine Hütte (그 집)   **b** Miriam und Philip

Ich suche nach einer U-Bahn-Station

c

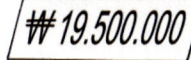
e

d

4 In einem koreanischen Buch finden Sie einige Sätze über geografische Rekorde Koreas. Verstehen Sie alle Informationen?

  a 한국에서 최고로 높은 산은 백두산입니다.
  b 한국에서 가장 큰 도시는 서울입니다.
  c 남한에서 제일 긴 강은 낙동강입니다.

5 Übersetzen Sie die folgenden Sätze.

  a 밥을 먹으니 잠이 옵니다.
  b 친구를 만났으니 맥주를 한 잔 같이 마시고 싶어요.
  c 내일 그 선생님을 만나겠으니 준비하십시오.

CD2 16 **6** Hören Sie die lautmalerische Beschreibung von fünf Tieren. Welches Tier ist gemeint? Bringen Sie die Bilder in die richtige Reihenfolge

a   b   c   d   e

Kapitel 10

목이 아파요 … 병원에 가야겠어요
Der Hals tut weh … Ich muss zum Arzt gehen

In diesem Kapitel lernen Sie:

- wie man sagt, dass man krank ist
- wie Sie sagen, welche Körperteile Ihnen wehtun
- wie Sie sich mit einem Arzt unterhalten
- wie Sie ein Rezept einlösen
- wie Sie höfliche Aufforderungen und Verbote aussprechen
- wie Sie Vermutungen ausdrücken

대화 1　Dialog 1
감기　Erkältung

Sonja und Akiko unterhalten sich über Sonjas Erkältung. Hören Sie den Dialog und lesen Sie den Text mit.

손야:　　어제 저녁에 목이 많이 아팠어요. 감기 든 듯 해요.
아키코:　목이 많이 아파요?
손야:　　네, 잠도 잘 못 잤어요.
아키코:　그러면 병원에 가는 게 좋겠어요.
손야:　　어떤 의사에게 가야 해요?
아키코:　내과 병원에 가세요. 잘 아는 의사가 있어요.
손야:　　같이 가 주겠어요?
아키코:　오늘 한국어 강의가 있어 안 되겠어요. 전화로 예약을 해 줄게요.
손야:　　지금 약속이 있는데 두 시간 후에 갈 수 있을까요?

단어집　Wortschatz

아키코	Akiko *(jap. Frauenname)*
목	Hals
아프다	krank sein, wehtun
감기	Erkältung
감기 들다	erkältet sein
잠	Schlaf
자다	schlafen
병원	Praxis oder Krankenhaus
의사	Arzt
내과	Innere Abteilung
멀다	weit sein
잘	sehr gut
알다	wissen, kennen
예약	Termin, Reservierung

대화 2　Dialog 2
내과 병원에서　Beim Arzt

Sonja ist wegen ihrer Erkältung zum Arzt gegangen. Hören Sie das Gespräch der beiden und lesen Sie den Text dazu.

간호사:　환자분 손야 씨세요?
손야:　　네, 그렇습니다.
간호사:　어디가 아프세요?
손야:　　목이 많이 아프고 열도 나는 듯 해요.
간호사:　잠시만 이 진료실에서 기다리세요.
의사:　　안녕하세요? 김영철 의사입니다.
손야:　　안녕하세요. 김 의사선생님, 목이 아파서 왔습니다.
의사:　　아~! 해 보세요. 입안이 좀 부었습니다.
　　　　감기 같으니 크게 걱정하지 않아도 됩니다.
　　　　간호사에게서 처방을 받고 약국으로 가세요.
　　　　약은 하루에 세 번, 식후에 한 알씩 복용하십시오.

손야: 의사선생님, 고맙습니다. 안녕히 계세요.
의사: 안녕히 가십시오.

단어집 Wortschatz

간호사	Krankenschwester
환자	Patient
열	Fieber
열이 나다	Fieber haben
진료실	Behandlungszimmer
의사	Arzt
입	Mund
붓다	anschwellen
같다	gleich sein / aussehen
처방(을 받다)	Rezept erhalten
약국	Apotheke
약	Medikament
하루	ein Tag (ganzer Tag)
식후	nach dem Essen

▶ CD2 19 ❶ **Allgemeine Krankheiten**

두통	Kopfschmerzen
설사	Durchfall
감기	Erkältung
독감	Grippe
배탈	Bauchschmerzen
치통	Zahnschmerzen
토사	Brechdurchfall
열	Fieber
미열	erhöhte Temperatur
고열	hohes Fieber

대화 3   Dialog 3

약국에서   In der Apotheke

▶ CD2 20 Sonja geht in die Apotheke, um ihr Rezept einzulösen. Hören und lesen Sie den Dialog.

손야: 안녕하세요? 약을 사러 왔어요.
약사: 네, 안녕하세요? 처방을 주시겠어요?
 하루에 3번, 식사를 하신 후에 한 알씩 복용하세요.
 또 필요한 게 있어요?
손야: 네, 손에 바르는 크림과 눈약을 주세요.
약사: 여기 있습니다. 가격은 2만 5000원입니다.
손야: 여기 3만원 있습니다.
약사: 여기 5000원 거스름돈이에요. 안녕히 가세요.
손야: 안녕히 계세요.

Der Hals tut weh ... Ich muss zum Arzt gehen

단어집 Wortschatz

알	Zähleinheitswort für Tabletten
씩	je (einzeln)
복용하다	einnehmen
필요하다	brauchen
크림	Creme
눈약	Augentropfen

Grammatikalische Erscheinungen:

-씩	jeder einzelne, Zähleinheitswort (siehe Grammatik, Punkt 1)
-지 말다	absolutes Verbot (siehe Grammatik, Punk 3)
가는 게 (auch 가는 것)	substantiviertes Verb (siehe Grammatik, Punkt 6)
-(으)십시오	bitte (tun) Sie! Befehlsform (siehe Grammatik, Punkt 7)
필요한 게	Partizip Präsens (siehe Grammatik, Punkt 4)
듯 해요	Grundform -듯 하다: Annahmen (siehe Grammatik, Punkt 4)

❶ Medizinische Fachrichtungen / Namen der Abteilungen im Krankenhaus

외과	Chirurgie		내과	Innere Medizin
산부인과	Gynäkologie		소아과	Kinderheilkunde
치과	Zahnheilkunde		정신외과	Neurochirurgie
정형외과	Orthopädie		이비인후과	HNO
성형외과	plastische Chirurgie		안과	Augenheilkunde
방사선과	Strahlentherapie		침술	Akupunktur
한방 의원	Orientalische Medizin			

Der Name der medizinischen Fachrichtung und der entsprechenden Abteilung im Krankenhaus sind identisch. Um den Namen des Facharztes zu bilden, hängen Sie 의사 Arzt an den Namen der Fachrichtung an, z. B. 외과 Chirurgie ➔ 외과의사 Chirurg.
In Korea ist es möglich, sich in Arztpraxen und im Krankenhaus behandeln zu lassen. Dementsprechend kann 병원에 가다 sowohl zum Arzt gehen als auch ins Krankenhaus gehen bedeuten.

▶ CD 2
21 **Name der Körperteile**

단어집 Wortschatz

얼굴	Gesicht
몸	Körper

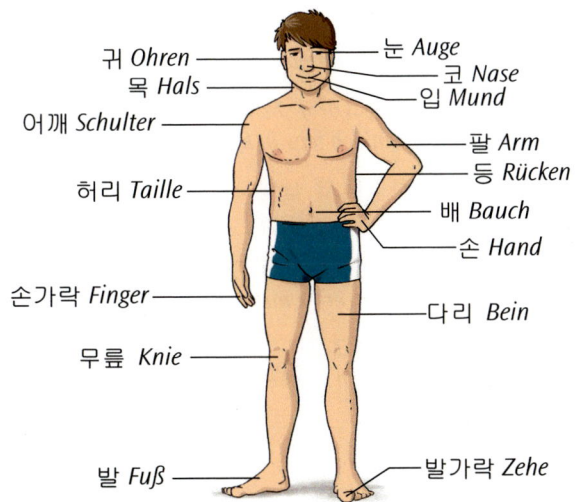

귀 Ohren
눈 Auge
목 Hals
코 Nase
입 Mund
어깨 Schulter
팔 Arm
등 Rücken
허리 Taille
배 Bauch
손 Hand
손가락 Finger
다리 Bein
무릎 Knie
발 Fuß
발가락 Zehe

문법 Grammatik

1 Jeder einzelne: Das Zähleinheitswort -씩
Sie haben bereits in den Kapiteln zu den koreanischen und sinokoreanischen Zahlen die sogenannten Zähleinheitswörter kennengelernt, z. B. *zwei Teller Suppe* oder *drei Flaschen Saft*. Wollen Sie ausdrücken, dass *jeder einzelne* einen Tee trinkt oder dass Sie *jedes einzelne* Buch lesen wollen, benutzen Sie das Zähleinheitswort -씩, das mit rein koreanischen Zahlen kombiniert wird.
-씩 wird dabei immer nach dem Referenzwort platziert z. B. 사과씩 *jeder Apfel*, 명씩 *jeder Mensch*.

Vergleichen Sie auch die folgenden Beispielsätze:

한 명씩 들어오세요!	*Kommen Sie jede(r) einzeln herein.*
한 병씩 사세요.	*Kaufen Sie eine Flasche von jedem.*
한 사람이 CD/씨디 세 장씩 가지고 갑니다.	*Jede(r) nimmt 3 CDs für sich mit.*

2 'ㄹ' 불규칙동사: Unregelmäßige Verben mit ㄹ
Einige Verben, deren Stamm auf ㄹ endet, bilden unregelmäßige Formen. Der Konsonant ㄹ als Auslaut entfällt, wenn danach ㄴ, ㅂ, ㅅ oder der Vokal ㅗ folgen. In allen anderen Fällen bleibt das ㄹ erhalten. Dementsprechend entfällt bei den Verben in der formellen Sprechstufe aufgrund der Endungen -ㅅ니다 / -ㅂ니다 das ㄹ, während es bei der informellen Sprechstufe mit den Endungen -아요 / -어요 erhalten bleibt. Es gibt einige Ausnahmefälle, die jedoch gesondert gekennzeichnet werden.

Gängige Beispiele für Verben, deren Verbstamm auf ㄹ endet, sind:

멀다	*weit (entfernt) sein*
살다	*leben, wohnen*
달다	*süß sein*
알다	*wissen, kennen*
들다	*heben*
걸다	*aufhängen*
쓸다	*fegen*

학교가 멉니까? – 네, 학교가 멀어요.
Ist die Schule weit entfernt? – Ja, sie ist weit entfernt.

독일에서 한국까지 얼마나 멉니까? – 아주 멉니다.
Wie weit entfernt ist Korea von Deutschland? – Sehr weit entfernt.

한국에서 삽니까 / 사십니까 / 사세요? – 아니요, 독일에서 살아요.
Leben Sie in Korea? – Nein, ich lebe in Deutschland.

어디서 사세요? – 한국에서 삽니다 / 한국에서 살아요.
Wo wohnen Sie? – Ich wohne in Korea.

이 커피가 답니까? – 아니요, 안 달아요.
Ist dieser Kaffee süß? – Nein, er ist nicht süß.

저 사람이 누구인지 아십니까? – 네, 알아요. 토마스입니다.
Wissen Sie, wer er ist? – Ja, ich weiß es. Er ist Thomas.

3 Befehlsform: (으)십시오 Bitte (tun) Sie!

Sie haben bereits die Befehlsform in den Verabschiedungsformeln 안녕히 가십시오 / 안녕히 가세요 oder 안녕히 계십시오 / 안녕히 계세요 gelernt, jedoch ohne eine genauere grammatikalische Erklärung. Hinter diesen Formen steckt die Befehlsform der formellen und informellen Höflichkeitsendung. Im Folgenden werden unter Punkt **a** und **b** die Bildung der formellen Sprechstufe und unter Punkt **c** die Bildung der informellen Sprechstufe erklärt.

a Wenn der Verbstamm auf einen Vokal oder auf ㄹ endet (*unregelmäßige Verben*), wird die Befehlsform mit -십시오 gebildet.

Infinitiv	Verbstamm	+ 십시오	Beispiele
가다	가	+ 십시오	가십시오. *Gehen Sie bitte!*
사다	사	+ 십시오	사십시오. *Kaufen Sie bitte!*
계시다	계시	+ 십시오	계십시오. *Bleiben Sie bitte!*
들다	들	+ 십시오	드십시오. *Tragen Sie bitte!*

안녕히 가십시오.	*Kommen Sie gut nach Hause. (wörtl.: Gehen Sie gut (nach Hause)!)*
빨리 오십시오.	*Kommen Sie bitte schnell!*
안녕히 계십시오.	*Leben Sie wohl! / Auf Wiedersehen!*
이 책을 사십시오.	*Kaufen Sie bitte dieses Buch!*
감기에 조심하십시오.	*Seien Sie vorsichtig, sonst erkälten Sie sich! (Passen Sie auf, dass Sie sich nicht erkälten!)*

b Endet der Verbstamm auf einen Konsonanten (außer ㄹ), wird -으십시오 angehängt.

Infinitiv	Verbstamm	+ 으십시오	Beispiele
읽다	읽	+ 으십시오	읽으십시오. *Lesen Sie bitte!*
먹다	먹	+ 으십시오	먹으십시오. *Essen Sie bitte!*
웃다	웃	+ 으십시오	웃으십시오. *Lachen Sie bitte!*

한국어 책을 읽으십시오. *Lesen Sie bitte das Koreanischbuch!*
많이 웃으십시오. *Lachen Sie bitte viel!*

c In Kapitel 2 haben Sie bereits die informelle Höflichkeitsform -세요 kennengelernt. Erinnern Sie sich: -세요 wird für Aussagen, Fragen und Befehle verwendet. Es kommt dabei rein auf die Betonung an. Hören Sie noch einmal CD 1, Track 23 aus Kapitel 2 und versuchen Sie den Unterschied zwischen der Betonung für Aussage, Frage und Befehl herauszuhören.

Infinitiv	Aussage	Frage	Befehl
가다 *gehen*	가세요.	가세요?	가세요!
들다 *tragen, heben*	드세요.	드세요?	드세요!
읽다 *lesen*	읽으세요.	읽으세요?	읽으세요!

Zum besseren Verständnis hier nochmals eine Gegenüberstellung der formellen und informellen Form.

Formelle Form	Informelle Form	
이리 오십시오.	이리 오세요.	*Kommen Sie bitte hierher!*
저기로 앉으십시오.	저기로 앉으세요.	*Setzen Sie sich bitte dorthin!*
차 한 잔 드십시오.	차 한 잔 드세요.	*Nehmen Sie bitte eine Tasse Tee!*
안녕히 가십시오.	안녕히 가세요.	*Kommen Sie gut nach Hause. / Auf Wiedersehen.*
안녕히 계십시오.	안녕히 계세요.	*Leben Sie wohl. / Auf Wiedersehen.*

4 Das absolute Verbot -지 말다

Während im Deutschen ein absolutes Verbot eher schroff klingt, wird es im Koreanischen relativ höflich formuliert. Die Verbendung -지 마십시오, die das absolute Verbot ausdrückt, bedeutet wörtlich ungefähr so viel wie *Bitte (tun) Sie nicht!*

Die Form -지 마십시오, die an den Verbstamm angehängt wird, kommt von dem unregelmäßigen Verb 말다 *nicht tun*. Sie drückt ein Verbot oder ein Abraten aus.

Unter Grammatikpunkt 2 haben Sie bereits gelernt, dass 말다 zu den unregelmäßigen Verben auf ㄹ gehört.

Infinitiv	Verbstamm	+지 말다	Beispiel (vor ㄴ, ㅂ, 시)
사다	사	+지 말다	사지 마십시오. / 사지 마세요. *Kaufen Sie bitte nicht!*
만나다	만나	+지 말다	만나지 마십시오. / 만나지 마세요. *Treffen Sie bitte nicht!*
먹다	먹	+지 말다	먹지 마십시오. / 먹지 마세요. *Essen Sie bitte nicht!*
들어가다	들어가	+지 말다	잔디밭에 들어가지 마십시오. / 잔디밭에 들어가지 마세요. *Treten Sie bitte nicht auf die Wiese!*

Achtung: Viele Formen sehen nicht so aus, wie Sie es erwarten würden. Korrekt ist 먹지 마세요 / 먹지 말아요 und nicht 먹지 말다 / 먹지 말습니다,…

먹지 말다 / 먹지 말습니다 ☒
먹지 마세요 / 먹지 말아요 ☑   *nicht essen*

찾지 말다 / 찾지 말습니다 ☒
찾지 마세요 / 찾지말아요 ☑   *nicht suchen*

걸지 말다 / 옷을 걸지 말습니다 ☒
옷을 걸지 마세요 / 옷을 걸지 말아요 ☑   *Kleider nicht aufhängen*

사지 말다 / 사지 말습니다 ☒
사지 마세요 / 사지 말아요 ☑   *nicht kaufen*

5 Lesend, gehend: das Partizip Präsens -는 / -은

Das Partizip dient zur näheren Bestimmung von Substantiven und wird diesen als Attribut unmittelbar vorangestellt, z. B. *das schlafende Kind*, *der rauchende Polizist*.

Grundlage für diese Form ist das Verb. Wie Sie wissen, wird im Koreanischen zwischen Tätigkeitsverben wie 가다 *gehen* und Eigenschaftsverben wie 좋다 *gut sein* unterschieden. Das Partizip wird bei Tätigkeitsverben mit der Endung -는 und bei Eigenschaftsverben mit der Endung -은 gebildet. Im Koreanischen werden die Partizipien generell häufiger verwendet als im Deutschen. Oft werden koreanische Partizipien im Deutschen mit Relativsätzen wiedergegeben. Bei Eigenschaftsverben wie 예쁘다 *schön sein*, wird das Partizip oft mit einem Adjektiv übersetzt, z. B. 예쁜 꽃 *die schöne Blume / die Blume, die schön ist* (wörtl.: *die schön seiende Blume*).

Der Hals tut weh … Ich muss zum Arzt gehen

가다 → 가 + 는 → 가는 사람   der Mensch, der geht / der gehende Mensch
시장에 가는 친구가 토마스예요.   Der Freund, der auf den Markt geht, ist Thomas.

먹다 → 먹 + 는 → 먹는 친구가   der Freund, der isst / der essende Freund
김치를 잘 먹는 친구가 독일사람입니다.   Der Freund, der gut / gern Gimchi isst, ist ein Deutscher.

공부하다 → 공부하 + 는 → 공부하는 사람은   der Mensch, der lernt / der lernende Mensch
한국말을 공부하는 사람은 미국에서 왔어요.   Derjenige, der Koreanisch lernt, kommt aus Amerika.

만나다 → 만나 + 는 → 만나는 친구   der Freund, den ich treffe
저녁에 만나는 친구와 함께 집에 갑니다.   Ich gehe mit dem Freund nach Hause, den ich heute Abend treffe.

Auch das Partizip Präsens von 있다/없다 und aller mit 하다 gebildeten Verben wird nach dieser Regel gebildet. Bitte beachten Sie die folgenden Beispielsätze:

있다 → 있 + 는 → 교실에 있는 학생은 김수미예요.   *Kim Sumi ist die Schülerin, die im Klassenzimmer ist.*

없다 → 없 + 는 → 교실에 없는 학생이 누구예요?   *Wer ist der Schüler, der nicht im Klassenzimmer ist?*

노래하다 → 노래하는 → 노래하는 가수가 누구예요?
Wer ist der Sänger, der jetzt singt?

전화하다 → 전화하는 → 전화하는 외국인은 저의 아버지이십니다.
Der Ausländer, der jetzt telefoniert, ist mein Vater.

Wie bereits erwähnt, wird das Partizip Präsens der Eigenschaftsverben mit dem Suffix -ㄴ/-은 gebildet, das an den Stamm anhängt wird. Dabei wird -ㄴ verwendet, wenn der Verbstamm auf einen Vokal oder den Konsonanten -ㄹ endet, und -은 wird nach allen Konsonanten außer ㄹ benutzt.

좋다 → 좋 + 은 → 좋은 날씨입니다.
Das Wetter ist gut.

착하다 → 착하 + ㄴ → 착한 → 토마스는 아주 착한 학생이에요.
Thomas ist ein gutmütiger Student.

6 Es scheint (mir) als ob, ich denke, dass: Vermutungen und Annahmen mit -는 듯 하다

Mit der Endung -는 듯 하다 werden Vermutungen und Annahmen ausgedrückt. Dafür wird -는 듯 하다 an den Verbstamm angehängt. Grammatikalisch gesehen ist -는 eine Partizip Präsensform. Sie können -는 듯 하다 aber wie eine Vokabel aus der Wortschatzliste lernen, als Entsprechung von *es scheint, als ob* oder *ich denke, dass*.

Verbstamm	Verbstamm	+ 는 듯 하다	Beispiel
(열이) 나다	(열이) 나	+ 는 듯 하다	카이가 열이 나는 듯 해요. *Kai scheint Fieber zu haben. / Ich denke, dass Kai Fieber hat.*

손야가 한국어 공부를 하는 듯 해요.
Sonja scheint Koreanisch zu lernen. / Ich denke, dass Sonja Koreanisch lernt.

토마스가 맥주를 마시러 가고 싶어 하는 듯 합니다.
Es scheint so, als ob Thomas gerne Bier trinken gehen möchte. / Ich denke, dass Thomas gerne Bier trinken gehen möchte.

아버지께서 주무시는 듯 합니다.
Der Vater scheint zu schlafen. / Ich denke, dass der Vater schläft.

7 Das Lesen, das Singen: substantivierte Verben mit -는 것

Das Wort 것 bedeutet eigentlich *Ding*, *Sache* oder *Angelegenheit*. In Verbindung mit dem Partizip dient es zur *Substantivierung von Verben*. Das bedeutet, dass aus einem Verb ein Substantiv gemacht wird. Im Deutschen erreicht man das, indem man einen Artikel vor das jeweilige Verb stellt: *das Lesen, das Singen*.

Im Koreanischen wird für den gleichen Zweck an den Verbstamm die Partizipendung -는 + 것 angehängt.

Am einfachsten merken Sie sich -는 것 als eine komplette Endung. Dann müssen Sie nicht immer überlegen, wie das Partizip gebildet wird.

Leider gibt es auch bei den substantivierten Verben Kontraktionen, z. B. kann -것이 zu -게 zusammengezogen werden.

In manchen Grammatiken können Sie Formen wie 먹는 것 auch unter der Überschrift *Formalnomen* finden, da es sich bei 먹는 것 nur der Form nach um ein Nomen oder Substantiv handelt. Die eigentliche Ausgangsbasis ist ja das Verb.

Infinitiv	Verbstamm	Partizip Präsens	+ 것	substantiviertes Verb
사다	사	는	+ 것	사는 것 *das Kaufen*
찾다	찾	는	+ 것	찾는 것 *das Suchen*
먹다	먹	는	+ 것	먹는 것 *das Essen*
노래하다	노래하	는	+ 것	노래하는 것 *das Singen*

그러면 병원에 가는 것이 (가는 게) 좋겠어요.
Dann wäre es gut, wenn Sie zum Arzt gehen (wörtl.: das zum Arzt Gehen).

이 책을 읽는 것이 (읽는 게) 닉의 소원입니다.
Dieses Buch zu lesen (wörtl: das Lesen dieses Buches) ist Nicks Wunsch.

단어집 Wortschatz

들다	tragen, (auf)heben, nehmen
감기 들다/걸리다	erkältet sein
걸다	(auf)hängen
잔디(밭)	Gras, Wiese
소원	Wunsch
열이 나다	Fieber bekommen

ⓘ Medizin in Korea

In Korea werden zwei Arten der Medizin praktiziert: Die westliche Medizin (양의학), die mit der abendländischen Kultur Ende des 19. Jahrhunderts ins Land kam, und die traditionelle koreanische Medizin (한의학), die oft als orientalische Medizin bezeichnet wird.

Die traditionelle Medizin Koreas erinnert Europäer meist an die traditionelle chinesische Medizin (TCM). Die beiden Richtungen haben auch tatsächlich viel gemeinsam und benutzen z. B. Heilkräuter und Akupunktur. Die koreanische Medizin ist jedoch, nicht nur was die Verwendung lokaler Heilpflanzen betrifft, ganz eigene Wege gegangen. Sowohl die westliche als auch die orientalische Medizin sind offiziell anerkannt, sie werden beide an Universitäten gelehrt und ergänzen sich oft.

Eine sinokoreanische Redewendung zum Abschluss

이심전심 *Telepathie*

Stellen Sie sich folgende Situation vor: Sie möchten einen Freund anrufen und greifen schon zum Hörer, da klingelt das Telefon. Genau der Freund, an den Sie gerade gedacht haben, ist am Apparat. In solchen Situationen können Sie sagen: 이심전심이에요! *Das ist ja Telepathie!*

Jetzt können Sie üben!

1 Antworten Sie auf Koreanisch: Zu welchem Arzt gehen Sie, wenn

    a Sie Zahnschmerzen haben?   **c** Sie sich den Arm gebrochen haben?
    b Sie Durchfall haben?   **d** Ihr Kind krank ist?

2 Übersetzen Sie die folgenden Sätze über Annahmen und Vermutungen.

    a 안나가 설사를 했어요. 음식을 너무 많이 먹은 듯 해요.
    b 남편이 밤에 잘 못 잔 듯 해요.
    c 팀이 어제 수미를 안 만난 듯 해요.
    d 마리아가 어제 비빔밥을 먹고 싶은 듯 했어요.

3 Richtig oder falsch? Spielen Sie Lehrer und markieren Sie, welche Sätze korrekt und welche falsch sind.

    a 먹지 말습니다 ☐   먹지 마세요 ☐   먹지 말아요 ☐
    b 찾지 말아요 ☐   찾지 말습니다 ☐   찾지 마세요 ☐
    c 옷을 걸지 마세요 ☐   옷을 걸지 말아요 ☐   옷을 걸지 말습니다 ☐

4 Schreiben Sie einige Sätze mit der Befehlsform 으십시오. Beispiel: Lesen Sie dieses Buch!
    → 이 책을 읽으십시오.

5 Ergänzen Sie die Lücken mit den passenden Partizipien.

    a 비빔밥은 맛있어요. _____ 비빔밥은 사람들이 다 좋아해요. (맛있다)
    b 마음이 _____ 토마스가 어디 있어요? (좋다)
    c 저기서 밥을 _____ 사람이 토마스예요? (먹다)
    d 지금 책을 읽습니다. 책을 _____ 사람은 김 선생입니다. (읽다)
    e 한국을 _____ 손야가 한국말을 아주 잘 해요. (좋아하다)

Kapitel 11

빨간 자켓을 사고 싶어요
Ich möchte eine rote Jacke kaufen

In diesem Kapitel lernen Sie:

- wie man in Korea einkauft
- wie man Farbbezeichnungen benutzt
- wie man erklärt, warum etwas passiert
- wie Sie Beschlüsse ausdrücken können

한국소개　Korea stellt sich vor

🔊 CD2 22　Lesen Sie den Text über die farbenprächtigen Jahreszeiten in Korea und hören Sie ihn auf CD.

가을이 오면 은행잎이 무슨 색인 줄 아세요?
거리의 가로수 은행잎이 노란색입니다.
한국의 가을 단풍은 정말 아름답습니다.
설악산, 내장산 등은 구경 오는 사람이 아주 많아요.
서울에서도 빨간색 단풍을 즐기시려면 북한산으로 가세요.
흰 눈에 쌓인 설악산의 겨울은 잊을 수 없습니다.
봄에는 분홍색 벚꽃이 경주의 거리에서 만발합니다.
한국은 삼면이 바다입니다.
여름의 푸른 바다를 보고 싶으세요?

단어집　Wortschatz

면	Seite
자켓	Jacke (von engl. *jacket*)
은행잎	Gingkoblatt
가로수	Alleebaum
가을	Herbst
색	Farbe
즐기다	genießen, sich erfreuen
설악산	Seoraksan, *dritthöchster Berg Südkoreas, Hauptgipfel des Taebaek-Gebirgszuges*
내장산	Naejangsan, *ein Berg an der Grenze der Provinzen Nord-Jeolla und Süd-Jeolla, ca. drei Stunden Fahrt südlich von Seoul*
쌓이다	sich anhäufen
잊다	vergessen
겨울	Winter
봄	Frühling
여름	Sommer
벚꽃	Kirschblüte
만발하다	voll aufgehen / aufblühen
북한산	Bukhansan, *Berg nördlich von Seoul, Bukhansan Nationalpark*

Grammatikalische Erscheinungen:
노란, 빨간, 분홍, 푸른 .. Farbbezeichnungen *(siehe Grammatik, Punkt 1)*

대화 1　Dialog 1

봄　Frühling

🔊 CD2 23　Lesen Sie die Unterhaltung von Sora und Tina über den Frühling und hören Sie sie auf CD.

소라:　이번 주말에는 어디 여행가세요?
티나:　노란 유채꽃을 보러 제주도에 가기로 했어요.
소라:　경주에서 열리는 벚꽃축제에는 안 가세요?
티나:　금년 봄에는 제주도에만 가려고 합니다.
소라:　즐겁게 놀다가 오세요.

단어집 Wortschatz

만	nur, ausschließlich
노란	gelblich
유채꽃	Rapsblüte

Grammatikalische Erscheinungen:

-기로 하다	beschließen etwas zu (tun) *(siehe Grammatik, Punkt 2)*
-다가	und, und dann: *Konjunktion (siehe Grammatik, Punkt 4)*
어디	irgendwo *(siehe Grammatik, Punkt 5)*

대화 2 Dialog 2
주말여행 Wochenendtrip

▶ CD 2 / 24 Thomas und Sora unterhalten sich über mögliche Ausflugsziele. Hören Sie den Dialog und lesen Sie den Text.

토마스: 소라씨, 이번 주말에 우리 어디 여행갈까요?
소라: 어디 가고 싶으세요?
토마스: 가을이니까 설악산의 단풍구경을 하고 싶어요.
소라: 가을에는 자동차길이 자주 막히기 때문에 경춘선 기차를 탈까요? 기차표는 내가 예약할게요.
토마스: 네, 좋아요. 그럼 토요일 청량리역에서 만나기로 해요.

단어집 Wortschatz

예약하다	reservieren
자동차길	Autostraße
자주	öfters
길이 막히다	Verkehrsstau bilden
경춘선	Gyeongchunseon *oder* Gyeongchun – Linie, *eine Zuglinie, die Seoul mit Chuncheon (Nordosten Koreas) verbindet*
청량리역	Cheongnyangni-yeok, *U-Bahn-Station und Bahnhof im östlichen Seoul*

Grammatikalische Erscheinungen:

-기 때문에	da, weil: *Konjunktion (siehe Grammatik, Punkt 3)*

문법 Grammatik
1 Farben 색

Traditionell kennt die koreanische Sprache die Farben *rot*, *gelb*, *grün/blau*, *weiß* und *schwarz*. *Blau* und *grün* bilden dabei ein Farbkontinuum, das nur aufgrund des Kontextes (z. B. *blauer Himmel*, *grünes Gras*) unterschieden werden kann. Dementsprechend gibt es für *blau* und *grün* nur ein Wort.

Neben den traditionellen koreanischen Worten für Farben gibt es allerdings auch viele aus dem Chinesischen übernommene Farbbezeichnungen sowie zahlreiche aus dem europäischen und amerikanischen Ausland stammende Farbkonzepte (*auberginenfarben*, *kakifarben*…). Da viele dieser aus anderen Sprachen übernommenen Farben aber nur in bestimmten Kontexten verwendet werden können, beschränken wir uns hier auf die Hauptfarben.

Erinnern Sie sich: Im Koreanischen gibt es sogenannte Eigenschaftsverben. Wenn Sie also das Wort *hübsch* im Wörterbuch nachschlagen, finden Sie kein Adjektiv, sondern ein Verb: 예쁘다 *hübsch sein*. Sie müssen daraus das Partizip 예쁜 bilden, um *hübsch* direkt übersetzen zu können. Dasselbe System gilt auch für die Farben. So bilden Sie aus dem Verb 빨갛다 *rot sein* mithilfe der Partizipendung das Farbadjektiv *rot*: 빨간.

Die folgende Tabelle soll Ihnen helfen, diese Bildungsweise zu systematisieren. Links sehen Sie die deutsche Farbbezeichnung, in der zweiten Spalte das Eigenschaftsverb, in der dritten Spalte das Farbadjektiv (eigentlich die Partizipform) und in der letzten Spalte sehen Sie das koreanische Wort für die Farbe, das normalerweise gebildet wird, indem man das Wort für *Farbe* 색 an die Partizipform anfügt.

Farbe	Eigenschaftsverb	Partizip / Adjektiv	색
blau/grün	파랗다	파란	파란색
schwarz	까맣다	까만	까만색 / 검정색
weiß	하얗다	하얀	하얀색
rot	빨갛다	빨간	빨간색
gelb	노랗다	노란	노란색
orange	–	오렌지색	오렌지색
violett / lila	–	보라색	보라색
pink	–	핑크색 / 분홍색	핑크색 / 분홍색
silbern	–	은색	은색
golden	–	금색	금색
braun	–	밤색	밤색
grau	–	회색	회색

Vorsicht: Sie sehen an dieser Tabelle, dass, obwohl bei den Grundfarben ein generelles System sichtbar ist, zahlreiche Farben nicht in dieses Raster fallen. Diese müssen separat gelernt werden. Gibt es keine Partizipialform, müssen die deutschen Farbadjektive mit den koreanischen Farbbezeichnungen wiedergegeben werden.
Gibt es kein passendes Eigenschaftsverb für die Farbe, die Sie verwenden wollen, nehmen Sie den koreanischen Farbnamen und fügen 입니다 hinzu, z. B. 은색입니다 *ist silberfarben*.
Wie erwähnt, werden neben den koreanischen Farbbezeichnungen auch Farbnamen chinesischen Ursprungs benutzt wie z. B. 흑색 *schwarz*, 백색 *weiß*, 청색 *blau*, 옥색 *hellgrün*, 황색 *gelb*, 홍색 *rot*, 초록/녹색 *grün*, 주홍색 *rotbraun*, 청록색 *dunkelgrün*, 갈색 *braun* usw.
Die folgende Tabelle zeigt Ihnen nochmals die wichtigsten Farbadjektive in ihrer Form als Eigenschaftsverben und in ihrer Form als Partizipien sowie ihre Anwendung im Satz.

Eigenschaftsverben	Partizip Präsens	Beispiele (Gegenwart)	Beispiele (Vergangenheit)
빨갛다 *rot sein*	빨간 옷 *rotes Kleid*	빨간 옷을 입고 싶어요. *Ich möchte ein rotes Kleid tragen.*	빨간 옷을 샀어요. *Ich habe ein rotes Kleid gekauft.*
노랗다 *gelb sein*	노란 꽃 *gelbe Blume*	노란 꽃을 사요. *Ich kaufe eine gelbe Blume.*	노란 꽃을 샀어요. *Ich habe eine gelbe Blume gekauft.*
파랗다 *blau/grün sein*	파란 물 / 파란 들 *blaues Wasser / grünes Feld*	파란 들을 보려고 해요. *Ich beabsichtige ein grünes Feld zu sehen.*	파란 들을 보았어요. *Ich habe ein grünes Feld gesehen.*
하얗다 *weiß sein*	하얀 눈 / 하얀 옷 *weißer Schnee / weißes Kleid*	오늘 하얀 눈이 내립니다. *Heute schneit es (weißen Schnee).*	하얀 눈이 내렸어요. *Heute hat es (weißen Schnee) geschneit.*
까맣다 *schwarz sein*	까만 구두 *schwarze Schuhe*	까만 구두가 예뻐요. *Schwarze Schuhe sind schön.*	까만 새가 있었어요. *Ein schwarzer Vogel war da.*
푸르다 *blau sein*	푸른 하늘 *blauer Himmel*	푸른 하늘에 구름이 있어요. *Am blauen Himmel sind Wolken.*	푸른 하늘에 구름이 많았어요. *Am blauen Himmel waren viele Wolken.*

Lesen Sie weitere kurze Ausdrücke mit den Farbadjektiven:

색 익히기
토마토는 빨강색 . . . . rote Tomate (*wörtl.:* Tomaten haben eine rote Farbe)
노랑 나비, 흰 나비 . . . . gelber und weißer Schmetterling
파란 잔디 . . . . grünes Gras
보라색 꽃 . . . . lila Blume
신부 옷은 흰색 . . . . weißes Brautkleid
한 송이 빨간 장미꽃 . . . . eine rote Rose (*wörtl.:* ein Stück rote Rose)
푸른 하늘 . . . . blauer Himmel
빨간, 노란, 파란색의 파프리카 . . . rote, gelbe und grüne Paprika
검정색 구두 . . . . schwarze Schuhe

대화 3　Dialog 3

CD 2
25　Hören Sie den Dialog von Tina und Sora und lesen Sie im Buch mit.

소라:　티나 씨, 검정색 자켓을 입고 싶으세요?
티나:　아니요, 빨간 스웨터를 사려고 해요.
소라:　나는 보라색과 검정 머플러를 사고 싶어요. 어디로 사러 갈까요?
티나:　남대문 시장으로 가요. 구경도 하고 우리가 원하는 것을 골라요.
토마스:　나도 부채를 여러 개 사고 싶으니까 같이 가도 돼요?

ⓘ Die vier Jahreszeiten in Korea 계절

In Korea sind die vier Jahreszeiten 봄 Frühling, 여름 Sommer, 가을 Herbst und 겨울 Winter noch deutlich voneinander zu unterscheiden.

봄 dauert im Regelfall von März bis Mai, dann folgen drei Monate 여름 von Juni bis August. Diese Zeit ist meist sehr heiß, kombiniert mit einer hohen Luftfeuchtigkeit. 가을 ab September ist recht mild und gilt vielen Koreanern als schönste Jahreszeit, da die zahlreichen Berge mit ihrem bunten Laub einen atemberaubenden Anblick bieten.

Im 겨울, der von Dezember bis Februar dauert, sind die Temperaturen recht streng, es schneit im Allgemeinen wenig, außer im Nordosten des Landes. Mittlerweile beklagen aber auch die Koreaner Klimaveränderungen, die die Grenzen zwischen den Jahreszeiten zusehends verwischen, bzw. die sommerliche Hitze und die winterliche Kälte immer extremer erscheinen lassen. Die besten Reisezeiten sind daher Frühling und Herbst.

Ein sehr poetischer Film, 봄, 여름, 가을, 겨울 … 그리고 봄 *Frühling, Sommer, Herbst, Winter… und Frühling*, zeigt Ihnen die koreanischen Jahreszeiten in ästhetischen und ausdrucksstarken Bildern.

2　Beschließen zu (tun) - 기로 하다

Mit der Endung -기로 하다 drücken Sie einen Entschluss aus. Dafür hängen Sie -기로 하다 an den Verbstamm an. 하다 wird dabei entsprechend der Höflichkeitsstufe bzw. entsprechend der Zeit verändert. Normalerweise verwendet man -기로 하다 in der Vergangenheitsform, da der Beschluss getroffen sein muss, bevor man über ihn sprechen kann.

Infinitiv	Verbstamm	+ 기로 하다	Beispiele
가다 *gehen*	가	+ 기로 하다	가기로 하다
배우다 *lernen*	배우	+ 기로 하다	배우기로 하다
만나다 *treffen*	만나	+ 기로 하다	만나기로 하다

Betrachten Sie dazu auch die folgenden Beispielsätze:

노란 유채꽃을 보러 제주도에 가기로 했어요.
(Ich) beschloss nach Jejudo zu fahren, um die gelben Rapsblüten zu sehen.

내일 소라를 만나(서) 영화를 보러 가기로 했어요.
Ich beschloss morgen Sora zu treffen, um gemeinsam (mit ihr) ins Kino zu gehen.

이제부터 한국말을 배우기로 했어요.
Ich beschloss von nun an Koreanisch zu lernen.

한국/미국/영국/일본에 가기로 했어요.
Ich beschloss nach Korea / Amerika / England / Japan zu fahren.

우리 내일 만나기로 할까요?
Wollen wir uns morgen treffen? (wörtl: den Beschluss kundtun)

3 Da, weil: die kausale Konjunktion -기 때문에, -기 때문이다

Sie haben bereits eine sogenannte kausale Konjunktion gelernt, mit der Sie das deutsche *da*, *weil* ausdrücken können: die Endung -아서 / -어서.
-기 때문에 bedeutet ebenfalls *da*, *weil*. Diese Endung kann dabei für alle Verben verwendet werden und wird an den Verbstamm angehängt. Sollten Sie einen Satz in der Vergangenheits- oder Zukunftsform bilden wollen, so wird die zeitliche Bestimmung -았 / -었 (für die Vergangenheit) und -겠 (für die Zukunft) zwischen Verbstamm und -기 때문에 eingefügt.

Der Unterschied zwischen -아서 / -어서 und -기 때문에 ist nicht sehr groß. Es ist also nicht tragisch, wenn Sie sich beim Sprechen erst auf eine Form konzentrieren und die andere Form erst passiv zu verstehen versuchen, wenn Sie sie hören. -아서 / -어서 wird zur Beschreibung von Ursachen benutzt, -기 때문에 wird meistens als Antwort auf direkte Fragen benutzt.
Vorsicht: -아서 / -어서 wird nur für die Gegenwart verwendet, -기 때문에 lässt sich mit allen Zeitstufen kombinieren, z. B.

비가 오기 때문에 집에 있어요.   *Ich bin zu Hause, weil es regnet.*
비가 왔기 때문에 집에 있었어요.   *Ich war zu Hause, weil es geregnet hat.*

Die folgende Gegenüberstellung von Sätzen mit -아서 / -어서 und -기 때문에 wird Ihnen den Unterschied verdeutlichen:

-아서 / -어서

비가 와서 집에 있었어요.
Weil es regnete, blieb ich zu Hause.

약속을 해서 만나러 갔어요.
Weil ich eine Verabredung hatte, ging ich zum Treffen.

배가 고파서 밥을 먹었어요.
Weil ich Hunger hatte, habe ich gegessen.

-기 때문에

비가 왔기 때문에 집에 있었어요.

약속을 했기 때문에 만나러 갔어요.

배가 고팠기 때문에 밥을 먹었어요.

Bitte betrachten Sie einige weitere Beispielsätze:

길이 자주 막히기 때문에 기차를 탑니다.
Ich fahre mit dem Zug, weil die Straßen oft verstopft sind.

한국어가 어렵기 때문에 열심히 공부해야 합니다.
Man muss fleißig lernen, da Koreanisch schwierig ist.

오늘 저녁 친구가 집에 오기 때문에 집안 청소를 하기로 했어요.
Ich beschloss das Haus zu putzen, weil heute Abend mein Freund kommt.

Statt der Endung -기 때문에 kann man an den Verbstamm auch -기 때문이다 anhängen. Die Bedeutung ist gleich, die Verwendung jedoch kompliziert, weil der 이다-Teil von -기 때문이다 gemäß den bereits bekannten Höflichkeitsstufen verändert werden muss.

Auf die direkte Frage mit 왜 *warum* verwendet man diese Form jedoch häufig.
Betrachten Sie die folgenden Beispielsätze:
왜 아직 식사를 안 하셨어요? – 배가 고프지 않았기 때문입니다.
Warum haben Sie noch nicht gegessen? – Ich hatte keinen Hunger.
(wörtl.: *Ich tat es nicht, weil ich nicht hungrig war.*)

어제 왜 댁에 안 계셨어요? – 소라와 약속이 있었기 때문이었어요.
Warum waren Sie gestern nicht zu Hause? – Ich hatte eine Verabredung mit Sora.

토마토를 왜 좋아하세요? – 건강에 좋기 때문입니다.
Warum essen Sie gern Tomaten? – Das ist gut für die Gesundheit.

왜 기차를 타세요? – 주말에 고속도로가 자주 막히기 때문이에요.
Warum fahren Sie mit dem Zug? – Die Autobahn ist am Wochenende oft verstopft.

4 Und, und dann …: die Konjunktion -다가

Wenn eine Handlung unterbrochen wird (1) oder innerhalb einer Handlung noch eine weitere Handlung erfolgt (2), dann verwendet man die Endung -다가, die an den Verbstamm angehängt wird. Dabei müssen beide Sätze das gleiche Subjekt haben.
Der Satzteil mit -다가 wird als vergangen betrachtet, wenn im Hauptsatz das Zukunftssuffix -겠 vorkommt (3).

Infinitiv	Verbstamm	+ 다가	Beispiele
놀다	놀	+ 다가	(1) 즐겁게 놀다가 오세요. (wörtl.) *Spielen Sie und dann kommen Sie.*
읽다	읽	+ 다가	(1) 책을 읽다가 전화를 했어요 *Ich las (zuerst) und dann telefonierte ich.*
자다	자	+ 다가	(1) 자다가 꿈을 꿨어요 *Ich schlief und träumte.*
가다	가	+ 다가	(2) 집에 가다가 친구를 만났어요 *Auf dem Weg nach Hause traf ich den Freund.* (wörtl.: *Ich ging nach Hause und traf (dabei) den Freund.*)
하다	하	+ 다가	(3) 노래를 하다가 맥주를 마시겠어요. *Ich singe und dann werde ich Bier trinken.*

5 Irgendwer, irgendwo, irgendwann, irgendwas: 누가, 어디(서), 언제, 뭐(무엇)

Sie kennen bereits die Fragewörter für *wie, wer, was, welcher* usw. Diese Fragewörter können auch in Aussagesätzen benutzt werden. Sie nehmen dann die Bedeutung *irgendwie, irgendwer, irgendwas* usw. an. Die folgenden Beispielsätze verdeutlichen diese Art der Verwendung:

저기서 누가 밥을 먹고 있어요.   *Irgendjemand isst hier.*
톰이 어디서 자고 있겠지요.   *Irgendwo wird Tom wohl schlafen.*
누가 와서 기다려요.   *Irgendjemand wartet auf Sie.*

Eigentlich wird die Nachsilbe -가 verwendet, um aus *wann irgendwann*, aus *wer irgendwer* usw. zu machen. Beispiele:

언제 *wann*   언젠가 *irgendwann*
뭐   *was*   뭔가   *irgendwas*

| 누구 | wer | 누군가 | irgendwer |
| 어디 | wo | 어딘가 | irgendwo |

저기 뭐가 있어요. *Dort befindet sich irgendwas.*
누군가 이상해요. *Jemand ist komisch.*
뭔가 이상해요. *Irgendwas ist komisch.*

Da jedoch Nachsilben in der gesprochenen Sprache oft weggelassen werden, können Sie auch einfach das Fragewort im Aussagesatz benutzen und es hat so ebenfalls die Bedeutung *irgend*.

단어집 Wortschatz

신부	Braut
파프리카	Paprika
스웨터	Pullover
머플러	Schal
골라 보다	aussuchen
여러	einige, verschiedene
부채	Fächer

대화 4   Dialog 4
비서실에서   Im Sekretariat

▶ CD 2 / 26 Sekretär Kim und Abteilungsleiter Park unterhalten sich. Hören Sie den Dialog auf CD und lesen Sie den Text.

박 과장: 김 비서, 사장님 계십니까?
김 비서: 사장님께서 사무실에서 누구와 이야기를 하고 계세요.

Sonja und Tim unterhalten sich über Anna. Hören Sie den Dialog auf CD und lesen Sie den Text.

손야: 팀 씨, 지금 누가 와서 저 앞에서 기다려요.
팀: 안나 씨를 만났어요?
손야: 네, 학교에 가다가 만났어요. 무엇을 찾는 듯 했어요.

ⓘ Koreas Hauptstadt Seoul 서울

서울 Seoul zählt heute zu den zehn größten Städten der Welt. Seoul ist nicht allein die koreanische Hauptstadt, es ist zugleich auch das wirtschaftliche und kulturelle Zentrum des Landes.
Die Stadt wurde am Hanfluss (한강) errichtet, der Seoul in eine nördliche und eine südliche Hälfte teilt, die durch mehr als 20 Brücken miteinander verbunden sind.
Während sich im Norden Seouls ein Großteil der historischen Gebäude befindet, ist der neu entstandene Teil im Süden das moderne Zentrum des koreanischen Wirtschaftsbooms seit den 80er Jahren. In Seoul allein leben ca. 11 Millionen Menschen, im Großraum Seoul etwa 25 Millionen. Damit konzentriert sich fast die Hälfte der Einwohner des Landes auf Seoul und dessen Satellitenstädte.
Um die Bevölkerungskonzentration etwas zu entschärfen und auch aufgrund der geografischen Nähe zu Nordkorea, wird immer wieder eine Verlegung von Teilen der Hauptstadt nach Süden geplant. Die aktuellen Pläne der Regierung sind jedoch verfassungsrechtlich umstritten.
Seoul ist eine sehr vielseitige Stadt und hat für jeden etwas zu bieten, von historischen Sehenswürdigkeiten, Kultur, Erholung und Freizeit bis hin zu Bildung, Wirtschaft und internationalen Kontakten.

Aufgrund der langen, über 5000-jährigen Besiedelungsgeschichte der Stadt finden sich in Seoul zahlreiche Kulturgüter, angefangen von Relikten aus der Steinzeit bis hin zu Gräbern, buddhistischen Klöstern, Palästen und Stadtbefestigungen. Seoul ist eine faszinierende Mischung aus Vergangenheit und Moderne. Historische Gebäude stehen zwischen Wolkenkratzern, den Spuren der Geschichte kann man auf Schritt und Tritt begegnen.

Sehenswert sind beispielsweise die alten Stadttore: das Sungnye-mun (숭례문, auch 남대문 Nam-Daemun) als Südtor, das Hongin-mun (홍인문, auch 동대문 Dong-Daemun) als Osttor und das Gwanghwa-mun (광화문), der Haupteingang des Gyeongbok-Palastes.

In der alten Residenzstadt Seoul gab es sechs Königspaläste (궁). Die wichtigsten, die man heute noch besichtigen kann, sind vor allem der Hauptpalast Gyeongbok-gung (경복궁), Deoksu-gung (덕수궁), der Palast für die Kronprinzen, und Changdeok-gung (창덕궁) als Sommerpalast. Die Paläste gewähren einen faszinierenden Einblick in das Leben und die Kultur des Königreichs Korea, das 1910 mit der Besetzung Koreas durch die Japaner ein abruptes Ende fand.

Absolut sehenswert sind auch das beeindruckende koreanische Nationalmuseum (국립 중앙 박물관) das sechstgrößte Museum der Welt, und das Volkskundemuseum (국립 민속 박물관), im Gyeongbok-Palast.

> **Eine sinokoreanische Redewendung zum Abschluss**
>
> 만사태평 *jemand, der sich wenig Sorgen macht, ein unbeschwerter Mensch*
>
> Die folgenden zwei Sätze zeigen Ihnen ein koreanisches Anwendungsbeispiel, in dem es um Thomas' Einstellung zum morgigen Koreanischtest geht.
> 내일 한국어 시험이 있어요. 그런데 토마스는 만사태평입니다.

Jetzt können Sie üben!

1 Füllen Sie die Lücken mit Farben und beantworten Sie die Fragen.

    a … 딸기는 맛도 좋아요. (빨간)
    b 파프리카의 색은 …, …, …이 있어요.
    c 가지의 색은 …입니다. (가지 Aubergine)
    d 안나 씨가 오늘 무슨 색 바지를 입었어요? (검정색) 이에요.
    e 우리 집 개는 무슨 색이에요? (갈색)

2 Antworten Sie mithilfe der in Klammern angegebenen Informationen.

    a 토마스의 고양이는 무슨 색이에요? (흰색 / 하얀색)
    b 손야가 무슨 색 자켓을 사고 싶어 해요? (빨간색)
    c 이 노란색 꽃 이름은 무엇이에요? (프리지아 Freesien)
    d 들에 핀 유채꽃은 무슨 색이에요? (노란색)
    e 벚꽃은 무슨 색이에요? (분홍색)
    f 누가 노란색 스웨터를 샀어요? (손야)

3 Was haben diese Personen beschlossen? Antworten Sie auf Koreanisch.

    a Hanna → nach Korea reisen.
    b Gim Chalng Ho → morgen, in unser Haus, kommen.
    c Wir → am Wochenende, gemeinsam, Bergtour machen.
    d Thomas und Tim → im Sommer, nach Hamburg, in den Urlaub fahren.
    e Mutter → das Buch, das ihr gefällt, als Geschenk kaufen.

4 Bilden Sie 5 Sätze mit -기 때문에.
    Beispiel:
    지금 비가 오기 때문에 아직 집에 있어요.   Ich bin noch zu Hause, weil es gerade regnet.

5 왜 기다리셨어요? Warum haben Sie gewartet? Antworten Sie auf Koreanisch.

    a Weil wir zusammen Koreanisch gelernt haben, haben wir gewartet.
    b Weil wir zusammen ins Theater gehen, haben wir gewartet.
    c Weil wir mit Hanna zum Markt gehen und Gemüse kaufen wollen, haben wir gewartet.
    d Weil wir zusammen nach Busan fahren wollen, haben wir gewartet.
    e Weil wir ein Geburtstagsgeschenk überreichen wollen, haben wir gewartet.

6 Bilden Sie 5 Sätze mit -다가.

7 Übersetzen Sie.

    a Irgendjemand wartet auf Sie.
    b Anna sucht irgendwas.
    c Dort sitzt jemand.
    d Dort singt irgendjemand sehr schön.

8 Was sehen Sie? Antworten Sie auf Koreanisch.

9 Welche Monate gehören zu welcher Jahreszeit? Ordnen Sie zu.

이월   십일월   삼월   사월   시월   오월   유월   구월   칠월
일월   십이월   팔월

봄 Frühling: _____

여름 Sommer: _____

가을 Herbst: _____

겨울 Winter: _____

Kapitel 12
돈을 바꿔야 되겠어요
Ich muss Geld wechseln

In diesem Kapitel lernen Sie:

- wie man Geld wechselt
- wie man über Geldangelegenheiten spricht
- wie man gleichzeitige Geschehnisse ausdrückt
- wie man Kontraste ausdrücken kann

대화 1   Dialog 1

Lesen Sie den folgenden Dialog zwischen Tina und Jo Su Mi und hören Sie den Text auf CD.

티나: 한국에서 쓸 돈이 모자라서 돈을 바꿔야 하는데. 수미 씨, 가까운 곳에 은행이 있어요?
조수미: 길 건너편에 은행이 있어요. 그리로 가요.
티나: 같이 가 줄 수 있어요?
조수미: 네, 같이 가요. 사거리에서 파란 신호등이 켜지면 건너갈 수 있어요. 지금은 빨간 불이 켜졌으니 좀 기다려야 해요.
티나: 저기 안나가 가는데 부를까요?

단어집 Wortschatz

바꾸다	wechseln, tauschen, umtauschen, ändern
쓰다	verbrauchen, brauchen
모자라다	nicht ausreichend sein
은행	Bank
길 건너편	auf der anderen Straßenseite
사거리	Kreuzung
신호등	Ampel
불	Feuer (*hier*: Licht)
켜지다	eingeschaltet sein (*Licht*)
건너다	überqueren
부르다	rufen

대화 2   Dialog 2

은행에서   In der Bank

Hören Sie das Gespräch zwischen einem Wachmann und einem Kunden in einer Bank. Lesen Sie den dazugehörigen Text.

경비원: 어서 오십시오. 무엇을 도와 드릴까요?
손님: 유로를 한화로 바꾸려고 합니다.
경비원: 대기 번호를 뽑으신 후 잠시만 기다려주십시오. 저 기계에서 번호를 뽑으세요.
직원: 54번 손님!
손님: 안녕하세요. 환불을 하려고 합니다.
직원: 네, 얼마나 바꿔 드릴까요? 여권을 좀 보여주시겠어요?
손님: 여권 여기 있습니다. 500 유로만 바꿔주세요.
직원: 한국돈이 여기 있습니다.
    국제크레딧카드가 있으시면 앞으로는 밖에 있는
    현금 인출기(현금지급기)를 사용하시는 것이 더 편하실겁니다.
    영어 설명도 나옵니다.
    안녕히 가십시오.
손님: 네, 고맙습니다. 안녕히 계세요.

Vorsicht: Währungen und Nummerierungen werden nur mit den sinokoreanischen Zahlen ausgedrückt.

단어집 Wortschatz

경비원	Wachmann
유로	Euro
한화	koreanische Währung
외화	ausländische Währung
대기 번호	Wartenummer
뽑다	herausziehen
잠시(만)	einen Augenblick, einen Moment
처리하다	erledigen
여권	Reisepass
국제	international
크레딧카드	Kreditkarte
더	mehr
현금 인출기(현금 지급기)	Geldautomat
사용하다	benutzen
편하다	bequem sein

Grammatikalische Erscheinungen:

-는데	aber *(siehe Grammatik, Punkt 1)*
-는데	während, als *(siehe Grammatik, Punkt 2)*
-ㄹ/-을	*Partizip Futur (siehe Grammatik, Punkt 3 a)*
-ㄴ/-은	*Partizip Perfekt (siehe Grammatik, Punkt 3 b)*
-던	*Partizip Perfekt (siehe Grammatik, Punkt 3 b)*

문법 Grammatik

1 Aber: die Konjunktion -는데

Aber kann man verwenden, um zwei Sätze kontrastiv miteinander zu verbinden, z. B. *Gestern habe ich Kaffee getrunken,* **aber** *heute trinke ich Tee.* Um dieses *aber* auszudrücken, verwendet man im Koreanischen die Konjunktion -는데: 어제 커피를 마셨는데 오늘은 차를 마셔요.

-는데 wird an den Verbstamm angehängt. Dabei müssen die beiden Sätze gleiche Subjekte haben. Die Markierung der Zeit erfolgt nicht nur beim letzten Verb des Satzes, sondern auch beim -는데-Verb: 보통 나는 커피를 마시는데 오늘은 차를 마셔요. G*ewöhnlich trinke ich Kaffee, aber heute trinke ich einen Tee.* (Gegenwart).

-는데 wird dabei direkt an den Verbstamm angehängt. Bei einem Verb in der Vergangenheit wird -는데 an den Verbstamm und die Vergangenheitsmarkierung angehängt: 만나다 → 만났어요 → 만났는데.

Vergleichen Sie die folgenden Beispielsätze:
어제 손야를 만났는데 오늘은 토마스를 만났어요.
Gestern traf ich Sonja, aber heute traf ich Thomas.

어제는 날씨가 좋았는데 오늘은 흐려요.
Gestern war das Wetter schön, aber heute ist es trüb.

파란불이 켜졌는데 사람들이 길을 안 건너갑니다.
Die Ampel ist grün, aber die Leute überqueren die Straße nicht.

2 Während, als -는데

Mit der Ihnen bereits bekannten Konjunktion -는데 wird nicht nur ein Gegensatz zwischen zwei Sätzen ausgedrückt. Mit -는데 kann man auch ein zeitliches Verhältnis beschreiben. Dabei werden eine Art Hintergrundhandlung und ein neu einsetzendes Ereignis miteinander verbunden, z. B. *Als ich Koreanisch lernte, klingelte das Telefon.* oder *Während ich Koreanisch lernte, klingelte das Telefon.*
-는데 wird dabei an den Verbstamm, der das länger andauernde Ereignis ausdrückt, angehängt. Die neu einsetzende Handlung wird mit der normalen Verbform ausgedrückt. Sie können sich also -는데 *als während, als* merken.

Bitte beachten Sie: die Zeitform des Satzes wird erst durch das zweite Verb ausgedrückt. Die Form mit -는데 enthält *keine* zeitliche Markierung. Die Subjekte der beiden Sätze sind immer unterschiedlich.

Vergleichen Sie die folgenden Beispielsätze:

밥을 먹고 있는데 친구가 왔어요.　　*Als ich aß, kam der Freund.*
자는데 전화가 왔습니다.　　　　　　*Als ich schlief, kam ein Anruf.*
공부를 하는데 눈이 내리고 있어요.　*Während ich lerne, schneit es.*

Die folgende Tabelle kontrastiert noch einmal die Verwendung von -는데 in der Funktion *aber* und in der Funktion *während, als*.

Infinitiv	-는데 aber	-는데 während, als
사다	오늘 옷을 사는데 내일은 신을 사겠어요. *Ich kaufe heute das Kleid, aber ich werde morgen Schuhe kaufen.*	옷을 사는데 안나가 왔어요. *Als ich das Kleid kaufte, kam Anna.*
오다	오늘 왔는데 내일도 오겠어요. *Ich kam heute, aber ich werde auch morgen kommen.*	책을 읽고 있는데 비가 왔어요. *Während ich ein Buch las, regnete es.*
만나다	방금 만났는데 또 만나요. *Wir haben uns gerade getroffen, aber wir treffen uns wieder.*	토마스를 만나는데 안나도 왔어요. *Als ich Thomas traf, kam Anna dazu.*

3 Partizip

Sie haben im vorhergehenden Kapitel bereits die Partizipform der Gegenwart kennengelernt. Partizipien machen aus einem Verb eine Art Adjektiv und werden daher oft als *Verbaladjektive* bezeichnet. Zum leichteren Verständnis lassen sich Partizipien auch als Relativsatz darstellen. Im Deutschen gibt es zwei Partizipien:

das Partizip Präsens:　　der lesende Junge → der Junge, der liest
　　　　　　　　　　　　das spielende Kind → das Kind, das spielt
das Partizip Perfekt:　　 das gewonnene Spiel → das Spiel, das gewonnen worden ist
　　　　　　　　　　　　das gesprochene Wort → das Wort, das gesprochen worden ist

In einigen Sprachen gibt es auch ein sogenanntes Partizip Futur.

a Partizip Futur -ㄹ/-을

Im Koreanischen gibt es, im Gegensatz zum Deutschen, ein Partizip Futur. Es drückt etwas aus, was in Zukunft geschehen wird. Sie können dieses Partizip im Deutschen nicht direkt übersetzen, sondern müssen es mit einem Relativsatz wiedergeben. In diesem Relativsatz steckt immer eine Aussage über die Zukunft. Die Beispielsätze werden Ihnen das Verständnis der Partizipform und ihre Entsprechung im Deutschen klarer machen.

Sie bilden dieses Partizip mit dem Suffix -(으)ㄹ. Endet der Verbstamm auf einen Vokal, hängen Sie -ㄹ an. Endet der Verbstamm dagegen auf einen Konsonanten, benutzen Sie -을.

Vergleichen Sie die folgenden Beispielsätze, die die Verwendung des normalen Futurs mit der des Partizips Futur kontrastieren:

Futur: 주말에 부산에 가려고 합니다.
Am Wochenende werde ich nach Busan fahren.
Bildung: 가다 → 가 + ㄹ → 갈
Partizip Futur: 주말에 갈 곳은 부산입니다.
Der Ort, zu dem ich am Wochenende fahren werde, ist Busan.

Futur: 내가 내일 돈을 쓰려고 해요.
Morgen werde ich Geld ausgeben.
Bildung: 쓰다 → 쓰 + ㄹ → 쓸
Partizip Futur: 쓸 돈이 모자랍니다.
Das Geld, das ich ausgeben möchte, reicht nicht aus.

Futur: 친구가 내일 와요.
Morgen wird der Freund kommen.
Bildung: 오다 → 오 + ㄹ → 올
Partizip Futur: 내일 올 친구는 미국에서 와요.
Der Freund, der morgen kommen wird, kommt aus den USA.

Futur: 손야가 친구를 만나려고 합니다.
Sonja will einen Freund treffen.
Bildung: 만나다 → 만나 +ㄹ → 만날
Partizip Futur: 손야가 만날 친구는 토마스예요.
Der Freund, den Sonja treffen wird, heißt Thomas.

Futur: 편지를 쓰려고 합니다.
Ich beabsichtige einen Brief zu schreiben.
Bildung: 쓰다 → 쓰 +ㄹ → 쓸
Partizip Futur: 지금 쓸 편지는 김 선생님께 드립니다.
Der Brief, den ich jetzt schreiben werde, wird an Herrn Kim gehen.

Futur: 우리는 내일 일을 많이 해야 해요.
Wir haben morgen viel zu tun.
Bildung: 하다 → 하+ㄹ → 할
Partizip Futur: 우리가 할 일이 뭐예요?
Was werden wir zu tun haben?

Futur: 내일 사과를 먹으려고 합니다.
Ich will morgen einen Apfel essen.
Bildung: 먹다 → 먹+을 → 먹을
Partizip Futur: 내일 먹을 사과는 냉장고 안에 있어요.
Der Apfel, den ich morgen essen werde, befindet sich im Kühlschrank.

b Partizip Perfekt -ㄴ/-은 / -던

Die Partizip-Vergangenheitsform wird gebildet, indem man an den Verbstamm -ㄴ/-은 anhängt. Dabei wird zwischen Eigenschaftsverben (z. B. 예쁘다 *schön sein*) und Tätigkeitsverben (z. B. 가다 *gehen*) unterschieden. -ㄴ/-은 wird in Verbindung mit Tätigkeitsverben in der Vergangenheitsform benutzt und zeigt eine abgeschlossene Handlung an. -ㄴ wird verwendet, wenn der Verbstamm auf Vokale bzw. den Konsonanten ㄹ endet. -은 wird nach allen Konsonanten (außer ㄹ) benutzt.

Form	Verb	Übersetzung
-ㄴ	만나다 → 만나 + ㄴ → 만난 친구는 안나예요	Anna ist die Freundin, die ich getroffen habe.
	살다 → 살* → 사 + ㄴ → 산 집	das Haus, in dem jemand wohnte
-은	먹다 → 먹 + 은 → 먹은 오렌지	die gegessene Orange
	찾다 → 찾 + 은 → 찾은 집	das gesuchte Haus

(* 살다: ㄹ - unregelmäßiges Verb)

내가 산 사과를 친구가 먹었어요.	Den Apfel, den ich gekauft habe, hat mein Freund gegessen.
어제 간 커피집의 커피는 맛있었어요	In dem Kaffeehaus, das wir gestern besucht haben, war der Kaffee lecker.
주말에 여행한 사람이 누구예요?	Wer ist derjenige, der am Wochenende verreist ist?
오전에 만난 분이 김 선생님 아니예요?	War das nicht Herr Kim, den Sie vormittags getroffen haben?

Die Vergangenheits-Partizipform der Eigenschaftsverben und des Befindlichkeitsverbs -있다 entsteht ebenfalls durch Anhängen der Suffixe -던 oder -았던/-었던 an den Verbstamm.
Die Partizip Perfekt-Form wird oft benutzt, um vergangene Ereignisse, z. B. Erinnerungen, wiederzugeben.

어제 먹었던 김치찌개는 아주 맛이 있었어요.	Das Gimchijjigae, das wir gestern gegessen haben, war sehr lecker.
우리 집에서 잤던 친구가 토마스입니다.	Der Freund, der bei uns übernachtet hat, ist Thomas.
뮌헨에서 유학을 했던 김 교수님은 철학교수입니다.	Prof. Kim, der in München ein Auslandsstudium absolviert hat, ist ein Professor für Philosophie.
주말의 좋았던 날씨가 내일까지 계속하면 좋겠어요.	Es wäre schön, wenn das Wetter, das am Wochenende gut war, bis morgen andauern würde.
어제 만났던 친구를 오늘도 만났어요.	Den Freund, den ich gestern getroffen habe, traf ich auch heute.
집에 있던 책이 없어요.	Das Buch, das zu Hause war, ist nicht mehr da.

Die folgende Tabelle kontrastiert noch einmal das Partizip Präsens und das Partizip Perfekt.

Präsens	먹고 있어요 자다/자요	밥을 먹고 있는 친구가 토마스예요. – *Der Freund, der isst, ist Thomas.* 자는 안나는 참 착해요. *Die schlafende Anna ist wirklich brav.*
Part. Perfekt	먹고 있었어요 잤어요	밥을 먹고 있던 친구가 토마스예요. – *Der Freund, der gegessen hat, ist Thomas.* 집에서 잤던 안나는 참 착해요. – *(Die) Anna, die bei uns schlief, ist wirklich brav.*

Die folgende Tabelle vergleicht erneut die verschiedenen Partizipien und ihre Endungsformen für unterschiedliche Verben.

	Tätigkeitsverb	Eigenschaftsverb	Befindlichkeits-Verb 있다 (haben, sein, existieren)	Kopula 이다
Gegenwart (Präsens)	-는	-ㄴ(은)	-는	-ㄴ
Vergangenheit (Präteritum)	-ㄴ(은)	–	–	–
Zukunft (Futur)	-ㄹ(을)	-ㄹ(을)	-을	-ㄹ
Vergangenheit (Erinnerung)	-(았/었)던	-(았/었)던	-(았/었)던	-(었)던

Tipp: Die Verwendung von 바꾸다
Im ersten Dialog dieser Lektion haben Sie 바꾸다 als *wechseln, (um)tauschen, ändern* kennengelernt. 바꾸다 kann jedoch auch als Basis für zahlreiche andere Wörter dienen.
Dafür wird der erste Teil von 바꾸다 genommen, das Wortbildungselement 어 hinzugefügt und ein weiteres Verb angehängt, das ganz normal entsprechend der jeweiligen Höflichkeitsstufe verändert werden kann, z. B. 바꾸+어+신다 → 바꿔 신다. 신다 heißt *alleine Schuhe anziehen, Schuhe tragen*. In Kombination mit 바꿔 bedeutet es einen Wechsel: *andere Schuhe anziehen/tragen*.
Genauso bedeutet 입다 *anziehen*. Wenn Sie es mit 바꿔 kombinieren, wird es zu 바꿔 입다 und bedeutet *umziehen*.
Nach demselben System wurden die folgenden Beispiele gebildet:

바꿔 읽다	*abwechselnd lesen*
바꿔 주다	*wechseln, tauschen*
바꿔 일하다	*abwechselnd arbeiten*
바꿔 먹다	*Essbares austauschen*

단어집 Wortschatz

착하다	brav sein
나	ich *(neutral, keine Höflichkeitsform)*
보통	gewöhnlich
계속하다	fortsetzen
철학	Philosophie
또	noch
하늘	Himmel
내리다	herunterkommen
잔디	Gras, Wiese
바쁘다	beschäftigt sein
냉장고	Kühlschrank
떨어지다	durchfallen *(die Prüfung)*
입사 소식	Bescheid über eine Zusage *(für eine Arbeitsstelle)*
매일	täglich

Koreanische Währung

Die koreanische Währung ist Won (Währungssymbol ₩). Es gibt Scheine im Wert von 1 000, 5 000, 10 000 und 50 000 Won sowie Münzen im Wert von 1, 5, 10, 50, 100 und 500 Won. Die 1- und 5-Won-Münzen sind allerdings kaum gebräuchlich.

Die Bezeichnung Won geht, wie die chinesische Währung Yuan und der japanische Yen, auf das alte chinesische Symbol 圓 *(gespr.: Won)* zurück, das *runde Form* bedeutet.

Die Portraits stellen bekannte Persönlichkeiten der koreanischen Geschichte dar. Auf dem 50 000 Won Schein ist die Malerin und Dichterin Sinsaimdang (1504–1554) zu sehen, der 10 000 Won Schein stellt den Großkönig Sejong (1397–1450) dar, dem die Koreaner ihr Alphabet, Hangeul, verdanken. Auf dem 5 000 Won Schein ist der konfuzianische Gelehrte Yulgok (1536–1584) und auf dem 1 000 Won Schein Toegye Ihwang (1501–1570) abgebildet, ebenfalls ein konfuzianischer Gelehrter.

Eine sinokoreanische Redewendung zum Abschluss

전화위복 *aus Unglück entsteht Glück*

Diese Redewendung wird wie das deutsche *Glück im Unglück* verwendet. Lesen Sie die koreanische Beispielsituation. Verstehen Sie sie bereits vollständig?

소라: 토마스 씨, 어제 한국어 시험 잘 보았어요?
토마스: 떨어졌어요.
 그런데 한 미국 회사에서 입사 소식이 와서 지금 다녀왔어요.
소라: 우아, 전화위복이에요.

Jetzt können Sie üben!

1 Vervollständigen Sie die folgende Tabelle, wo es möglich ist mit den Partizipformen der Eigenschaftsverben.

Eigenschaftsverb	-은	-ㄴ	았, 었, 했던 Vergangenheit
많다 *viel sein*	viele Bücher	–	많았던
좋다 *gut sein*	gutes Wetter	–	
아름답다 *schön sein*	schöne Anna	–	
맵다 *scharf sein*	scharfes Gimchi	–	
예쁘다 *hübsch sein*	–	hübsche Katze	
비싸다 *teuer sein*	–	teures Geschenk	
바쁘다 *beschäftigt sein*	–	beschäftigte/r Lehrer/in	
착하다 *brav sein*	–	braves Kind	
아프다 *krank sein*	–	krankes Kind	
고프다 *hungrig sein*	–	hungrige/r Freund/in	

2 Bilden Sie die Partizipformen der Tätigkeitsverben.

Verben	Gegenwart	Vergangenheit	Zukunft	Beispielsatz
자다 *schlafen*	자는 친구	잔/ 잤던 친구	잘 친구	우리 집에서 잘 친구가 독일에서 왔어요.
먹다 *essen*				
전화하다 *telefonieren*				

찾다 suchen					
만나다 treffen					
마시다 trinken					
공부하다 lernen					
배우다 lernen					
질문하다 Frage stellen					
기다리다 warten					
가리키다 zeigen					
인사하다 begrüßen					

3 Übersetzen Sie die folgenden Sätze ins Koreanische (informelle Form).

   a Als ich lernte, kam Anna.
   b Während Anna schlief, kam Thomas, um zusammen ein Bier zu trinken.
   c Als Tim zu mir kam, schlief ich.
   d Musste es regnen, als Thomas uns besuchte?

4 Übersetzen Sie die folgenden Sätze ins Koreanische (informelle Form).

   a Heute lerne ich Koreanisch, aber morgen werde ich Englisch lernen.
   b Anna ruft heute Thomas an, aber auch morgen will sie ihn anrufen.
   c Der Vater isst täglich einen Apfel, aber morgen will er eine Banane essen.
   d Ich bestellte heute Bibimbap, aber morgen werde ich Gimchijjigae bestellen.

5 Vervollständigen Sie den Dialog, indem Sie die deutschsprachigen Zeilen auf Koreanisch schreiben. Dann hören Sie den Dialog auf der CD an und sprechen Sie Ihre Sätze in den Pausen.

은행직원:	어서 오세요. 뭘 도와 드릴까요?
Sie:	Sagen Sie, dass Sie Geld wechseln wollen: Euro in koreanische Won.
은행직원:	얼마를 바꾸시겠어요?
Sie:	Sagen Sie, dass Sie 200 Euro zum Wechseln haben.
은행직원:	삼십만원 여기 있습니다.

Wiederholungskapitel 3

In diesem Kapitel wiederholen Sie:

- Vergleiche
- wie man Vorlieben und Vermutungen äußert
- über Beschlüsse zu sprechen
- die Bildung und Verwendung von Partizipien
- Gespräche beim Arzt und auf der Bank
- Farben zu benennen

Wiederholungskapitel 3

Hier können Sie den bisher gelernten Stoff üben und vertiefen.
Die Dialoge geben Ihnen die Möglichkeit, wichtige Phrasen in verschiedenen Verwendungsvarianten zu sehen bzw. die Dialoge (mit leichten Veränderungen) selbst durchzuspielen.

▶ CD 2 / 30 **Dialog 1 Vergleichen Sie!**

Hören Sie, wie Tom und Nare Gegenstände und Personen vergleichen. Bilden auch Sie nach dem Vorbild ihrer Unterhaltung Vergleiche. Die Vergleichswörter im Kasten helfen Ihnen dabei.

보다, 보다 더, 훨씬 더

톰: 나래 씨, 내가 나래 씨보다 커요?
나래: 네, 그럴거에요.
톰: 독일이 한국보다 더 작아요?
나래: 아니요, 한국이 독일보다 훨씬 더 작아요.
톰: 그럼 저 그림이 뭣보다 더 작아요?
나래: 저 그림이 우리 집보다 작아요.
톰: 오늘 수업에 학생들이 어제보다 훨씬 더 많아요.

단어집 Wortschatz

내가 .... ich *(als Subjektform)*
작다 .... klein sein

▶ CD 2 / 31 **Dialog 2 So gut wie …**

Sonja und Sumi unterhalten sich darüber, was sie gerne so gut können würden wie ihre Gesprächspartnerin. Hören Sie zu. Orientieren Sie sich am Muster des Dialogs und erklären Sie, was Sie gerne so gut wie jemand anderer tun würden.

Vergleichswörter: -처럼, -같이, -만큼

손야: 나도 언제 수미 씨처럼 한국말을 잘 해요?
수미: 걱정 마세요. 많이 공부하면 곧 잘 할 거에요.
  나도 손야 씨같이 독일어와 영어를 잘 하고 싶어요.
손야: 호호호, 우리가 같은 생각을 하고 있어요.
수미: 그렇지만 손야 씨만큼 독일어를 잘 하고 싶어요.
손야: 그럼 나도 수미 씨만큼 한국어를 잘 할 날이 있을거에요.
  그리고 한국 가수처럼 한국말로 노래도 잘 하고 싶어요.

단어집 Wortschatz

걱정하다 .... Sorgen haben, sich Sorgen machen
생각하다 .... denken

Dialog 3 Vergleiche aller Art

Was können Sie schon alles vergleichen? Probieren Sie`s doch einfach mal aus. Der untenstehende Text soll Ihnen ein paar Anregungen liefern.

운동화가 구두보다 편해요.
공부보다 운동을 (더) 잘 해요.
철호가 토마스보다 훨씬 더 커요.
수미가 명희보다 더 예뻐요.
식당 음식보다 훨씬 더 맛있어요.
이 불고기가 훨씬 더 맛이 있어요.
토마스처럼 독일어를 잘 해요?
수미가 명희만큼 노래를 잘 해요.

Dialog 4 가장 좋아하는 음식이 … 이에요
Mein liebstes koreanisches Gericht ist …

Tom und Stefanie unterhalten sich über ihre Essensvorlieben. Orientieren Sie sich am Muster des Dialogs und erklären Sie, was Ihnen am besten schmeckt oder welches Getränk Ihnen am liebsten ist.

Superlativ: 가장, 최고, 제일

음식점에서
팀: 스테파니, 이 불고기가 최고예요. 맛 좀 보세요.
스테파니: 내 비빔밥이 훨씬 더 맛있어요.
            한국에서 가장 좋아하는 음식이 비빔밥이에요.
팀: 그럼 제일 좋아하는 음료수는 뭐예요?
스테파니: 제일 좋아하는 음료수는 물이에요.
팀: 나는 맥주가 제일 좋아요.

단어집 Wortschatz

음료수 .... Getränke

Dialog 5 한국사람이 최고예요? Sind die Koreaner die besten?

Orientieren Sie sich am Muster der Beispielsätze und fragen Sie nach Rekorden: der größten Stadt, der interessantesten Sprache, den nettesten Leuten …

한국 사람이 최고예요?   그렇지 않아요.
독일 사람이 제일이에요?   역시 그렇지 않아요.
그럼 어느 나라 사람이 가장 좋아요? 글쎄, 나도 모르겠어요.
세계에서 제일 높은 산이 어디(에) 있어요?
독일에서 가장 큰 호수가 어디(에) 있어요?
독일에서 최고로 긴 강이 어디(에) 있어요?

단어집 Wortschatz

길다 .... lang sein (ㄹ *unregelm. Verb*)

Dialog 6 줄 알다, 줄 모르다 Kennen und wissen
Orientieren Sie sich am Muster des Dialogs und üben Sie unter Verwendung der Namen, Sprachen und Orten aus dem Kasten.

수미, 철수, 한국어, 이태리어, 호주어, 토마스, 슈미트 선생님, 영국사람, 독일, 백두산, 한라산, 수원 화성, 경주 석굴암, 화엄사, 해인사, 통도사, 경복궁, 창덕궁

안나: 민영 씨, 이태리어를 할 줄 아세요?
민영: 아닙니다. 이태리어를 못 해요.
안나: 김철수 씨를 알아요?
민영: 네, 김철수 씨를 잘 알아요.
　　　그런데 안나 씨, 한국의 백두산을 알아요?
안나: 아니요. 잘 모릅니다. 수원 화성은 알아요.

단어집 Wortschatz

백두산	Baekdusan *(höchster Berg der koreanischen Halbinsel)*
한라산	Hallasan *(höchster Berg Südkoreas)*
수원화성	Hwaseong-Festung in Suwon
경주	Gyeongju *(ehemalige Hauptstadt des Silla-Königreichs)*
석굴암	Seokguram Grotte *(Teil des Bulguksa-Tempels)*
화엄사	Hwaeomsa *(Tempel des buddhistischen Jogye-Ordens)*
해인사	Haeinsa *(Tempel des buddhistischen Jogye-Ordens)*
통도사	Tongdosa *(Tempel des buddhistischen Jogye-Ordens)*
경복궁	Gyeongbokgung *(einer der Königspaläste in Seoul)*
창덕궁	Changdeokgung *(einer der Königspaläste in Seoul)*

Dialog 7 Kennen und wissen 2
Bilden Sie Fragen mit *kennen* und *wissen*. Orientieren Sie sich am Muster der Beispielsätze.

경주 석굴암을 잘 알아요. / 잘 압니다.
화엄사와 통도사도 알아요. 가 보았어요.
최복동 사장님을 잘 아세요? 좀 알고 있어요.
슈미트 선생님을 알고 계세요? 네, 독일어 선생님이어서 잘 알아요.

한국말을 할 줄 알아요.
한국말을 할 줄 아십니까?
아니요, 한국말을 할 줄 모릅니다.
토마스를 아세요?
네, 토마스를 알아요.
아니요, 몰라요.

Dialog 8 Aufforderungen
Lesen Sie die folgenden Aufforderungen und formulieren Sie nach deren Muster eigene Anordnungen und Anweisungen.

그 공원에 들어가지 마세요 / 말아요 / 마십시오.
저 곳에 가지 마세요 / 말아요 / 마십시오.
그 책은 읽지 마세요 / 읽지 말아요 / 읽지 마십시오.

나쁜 사람은 만나지 마세요 / 만나지 말아요 / 만나지 마십시오.
착한 사람은 만나십시오 / 만나세요 / 만나요.
좋은 책은 꼭 읽으십시오 / 읽으세요 / 읽어요.
김치와 불고기를 맛있게 드십시오 / 드세요 / 들어요.

단어집 Wortschatz

공원 .... Park

▶ CD 2 / 32 Dialog 9   Ich denke, ich vermute, mir scheint

Lesen und hören Sie die Unterhaltung von Mi Jeong und Tim, in der die beiden allerlei Vermutungen anstellen. Formulieren Sie nach dem Muster des Dialogs eigene Vermutungen und Annahmen.

미정: 한나가 오늘 한국어 수업에 안 나왔어요.
       아픈 듯 해요.
팀: 참, 어제 한나가 병원에 간 듯 했어요.
미정: 내일 날씨가 좋을 듯 해요? 약속이 있어요.
팀: 오늘 날씨가 좀 흐린 듯 합니다.
       나도 공원에 산책을 가기로 했기 때문에 좀 걱정이에요.

▶ CD 2 / 33 Dialog 10   뭐 하기로 했어요? Was haben Sie beschlossen?

Lesen und hören Sie den Dialog und erzählen Sie dann von eigenen Beschlüssen.

슈미트: 김 선생님, 오늘 수업이 없는데 무엇을 하는 것이 좋을까요?
김 선생: 하실 숙제가 없어요? 그럼, 저와 극장에 가는 것은 어떨까요?
슈미트: 아주 좋아요. 몇 시에 가는 것이 좋겠습니까? 제가 지금 오후 두 시까지
          할 것이 좀 있어요.
김 선생: 그럼, 오후 3시 30분 영화를 보기로 해요.

Dialog 11   어디가 아파요? Wo tut es weh?

Die Unterhaltungen zwischen Sonja, Jan und Anna drehen sich um den Besuch beim Arzt (병원에 가다 *zum Arzt gehen*) und darum, was ihnen fehlt oder wehtut (아프다 *wehtun*). Orientieren Sie sich am Muster der Dialoge und erklären Sie, was Ihnen fehlt und warum Sie zum Arzt gehen.

Allgemeine Krankheiten

두통 Kopfschmerzen, 설사 Durchfall, 감기 Erkältung, 독감 Grippe, 배탈 Bauchschmerzen, 치통 Zahnschmerzen, 토사 Brechdurchfall, 열 Fieber, 미열 erhöhte Temperatur, 고열 hohes Fieber

---

얀: 안나 씨, 어디 가세요?
안나: 머리가 아파서 병원에 갑니다.
얀: 손야 씨도 병원에 가세요?
       어디가 아파요?
손야: 배가 아파서 함께 갑니다.
얀: 나는 이가 아파요. 어디로 가야 해요?
손야: 치과로 가세요.

Dialog 12   병원에서 Beim Arzt
Lesen Sie die Unterhaltung zwischen Patient und Arzt. Formulieren Sie nach ihrem Muster selbst ein Gespräch über mögliche Beschwerden.

간호사: 어떻게 오셨어요?
환자: 기운이 없어요. 머리도 아픕니다.
간호사: 잠시만 기다려 주세요. 곧 의사 선생님이 오세요.
의사: 어디가 안 좋으세요?
환자: 머리도 아프고 입맛이 없어요.
의사: 배도 아픕니까?
환자: 아니에요. 배는 안 아파요.
의사: 미열과 감기기가 약간 있어요. 이 약을 드세요.
          곧 나을 겁니다.
환자: 이가 아파서 잠을 못 잡니다.
의사: 그럼 치과 병원에 꼭 가십시오.

단어집 Wortschatz

기운	....	Kraft
입맛	....	Appetit
감기기	....	Erkältungssymtom
나다	....	heilen

Dialog 13   Partizipformen
Lesen Sie den Dialog im Restaurant und üben Sie die Partizipformen.

시빌레: 저기서 밥을 먹는 사람이 톰 씨예요?
요한나: 톰 씨가 아니에요. 그 옆에 있는 사람이 톰 씨입니다.
톰: 안녕하세요, 여기서 만나서 반갑습니다.
시빌레: 지금 먹는 음식이 뭐예요?
톰: 삼겹살구이입니다. 함께 드시겠어요?
요한나: 고마워요. 한번 맛을 볼까요?
          식사 후에
톰: 좋은 날씨(이)어서 산책 가는 사람이 많아요.
시빌레: 우리도 산책을 가면 좋겠어요.

Dialog 14   Partizipformen 2
Lesen und hören Sie den Dialog von Sonja und Stefan. In ihm sind viele Partizipien versteckt. Finden Sie sie und überlegen Sie, wie man sie im Deutschen am besten wiedergeben könnte. Können Sie selbst einen Satz mit Partizipien bilden?

스테판: 어제 산 책이 무슨 책이에요?
손야: 한국어 책이에요. 그런데 어제 간 서점 이름이 뭐 였어요?
스테판: 글쎄, 나도 잘 모르겠어요.
손야: 어제 먹었던 김치찌개는 정말 맛있었어요?
스테판: 네, 불고기만큼 맛있었어요.

단어집 Wortschatz

편하다 .... bequem sein, gemütlich sein

Dialog 15 왜 아파요? Warum sind Sie krank?
Lesen Sie den Dialog von Sonja und Tim zur Ursache verschiedener Erkrankungen. Für welche Beschwerden können Sie selbst Ursachen angeben?

손야: 어제 공부를 많이 해서 머리가 좀 아파요.
팀: 나는 어제 저녁 술을 너무 많이 마셔서 골치가 아파요.
손야: 소주를 왜 그렇게 많이 마셨어요? 아스피린을 드세요.
 만수무강 하셔야 해요.
팀: 하하하. 만수무강은 나한테도 하는 거예요?

단어집 Wortschatz

강 .... Fluss
백두산 .... Baekdusan (*Berg an der Grenze zw. Nordkorea und China*)
골치 .... Kopf (*Umgangssprache*)

Dialog 16 Gemischte Grammatik
Lesen Sie den Text. Verstehen Sie schon alles?

탄야: 어제 롯데 백화점에 가서 안나를 만났어요.
 그리고 안나하고 커피를 마시러 전에 갔던 인사동에 갔어요.
마르쿠스: 안나와 약속을 했는데, 숙제를 하느라 잊었어요.
 우리 같이 만나서 저녁을 먹으러 가요.
탄야: 안 되겠어요. 숙제가 많아서 오늘 저녁에는 공부를 해야 해요.
마르쿠스: 나는 기숙사에 가서 맥주를 마시겠어요.

단어집 Wortschatz

기숙사 .... Wohnheim

ℹ️ Die **Lotte Group** ist ein multinationaler Konzern, der von dem Koreaner Shin Kyuk-ho (신격호) 1948 in Tokio gegründet wurde. Der Name ist eine Anspielung auf Goethes *Die Leiden des jungen Werther*, in dem es um die tragische Liebe Werthers zu (Char)lotte geht.

Dialog 17 Auf der Bank
Sonja und Myeong Jin unterhalten sich über einen Besuch bei der Bank. Lesen und hören Sie den Dialog. Planen Sie selbst einen Besuch bei der Bank. Was müssen Sie alles mitnehmen?

손야: 은행이 어디(에) 있어요?
명진: 저기 저 건물 뒤에 있어요.
손야: 은행에 가서 돈을 바꾸기로 했어요.
 은행에 갈 때 뭘 가지고 가야 해요?
명진: 여권을 잊지 마세요. 물론 돈도 있어야 합니다.

손야: 은행에 가다가 안나를 만났어요.
 은행에 갔다와서 돈이 많아요. 그래서 시장에 가서 과일을 사려고 해요.
명진: 유로를 한국 돈으로 얼마 바꿨어요?
 돈이 많으면 주말에 여행갈 수 있어요?

Dialog 18   Farben
Wiederholen Sie noch einmal das Farbenspiel.

토마토는 빨간색	rote Tomate (*wörtl.*: Tomaten haben eine rote Farbe)
사과도 빨간색	auch der Apfel ist rot
노랑 나비, 흰 나비	gelber und weißer Schmetterling
녹색 잔디	grünes Gras
보라색 꽃	lila Blume
신부 옷은 흰색	weißes Brautkleid
빨간 장미꽃	rote Rose
푸른 하늘	blauer Himmel
파란 새싹	grüne, junge Blätter
빨간,노란, 파란색의 파프리카	rote, gelbe und grüne Paprika
검정색 구두	schwarze Schuhe

Dialog 19   무슨 색을 제일 좋아하세요?
Welche Farbe mögen Sie am liebsten?

Antworten Sie mithilfe der Wörter im Kasten auf die folgenden Fragen.

> 빨간색 rote Farbe, 노란색 gelbe Farbe, 검정색 schwarze Farbe, 흰색 weiß, 파란색 blaue/grüne Farbe, 빨간 스웨터 roter Pullover, 노란 머플러 gelber Schal, 검정색 구두 schwarze Schuhe, 청색 바지 blaue Hose, 검정색 바지 schwarze Hose, 보라색 자켓 violette/lila Jacke, 푸른 하늘 blauer Himmel, 파란 잔디 grünes Gras, 갈색 나무잎 braunes Baumblatt

무슨 색을 제일 좋아하세요?
어떤 색 스웨터를 원하세요?
어떤 색 자켓을 사고 싶으세요?
가을 나뭇잎은 무슨 색이에요?
어떤 색 바지를 좋아하세요?

단어집 Wortschatz

나뭇잎 .... Blatt

Kapitel 13

제 오빠예요
Mein älterer Bruder

In diesem Kapitel lernen Sie:

- über Ihre Familie zu sprechen
- Verpflichtungen auszudrücken
- nach dem Besitzer von Gegenständen zu fragen

가족소개　Familienvorstellung

🔊 CD2 36　Lesen Sie diese Vorstellung einer Familie und hören Sie die dazugehörige Aufnahme auf der CD.

어머니, 아버지, 딸, 아들 합해서 가족입니다.
어느 가정은 딸만 한 명이 있어요.
또 다른 가정에는 아들 한 명만 있기도 합니다.
어머니와 아버지는 부부입니다.
아들과 딸은 형제입니다.
형, 오빠, 누나, 동생은 형제의 명칭입니다.
현재는 할아버지와 할머니는 대체로 다른 집에 사십니다.

단어집　Wortschatz

가족	Familie *(Personen)*
가정	Familie *(Heim)*
부부	Ehepaar
형제	Geschwister
명칭	Bezeichnung, Benennung
오빠	älterer Bruder *(von der Schwester aus gesehen)*

대화 1　Dialog 1

🔊 CD2 37　Yun Hui und Tim unterhalten sich über ihre Familien. Lesen und hören Sie den Dialog.

윤희:　저기 앉아 있는 사람이 제 오빠예요. 소개할게요.
팀:　아, 그래요? 윤희 씨의 가족은 몇 명이에요?
윤희:　저는 언니가 한 명, 오빠도 한 명, 그리고 부모님, 여동생 한 명,
　　　나, 그러니까 모두 6 명이에요. 친척도 많아요. 고모, 이모, 삼촌들, 그리고 귀여운 4촌 조카들이 있어요.
　　　팀 씨의 가족은 몇 명 있어요?
팀:　나는 외아들이에요. 부모님만 있어요.
　　　그래서 어렸을 때 언제나 혼자서 놀 수 밖에 없었어요.
윤희:　그런데 팀 씨는 한국말을 정말 잘 하세요.

단어집　Wortschatz

언니	ältere Schwester *(von der Schwester aus gesehen)*
부모	Eltern
여동생	jüngere Schwester
친척	Verwandte
고모	Tante *(väterlicherseits)*
이모	Tante *(mütterlicherseits)*
삼촌	Onkel, Verwandtschaft dritten Grades
4촌	Verwandtschaft vierten Grades
귀엽다	niedlich, süß sein
조카	Neffe und Nichte (여조카 Nichte, 남조카 Neffe)
외아들	einziger Sohn *(hier:* Einzelkind)
어리다	jung sein
혼자(서)	alleine
놀다	spielen, Spaß haben

대화 2 Dialog 2

Sonja und Tim unterhalten sich. Lesen Sie den Dialog.

팀: 손야 씨, 언니가 있어요?
　　　나는 오빠가 없어요.
손야: 하하하, 팀 씨는 여성이에요?
팀: 왜 내가 여성이에요?
손야: 잘 공부해서 답을 해 주세요.

단어집 Wortschatz

여성 .... weiblich

Grammatikalische Erscheinungen:
-아/-어 있다 .... *Verlaufsform (siehe Grammatik, Punkt 1)*
ㄹ(을) 때 .... *während, als (siehe Grammatik, Punkt 2)*
-ㄹ(을) 수 밖에 없다 ..... *müssen (siehe Grammatik, Punkt 3)*
-(으)면서 .... *während (siehe Grammatik, Punkt 5)*

ⓘ Familienverhältnisse

Allgemeine Begriffe

가정 .... Familie
부부 .... Ehepaar
형제 .... Geschwister
부모 .... Eltern

친할아버지 ⓜ 친할머니　　　　　외할아버지 ⓜ 외할머니
Großvater ⓜ Großmutter　　　　Großvater ⓜ Großmutter
(väterlichseits)　　　　　　　　　(mütterlichseits)

아버지 ⓜ 어머니
Vater ⓜ Mutter

아들　　　　딸
Sohn　　　　Tochter

Geschwister

형	누나	남 (m.)	남동생	여동생
älterer Bruder vom jüngeren Bruder aus gesehen	ältere Schwester vom jüngeren Bruder aus gesehen	ich	jüngerer Bruder vom älteren Bruder und der älteren Schwester aus gesehen	jüngere Schwester vom älteren Bruder und der älteren Schwester aus gesehen

오빠	언니	여 (w.)	남동생	여동생
älterer Bruder von der jüngeren Schwester aus gesehen	ältere Schwester von der jüngeren Schwester aus gesehen	ich	jüngerer Bruder vom älteren Bruder und der älteren Schwester aus gesehen	jüngere Schwester vom älteren Bruder und der älteren Schwester aus gesehen

Schwager und Schwägerin

형수	Ehefrau des älteren Bruders
매형	Ehemann der älteren Schwester, vom jüngeren Bruder aus gesehen
형부	Ehemann der älteren Schwester, von der jüngeren Schwester aus gesehen
처제	die jüngere Schwester der Ehefrau
처형	die ältere Schwester der Ehefrau
매부	Ehemann der jüngeren Schwester, vom Bruder aus gesehen
제부	Ehemann der Schwester, von der Schwester aus gesehen

Geschwister des Vaters

삼촌	Onkel *(unverheirateter Bruder des Vaters)*
고모	Tante
큰아버지 ∞ 큰어머니	älterer Bruder des Vaters und dessen Ehefrau
작은 아버지 ∞ 작은어머니	jüngerer Bruder des Vaters und dessen Ehefrau
고모 ∞ 고모부	Schwester des Vaters und deren Ehemann

Geschwister der Mutter

외삼촌	Onkel
이모	Tante
이모 ∞ 이모부	Schwester der Mutter und deren Ehemann

Andere Verwandte

조카	Nichten und Neffen *(Sammelbegriff)*
남조카	Neffe
여조카	Nichte
사촌 형제	Cousins und Cousinen *(Sammelbegriff)*

Tipp: Die Fülle der koreanischen Verwandtschaftsbezeichnungen kann im ersten Moment erschlagend wirken. Konzentrieren Sie sich zuerst auf Verwandtschaftsbeziehungen, die auch in Ihrer Familie vorkommen. Dann lässt sich das koreanische Wort mit einem bekannten Namen oder Gesicht verbinden und so viel leichter merken. Auf die weiteren Verwandtschaftsgrade stoßen Sie unter Umständen nicht so häufig oder können gegebenenfalls nachfragen, aber Ihre eigene Familie sollten Sie korrekt vorstellen können.

Für Koreaner reicht die Information *Ich habe einen Bruder* oft nicht aus. Rechnen Sie in solchen Fällen mit Nachfragen: *Ein jüngerer oder älterer Bruder?* Wenn Sie sich auf Koreanisch unterhalten, müssen Sie durch die Wahl des entsprechenden Wortes immer festlegen, in welchem Altersverhältnis Ihre Geschwister zu Ihnen stehen.

Vielleicht ist Ihnen bereits aufgefallen, dass Koreaner manchmal Menschen, mit denen sie nicht verwandt sind, z. B. Freunde, mit Verwandtschaftsbezeichnungen ansprechen. Dies passiert, wenn die Beziehung der beiden ähnlich wie die entsprechende Beziehung im Familienverband strukturiert ist und der Altersunterschied ähnlich ist.

Eine Frau, die einen männlichen Freund mit 오빠 *älterer Bruder* anredet, wird zu diesem Mann eher aufsehen, ihm Respekt zollen und erwarten, dass er ihr gegenüber eine Beschützerrolle einnimmt, wie es auch ein älterer Bruder tun würde. Spricht dieselbe Frau aber einen männlichen Freund mit 남동생 *jüngerer Bruder* an, ist klar, dass sie sich selbst eher in der Beschützerrolle sieht und den jüngeren Mann unterstützt, dafür aber durchaus auch Respekt erwarten kann.

Greifen Sie selbst nicht zuerst zu solchen Verwandtschaftsbezeichnungen, wenn Sie mit koreanischen Freunden sprechen. Werden Sie aber als *Bruder* oder *Schwester* bezeichnet, können Sie jederzeit auch Ihr Gegenüber mit diesen Verwandtschaftsbezeichnungen ansprechen.

문법 Grammatik
1 Gerade eben: die Verlaufsform -아 있다/-어 있다

Sie haben bereits in Kapitel 7 gelernt, wie ausgedrückt wird, dass etwas gerade geschieht, nämlich mit der Verlaufsformendung -고 있다.

-고 있다 wird nur bei Tätigkeitsverben gebraucht. Beschreibt ein Verb keine Handlung, sondern einen Zustand, benutzt man die Endung -아 있다/-어 있다, die direkt an den Verbstamm angehängt wird.

Enthält die letzte Silbe des Verbstammes ein -아, -오, hängt man -아 있다 an, bei allen anderen Vokalen -어 있다.

Die häufigsten Verben, die solche Zustände ausdrücken (auch wenn man argumentieren kann, dass fast jeder dieser Zustände auch eine Handlung sein kann) sind im Folgenden in der Verlaufsform aufgelistet: 앉아 있다 *(gerade) sitzen*, 서(어) 있다 *(gerade) stehen* oder 놓여 있다 *(gerade) liegen*. Oft wird jedoch auf die Bildung der Verlaufsform verzichtet und stattdessen die einfache Gegenwart verwendet.

Vergleichen Sie die folgenden Beispielsätze:

오빠가 방에 앉아 있어요.	*Der ältere Bruder sitzt im Zimmer.*
수미가 왜 자동차 뒤에 서 있어요?	*Warum steht Sumi hinter dem Auto?*
방에 앉아 있는 사람이 누구예요? 독일 사람 토마스예요.	*Wer sitzt im Zimmer? Der Deutsche Thomas.*
책상 위에 한국어 책이 놓여 있어요.	*Auf dem Tisch liegt das Koreanischbuch.*

Die folgende Tabelle kontrastiert noch einmal die Bildung und Verwendung der beiden Verlaufsformen. In der linken Spalte mit -고 있다 wird eine *Handlung*, eine *Tätigkeit* beschrieben. In der rechten Spalte mit -아 있다/-어 있다 wird dagegen ein *Zustand* beschrieben.

-고 있다	-아 있다/-어 있다
철호가 밥을 먹고 있어요. *Cheolho isst gerade .*	철호가 누워 있어요. *Cheolho liegt gerade.* (눕다: ㅂ – *unregelmäßiges Verb*)
철호가 전화를 하고 있어요. *Cheolho ruft gerade an.*	철호가 앉아 있어요. *Cheolho sitzt gerade.*

Mein älterer Bruder   193

철호가 사과를 사고 있어요.
Cheolho kauft gerade einen Apfel.

책이 책상 위에 놓여 있어요.
Das Buch liegt gerade auf dem Tisch.

2 Während, als, wenn: die Konjunktion -ㄹ/-을 때

Während, *als*, *wenn* können im Koreanischen mit der Endung -ㄹ/-을 때 ausgedrückt werden. Dabei wird -ㄹ/-을 때 an den Verbstamm angehängt, z. B. 먹다 → 먹을 때 *wenn / während ich esse* oder 자다 → 잘 때 *wenn / während ich schlafe*.

-ㄹ/-을 때 kann mit allen Zeiten kombiniert werden. Dabei entscheidet das letzte Verb des Satzes über die zeitliche Bestimmung des *ganzen* Satzes.

Gegenwart:
학교에 갈 때 몇 번 버스를 타요? 179 번 버스를 타요.
Welchen Bus nehmen Sie, wenn Sie in die Schule gehen? Ich nehme Bus Nummer 179.

Vergangenheit:
어렸을 때 언제나 혼자서 놀 수 밖에 없었어요.
Als ich klein war, musste ich immer allein spielen.

Zukunft:
손야를 만날 때 이 책을 꼭 전해주세요.
Wenn Sie Sonja treffen (werden), geben Sie ihr bitte unbedingt dieses Buch.

3 Müssen -ㄹ/-을 수 밖에 없다

Wollen Sie ausdrücken, dass Sie etwas tun *müssen*, hängen Sie einfach -ㄹ/-을 수 밖에 없다 an den Verbstamm an.
Tipp: Eigentlich bilden Sie das Partizip Futur und hängen an dieses die Endung -수 밖에 없다 an. Es ist jedoch einfacher, sich -ㄹ/-을 수 밖에 없다 als ganzen Ausdruck zu merken, dann müssen Sie nicht jedes Mal überlegen, wie das Partizip gebildet wird.
Vielleicht können Sie sich den Begriff leichter merken, wenn Sie sich an den Ausdruck -ㄹ/-을 수 있다/없다 für *können* erinnern. Mit -ㄹ/-을 수 밖에 없다 bilden Sie praktisch eine Verstärkung dieses Ausdrucks.

친구가 안 와요. 혼자 갈 수 밖에 없어요.
Der Freund kommt nicht, es gibt keine andere Möglichkeit als allein zu gehen.
(... muss ich allein gehen.)

배가 고프니 과자를 먹을 수 밖에 없어요.
Da ich hungrig bin, muss ich Kekse essen.

친구가 안 옵니다. 기다릴 수 밖에 없어요.
Der Freund kommt nicht, ich muss auf ihn warten.

4 Jemals geschehen sein, niemals geschehen sein: -ㄴ/-은 적이 있다/없다

Wollen Sie ausdrücken, dass *irgendwann* eine Handlung stattgefunden hat, hängen Sie -ㄴ/-은 적이 있다 an den Verbstamm an. Wollen Sie dagegen ausdrücken, dass eine Handlung *niemals* stattgefunden hat, fügen Sie die Endung -ㄴ/-은 적이 없다 an den Verbstamm an.

-ㄴ/-은 적이 있다 wird im Deutschen oft mit *einmal*, *irgendwann*, *jemals* übersetzt.

-ㄴ/-은 적이 없다 wird mit *niemals*, *nie* oder *nicht* wiedergegeben.

Betrachten Sie hierzu auch die folgenden Beispiele:

Verb	Verbstamm + -ㄴ/-은 적이 있다/없다	Beispiele
만난다	만나 + ㄴ 적이 있다/없다	안나를 만난 적이 있어요. *Es hat sich ergeben, dass ich Anna irgendwann einmal getroffen habe.* 안나를 만난 적이 없어요. *Es hat sich nie ergeben, dass ich Anna getroffen habe.*
가다	가 + ㄴ 적이 있다/없다	한국에 간 적이 있어요. *Ich war irgendwann mal in Korea.* 한국에 간 적이 없어요 *Ich war niemals in Korea.*
먹다	먹 + 은 적이 있다/없다	김치를 먹은 적이 있어요. *Ich hatte irgendwann mal Gelegenheit, Gimchi zu essen.* 김치를 먹은 적이 없어요. *Ich hatte nie die Gelegenheit, Gimchi zu essen.*
공부하다	공부하 + ㄴ 적이 있다/없다	한국어 공부를 한 적이 있어요. *Ich habe irgendwann mal Koreanisch gelernt.* 한국어 공부를 한 적이 없어요. *Ich habe niemals Koreanisch gelernt.*

5 Konjunktion -(으)면서 während, als

Die Konjunktion -(으)면서 drückt Gleichzeitigkeit aus: *während, zur selben Zeit wie*. Diese Endung zeigt an, dass zwei oder mehrere Aktionen vom gleichen Subjekt durchgeführt werden und zur selben Zeit stattfinden. -(으)면서 wird dabei an den Verbstamm angehängt. Endet der Verbstamm auf einen Vokal oder den Konsonanten ㄹ, so benutzt man -면서. Endet der Verbstamm auf einen anderen Konsonanten als ㄹ, so wird -으면서 verwendet.

Vergleichen Sie auch die folgenden Beispielsätze:

밥을 먹으면서 텔레비젼을 봤어요.
Während des Essens sah ich fern.

한나가 전화를 하면서 주소를 받아 씁니다.
Hanna telefoniert und schreibt die Adresse auf.

최선생님이 칠판에 한글을 쓰시면서 설명을 하십니다.
Lehrer Choi erklärt, während er Koreanisch an die Tafel schreibt.

산책을 하면서 책을 읽는 사람을 알아요?
Kennen Sie jemanden, der beim Spazierengehen liest?

가면서 친구와 노래를 합니다.
Während des Gehens singe ich mit den Freunden.

6 Sehr: die Adverbien 아주, 매우, 참(으로), 정말, 잘, 대단히, 너무, 몹시

Wenn Sie im Wörterbuch nach Übersetzungen für das deutsche Wort *sehr* suchen, werden Sie erstaunlich viele Varianten finden: 아주, 매우, 참(으로), 정말, 대단히, 너무, 몹시. Das ist nicht weiter verwunderlich, kennt doch auch das Deutsche oft zahlreiche Möglichkeiten, Dinge ähnlich auszudrücken. So könnte man im Deutschen das koreanische 아주 예쁜 꽃 *sehr schöne Blume* auch mit *äußerst schöne Blume, außerordentlich schöne Blume, extrem schöne Blume* usw. übersetzen.

Wie im Deutschen werden diese Adverbien im Satz unverändert vor dem Wort platziert, das sie genauer bestimmen.

All diese koreanischen Wörter werden mit zwei Ausnahmen synonym verwendet. Vorsicht ist bei 너무 und 몹시, den zwei Ausnahmen, geboten.

너무 wird normalerweise bei negativen Inhalten verwendet, kann aber im Deutschen mit *über das Maß hinaus, viel zu viel* wiedergegeben werden. Es empfiehlt sich also, dieses Wort nur passiv zu kennen und bei der aktiven Benutzung vorsichtig zu sein. Betrachten Sie dazu den folgenden Beispielsatz:

윤희가 너무 많이 먹어서 배탈이 났어요.
Da Yunhui zu viel gegessen hatte, hatte sie Bauchschmerzen.

Da das viele Essen zu negativen Auswirkungen führte, kann hier -너무 verwendet werden. Das Deutsche kann diese sprachliche Nuance schlecht nachmachen.

Einfacher ist da schon -몹시 zu übersetzen, das eine Sorge ausdrückt. Ein Blick auf die beiden folgenden Beispielsätze verdeutlicht diese „sorgenvoll-Nuance" des Wortes:

강원도에 눈이 몹시 왔어요.
In Gangwondo hat es sehr viel geschneit. / Ich bin besorgt, weil es in Gangwondo viel geschneit hat.

시모네가 몹시 아파요.
Simone ist sehr krank. / Ich mache mir Sorgen, weil Simone sehr krank ist.

Vorsicht: Alle diese Ausdrücke für *sehr* und *viel* werden ausschließlich bei Eigenschaftsverben verwendet, also bei Verben, die den deutschen Adjektiven entsprechen, wie 재미있다 *interessant sein.*

Kombinieren Sie Tätigkeitsverben wie 요리를 하다 *kochen* mit Wörtern aus der obigen Liste, müssen Sie, wie im Deutschen, etwas zu dem *sehr* hinzufügen, z. B. *sehr gut kochen*: 요리를 아주 잘 합니다.

7 Haben Sie Geld?: Fragen nach dem Besitz mit 있다 und 가지다

Auf Koreanisch können Sie auf zwei Arten nach Besitzangaben fragen. Wollen Sie z. B. wissen, ob jemand Geld besitzt, können Sie fragen: 돈이 있어요? (wörtl.) *Ist Geld vorhanden?* oder 돈을 가지셨어요? (wörtl.) *Haben Sie Geld?*
Beide Frageformen werden synonym verwendet. Häufiger trifft man allerdings auf die Variante mit 있다.
Wichtig ist, dass Sie die Fragen richtig konstruieren. Bei der Frage 돈이 있어요? ist *das Geld* das *Subjekt* des Satzes, gekennzeichnet durch die Endung -이. Bei der Frage 돈을 가지셨어요? (kontrahiert 돈을 가졌어요?) ist *Geld* das *Objekt* des Satzes, was durch die Endung -을 gekennzeichnet wird.
Betrachten Sie zum besseren Verständnis die folgenden Beispielsätze:

토마스 씨, 돈 있어요?	*Thomas, haben Sie Geld?*
토마스 씨, 돈을 가졌어요?	*Thomas, haben Sie Geld?*
안나, 한국어 책 있으면 좀 빌려주세요.	*Anna, wenn Sie das Koreanischbuch haben, leihen Sie es mir bitte.*
안나, 한국어 책을 가졌으면 빌려주세요.	*Anna, wenn Sie das Koreanischbuch haben, leihen Sie es mir bitte.*

Erinnern Sie sich: In der gesprochenen Sprache entfallen oft die Subjekt- bzw. Objektmarkierungen:

우산 있어요?	*Haben Sie einen Regenschirm?*
시간 있어요?	*Haben Sie Zeit?*
형이 있어요?	*Haben Sie einen älteren Bruder?*

Tipp: Vergessen Sie das höfliche Suffix —시 nicht. Der Unterschied zwischen 가졌어요 und 가지셨어요 besteht nur darin, dass bei der zweiten Form das 시 eingefügt wurde.

Wortschatz aus den Grammatikerklärungen	
배탈	Bauchschmerzen
앉아 있다	sitzen(d)
서 있다	stehen(d)
놓여 있다	liegen(d)
같다	gleich sein
받아쓰다	aufschreiben
칠판	Schreibtafel
설명(하다)	Erklärung (erklären)
가지다	haben
우산	Regenschirm
부딪히다	stoßen, zusammenprallen

ℹ Familien in Korea

Im traditionellen Korea war die typische Familie verhältnismäßig groß und mehrere Generationen lebten unter einem Dach. Aufgrund des Konfuzianismus waren koreanische Familien streng hierarchisch organisiert. Der Familienvorstand war das älteste männliche Familienmitglied (Großvater oder ältester Sohn), das uneingeschränkt über alle Belange der Familie entschied. Seitdem hat sich viel geändert. Die Kleinfamilie, bestehend aus Mutter, Vater und ein bis zwei Kindern, ist mittlerweile Standard geworden. Stadtwohnungen bieten keinen Platz mehr für Großeltern, unverheiratete Tanten oder noch weiter entfernte Verwandte. Junge Koreaner zieht es zusehends in die Städte, während die Dörfer auf dem Land immer mehr vergreisen.

Auch die Rolle der Frau hat sich geändert. Während in konfuzianischen Großfamilien der Patriarch alles bestimmte, haben in modernen Familien die Frauen die Chefrolle im Haus und die Verantwortung für Familie und Finanzen übernommen. Koreaner scherzen gelegentlich, dass der Mann in der Familie die Rolle des Außenministers innehat, während die Frau Innen- und Finanzminister ist.

Generell gesehen haben koreanische Frauen eine gute Ausbildung. Viele gaben trotzdem nach der Geburt des ersten Kindes ihre Berufstätigkeit auf und widmeten sich ganz der erfolgreichen Ausbildung der Kinder. Doch auch hier wandelt sich Korea momentan. Immer mehr Frauen wollen sich, nach einer erfolgreichen Ausbildung, nicht ausschließlich auf die Familie begrenzen lassen und leben immer häufiger mit einer Doppel- und Dreifachbelastung: Sie gehen einer regulären Arbeit nach, kümmern sich um die Kinder und deren Ausbildung, organisieren den Haushalt und kümmern sich um Eltern und Schwiegereltern.

Eine sinokoreanische Redewendung zum Abschluss

동상이몽 *im gleichen Bett verschiedene Träume*

Gemeint ist mit diesem Ausdruck, dass zwei Menschen, selbst wenn sie verheiratet sind, nicht immer dieselbe Meinung haben. Stellen Sie sich ein Ehepaar vor, das 1000 Euro im Lotto gewonnen hat. Er möchte gerne sein Auto besser ausstatten, sie dagegen möchte das Geld in einen Urlaub investieren: 동상이몽입니다.

Jetzt können Sie üben!

1 Übersetzen Sie die Sätze ins Deutsche.

    a 안나가 방에서 누워 있어요. 그리고 토마스는 전화를 하고 있어요.
    b 책상 위에 한국어 책이 놓여 있어요.
    c 수미 뒤에 누가 서 있어요? 철호가 서 있어요.
    d 저기 누가 앉아 있어요? 아는 분이에요?

2 Übersetzen Sie die *wenn*- oder *als*-Sätze.

    a 어제 공부를 하다가 잠이 들었을 때 비가 많이 왔어요.
    b 시장에서 사과를 살 때 누가 인사를 했어요. 그런데 누구였을까요?
    c 안나를 만날 때 영희도 함께 와요?
    d 길을 가면서 전화할 때 다른 사람과 부딪혔어요.

Mein älterer Bruder

3 Bilden Sie Sätze mit -수 밖에 없다.

   a Beispiel: 주말에 서울에 혼자 갈 수 밖에 없어요. 왜?
                 안나가 시간이 없어서 서울에 혼자 갈 수밖에 없어요.

   b _____

   c _____

   d _____

   e _____

4 Antworten Sie mithilfe der Konstruktion -는 적이 있다/-는 적이 없다 auf die folgenden Fragen.

   a 한국에 간 적이 있어요? 아니요, _____

   b 안나를 만난 적이 있어요? 네, _____

   c 한국어를 공부한 적이 있어요? 네, 좀 _____

   d 영국에 가서 영어를 배운 적이 있어요? 아니요, _____

   e 수미와 철호가 독일에서 피아노 연주 (Klavierkonzert) 를 한 적이 있어요?
       네, _____

5 Schreiben Sie einen Aufsatz, in dem Sie die Konstruktionen -으면서 und -는 적이 있다/-는 적 이 없다 benutzen.

6 Vervollständigen Sie die Sätze mit einer Form von *sehr*.
아주, 매우, 참(으로), 정말, 잘, 대단히, 너무, 몹시

   a 안나의 언니가 노래를 _____ 부릅니다.

   b 날씨가 _____ 좋아요.

   c 팀은 한국 어를 _____ 잘 해요.

   d 손야가 한국음식 김치와 비빔밥을 _____ 잘 먹어요.

   e _____ 고맙습니다.

   f 오늘 뮌헨에 눈이 _____ 많이 와서 _____ 걱정입니다.

7 Zeichnen Sie Ihren eigenen Stammbaum auf und beschriften Sie ihn auf Koreanisch.

8 Übersetzen Sie die folgenden Sätze:

   a Ich habe den Film schon gesehen. – Ich habe den Film noch nie gesehen.
   b Haben Sie jemals Cheolho getroffen? – Nein, ich habe ihn niemals getroffen.
   c Waren Sie bereits in Korea? – Nein, ich war noch nie dort.
   d Haben Sie das Buch bereits gelesen? – Ja, ich habe ich es schon gelesen.

Mein älterer Bruder 199

9 Hören Sie den Dialog von Dosik und Goeun. Was erfahren Sie über die Familien der beiden? Kreuzen sie an.

	네	아니오
a Goeun hat zwei Geschwister.	☐	☐
b Dosik hat eine große Familie.	☐	☐
c Goeun hat einen jüngeren Bruder, der Arzt ist.	☐	☐
d Goeun hat einen älteren Bruder, der Architekt ist.	☐	☐
e Goeuns jüngere Schwester ist Studentin an der Universität.	☐	☐
f Goeuns ältere Schwester ist Professorin an der Universität.	☐	☐
g Dosik hat keine Geschwister.	☐	☐

Kapitel 13

Kapitel 14
한국에 가기로 했어요
Wir haben beschlossen, nach Korea zu reisen

In diesem Kapitel lernen Sie:

◢ wie Sie sich als Tourist in Flughafen und Hotel verständlich machen können

◢ wie Sie fragen können, ob etwas passiert

◢ wie Sie erklären können, was notwendig oder nicht notwendig ist

대화 1   Dialog 1

Lesen Sie die Unterhaltung zwischen Bernd und Lisa, in der Lisa von ihrem geplanten Flug nach Korea berichtet, und hören Sie den Dialog auf CD.

베른드: 리사 씨, 언제 한국에 가세요?
리사: 다음 주 수요일에 가요.
베른드: 어느 공항에서 비행기를 타세요?
리사: 프랑크푸르트 공항에서 대한 항공을 타기로 했어요.
베른드: 비행기 표를 얼마에 사셨어요?
리사: 좀 싼 표를 구했어요.
베른트: 좋은 여행을 하고 오세요.

단어집 Wortschatz

타다	einsteigen
비행기	Flugzeug

대화 2   Dialog 2

Hören Sie die Durchsage im Flugzeug und lesen Sie den Text.

리사가 인천공항에 도착했습니다.
승무원: 잠시 후 우리는 인천 국제공항에 도착합니다.
        내리시기 전에 잊은 물건이 없는 지 확인하시기 바랍니다.
        그리고 내리신 후에는 지상 승무원의 안내를 받으십시오.

단어집 Wortschatz

승무원	Stewardess
안내를 받다	Informationen bekommen
물건	Sache, Ding
도착하다	ankommen
지상 승무원	Bodenpersonal

대화 3   Dialog 3

공항안내   Auskunft am Flughafen

Lisa braucht ein Hotel in Seoul und spricht mit der Auskunft am Flughafen. Hören Sie den Dialog und lesen Sie den Text.

리사: 안녕하세요? 서울에서 호텔이 필요합니다.
공항 안내원: 저기 저쪽에 호텔 예약부가 있습니다.
리사: 안녕하세요. 호텔을 찾아요.
호텔예약소: 어떤 가격의 호텔을 원하세요?
              특급 호텔은 200,000원, 별 4개 급은 100,000원, 장급 호텔은 50,000원 정도입니다.
리사: 장급으로 찾아주세요.
호텔예약소: 인사동의 장급 호텔로 예약합니다.

단어집 Wortschatz

안내원	Personal am Informationsschalter
호텔 예약부(소)	Schalter für Hotelreservierungen
필요하다	brauchen
특급 호텔	Deluxe-Hotel
별 4개	Hotel mit 4 Sternen
장급 호텔	Hotel mit 3 Sternen

대화 4   Dialog 4

장급호텔에서   Im 3-Sterne Hotel

CD 2 42 Lisa checkt im Hotel an der Rezeption ein. Hören Sie den Dialog und lesen Sie den Text.

리사: 인천공항에서 방을 예약했어요.
리셉션: 리사 스테른 씨? 네, 방 번호는 2 층 234 호 입니다.
열쇠가 여기 있습니다. 그리고 엘리베이터는 왼쪽에 있습니다. 필요하신 것이 있으면 말씀하세요.
리사: 고맙습니다.
리셉션: 아침 식사를 원하시면 양식과 한식이 준비되어 있습니다.
양식으로는 커피와 토스트 2–3 개, 쨈, 버터, 치즈 두 장, 오렌지 쥬스 한 잔을 드립니다.
리사: 네, 잘 알았어요.

단어집 Wortschatz

도착하다	ankommen
가격	Preis
정도	ungefähr
원하다	wünschen
리셉션	Rezeption
양식	westliches Frühstück
한식	koreanisches Frühstück
쨈	Marmelade
치즈	Käse

Grammatikalische Erscheinungen:

필요하다 / 필요 없다	notwendig sein, nicht notwendig sein *(siehe Grammatik, Punkt 1)*
기 전에	bevor *(siehe Grammatik, Punkt 2)*
-ㄴ/-은 후에	nachdem / nach *(Grammatik, Punkt 4)*
-고 나서	nachdem *(siehe Grammatik, Punkt 5)*
-(으)로	woraus? *(siehe Grammatik, Punkt 2)*

ℹ️ Übernachtungsmöglichkeiten in Korea

Die in Deutschland bekannte Pension gibt es in Korea so nicht. Es gibt zwar unter den Namen 모텔 und 여관 Gasthäuser, die sich aber in ihrem Angebot (z. B. das unten erwähnte, nicht vorhandene Frühstück) sehr von deutschen Pensionen unterscheiden.

Das Wort 유스호스텔 kommt vom englischen *Youth Hostel* und entspricht den bei uns bekannten Jugendherbergen: preisgünstig, sauber, ohne besonderen Komfort und selten zentral gelegen. 한옥호텔 heißen Hotels, die ihren Besuchern die Möglichkeit geben, ein Stück traditionelles Korea zu erleben. Einige dieser Häuser sind liebevoll restaurierte Originalbauten, andere sind nachgebaute traditionelle Häuser. Ungewohnt für den westlichen Reisenden ist die Hellhörigkeit der Räume, deren Anordnung um einen gemeinsamen Innenhof und das Schlafen auf Matratzen am Boden. Die meisten dieser Unterkünfte sind jedoch sehr malerisch und definitiv einen Besuch wert.

Übrigens, auch Luxushotels bieten Zimmer im koreanischen Stil (온돌). Diese Zimmer sind allerdings eher selten und daher schnell vergeben. Auch wird meist ein Aufpreis im Vergleich zum westlichen Zimmer verlangt.

Eine weitere Übernachtungsmöglichkeit bieten manche buddhistische Klöster, die im Rahmen sogenannter Templestay-Programme Reisenden einen Einblick in das Alltagsleben des Klosters vermitteln. In solchen Fällen übernachtet man aber nicht nur im Kloster, sondern nimmt auch an allen Veranstaltungen und Zeremonien teil. Eine sehr interessante, aber auch anstrengende Erfahrung, da der Tag der Mönche bereits zwischen drei und vier Uhr morgens beginnt.

Hotel- Kategorien

특급 호텔	Deluxe-Hotel (5 Sterne und mehr)
관광호텔/호텔	Luxushotel (4 Sterne)
모텔	Motel (ca. 3 Sterne)
장급 호텔	Hotel (ca. 3 Sterne)
여관	Gasthaus
유스호스텔	Jugendherberge
한옥호텔	Hotel im traditionell koreanischen Stil

Generell können Sie in koreanischen Hotels selten ein Frühstück erwarten. Manche Hotels haben ein angeschlossenes Café, in dem man auch frühstücken kann. Frühstück ist normalerweise nie im Übernachtungspreis mit inbegriffen. Buchen Sie ein Frühstück, müssen Sie sich zwischen einem koreanischen und einem westlichen entscheiden.

Das koreanische Frühstück besteht aus Reis oder Reissuppe/-brei, Fisch und Gimchi. Das westliche Frühstück ist meist eine sehr abgespeckte Variante dessen, was in europäischen Hotels serviert wird. Je teurer das Hotel ist, desto umfangreicher werden allerdings auch die Frühstücksmöglichkeiten.

Westliches Frühstück

잼	Marmelade
치즈	Käse
버터	Butter
마가린	Margarine
토스트	Toastbrot
빵	Brot
계란/달걀	Ei
소시지	Wurst
햄	Schinken

Erkennen Sie die aus dem Englischen übernommenen Wörter?

문법 Grammatik

1 Notwendig sein, nicht notwendig sein: 필요하다/필요 없다

Wenn Sie ausdrücken wollen, dass Sie etwas *brauchen*, hängen Sie im Koreanischen —필요하다 an das Substantiv, und wenn es *nicht notwendig* ist, wird —필요 없다 angehängt.
Das Subjekt, mit dem die beiden Ausdrücke kombiniert werden, braucht vor der Kombination unbedingt die Subjektpositionen -이 oder -가. Ohne Subjektpostposition ist die Kombination von Substantiv +필요하다/필요 없다 nicht möglich. Der 하다-Teil bzw. der 없다-Teil wird entsprechend der Zeitstufe und der Höflichkeitsform angepasst.

Die beiden unten stehenden Beispiele verdeutlichen nochmals die Bildung:

책 + 이 + 필요하다 → 한국어를 배우려면 한국어 책이 필요합니다.
Wenn man Koreanisch lernen will, braucht man ein Koreanischbuch.
책 + 이 + 필요 없다 → 한국어를 안 배우려면 한국어 책이 필요 없습니다.
Wenn man nicht Koreanisch lernen will, benötigt man kein Koreanischlehrbuch.

Vergleichen Sie auch die folgenden Beispiele und Beispielsätze:

사과가 필요해요   *braucht einen Apfel*
사과가 필요 없어요   *braucht keinen Apfel*
연필이 필요해요   *braucht einen Bleistift*
연필이 필요 없어요   *braucht keinen Bleistift*

토마스가 한국말을 배우려면 수미가 필요해요.
Wenn Thomas Koreanisch lernen will, braucht er Sumi.
그 책이 필요 없어요. 읽었기 때문입니다.
Das Buch brauche ich nicht. Ich habe es bereits gelesen.

2 Bevor, vor: die Konjunktion -기 전에

Sie kennen bereits die koreanischen Wörter 전 *vorher* und 후 *nachher*. Diese Wörter werden dem Substantiv, das sie bestimmen, nachgestellt, wie in dem Beispiel 3 주 전에 *vor drei Wochen*. Wollen Sie nun ausdrücken, dass Sie eine Handlung vor einer anderen ausführen, brauchen Sie die Endung -기 전에. In dieser Endung steckt das Wort 전 *vorher*, und -에, eine Postposition zur Zeitbestimmung.
Sie hängen -기 전에 an den Stamm des Verbs an, das die Handlung ausdrückt, die vor einer anderen Handlung erfolgt.
Die folgenden Beispiele verdeutlichen dies:

Infinitiv	Verbstamm + 기 전에	Beispiele
자다	자 + 기 전에	*vor dem Schlafen / bevor ich schlafe*
먹다	먹 + 기 전에	*vor dem Essen / bevor ich esse*
노래하다	노래하 + 기 전에	*vor dem Singen / bevor ich singe*

Sehen Sie sich nun die Verwendung im Satz an:

한국에 가기 전에 한국말을 조금 배웠어요.
Bevor ich nach Korea ging, habe ich ein wenig Koreanisch gelernt.

숙제를 하기 전에 안나에게 전화를 했어요.
Vor der Erledigung der Hausaufgabe habe ich Anna angerufen.

한국어 책을 사기 전에 현금 인출기에서 돈을 찾았어요.
Bevor ich das Buch kaufte, holte ich das Geld am Geldautomaten.

안나가 오기 전에 방을 정리했어요.
Bevor Anna kam, räumte ich das Zimmer auf.

소라가 독일에 오기 전에 독일어 공부를 많이 했어요.
Bevor Sora nach Deutschland kam, hat sie viel Deutsch gelernt.

3 Nachdem, nach: die Konjunktionen -ㄴ/-은 후에 **und** -고 나서

Sie haben sich im letzten Grammatikpunkt bereits an 전 vorher und 후 nachher erinnert und gelernt, die mit 전 verwandte Endung -기 전에 zu gebrauchen, wenn Sie ausdrücken wollen, dass Sie eine Handlung vor einer anderen ausführen.

Wollen Sie nun ausdrücken, dass Sie eine Handlung nach einer anderen ausgeführt haben, verwenden Sie die Endung -ㄴ/-은 후에, die an den Verbstamm gehängt wird. Grammatikalisch gesehen besteht die Form aus dem Verbstamm, an den die Partizip-Präsens-Endung, 후 *nach*, und -에, die Postposition für die Zeitbestimmung, angehängt werden. Es ist jedoch einfacher, sich -ㄴ/-은 후에 als Ganzes zu merken.

Infinitiv	Verbstamm + −ㄴ/−은 후에	Beispiele
가다	가 + ㄴ 후 + 에	간 후에 *nach dem Gehen, nachdem man gegangen ist*
먹다	먹 + 은 후 + 에	먹은 후에 *nach dem Essen, nachdem man gegessen hat*
공부하다	공부하 + ㄴ 후 + 에	공부한 후에 *nach dem Lernen, nachdem man gelernt hat*

Vergleichen Sie auch die folgenden Beispielsätze:

숙제를 한 후에 안나에게 전화하겠어요.
Nachdem ich die Aufgabe gemacht habe, werde ich Anna anrufen.

밥을 먹은 후에 커피를 한 잔 마십니다.
Nach dem Essen trinke ich eine Tasse Kaffee.

안나가 다녀간 후에 방을 정리해요.
Nachdem Anna gegangen ist, räume ich das Zimmer auf.

Im Folgenden sehen Sie Beispielsätze mit -은 후에 und -고 나서. Wie Sie sehen, können sie beliebig ausgetauscht werden.

Verben	-(은)ㄴ 후에	+고 나서
사다	책을 산 후에 그 책을 읽어요. Nach dem Kauf des Buches lese ich es.	책을 사고 나서 그 책을 읽어요. Nach dem Kauf des Buches lese ich es.
먹다	과자를 먹은 후에 이를 닦아요. Nachdem ich Kekse gegessen habe, putze ich mir die Zähne.	과자를 먹고 나서 이를 닦아요. Nachdem ich Kekse gegessen habe, putze ich mir die Zähne.
쓰다	편지를 쓴 후에 우표를 부칩니다. Nach dem Schreiben schicke ich (den Brief) ab.	편지를 쓰고 나서 우표를 부칩니다. Nach dem Schreiben schicke ich (den Brief) ab.
노래하다	아리랑 노래를 한 후에 모두가 울었습니다. Nachdem wir Arirang* gesungen haben, haben alle geweint.	아리랑 노래를 하고 나서 모두가 울었습니다. Nachdem wir Arirang gesungen haben, haben alle geweint.

* Arirang ist das beliebteste Volkslied der Koreaner

4 Ob: die Konjunktion: -ㄴ/-는 지

Dem deutschen Wort *ob* entspricht im Koreanischen die Verbendung -ㄴ/-는 지. Wie im Deutschen bei *ob*, wird auch im Koreanischen mit -ㄴ/-는 지 ein Nebensatz eingeleitet. Grammatikalisch kann man die Bildung so erklären, dass Sie das Partizip Präsens +지 an den Verbstamm anhängen. Es ist jedoch einfacher, sich -ㄴ/-는 지 als feststehenden Ausdruck für *ob* zu merken.

Betrachten Sie folgende Beispiele für die Bildung:

Infinitiv	Verbstamm + Partizipform -ㄴ/-는 + 지	Beispiele
가다	가 + 는 + 지	가는 지 *ob man geht*
먹다	먹 + 는 + 지	먹는 지 *ob man isst*
공부하다	공부하 + 는 + 지	공부하는 지 *ob man lernt*

친구가 내일 학교에 가는 지 모르겠어요.
Ob der Freund morgen in die Schule geht, weiß ich nicht.

김치가 맛 있는 지 어떻게 알아요?
Wie wissen Sie, ob das Gimchi schmeckt?

안나가 정말 공부를 하고 있는 지 모르겠어요.
Ob Anna wirklich lernt, weiß ich nicht.

토마스가 자는 지 공부를 하는 지 알수 있어요?
Können Sie wissen, ob Thomas lernt oder schläft?

잊은 물건이 없는 지 주위를 살펴 보시기 바랍니다.
Bitte sehen Sie sich sorgfältig um, ob Sie nicht etwas vergessen haben.

Wenn Sie nicht nur fragen wollen, *ob* etwas passiert, also *ob* mit einem Verb kombinieren wollen, sondern auch nach Gegenständen oder Personen fragen wollen, z. B. *ob Susi Deutsche oder Engländerin ist?*, hängen Sie -인지 an die beiden zur Auswahl stehenden Substantive an.
Hier wird ebenfalls ein Partizip zur Bildung verwendet, nämlich das Partizip Präsens von 이다: 인.
Aber auch in diesem Fall gilt: Es ist leichter, sich die gesamte Endung als unveränderliches Ganzes zu merken.

사과인지 배인지 먹어야 알 수 있어요.
Ob das ein Apfel oder eine Birne ist, weiß man erst, wenn man probiert hat.

안나인지 티나인지 만나서 이야기 해보면 알 수 있어요.
Ob es Anna oder Tina ist, merkt man erst, wenn man mit ihr gesprochen hat.

여기가 서울인지 부산인지 말씨를 들으면 알 수 있어요.
Ob hier Seoul oder Busan ist, kann man erkennen, wenn man Leute sprechen hört.

Beachten Sie: Wenn Sie über zwei Gegenstände sprechen wie in dem Ausdruck: 사과인지 배인지 *ob Apfel oder Birne*, müssen Sie 인지 an beide Gegenstände anhängen.

5 Die Endung -(으)로

Die Endung -(으)로 haben Sie bereits als Endung für den Instrumental (*Angabe des Instruments: Frage womit?*), also als Kennzeichnung des Instruments, mit dem eine Handlung erfolgt, kennengelernt, z. B. 차로 가요 *ich fahre mit dem Auto*. -(으)로 wird jedoch auch in manchen Fällen verwendet, in denen im Deutschen kein Instrument angegeben wird. So zum Beispiel auch bei Nahrungsmitteln und Getränken, die man aus verschiedenen Alternativen auswählt. Vergleichen Sie die folgenden Beispielsätze:

아침식사는 빵과 커피 한 잔으로 하겠습니다.
Als Frühstück nehme ich Brot und eine Tasse Kaffee.

뭐 드시겠어요? 김치찌개로 주세요! 김치찌개를 주세요!
Was wollen Sie essen? Bitte Gimchijjigae!

무슨 차로 하시겠어요? 홍차를 주세요/ 홍차로 주세요.
Was für Tee wollen Sie? Geben Sie mir bitte den Schwarztee.

Tipp: Merken Sie sich diese Verwendung am besten mit dem Fragewort *woraus?* Sie können also bei Beispielsatz 1 fragen: *Woraus besteht mein Frühstück? – Mein Frühstück besteht aus Brot und einer Tasse Kaffee.*

▶ CD 2 Übung mit CD
43
Hören Sie die Durchsagen auf einem koreanischen Flughafen, von der Durchsage im Flugzeug gleich nach der Landung bis hin zu Informationen über Zoll und Taxi. Lesen Sie die dazugehörigen Texte.

인천 국제공항 Auf dem internationalen Flughafen Incheon

기내 방송:	승객 여러분, 방금 우리 비행기는 대한민국 인천 국제 공항에 도착하였습니다.
	편안한 여행 하셨습니까?
	그리고 잊은 물건이 없는지 좌석 주위를 다시 한번 살펴 보십시오.
	안녕히 가십시오. 기내에서 다시 뵙기를 바랍니다.
방송:	다른 나라로 가시는 분은 지상 승무원의 안내를 받으십시오.
	인천/서울에서 내리시는 분은 입국 수속을 받으신 후 세관을 통과하시기 바랍니다.
교통수단:	공항건물 밖에 시내 각 곳으로 가는 공항버스가 있습니다. 그리고 택시를 타실 분은 길 건너 맞은편에서 택시가 기다리고 있습니다.
	검정색 모범 택시는 기본요금이 4,500원부터 시작하지만 일반 택시는 2,500원부터 시작합니다. 그리고 공항에서 서울 시내 각 지역까지 저렴한 공항버스가 운행하고 있으니 편리합니다.

단어집 Wortschatz zur Hörübung

기내 방송	Durchsage *(an Bord)*
승객	Passagier
여러분	Sie alle (meine Damen und Herren)
대한민국	Republik Korea
국제공항	internationaler Flughafen
편안하다	angenehm, bequem sein
지상 승무원	Bodenpersonal
입국 수속	Passkontrolle
세관	Zollstelle
통과	Durchgang
교통수단	Verkehrsmittel
공항 건물	Flughafengebäude
공항버스	Airportbus
기본요금	Grundpreis
저렴하다	günstig sein
편리하다	bequem sein, nützlich sein
살피다	nachsehen
맞은편	gegenüber
부치다	(Brief) abschicken

ⓘ 결혼식 Hochzeit in Korea

Sie sind zu einer koreanischen Hochzeit eingeladen? Dann haben Sie allen Grund sich zu freuen. Aller Voraussicht nach werden Sie neben einer westlichen auch eine traditionelle koreanische Hochzeitszeremonie sehen und in luxuriöser Umgebung feiern. Die Hochzeit findet meist in einem Luxushotel oder in einer angemieteten Hochzeitshalle, einer sogenannten Weddinghall statt.

Dem Anlass entsprechend sollten Sie möglichst formell und elegant gekleidet erscheinen. Vor allem für Damen gilt: Bitte nicht zu auffällig. Wenn Sie eine kleine, gemütliche Hochzeit erwarten, werden Sie von den Ausmaßen der Feier überrascht sein. Sie können von 700 bis 1000 Gästen ausgehen – abhängig vom Ansehen der Eltern.

Die Frage nach dem Geschenk ist bei koreanischen Hochzeiten einfach: Geld. Die Summe wird je nach Ansehen des Gastgebers und persönlichem Verhältnis zum Brautpaar gewählt. Sie stecken Geld und Glückwünsche in einen Umschlag. Vergessen Sie nicht, den Umschlag mit Ihrem Namen zu versehen, da sich das Brautpaar eventuell entsprechend revanchieren möchte.

Generell werden die Geldgeschenke recht großzügig bemessen. Was Sie heute schenken, bekommen morgen Ihre Kinder bei deren Hochzeiten zurück.

Am Eingang der Hochzeitshalle stehen zwei Tische – einer für Geschenke von Familie und Freunden der Braut und einer für die von Familie und Freunden des Bräutigams. Betreut werden die Tische meist von je einem vertrauenswürdigen Verwandten des Brautpaares.

Ungewöhnlich für uns wirkt oft das Kommen und Gehen bei solchen Hochzeiten. Die Gäste sind zur Hochzeitszeremonie und zum Hochzeitsessen eingeladen, befinden sich aber manchmal so in Eile, dass sie nur kurz zum Essen bleiben und auf die Zeremonie ganz verzichten.

In Korea ist es üblich, eine Mischung aus westlicher und traditioneller koreanischer Hochzeit zu feiern. Nach einer rund 30-minütigen Zeremonie im westlichen Stil folgt später eine etwa ebenso lange Zeremonie in traditioneller koreanischer Hochzeitskleidung. Das Brautpaar erscheint kurz bei den Gästen und verabschiedet sich zur obligatorischen, luxuriösen 'Honeymoon'-Reise (허니문), während die Gäste ohne Brautpaar weiterfeiern. Dies bedeutet aber nicht, dass noch Stunden weiter gefeiert werden würde. Die Feier ist nach dem Hochzeitsmahl beendet.

Eine sinokoreanische Redewendung zum Abschluss

동문서답 *aneinander vorbeireden* (wörtl.: *die Frage Richtung Osten (stellen), die Antwort kommt aus dem Westen*)

Wenn Sie eine Frage Richtung Osten stellen und eine Antwort aus dem Westen bekommen, dann kann etwas mit der Kommunikation nicht stimmen. Sie und Ihr Gesprächspartner reden aneinander vorbei, wie Sonja und Tim in der koreanischen Beispielsituation.

팀: 손야 씨, 지금 어디 가세요?
손야: 오늘 날씨가 아주 좋아요.
팀: 손야 씨, 왜 동문서답을 하세요.

Jetzt können Sie üben!

CD 2 / 44 **1** Hören Sie den Dialog auf CD und schreiben Sie ihn wie bei einem Diktat mit. Übersetzen Sie ihn.

수영: 한국에 가기 전에 뭘 준비하세요?
산드라: 한국에 가기 전에 먼저 비행기 표를 예약해야 합니다.
친구들에게 줄 선물을 찾아야 합니다.
한국에 가서 입을 옷과 신발을 준비합니다.
거기서 읽을 책도 미리 생각해서 종이에 적습니다.
또 빠진 것이 뭐 있어요?

CD 2 / 45 **2** Hören Sie, was Sandra in Korea als erstes erledigen will und kreuzen Sie die richtigen Aussagen an. Lesen Sie erst beim zweiten Anhören den Text im Buch mit.

한국에 도착했어요   *Ich bin in Korea angekommen*

수영: 한국에 도착한 후 가장 먼저 하실 것이 뭐예요?
산드라: 호텔 방을 찾아야 해요.
친구들에게 전화로 도착한 것을 알려야 합니다.
여행할 일정을 짜야 합니다.
친구들과 만나 즐거운 대화를 나누겠어요.

a Sandra sucht ein Hotelzimmer. ☐
b Sandra geht zur Bank, um Geld zu tauschen. ☐
c Sandra ruft ihre koreanischen Freunde an. ☐
d Sie ruft ihre Familie in Deutschland an. ☐
e Sandra trifft sich mit Freunden. ☐

3 Lesen Sie den Text. Welche Aussagen sind richtig? Verbessern Sie die falschen Aussagen.

재호: 호텔에 도착 하고 나서 가장 먼저 뭘 하세요?
플로리안: 한국 친구에게 전화를 합니다.
그리고 말합니다: 수미 씨, 나 서울에 도착했어요.
우리 호텔에서 만나요. 이 호텔은 인사동 근처에 있어요.
배가 고프니 함께 저녁을 먹으러 가면 좋겠어요.
토마스 씨도 데리고 오세요.

	네	아니오
a 플로리안이 한국에 갑니다.	☐	☐
b 수미는 중국친구입니다.	☐	☐
c 수미와 플로리안이 식당에서 만납니다.	☐	☐
d 플로리안의 호텔은 인사동에 있어요.	☐	☐
e 마르쿠스가 함께 저녁을 먹으러 갑니다.	☐	☐

4 Übersetzen Sie die folgenden Sätze ins Deutsche.

a 탄야가 한국어 공부를 하고 있는 지 누가 알아요.
b 아버지께서 지금 집에 오시는 지 전화로 확인하고 있어요.
c 리사가 한국에 잘 도착했는 지 궁금합니다.
d 스테판이 약속 장소로 나오는 지 아세요?
e 어머니께서 친구를 만나러 가셨는 지 알았으면 좋겠어요.
f 그 그림에서 사과인지 배인지 잘 모르겠어요.

5 Die vielseitige Endung -(으)로: Beantworten Sie die Fragen auf Koreanisch und übersetzen Sie die Aussagesätze.

  a Was wollen Sie zum Frühstück (eigentlich: Woraus soll Ihr Frühstück bestehen?) (Brot, Milch, Ei, Marmelade)
  b Womit wollen Sie nach Gyeongju fahren? (mit dem Zug)
  c Ich bestelle Gimchijjigae.
  d Geben Sie mir bitte Tangsuyuk.

6 Was sagen Sie, wenn Sie …

  a fragen, wie Sie zum Hotel kommen?
  b fragen, ob das Hotel noch ein Zimmer frei hat?
  c wissen wollen, ob es noch Zimmer im koreanischen Stil gibt?
  d wissen wollen, wo Sie frühstücken können?
  e Sie wissen wollen, wie viel ein koreanisches Frühstück kostet?

Kapitel 15

내일 날씨가 좋을까요? 비가 오겠습니다

Wird das Wetter morgen gut? Es wird regnen

In diesem Kapitel lernen Sie:

- über das Wetter zu sprechen
- zu erklären, was Sie machen, obwohl …
- zu sagen, wer der Erste, Zweite usw. ist

8시 뉴스: 여름 날씨 예보

CD 2 46 Hören und lesen Sie die Wettervorhersage für einen Sommertag aus den koreanischen Acht-Uhr-Nachrichten.

여름 날씨 예보
시원한 비, 기다리시지 않으셨습니까?
내일 비 소식이 있습니다.
내일은 주로 중부 지방에 비가 내리면서 찜통더
위도 잠깐 잊을 수 있을 것 같습니다.
서울, 경기 지방과 영서 지방에는 하루 종일
30~70mm의 많은 비가 예상되고,
그 밖의 지방은 오후부터 5~30mm의 비가 오겠
습니다.
지역별 날씨입니다.
서울은 오늘 밤에도 열대야가 나타나겠습니다.
내일 아침부터는 비가 오고 천둥, 번개가 치는
곳도 있겠습니다.
더위는 주춤할 것으로 예상됩니다.
영남은 흐리고 무덥겠습니다.
제주도는 구름이 많이 끼겠지만 무더울 것으로 보입니다.
갈매기 태풍이 또 하나 발생했는데 우리나라에 영향을 줄 가능성은 매우 낮습니다.

단어집 Wortschatz

비 소식	Regenerwartung
주로	hauptsächlich
중부지방	Zentrum des Landes
찜통더위	Saunahitze
잠깐	für einen kurzen Moment
잊다	vergessen
경기 지방	Gyeonggi-Gebiet *(Provinz im Nordwesten von Südkorea)*
영서 지방	Yeongseo-Gebiet *(westlicher Teil der Provinz Gangwon)*
예상되다	erwarten
지역별	gebietsweise
열대야	tropische Hitzenacht
천둥	Donner
번개	Blitz
치다	schlagen
더위	Hitze
주춤하다	*hier:* etwas nachlassen
영남	Yeongnam, *südlicher Teil der Provinz Gyeongsang*
흐리다	bewölkt sein
무덥다	schwül sein
갈매기 태풍	Taifun Galmaegii, *koreanische Bezeichnung für den Taifun Helen von 2008*
발생하다	sich entwickeln, entstehen
영향 (주다)	Einfluss, Beeinflussung (beeinflussen)
낮다	niedrig sein

4월 초 일기 예보

▶ CD 2 47
Lesen und hören Sie diesen Frühlingswetterbericht von Anfang April aus Korea.

이번 주말도 황사 비상입니다.
중국 내륙 지방에서 발생한 대형 황사가 우리나라로 몰려오고 있는데 방사성 물질이 섞여 들어올 가능성도 있습니다. 하지만 인체에 영향을 끼칠 정도의 양은 아닙니다.
오늘은 전국이 맑겠습니다.
낮 최고 기온은 서울 17도, 대전 20도, 부산 18도 등 전국이 14도에서 21도로 어제와 비슷하겠습니다.
일요일인 내일은 중부 지방에는 밤부터 비가 조금 오는 곳이 있겠습니다.

단어집 Wortschatz

황사	gelber Sandwind *(ein Wind, der gelben Wüstensand mit sich führt)*
비상	Alarm
내륙 지방	im Inneren des Landes
대형	großes Ausmaß
몰려오다	aufkommen
방사성 물질	radioaktive Substanzen
섞이다	vermischt sein
들어오다	hineinkommen
가능성	Möglichkeit
인체	menschlicher Körper
영향	Einfluss, Beeinflussung
정도	Grad, Ausmaß

가을 일기 예보

▶ CD 2 48
Lesen Sie einen Wetterbericht, wie er typisch für den koreanischen Herbst ist, und hören Sie den Text auf CD.

바람 불고 "쌀쌀" … 중부, 호남 빗방울
현재 서울의 기온은 10.8도, 경북 지역은 4도까지 떨어져 어제만큼 쌀쌀합니다.
낮 기온은 어제보다 조금 높겠습니다.
일요일인 내일은 서울의 아침 기온이 8도, 월요일인 모레는 7도까지 내려가고 올가을에 가장 쌀쌀하겠습니다.
날씨 정보였습니다.

단어집 Wortschatz

바람	Wind
불다	wehen
쌀쌀	*Lautmalerei für Wind (Kältegefühl)*
빗방울	Regentropfen
낮	tagsüber
기온	Temperatur
모레	übermorgen
올 가을	diesen Herbst

대화 1   Dialog 1

Als der Wetterbericht im Fernsehen gutes Wetter vorhersagt, unterhalten sich Sonja und Myeong Su über Sonjas Ausflugspläne. Hören und lesen Sie den Dialog.

TV에서:	내일 날씨는 화창하겠습니다.
손야:	내일 날씨가 정말 좋을까요?
	안나, 토마스, 손야와 함께 우리 북한산으로 등산을 가기로 했어요.
명수:	걱정 마세요. 일기 예보가 내일 좋은 날씨를 알렸습니다.
손야:	우산 가지고 갈 필요가 정말 없지요?
명수:	그렇습니다. 비가 오면 대신 내가 점심을 살게요.
손야:	그럼 우산을 들고 가야겠어요. 그러면 비가 도망을 갈거예요.

단어집 Wortschatz

화창하다	sonniges Wetter sein
도망가다	flüchten

대화 2   Dialog 2

Eun Jeong und Maria entschließen sich dazu, das gute Herbstwetter für eine Wanderung auf dem Bukhansan zu nutzen. Lesen und hören Sie den Dialog.

은정:	가을 날씨가 아주 좋아요.
마리아:	바람이 불어 시원합니다. 춥지도 덥지도 않은 아주 이상적인 날씨입니다.
은정:	우리 북한산으로 등산을 갈까요?
마리아:	새로 산 분홍색 운동화를 신을 기회가 생겨서 좋아요.

단어집 Wortschatz

Grammatikalische Erscheinungen:

일요일인 내일	Partizip von sein (siehe Grammatik, Punkt 1)
-지만	obwohl, trotzdem (siehe Grammatik, Punkt 2)
-지도 -지도 않다	weder…noch (siehe Grammatik, Punkt 3)

문법 Grammatik

1 Der Mann, der Lehrer ist: 선생님인

-인 ist die Partizip-Präsensform des Verbs 이다 *sein*. Es entspricht von der Konstruktion her dem deutschen *seiend*, aber statt *der Lehrer seiende Mann* übersetzt man 선생님인 besser mit einem Nebensatz: *der Mann, der Lehrer ist*.

Vergleichen Sie bitte ebenfalls die folgenden Beispiele für die korrekte Bildung:

Substantiv	+ -인	Beispiele
독일 사람	-인	독일사람인 *jemand, der Deutscher ist*
의사	-인	의사인 *jemand, der Doktor ist*
친구	-인	친구인 *jemand, der ein Freund ist*

Wollen Sie im deutschen Relativsatz über die Vergangenheit sprechen, z.B. über jemanden, *der Student war*, so fügen Sie im Koreanischen -이었던 zum Substantiv hinzu. *Der Mensch, der Student war*, ist also im Koreanischen 학생이었던 사람은.

Substantiv	+ 이었던	Beispiele
의사	이었던	의사였던 *jemand, der Doktor war*
독일 사람	이었던	독일 사람이었던 *jemand, der Deutscher war*
친구	이었던	친구였던 *jemand, der ein Freund war*

독일 사람인 그 선생님은 철학을 가르치십니다.
Der Lehrer, der ein Deutscher ist, lehrt Philosophie.

의사인 아버지는 사람들을 좋아하세요.
Mein Vater, der Arzt ist, liebt die Menschen.

사장님인 그 분은 아주 착한 분이십니다.
Der Mann, der Firmendirektor ist, ist ein sehr guter Mensch.

일요일인 내일은 서울의 아침 기온이 8도이고, 월요일인 모레는 7도까지 내려갑니다.
Am morgigen Tag, der ein Sonntag ist, liegt die Morgentemperatur bei acht Grad, übermorgen, am Montag, fällt die Temperatur auf sieben Grad.

의사였던 안철수 사장님은 지금은 교수십니다.
Cheolsu, der früher Arzt war, ist jetzt Professor.

안나의 친구였던 토마스가 한국에서 일하고 있어요.
Thomas, der Annas Freund war, arbeitet nun in Korea.

2 Trotzdem, trotz, obwohl: die Konjunktion -지만

Wollen Sie ausdrücken, dass Sie etwas *trotzdem* machen, *obwohl* etwas dagegen spricht, hängen Sie die Endung -지만 an den Verbstamm an, z. B. 바람이 불지만 *obwohl der Wind weht / trotz des wehenden Windes*.

Die Endung kann in allen Zeitstufen verwendet werden:
Gegenwart: Verbstamm + 지만
Vergangenheit: Verbstamm + 았/었, 했 + 지만
Zukunft: Verbstamm + 겠 + 지만

Sie sehen also, dass Sie für die Bildung die jeweiligen Markierungssilben der Zeitformen zwischen Verbstamm und -지만 platzieren.

배가 고프지 않지만 밥을 먹어요.
Obwohl ich nicht hungrig bin, esse ich.

밥을 먹었지만 아직도 배가 고파요.
Obwohl ich gegessen habe, bin ich noch hungrig.

약을 먹겠지만 머리 아픈 것이 그리 빨리 나을까요?
Ich werde eine Tablette einnehmen, aber ich weiß nicht, ob mein Kopfweh so schnell verschwinden wird.

한국어 책 12과를 다 배웠지만 모르는 게 아직도 너무 많아요.
Obwohl ich alle 12 Kapitel des Koreanischlehrbuchs gelernt habe, weiß ich vieles noch nicht.

3 Weder ... noch: -지도 ... —지도 않다

Wenn Sie sagen wollen, dass Sie *weder* die eine *noch* die andere Sache tun, hängen Sie -지도 an den ersten Verbstamm an und -지도 않다 an den zweiten. Die folgenden Beispielsätze verdeutlichen die Bildung:

춥지도 덥지도 않고 좋은 날씨	*gutes Wetter, das weder kalt noch heiß ist*
먹지도 자지도 않는 사람	*ein Mensch, der weder isst noch schläft*
가지도 오지도 않는 안나	*Anna, die weder geht noch kommt*
춥지도 덥지도 않은 아주 이상적인 날씨입니다.	*Es ist ideales Wetter, das weder kalt noch heiß ist.*
시모네가 먹지도 자지도 않고 울고만 있어요.	*Simone, die weder isst noch schläft, weint nur.*

4 Der Standpunkt des Sprechers bezüglich der Richtung: -아/-어 가다, -아/-어 오다

Zwei Hauptverben können im Koreanischen mithilfe der sogenannten *Konverbalform* verbunden werden. Die Konverbalform besteht aus dem Verbstamm mit einem zusätzlichen Vokal. Enthält die letzte Silbe des Verbstammes ein -아 oder -오, bildet man die Konverbalform mit -아, bei allen anderen Vokalen mit -어. Vorsicht, dabei kann es teilweise zu den bereits bekannten Kontraktionen kommen!

Wenn Sie nun die Konverbalform mit 가다 kombinieren, bedeutet das, dass *Sie selbst gehen* oder *jemand anderes mit Ihnen zusammen geht*. Benutzen Sie die Konverbalform mit 오다 bedeutet das, dass jemand zu Ihnen kommt, sich also Ihrer Position nähert.

Diese Verbindung von Konverbalform und 가다 und 오다 ist nicht mit allen Wörtern zu bilden. Die häufigsten Wörter sind in der Tabelle angegeben.

Teilweise kommt es zu Bedeutungsverschiebungen, die so gelernt werden müssen. Hin und wieder sehen Sie in der Tabelle, dass sich die Übersetzung des Infinitivs nicht von der des kombinierten Infinitivs zu unterscheiden scheint. In solchen Fällen bezeichnet der Infinitiv eine abstrakte Situation, z. B. *Preise, die steigen*, und der kombinierte Infinitiv bezeichnet eine konkrete Situation, z. B. *den Aufstieg auf einen Berg*.

Infinitiv	Verlängerter Vokal 아/어	Infinitiv 가다 / 오다	Zusammengefügter Infinitiv	Übersetzung
오르다 *(hin)aufsteigen*	+ 아	가다 / 오다	올라가다 / 올라오다	*hinaufsteigen / hinaufkommen*
내리다 *hinuntersteigen / fallen (z. B. Regen)*	+ 어	가다 / 오다	내려가다 / 내려오다	*hinuntersteigen / herunterkommen*
들다 *hineingehen*	+ 어	가다 / 오다	들어가다 / 들어오다	*hineingehen / hereinkommen*
찾다 *suchen*	+ 아	가다 / 오다	찾아가다 / 찾아오다	*besuchen*

| 따르다 folgen | + 아 | 가다 / 오다 | 따라가다 / 따라오다 | mitgehen / mitkommen |

오전중에 산에 올라갔다가 지금 산에서 내려오고 있습니다.
Heute Vormittag stieg ich den Berg hinauf und jetzt komme ich herunter.

선생님을 찾아갔으나 안 계셔서 안나와 커피를 마시로 갔어요.
Ich besuchte den Lehrer, aber da er nicht anwesend war, bin ich mit Anna zum Kaffetrinken gegangen.

산에서 지금 내려오는 저 분이 누구세요?
Wer ist jene Person, die gerade vom Berg hinuntersteigt?

따라가세요!   Hinterher! (wörtl.: *Folgen Sie (der Person).*)

이리로 들어오시겠어요?   *Möchten Sie hier eintreten?*

5 Der erste, der zweite …: Ordnungszahlen auf Koreanisch und Sinokoreanisch

Sie erinnern sich, dass das Koreanische zwei Arten von Zahlen kennt und verwendet, die rein koreanischen Zahlen und die Zahlen chinesischen Ursprungs (sinokoreanische Zahlen).
Die bekannten Verteilungsregeln für die beiden Zahlsysteme gelten auch für die Ordnungszahlen, das heißt für die Zahlwörter, mit denen Aufzählungen gemacht werden: *der erste, der zweite* usw.

Wie im Deutschen stellen Sie die Zahl dabei vor das Wort, das sie bestimmt, z. B. 첫번째 아이 *das erste Kind*. Die Tabelle präsentiert Ihnen die Ordnungszahlen von 1–12. Höhere Zahlen werden regelmäßig gebildet.

Beachten Sie, dass es für Tage, z. B. bei Datumsangaben wie dem *zwanzigsten Juli*, spezielle Ordnungszahlen gibt, die nur für Tage verwendet werden.

	Koreanische Ordnungszahl	Sinokoreanische Ordnungszahl	Koreanische Tage
erster	첫(번)째	제일(과)	하루(초하루)
zweiter	두(번)째/둘째	제이(과)	이틀
dritter	세(번)째/셋째	제삼(과)	사흘
vierter	네(번)째/넷째	제사	나흘
fünfter	다섯(번)째	제오	닷새
sechster	여섯(번)째	제육	엿새
siebter	일곱(번)째	제칠	이레
achter	여덟(번)째	제팔	여드레
neunter	아홉(번)째	제구	아흐레
zehnter	열번째	제십	열흘
elfter	열한번째	제십일	열하루
zwölfter	열두번째	제십이	열이틀

Tipp: Bei Datumsangaben benötigen Sie die Zahlen bis 31. Sie können mithilfe der hier aufgelisteten Zahlen einfach nach oben zählen:
- *der zwanzigste* 스무날
- *der einundzwanzigste* 스무하루
- *der dreißigste* 그믐(날) …

Vergleichen Sie auch die folgenden Beispielsätze:

Koreanisch:	안나가 첫번째 손님이에요.	*Anna ist die erste Kundin.*
	둘째 손님은 누구세요?	*Wer ist der zweite Kunde?*
Sinokoreanisch:	제일과를 배웁니다.	*Wir lernen das erste Kapitel.*
	제이번 손님, 오세요!	*Kommen Sie bitte, Kunde Nr. 2!*
Tage:	오늘이 삼월 초하루입니다.	*Heute ist der 1. März.*
	서울에서 이틀 계셨어요?	*Waren Sie zwei Tage in Seoul?*

Vorsicht: Bei <u>allen</u> Angaben mit Tagen verwendet man die hier vorgestellten Ordnungszahlen, auch in Fällen wie dem letzten Beispiel, in dem im Deutschen keine Ordnungszahl verwendet wird.

단어집 Wortschatz

낫다	geheilt sein
순조롭다	glatt ablaufen
빙판	Glatteis
삼가하다	sich zurückhalten, Rücksicht nehmen, sich mäßigen
이용하다	benutzen
안전하다	sicher sein
폭설	starker Schneefall, heftige Schneeschauer
승가사	Seungga, *buddhistisches Kloster im Bukhansan Nationalpark*
참배 (하다)	Begrüßung, begrüßen *(eine religiöse Form der Begrüßung, z. B. von Buddhastatuen oder Heiligen, wird nicht für Lebende verwendet)*
절	buddhistisches Kloster
공양	Mahlzeit *(besonderer Ausdruck für das Essen im buddh. Kloster)*
신라 왕국	Königreich Silla *(57 v. Chr.–918 n. Chr.)*
시대	Zeitalter
세기	Jahrhundert
짓다	bauen
대성문	Daeseong-Tor *im Bukhansan Nationalpark*
결정하다	beschließen
포기하다	aufgeben

대화 3 Dialog 3

Sonja, Bora und Stephan machen ihren geplanten Ausflug zum Bukhansan Nationalpark. Lesen und hören Sie ihre Unterhaltungen während des Ausflugs.

북한산 공원 입구에서
Am Eingang des Bukhansan Nationalparks

스테판: 보라 씨, 손야 씨, 잘 만났습니다.
　　　　산에 올라갑니까?

보라, 손야:	안녕하세요? 등산 가세요?
스테판:	일요일 날씨가 좋아 북한산에 있는 승가사에 가서 참배를 하려고 합니다.
보라:	빨리 가서 절에서 공양을 하는 것도 좋은 경험이에요. 승가사는 신라 왕국 시대 6 세기에 지은 절이에요.
손야:	공양을 한 후에 대성문까지 올라갈 수 있어요?
스테판:	북한산 공부 많이 하셨어요. 그렇지만 대성문까지는 너무 멀어 못 올라갑니다. 포기하세요.

승가사에서 Im buddhistischen Kloster Seungga

손야:	보라 씨, 저기 내려가는 사람들이 보이지요? 독일인들이에요.
보라:	아는 분들이에요?
손야:	네, 같이 한국어 수업에 들어오는 학생들이에요.
스테판:	우리 천천히 내려갈까요?

산에서 내려와서 Nach dem Abstieg vom Berg

세 사람:	산으로 올라가는 사람은 없지만 산에서 내려오는 사람은 많아요. 안녕히들 가세요. 오늘 등산 잘 했어요.

ⓘ Öffentliche Badehäuser in Korea

Ein öffentliches Badehaus? Das klingt für uns erst einmal befremdlich. Irgendwie unseriös oder nur etwas für Leute ohne eigenes Badezimmer.
Aber die Koreaner lieben diese Badeeinrichtungen (목욕탕, 찜질방) heiß und innig. Ein Badehaus ist eine Mischung aus Sauna und Wellness-Oase. Badehäuser haben rund um die Uhr geöffnet und bieten mehrere Etagen mit Saunen, Massagen, Entspannungsräumen, Imbissen usw. Badehäuser sind ein beliebtes Ausflugsziel.

Es gibt zahlreiche beheizte Räume, die bestimmten Themen gewidmet sind, z. B. eine Salzgrotte oder ein Jaderaum mit Wänden aus Jade (Jade gilt als gut für die Gesundheit). Die Räume haben meist eine Lufttemperatur von 50–70 Grad und sind mit Temperaturangaben beschriftet, so dass man beim Betreten nicht unangenehm überrascht wird.
Zusätzlich gibt es Eisräume zum Abkühlen oder Ruhezimmer zum Entspannen. Die Baderäume sind streng nach Geschlechtern getrennt.
Übrigens, in einem 찜질방 kann man oft auch kostengünstig übernachten!

Wortspielerei

Die folgende Schmunzelgeschichte, die man sich in Korea erzählt, beruht auf der Mehrdeutigkeit des Wortes 시원하다 *erfrischend sein*, das in folgenden Situationen benutzt werden kann:
1 Wenn eine angenehme, kühle Brise weht, sagt man 아, 시원하다! *Ah, wie erfrischend!*
2 Sie haben einen unangenehmen Gast im Haus, der lange Zeit nicht geht. Wenn er Sie endlich verlässt, können Sie sagen: 손님이 갔습니다. 시원합니다. *Der Besucher ist weg. Wie angenehm!* (wörtl.: *frisch*)!
3 Sie sind krank und essen eine heiße Hühnerbrühe (in Korea eher heißen Eintopf), um wieder zu Kräften zu kommen: 아, 시원하다! *Ah, wie angenehm / belebend / erfrischend*.
4 Ihnen ist kalt oder Sie sind müde und nehmen ein extrem warmes Entspannungsbad. Sie tauchen ins heiße Wasser ein und sagen: 아, 시원하다! *Ah, wie angenehm / belebend / erfrischend.*

시원하다 **Eine Schmunzelgeschichte**
Großvater und Enkelsohn gehen zum öffentlichen Badehaus. Beim Betreten des Gebäudes geht man zuerst zur Kasse. Der Großvater als Senior und der Enkelsohn als Kind erhalten eine Ermäßigung. Die Frau an der Kasse reicht dem Großvater zwei Schlüssel, die an einem Gummiring befestigt sind. Die Schlüssel sind für ein Schränkchen, in dem Kleidung und andere Besitztümer während des Badens aufbewahrt werden. Als alles in dem Schränkchen verstaut ist, zieht der Großvater die Schlüssel ab, und nachdem er einen Schlüssel-Gummiring über seinen Fußknöchel gezogen und den anderen am Arm seines Enkelkindes befestigt hat, gehen Großvater und Enkel zur eigentlichen Badehalle. Am Eingang nimmt der Großvater zwei bereitgelegte, schmale Handtücher und geht, mit seinem Enkel an der Hand, in die große Halle hinein.
Im Badehaus gibt es viele Becken, die mit unterschiedlich warmem Wasser, von kalt bis heiß, gefüllt sind, einigen sind auch Heilkräuterlösungen beigefügt. Jeder Gast reinigt seinen Körper zuerst unter der Dusche, dann beginnt man damit, sich in warmes Wasser zu setzen und auszuruhen. Danach wechselt man zu einem Becken mit sehr heißem Wasser, das bis zu 45 Grad warm sein kann. Der Großvater besucht die Becken in derselben Reihenfolge wie immer und der Enkelsohn macht es ihm nach. Als der Großvater mit seinem Körper in das Becken mit dem ganz heißen Wasser hineingleitet, sagte er zu sich: 아, 시원하다! *Ah, es ist so erfrischend!* Der kleine Junge freut sich auf erfrischendes, kühles Wasser und streckt sein Bein ins Becken. Sobald er feststellt, wie heiß das Wasser ist, zieht er es blitzschnell wieder heraus und sagt seufzend: „Wenn man nicht mal dem Großvater trauen kann, wem kann man dann noch vertrauen auf der Welt?"

Buddhismus und buddhistische Klöster in Seoul
Der Buddhismus kam wohl im dritten Jahrhundert nach Christus über China nach Korea. Bereits in der zweiten Hälfte des 4. Jahrhunderts ist er als Staatsreligion für die Königreiche Goguryeo und Baekje belegt. Das Königreich Silla war zu jener Zeit noch stärker schamanistisch geprägt, ernannte aber im 7. Jahrhundert ebenfalls den Buddhismus zur Staatsreligion.
Auch nach dem Ende der Periode der drei Königreiche blieb der Buddhismus im neu entstandenen Königreich Goryeo (918–1392) als Staatsreligion die treibende Kraft.
Mit dem Joseon-Königreich (1392—1910) jedoch wurde der Konfuzianismus die neue Staatsethik. Der Buddhismus wurde unterdrückt. Die Mönche wurden aus den großen Städten vertrieben und fristeten in weiter entlegenen Gebieten des Landes eine Art Schattendasein.
Doch trotz der Randstellung in der Gesellschaft brachte der koreanische Buddhismus in dieser Zeit einige seiner beachtlichsten Persönlichkeiten hervor.
Der koreanische Buddhismus vertritt zum großen Teil die Richtung *Seon*, die im Westen eher unter dem japanischen Namen *Zen* bekannt ist.
Bedeutende buddhistische Klöster in Seoul:
조계사 (gegründet 1395) ist das Zentrum des Seon-Buddhismus und liegt sehr zentral in der Nähe von Insa-dong, zwischen Ganghwamun und Anguk-dong.
개운사 (gegr. 1396) sehenswertes Kloster unweit der Korea University.
봉은사 (gegr. 794) das aus der Silla-Zeit stammende, früher außerhalb Seouls gelegene Kloster liegt heute inmitten des hochmodernen und geschäftigen Stadtteils Samseong-dong.
보문사 (gegr. 1115) liegt auf der zur Stadt Incheon gehörenden Insel Seokmodo. Dieses Kloster ist vor allem wegen einer großen natürlichen Felsengrotte bekannt, die einen Gebetsraum beherbergt, und wegen eines gut 10m hohen sitzenden Buddhas, der direkt in den Fels gehauen wurde.
화계사 (gegr. 1522) befindet sich am Fuß der Berge Samgak-san und Dobong-san an einem Wanderweg. Es ist vor allem bekannt durch die große Anzahl ausländischer Mönche und Buddhisten.
도선사 (gegr. um 1000) befindet sich beinahe am Beginn des Bukhan-san Wanderweges. Perfekt für alle, die eine Wanderung mit dem Besuch des Klostergeländes verbinden wollen.

승가사 (gegr. ca. 700–800) liegt auf dem Bukhan-san und ist zu Fuß in einer Stunde leicht zu erreichen.
천축사 (gegr. 673) liegt ebenfalls im Bukhan-san Nationalpark.
Neben den bereits genannten buddhistischen Sehenswürdigkeiten in Seoul gibt es gut 100 weitere über das ganze Land verstreute sehenswerte historische Klöster. Haein-sa (해인사) mit der Tripitaka Koreana, einem Kanon buddhistischer Schriften bestehend aus über 80 000 hölzernen Druckstöcken aus dem 13. Jahrhundert, Tongdo-sa (통도사) mit Buddhas Gebeinen und Songgwang-sa (송광사) mit seinen berühmten Seon-Meistern gelten als die drei Juwelen der buddhistischen Klöster in Korea.

Eine sinokoreanische Redewendung zum Abschluss

만장일치 *einstimmig beschließen*

Wenn bei einer Abstimmung das Ergebnis ohne Gegenstimmen erzielt wird, kann man diese Redewendung verwenden. Lesen Sie dazu auch die koreanische Beispielsituation:
날씨가 아주 좋으니 내일 산에 올라갈까요? 네, 그럼 만장일치로 결정했습니다.

Jetzt können Sie üben!

1 Hören Sie den Wetterbericht auf CD und schreiben Sie ihn wie bei einem Diktat mit. Übersetzen Sie ihn.

일기예보입니다.
a 지금 밖에는 눈이 내리고 있습니다. 오늘과 내일은 전국에 많은 눈이 내리겠습니다. 특히 설악산과 강원도에는 40–50cm 가 내릴 예정입니다.
b 눈이 내리는 거리의 교통이 순조롭지 않습니다. 빙판에 조심하십시오.
c 외출을 삼가하시기 바랍니다.
d 그리고 자동차는 집에 두시고 대중교통을 이용하시는 것이 안전합니다.
e 이번 폭설은 내일 저녁부터 그치겠습니다.

2 Lesen Sie den Text. Welche Aussage ist richtig?

손야와 톰이 한국 주말여행을 하기로 했습니다.
날씨가 좋아야 합니다.
출발은 금요일 오후에 떠나서 수원에서 하루밤을 자려고 합니다.
먼저 수원 화성을 구경하고 나서 전주로 갑니다.
전주에서 풍남문을 보고 한옥 마을에서 점심을 먹은 후 한옥마을을 구경하기로 했어요.
한옥마을에서는 한지 박물관과 수많은 전통 가게를 보려고 합니다.
일요일 오후에는 서울로 와야 합니다.

	네	아니오
a Das Wetter ist für ihre Reise egal.	☐	☐
b Sie fahren Samstagmorgen in Seoul ab.	☐	☐
c Sie wollen die Befestigungsanlagen in Suwon ansehen.	☐	☐
d Sie wollen in Jeonju den Zoo besichtigen.	☐	☐
e Sie wollen im Hanokdorf das Museum für koreanisches Papier und traditionelle Läden besuchen.	☐	☐
f Sie wollen Sonntagabend nach Seoul zurückkehren.	☐	☐

3 Übersetzen Sie die Sätze.

    a Gestern war ideales Wetter, da es weder kalt noch heiß war.
    b Anna scheint krank zu sein, weil sie weder Essen noch Trinken zu sich nimmt.
    c Die Autos können weder vorwärts noch rückwärts, weil die Straße so voll ist.

4 Antworten Sie auf Koreanisch.

    a Anna ist die erste Kundin? (Ja)
    b Ist heute der 1. Mai? (Ja)
    c Das wievielte Kapitel haben Sie gelernt? (Kap. 8 und 9)
    d Waren Sie am Wochenende zwei Tage in Daejeon? (Ja)
    e Als wievielter Kunde sind Sie im Kino? (4. Kunde).

취미 생활은 인생을 즐겁게 합니다

Kapitel 16 — Hobbys bereichern das Leben

In diesem Kapitel lernen Sie:

- über Ihre Hobbys und Freizeitaktivitäten zu sprechen
- auszudrücken, von wem Sie etwas bekommen haben
- zu sagen, was Sie machen, sobald etwas passiert
- über Entwicklungen zu sprechen

한국인의 취미 생활
Die Hobbys der Koreaner

▶ CD 2
53 Lesen und hören Sie den folgenden Text über die Rolle der Hobbys im Leben der Koreaner.

예를 들면 사람이 운동하는 것, 등산 하는 것, 여행가는 것, 그림 그리는 것, 노래하는 것, 글을 쓰는 것, 모두 다 취미입니다. 이러한 취미 생활은 건강에도 좋을 뿐 아니라 우리의 삶을 즐겁게 합니다. 한국인은 취미로 특히 등산을 좋아합니다. 그래서 주말이면 특히 산에 올라가는 등산객이 참 많습니다. 한국인은 세계 여행도 잘 갑니다. 미국, 동남아시아, 아프리카, 유럽 안 가는 곳이 없습니다. 그런데 한국 사람들은 여행에서 돌아오자 마자 다음날부터 일하러 직장에 나갑니다.

단어집 Wortschatz

취미 생활	Freizeitbeschäftigung
인생	Leben
즐겁다	sich freuen, erfreut sein
등산	Bergsteigen, Bergwandern

대화 1 Dialog 1

▶ CD 2
54 Melanie und Tim unterhalten sich über ihre Hobbys. Hören und lesen Sie den Dialog.

멜라니: 팀 씨, 취미가 뭐예요?
팀: 스포츠로 주말에 테니스를 해요.
  등산도 좋아해요.
  멜라니 씨는 무슨 취미가 있어요?
멜라니: 여행가는 것을 가장 좋아해요. 그리고 스키도 잘 타요.
팀: 극장에 가는 것은 취미가 아니에요?
멜라니: 아니에요, 그러나 윷놀이 하는 것은 취미예요.
팀: 무슨 운동을 좋아해요?
멜라니: 축구 구경 하는 것을 매우 좋아해요.

단어집 Wortschatz

| 스포츠 | Sport |
| 테니스 | Tennis |

ℹ Sportarten:
축구 Fußball, 배구 Volleyball, 농구 Basketball,
럭비 Rugby, 골프 Golf, 정구/테니스 Tennis,
야구 Baseball, 탁구 Tischtennis, 조깅 Joggen,
마라톤 Marathon, 스키 Ski, 스케이트 Schlittschuhlaufen,
아이스학키 Eishockey

Traditionelle Spiele:
바둑 Go-Spiel, 장기 Janggi (auch Changgi – Koreas nationale Schachvariante), 윷놀이 Yutnorispiel

대화 2　Dialog 2

Tim und Sonja unterhalten sich über ihre Erfahrungen beim Koreanischlernen. Lesen und hören Sie den Dialog.

팀:　　　손야 씨는 언제부터 한국말을 배우게 되었어요?
손야:　　한국에 여행을 왔다가 한국말을 배우기 시작했어요.
팀:　　　얼마 동안 배웠어요?
손야:　　삼개월 한국어 학원에 다녔어요.
　　　　　처음에는 참 어려웠는데 이제는 한국어 공부가 재미있어요.
팀:　　　그럼 나는 한 달 배웠으니까. 좀 더 한국어 공부를 해야 되겠어요.
　　　　　스테파니도 한국말을 배우려던 참이었어요. 함께 배울까요?

대화 3　Dialog 3

한국어 졸업 파티

Der Koreanischkurs von Tim und Sonja neigt sich seinem Ende zu. Alle Lernenden planen eine Abschlussparty. Lesen und hören Sie die Unterhaltung der beiden.

팀:　　　손야 씨, 한국어 수료식이 내일 있어요. 그래서 저녁에 우리 반 모두가 모여서 졸업 파티를 하기로 했어요. 꼭 참석하세요.
손야:　　네, 알고 있어요. 한나한테서 이메일로 초청장을 받았어요.
팀:　　　한나는 김 선생님에게서 벌써 선물도 받았어요.
손야:　　한국어를 처음 시작할 때 아주 힘들었지만 지금은 재미있게 되었어요.
팀:　　　나도 이제는 슬슬 한국어 배우는 것이 즐거워지기 시작해요.

단어집　Wortschatz

수료식	Abschlusszeremonie
졸업 파티	Abschlussparty
모이다	zusammenkommen, zusammentreffen
참석	Teilnahme
초청장	Einladungskarte
벌써	bereits
힘들다	schwierig, mühsam sein
슬슬	*Lautmalerei für langsame Bewegung, hier: allmählich, nach und nach*
장학금	Stipendium
유학가다	zum Studium ins Ausland gehen

Grammatikalische Erscheinung:

-게 되다	werden, sich ergeben *(siehe Grammatik, Punkt 1)*
-자 마자	sobald *(siehe Grammatik, Punkt 2)*
한테서, 에게서	von wem? Dativendung *(siehe Grammatik, Punkt 3)*
참이다	gerade dabei sein zu tun *(siehe Grammatik, Punkt 4)*
-기 시작하다	beginnen zu tun *(siehe Grammatik, Punkt 5)*

문법 Grammatik
1 Werden, sich ergeben: -게 되다

Die Endung -게 되다 wird an den Verbstamm angehängt und drückt eine Entwicklung oder einen erreichten Zustand aus. Betrachten Sie dazu die folgende Übersicht:

Infinitiv	Verbstamm	+ 게 + 되다	Beispiele
먹다 essen	먹	+ 게 + 되다	먹게 되다
자다 schlafen	자	+ 게 + 되다	자게 되다
만나다 treffen	만나	+ 게 + 되다	만나게 되다
찾다 finden	찾	+ 게 + 되다	찾게 되다

Im Deutschen werden -게 되다 Ausdrücke oft mit *früher – jetzt*-Kontrasten übersetzt. Vergleichen Sie dazu die folgenden Beispielsätze:

김치를 몰랐어요. → 지금 김치를 잘 먹게 되었어요.
Ich kannte Gimchi nicht. Jetzt esse ich Gimchi gern.

토마스를 안 좋아했어요. → 지금은 토마스를 좋아하게 되었어요.
Ich mochte Thomas nicht. Jetzt habe ich ihn gern.

한국말을 못 했어요. → 지금은 잘 하게 되었어요.
Ich konnte Koreanisch nicht sprechen. Jetzt spreche ich es gut.

그 책을 못 찾았다가 이제 찾게 되었어요.
Ich konnte das Buch nicht finden, dann habe ich es aber doch noch gefunden.

소라가 장학금을 받았어요. 그래서 영국에 유학을 가게 되었어요.
Sora erhielt ein Stipendium, daher geht sie nach England zum Studieren.

Wird 되다 allein als Hauptverb verwendet, bedeutet es *werden*, wie in dem Satz 저는 의사가 되겠어요. *Ich werde Arzt / Ärztin.*

Vergleichen Sie auch die folgenden Beispielsätze:

동생이 학교에서 가장 공부를 잘 하는 학생이 되었어요.
(Mein) Bruder ist der beste Schüler geworden.

안나가 서울에 오면 좋은 친구가 되겠어요.
Wenn Anna nach Seoul kommt, werden wir gute Freundinnen.

안나가 대학교에 다녀서 선생님이 되었어요.
Anna besuchte die Universität und dann wurde sie Lehrerin.

Die folgende Tabelle kontrastiert noch einmal die Verwendung von 되다 als Hauptwort und als Endung -게 되다:

als Hauptwort	-게 되다
가수가 되었어요. ... *Sänger geworden.*	노래를 잘 하게 되었어요. *Ich kann nun gut singen.*

의사가 되겠습니다. Ich werde Arzt.	소라가 독일에 가게 되었어요. Sora geht nun nach Deutschland.
우리는 좋은 친구가 되었어요. Wir sind gute Freunde geworden.	한국에 가고 싶었는데 드디어 한국에 가게 되었어요. Ich wollte immer nach Korea reisen, endlich reise ich nach Korea.

2 Sobald: die Konjunktion -자 마자

Die Endung -자 마자, die an den Verbstamm angehängt wird, wird im Deutschen mit *sobald* übersetzt. Sie können ein Verb mit der Endung -자 마자 prinzipiell mit jeder Zeitstufe kombinieren. Dabei drückt immer das letzte Verb im Satz aus, ob es sich um Vergangenheit, Gegenwart oder Zukunft handelt.

Die folgende Übersicht demonstriert die Bildung und Übersetzung, die der Einfachheit halber im Deutschen nur für die erste Person Singular vorgenommen wurde. Erinnern Sie sich jedoch daran, dass koreanische Verben nicht nach Personen verändert werden und Sie nur aus dem Kontext des Satzes erfahren können, von welcher Person gerade die Rede ist.

Infinitiv	Verbstamm + 자 마자	Beispiele
찾다	찾 + 자 마자	찾자 마자 *sobald ich gefunden habe*
만나다	만나 + 자 마자	만나자 마자 *sobald ich getroffen habe*
가다	가 + 자 마자	가자 마자 *sobald ich gegangen bin*
앉다	앉 + 자 마자	앉자 마자 *sobald ich gesessen habe*

Die folgenden Beispiele demonstrieren Ihnen die Verwendung im Satz:

열쇠를 찾자 마자 초인종이 울렸어요.
Sobald ich den Schlüssel gefunden hatte, klingelte es an der Tür.

집에 도착하자 마자 안나한테서 전화가 왔어요.
Sobald ich zu Hause angekommen war, kam der Anruf von Anna.

비행기가 출발하자 마자 눈을 감았습니다.
Unmittelbar nach dem Abheben des Flugzeuges schloss ich die Augen.

3 Von wem?: Der Dativ

Sie haben in Kapitel 6 bereits die Endungen -께, -에게 und -한테 kennengelernt, die den Dativ markieren, sprich die Person, der Sie etwas geben oder zu der Sie gehen.
Sie können jedoch auch die Herkunft eines Gegenstandes mit dem Dativ markieren. Sie fragen dann 누구에게서? *Von wem?*
Sie sehen, dass die Endung -에게, die Sie als Dativendung kennen, mit der herkunftsanzeigenden Postposition -에서 zu einer Endung verschmolzen ist.
Dasselbe passiert mit dem eher umgangssprachlichen -한테, das in der Form -한테서 ebenfalls nach der Herkunft von etwas fragt.
Werden -에게서 und -한테서 an eine Personenbezeichnung angehängt, signalisieren sie, dass von dieser Person etwas erhalten wurde. Vergleichen Sie dazu auch die folgenden Beispielsätze:

누구에게서 편지가 왔어요?	Von wem kam der Brief?
독일 어머니한테서 편지가 왔어요.	Der Brief kam von der Mutter aus Deutschland.
토마스한테서 이 선물을 받았어요.	Dieses Geschenk habe ich von Thomas bekommen.
친구에게서 온 전화예요?	Kam der Anruf von einem Freund?

4 Ich war gerade dabei …: 참이다

Wollen Sie ausdrücken, dass Sie *gerade dabei sind, etwas zu tun*, können Sie die Zukunftspartizipformen -을/-를 oder -려던/으려던 und 참이다 verwenden. 참이다 wird dabei je nach Zeit und Höflichkeitsstufe verändert.

Der Unterschied zur normalen Verlaufsform besteht darin, dass die Handlung nicht wirklich in jenem Moment passiert, sondern gerade im Begriff ist zu beginnen. Meist, wenn eine andere Handlung einsetzt und die geplante Handlung unterbricht. Das klingt kompliziert, wird aber verständlich, wenn man sich einen Beispielsatz ansieht, z. B. 택시를 타려던 참인데 버스가 왔어요. *Ich wollte gerade ein Taxi nehmen, aber dann kam der Bus.* In diesem Satz ist die Handlung, die gerade im Begriff ist zu beginnen, das Nehmen eines Taxis. Diese Handlung wird aber, bevor sie richtig begonnen hat, durch die Ankunft des Busses unterbrochen. Sie sehen, dass allein schon die Bedeutung des Ausdrucks erklärt, warum 참이다 vorzugsweise im Perfekt gebraucht wird.

막 밥을 먹을 참이었어요.	Ich wollte gerade essen.
톰에게 막 가려던 참이었습니다.	Ich wollte gerade zu Tom gehen.
시빌레에게 전화를 하려던 참이었어요.	Ich wollte gerade Sybille anrufen.
나한테 오려던 참이었어요?	Wollten Sie gerade zu mir kommen?

5 Anfangen, beginnen zu: -기 시작하다

Um auszudrücken, dass Sie etwas *beginnen* oder *anfangen, etwas zu tun*, hängen Sie -기 시작하다 an den Verbstamm. Die Tätigkeit, die Sie beginnen, wird durch das Verb ausgedrückt, an dessen Verbstamm Sie -기 시작하다 anhängen, und wird im Deutschen mit einem Infinitiv übersetzt. Die folgende Übersicht zeigt Ihnen noch einmal die Bildung und Verwendung von -기 시작하다:

Infinitiv	Verbstamm -기 시작하다	Beispiele
배우다 *lernen*	배우 + 기 시작하다	우리는 한국어를 배우기 시작했어요. *Wir haben begonnen, Koreanisch zu lernen.*
덥다 *heiß sein*	덥 + 기 시작하다	날씨가 덥기 시작해요. *Das Wetter fängt an, heiß zu werden.*
오다 *kommen*	오 + 기 시작하다	비가 오기 시작해요. *Es fängt an zu regnen.*

Betrachten Sie auch die folgenden Beispielsätze:

한나가 독일어를 배우기 시작했어요.	Hanna hat angefangen, Deutsch zu lernen.
밥을 먹기 시작했어요?	Haben Sie angefangen zu essen?
이 책을 안나가 읽기 시작합니다.	Anna fängt an, dieses Buch zu lesen.
눈이 오기 시작하면 우리 극장에 영화보러 가요.	Wenn es anfängt zu schneien, gehen wir ins Kino.

단어집 Wortschatz

열쇠	Schlüssel
초인종	Klingel
눈을 감다	Augen schließen
지갑	Geldbörse
늦잠	langer Schlaf
늦잠꾸러기	Langschläfer
받다	erhalten, bekommen
부자	reicher Mann

▶ CD 2
57 **ⓘ Worte mit gegensätzlicher Bedeutung**

Lerntipp: Oft kann man sich neue Wörter besser merken, wenn man versucht, sie zu strukturieren, z.B. in Form von Gegensatzpaaren.
Die folgenden Verben mit gegensätzlicher Bedeutung kennen Sie schon. Erinnern Sie sich noch an alle?

크다	groß sein		작다	klein sein
많다	viel sein		적다	klein, wenig sein
비싸다	teuer sein		싸다	billig sein
덥다	heiß sein		춥다	kalt sein
웃다	lachen		울다	weinen
알다	wissen, kennen		모르다	nicht wissen, nicht kennen
있다	vorhanden sein		없다	nicht vorhanden sein
서다	stehen		앉다	sitzen
가다	gehen		오다	kommen
좋아하다	gern haben		싫어하다	ungern haben

대화 4 Dialog 4

▶ CD 2
58 Lesen Sie die folgenden kurzen Wortwechsel mit Wörtern gegensätzlicher Bedeutung und hören Sie den Text auf CD.

누가 키가 크고 누가 키가 작아요?	카이가 크고 안나가 작아요.
카이 씨, 지갑에 돈이 많아요?	아니요, 돈이 적어요.
오늘 날씨가 더워요?	아니요. 내게는 추워요.
안나가 울어요, 웃어요?	안나가 울면서 웃어요.
팀을 알아요?	아니요, 몰라요.
자동차 안에 톰이 있어요?	아니요, 톰이 없어요.
저기 앉아 있는 사람이 독일 사람이에요?	아니요, 저기 서 있는 사람이 독일 사람입니다.
이 옷이 비싸요.	싸게 주세요!

Hobbys bereichern das Leben

Sie haben bisher eifrig gelernt. Belohnen Sie sich selbst mit der Lektüre eines kleinen koreanischen Märchens.

Ein koreanisches Märchen

우렁이 아가씨와 나무꾼 총각

옛날 옛날 호랑이가 담배를 피우던 때였습니다.
깊은 산속에서 한 착하고 젊은 나무꾼이 살고 있었습니다.
이 나무꾼은 아주 가난했습니다. 그리고 매일 혼자 살아서 외로웠습니다. 그래서 나무꾼은 항상 결혼을 할 수 있기를 바랐으나 불가능한 일이었습니다. 어느날 나무꾼이 산에서 나무를 잔뜩 지고 집으로 내려왔습니다.
그런데 이게 웬일일까요? 집안이 깨끗하게 정리되고 저녁 밥상이 준비되어 있었습니다. 일단 배가 고픈 참이라 얼른 맛있게 다 먹었습니다. 밥을 먹은 후 나무꾼은 누가 이 음식을 했는지 궁금했습니다. 그래서 다음날 산으로 갔다가 일찍 집으로 돌아와서 살그머니 집안을 살폈습니다. 그랬더니 한 우렁이가 기어오더니 아가씨가 되었습니다. 그리고는 집안 정리를 하고 밥을 하기 시작했습니다. 참을 수가 없어 나무꾼이 우렁이 아가씨를 붙잡고 물었습니다. 아가씨가 대답했습니다. " 저는 선녀였습니다. 하늘에서 죄를 짓고 벌을 받아 지상에 내려왔습니다. 한 달만 있으면 죄가 풀리고 인간이 될 수 있습니다. 한 달만 기다려 주세요."
나무꾼은 참고 한 달을 기다렸다가 우렁이 아가씨와 결혼해서 행복하게 살았습니다. 물론 아기도 많이 낳았습니다.

단어집 Wortschatz

우렁이	Schnecke
아가씨	Mädchen, Fräulein
나무꾼	Holzfäller
총각	Junggeselle
옛날	alte Zeit
호랑이	Tiger
담배	Zigarette
피우다	rauchen
깊다	tief sein
산속	in den Bergen
가난하다	arm sein
결혼하다	heiraten
불가능하다	unmöglich sein
잔뜩	voll, viel
지다	tragen *(auf dem Rücken)*
살그머니	leise, ohne Geräusch, sachte
살피다	aufmerksam prüfen
기어오다	kriechen
붙잡다	festhalten
선녀	Fee
죄 짓다	sich etwas zuschulden kommen lassen
벌 받다	Strafe erhalten
지상	auf der Erde
죄 풀리다	von Schuld befreit
참다	gedulden
행복하다	glücklich sein
아기	Kind

Eine sinokoreanische Redewendung zum Abschluss

부전자전 (wörtl.) *der Sohn erbt vom Vater / wie der Vater, so der Sohn*

Mit dieser Redewendung wird kein materielles Erbe bezeichnet, das Kinder von ihren Eltern erhalten können, sondern Eigenschaften und Verhaltensweisen. Die Verwendung entspricht dem deutschen *Der Apfel fällt nicht weit vom Stamm*. Lesen Sie dazu auch die folgende Beispielsituation auf Koreanisch:

토마스는 늦잠 자는 것을 좋아합니다. 토마스의 아버지는 늦잠꾸러기 입니다. 부전자전인 듯 합니다.

❶ Koreanische Fest- und Feiertage:

Gesetzliche Feiertage in Korea sind der Neujahrstag, 신정; das koreanische neue Jahr, 설날; der Tag der Unabhängigkeitserklärung, 3.1 절 (Samil-jeol), am ersten März, der an die Erklärung der Unabhängigkeit von Japan durch Demonstranten im Jahr 1919 erinnert; der Tag der Kinder, 어린이날, am 5. Mai; Buddhas Geburtstag, 석가탄신일; der Erinnerungstag, 현충일, am 6. Juni, der an Militärangehörige und Mitglieder der Unabhängigkeitsbewegung erinnert, die für Korea ihr Leben ließen; der Befreiungstag, 광복절, am 15. August, der an die Befreiung von der japanischen Herrschaft erinnert; das Herbstfest, 추석; der Tag der Gründung der Nation, 개천절, der an die Gründung Koreas im 2,333 Jahre vor unserer Zeitrechnung erinnern soll; und Weihnachten, 성탄절 oder 크리스마스 am 25. Dezember.

Neben diesen gesetzlichen Feiertagen gibt es zahlreiche weitere Festtage, an denen die Koreaner aber nicht frei haben. Die bekanntesten davon sind wohl der 한글날, an dem das koreanische Alphabet gefeiert wird, und der Elterntag, 어버날 이 (in Korea gibt es keine separaten Mutter- und Vatertage, sondern einen Tag für alle Eltern).

Das Datum vieler traditioneller Feste wird nach dem Mondkalender berechnet und verschiebt sich dementsprechend von Jahr zu Jahr.

Die bedeutendsten Festtage sind das koreanische neue Jahr 설날 und das Herbstfest 추석, das oft mit unserem Erntedankfest verglichen wird. An ihnen haben die Koreaner jeweils drei Tage frei. 설날 wird am ersten Tag des ersten Mondmonats und 추석 am 15. Tag des achten Mondmonats gefeiert. Das entspricht meist Terminen im Januar oder Februar für 설날 und einem Septembertermin für 추석.

Traditionellerweise treffen sich alle Familienmitglieder für die Feierlichkeiten im Haus des Familienoberhauptes. Für viele Koreaner bedeutet das, dass sie Seoul verlassen und zu den Eltern oder Großeltern aufs Land fahren. Das Verkehrschaos ist also mittlerweile praktisch ein fester Bestandteil der Feierlichkeiten. Während der Feiertage wird älteren Familienmitgliedern und den Ahnen Ehre erwiesen. Die Ahnen werden durch Gedenkfeiern (차례) und Besuche am Grab geehrt.

Sie spielen eine wichtige Rolle im koreanischen Leben, da man nach altem Glauben davon ausgeht, dass die Seelen der Verstorbenen nicht gleich nach dem Tod diese Welt verlassen, sondern noch vier Generationen in der Nähe ihrer Nachfahren verweilen. Durch spezielle Ahnengedenkfeiern kann man das Wohlwollen seiner Ahnen erwerben bzw. erhalten.

Als Familienfeiern sind 설날 und 추석 besonders bei Kindern sehr beliebt, weil sie dann viele Geschenke und Süßigkeiten bekommen.

An 설날 dürfen die traditionelle Reiskuchensuppe Tteokguk (떡국) und an 추석 der traditionelle Reiskuchen mit Sesamfüllung, Songpyeon (송편), nicht auf der Festtafel fehlen.

Häufig trägt man an diesen Festtagen die traditionelle koreanische Kleidung, Hanbok (한복).

Jetzt können Sie üben!

1 Übersetzen Sie die folgenden Sätze ins Deutsche.

　a 토마스가 한국에 가는 것이 소원이었는데 다음 달에 한국에 가게 되었어요.
　b 안나는 영국에 장학금을 받고 가게 되어 행복합니다.
　c 시빌레를 싫어했던 톰이 지금은 시빌레를 아주 좋아하게 되었어요.
　d 안나는 의사가 되었어요? 네, 의사가 되었어요. 축하해 주세요!

2 Beantworten Sie die folgenden Fragen auf Koreanisch und übersetzen Sie den letzten Satz.

　a 누구에게서 전화가 온 줄 알아요? (Professor Kim)
　b 그 책을 누구한테서 받으셨어요? (Anna)
　c 토마스에게서 이메일을 받았어요? (Nein)
　d Ich bekam als Geschenk eine Katze von Hanna.

3 *Ich war gerade dabei …* Füllen Sie die Lücken und drücken Sie aus, welche Handlung gerade dabei war zu beginnen.

　a 비가 와서 빨리 집에 가려던 _____.
　b 비빔밥과 김치를 혼자 먹을 _____.
　c 한국어 숙제를 _____ 참이었어요.
　d 언제 안나를 만 _____ 참이었어요? 내일 만날 참이었어요.

4 *Anfangen, beginnen*. Ergänzen Sie die Sätze!

　a 지금 밖에 비가 _____ 시작합니다.
　b 이 책을 막 읽기 _____ 했어요.
　c 교실에서 지금 누가 노래하 _____ 했어요?
　d 눈이 오 _____ 하는데 누가 오기로 했어요?

5 Wortspiele mit Gegensatzpaaren

　a 키가 _____ 토마스가 키가
　　 _____ 안나보다 빨라요.
　b 한나는 우유를 _____ 하지만 맥주는 좋아합니다.
　c 안나가 _____. 그런데 아기가 웃습니다.
　d 이 자켓은 _____. 그렇지만 저 바지는 싸게 _____.

6 Hören Sie Heike, Tim und Sumi zu. Wer hat welches Hobby?

	음악을 듣다	개와 놀다	친구들과 놀러 가다	읽다	극장에 가다	외국어 배우다	여행하다
하이케							
팀							
수미							

Wiederholungskapitel 4

In diesem Kapitel wiederholen Sie:

- Vorschläge zu formulieren
- Gegensatzpaare
- Ordnungszahlen
- wie man sagt, was man macht, sobald …
- wie man über Personen, Reisepläne und das Wetter spricht
- Ausdrücke für wollen, sollen, brauchen, müssen

Wiederholungskapitel 4

Hier können Sie den bisher gelernten Stoff üben und vertiefen.
Die Dialoge geben Ihnen die Möglichkeit, wichtige Phrasen in verschiedenen Verwendungsvarianten zu sehen bzw. die Dialoge (mit leichten Veränderungen) selbst durchzuspielen.

Dialog 1   Ein Kurzbesuch

Wie gut verstehen Sie mittlerweile Koreanisch? Testen Sie sich selbst, indem Sie den Text über Kais Kurzbesuch bei Sumi lesen.

카이가 수미집을 방문합니다.
카이: 오늘 오후 수미 씨를 찾아 가도 좋아요?
수미: 네, 오세요.
카이: 안녕하세요? 수미 씨, 뭐 하세요?
수미: 소설책을 읽고 있었어요.
카이: 바로 그 책을 빌리러 왔어요. 어머니께서는 뭐 하세요?
수미: 피곤하신지 방에서 누워 계세요.
　　　 소설책은 소파위에 놓여 있어요. 가져 가세요.

단어집 Wortschatz

빌리다 .... ausleihen

Dialog 2   Miseon und Tom

Lesen Sie den Dialog von Miseon und Tom, in dem Tom von verschiedenen Aktivitäten und Ereignissen erzählt. Versuchen Sie selbst, wie Tom, von verschiedenen nacheinander stattfindenden Ereignissen zu erzählen. Die Ausdrücke im Kasten liefern Ihnen ein paar Anregungen.

바나나 먹다, 책 찾다, 커피 마시다, 한국어 공부하다, 비 오다, 팀 만나다

미선: 톰, 학원에 가다가 누구를 만났어요?
톰: 학교에 가다가 창호를 만났어요.
미선: 지금 뭘 해요?
톰: 한국어 공부를 하다가 전화를 받아요.
　　 바나나를 먹다가 우유를 마셔요.
　　 팀을 만나다가 안나를 만나러 갑니다.
　　 책을 찾다가 편지를 읽어요.
　　 비가 오다가 지금 눈이 옵니다.

Dialog 3 Fragen und Antworten

Andi und Sonja stellen sich Fragen. Lesen und hören Sie, was die beiden sagen. Bilden Sie mithilfe der Wörter aus dem Kasten selbst Fragen und Antworten.

> 일하다 arbeiten, 동생 오다 jüngeres Geschwister (Bruder/Schwester) kommt, 잠을 자다 schlafen, 책 찾다 ein Buch suchen, 밥 먹다 Reis essen, 선생님 인사하다 den Lehrer begrüßen, 공부하다 lernen

안디: 학교에 갈 때 누구를 만났어요? 안나를 만났어요.
손야: … 때 누가 왔어요?
안디: … 때 뭘 했어요? 꿈을 꿨습니다.
손야: … 때 누가 전화를 했어요?

Dialog 4 Schlechtes Wetter

Thomas und Myeonghi unterhalten sich darüber, was sie bei schlechtem Wetter tun wollen. Was würden Sie bei schlechtem Wetter machen wollen? Versuchen Sie einen imaginären koreanischen Freund von Ihrer Idee zu überzeugen.

> Superlativausdrücke: 가장, 최고 , 제일

토마스: 오늘 비가 와요. 집에 있을 수 밖에 없겠어요.
명희: 그럼 비디오 필름을 볼 수 밖에 없어요.
토마스: 비디오 필름 보지 말고 한국어 공부를 해요.
명희: 이 비디오 필름 본 적이 있어요?
토마스: 아니요, 그 영화 본 적이 없어요. 그렇지만 공부가 더 중요해요. 내일 숙제를 해서 선생님께 드려야 해요. 명희 씨, 좀 도와주세요.
명희: 좋아요. 대신 불고기 사 주세요.

단어집 Wortschatz

비데오 필름 ………… Videofilm

Dialog 5 문화유적 견학 Besichtigung von Sehenswürdigkeiten

Julia und Jeong Taejun unterhalten sich darüber, was man bei welchem Wetter in Seoul unternehmen kann. Bilden Sie nach dem Muster des Dialogs eigene Sätze. Die Sehenswürdigkeiten im Kasten geben Ihnen ein paar Ideen, was Sie in Seoul besichtigen könnten.

> 경복궁, 창덕궁, 조계사, 삼청동 거리, 팔각정, 청와대, 덕수궁, 시립 박물관

정태준: 율리아 씨, 내일 날씨가 좋으면 우리 뭐 할까요?
율리아: 경복궁에 꽃 구경 가요. 그리고 민속 박물관에 가서 옛날 유물과 특별전을 보고 싶어요.
정태준: 내일 비가 오면 어디에 갈까요?
율리아: 서울에서 볼 것이 아주 많아요. 경복궁부터 시작해서 시립 박물관까지 아주 많아요.

단어집 Wortschatz	
경복궁	Gyeongbokgung (Königspalast in Seoul)
창덕궁	Changdeokgung (Königspalast in Seoul)
조계사	Jogyesa (buddhistischer Tempel in Seoul)
삼청동 거리	Samcheongdong-Strasse, bekannt für zahlreiche Geschäfte und Galerien
팔각정	achteckiger Aussichtspavillon
청와대	das Blaue Haus, Residenz des koreanischen Staatspräsidenten
덕수궁	Deoksu-Palast, Palast in Seoul
시립박물관	städtisches Museum

Dialog 6 Haben / nicht haben

Anna und Melanie unterhalten sich darüber, was Anna alles besitzt. Bilden Sie nach dem Muster des Dialogs ähnliche Sätze mit den Wörtern aus dem Kasten.

> 돈 Geld, 책 Buch, 가방 Tasche, 휴지 Toilettenpapier, 사과 Apfel, 휴대 전화기 Mobiltelefon, 노트북 Notebook, 크레딧카드 Kreditkarte, 독일 친구 deutscher Freund, 스웨덴 친구 schwedischer Freund, 빨간 스웨터 roter Pullover, 검정 구두 schwarze Schuhe, 흰 자켓 weiße Jacke

멜라니: 안나 씨, 돈이 있어요. 우리 점심 먹으러 가요.
안나: 돈이 없어요. 돈을 찾아 와야 해요.
멜라니: 휴대 전화기를 가졌어요?
안나: 네, 휴대 전화기가 여기 있어요.
멜라니: 또 가진게 뭐예요? 책, 가방, 독일 친구…
안나: 또 가진 것이 있는데, 애인이 있어요.

단어집 Wortschatz	
애인	Geliebte(r)

Dialog 7 -에게서, -한테서: von

Sonja und Tim unterhalten sich darüber, von wem welches Geschenk, welcher Brief usw. ist. Von wem haben Sie etwas bekommen? Bilden Sie eigene Sätze nach dem Muster des Dialogs.

손야: 팀 씨, 누구에게서 편지가 왔어요?
팀: 엄마한테서 편지가 왔어요.
손야: 그것이 무엇이에요?
 토마스한테서 받은 선물이에요.
손야: 친구에게서 전화가 와요.
팀: 나도 친구에게서 선물을 받으면 좋겠어요.

단어집 Wortschatz	
엄마	Mama

Dialog 8 Was passiert, wenn …?

Was passiert, wenn …? Bilden Sie selbst nach dem Muster des Dialogs eigene Beispiele dafür, was Sie machen, wenn … .

가능하면 놀러오세요.
비가 오면 커피를 마시러 가요.
눈이 오면 스키를 타러 갈까요?
가능하면 한국어 공부를 하러 가겠어요.
친구를 만나면 함께 뭘 드시겠어요?

Dialog 9 Wollen, sollen, brauchen

Hyeongu und Stephanie unterhalten sich darüber, was sie wollen, sollen oder brauchen. Bilden Sie mithilfe der Wörter aus dem Kasten eigene Dialoge nach dem Muster ihres Gesprächs.

> 우산 Regenschirm, 커피 Kaffee, 녹차 grüner Tee, 초코렛 Schokolade, 홍차 Schwarztee, 한방차 Kräutertee, 오미자차 Schisandratee, 대추차 Roter Datteltee, 살구차 Pflaumentee, 팥죽 rote Bohnengrütze (Nachtisch)

형우:	스테파니 씨, 뭐 필요하세요?
스테파니:	지금 비가 오기 때문에 우산이 필요해요.
	그렇지만 커피집에서 커피를 마시면 우산이 필요없어요.
형우:	그럼 커피집에 앉아 있기로 해요.
스테파니:	뭘 주문할까요? 나는 홍차로 하겠어요.
	형우 씨는 무슨 음료수를 마시겠어요?
형우:	맥주가 좋겠지만 커피집에서 맥주를 안 팔기 때문에 대추차로 하겠어요.
	티나 씨를 전화로 부를까요?

단어집 Wortschatz

살구차 .... Pflaumentee
팥죽 .... rote Bohnengrütze *(Nachtisch)*
팔다 .... verkaufen

Dialog 10 Nicks Familie

Hören und lesen Sie den kurzen Text über den morgendlichen Ablauf in Nicks Familie. Was machen Sie am Morgen? Welches Familienmitglied arbeitet in einer Firma, wer geht zur Schule …?

> 학교 가다 zur Schule gehen, 유아원 Kita, 유치원 Kindergarten, 초등학교 Grundschule, 중등학교 Mittelschule, 오스람 회사 Osram, 대우회사 Daewoo, 삼성회사 Samsung, 대학 병원 Uni-Klinik

회사에 가기 전에 가족과 함께 아침 식사를 준비합니다.
닉: 아침 식사가 준비되었으니 다들 모이세요.
식구: 고맙습니다. 잘 먹겠어요.
 아침을 먹은 후 닉은 회사에 가려고 차고로 갑니다.
식구: 아버지, 안녕히 다녀오세요.
 아내인 안드레아 씨는 식사후 뭘 하세요?

시모네를 유아원에 데려다 준 후에 직장으로 갑니다.
직장이 어디예요?
안드레아 씨는 교사예요. 그래서 매일 학교에 갑니다.
닉의 친구는 의사입니다. 대학 병원에서 근무합니다.

단어집 Wortschatz

차고	Garage
식구	Familie (wörtl.: essender Mund)

Dialog 11 Zwischen Ehemann und Ehefrau …
Lesen Sie den Dialog eines Ehepaares und übersetzen Sie die Ausdrücke mit -는지.

아내: 회사에 가시기 전에 잊은 것이 없는지 살펴보세요.
남편: 잘 다녀올게요.
 학교 갈 때 잊은게 없는지 다시 한번 살펴보세요.
 그리고 먹을 것도 다 준비했는지 살펴보세요.
아내: 팀 씨 애인이 오늘 생일이에요.
 애인에게 줄 선물도 샀는지 생각해 보세요.
남편: 오늘 오후 3시에 한국친구의 결혼식에 초청 받았어요.
 가기 전에 백화점에 가서 선물을 사려고 해요.
아내: 한국에서는 결혼식 선물로 돈을 봉투에 넣어서 가져가세요.
 그래서 선물을 살 필요가 없어요.

단어집 Wortschatz

봉투	Briefumschlag
초청받다	eingeladen werden
결혼식	Hochzeitszeremonie
살펴보다	sich umsehen, nachsehen

Dialog 12 Was machen wir, wenn es regnet?
Melanie und Thomas unterhalten sich darüber, was sie bei welchem Wetter machen wollen. Benutzen Sie die Wörter aus dem Kasten, um nach dem Muster ihrer Unterhaltung selbst zu sagen, was Sie bei welcher Witterung unternehmen wollen.

화창하다 sonniges Wetter sein, 좋다 gut sein, 흐리다 bewölkt sein, 춥다 kalt sein, frieren, 덥다 heiß sein, 비 오다 regnen, 눈 오다 schneien, 황사 날아오다 gelber Sandwind wehen, 구름이 끼다 bewölkt sein

토마스: 오늘 날씨가 아주 화창해요. 어디 놀러 갈까요?
멜라니: 이렇게 화창한 날에는 산에 올라가는 것이 좋겠어요.
 춥지도 덥지도 않으니 등산하는데 최고예요.
토마스: 그렇지만 산에 올라가기에는 아까운 날이에요. 고궁으로 산책을 가는 게 어때요?
멜라니: 구름이 끼고 흐린 날에는 찻집이나 박물관으로 가는 것도 좋아요.

Dialog 13 Wetterbericht: Der gelbe Sand
Der Wetterbericht warnt vor dem „gelben Sandwind". Thomas gibt Melanie Tipps, wie sie sich bei diesem Wetter verhalten soll. Geben Sie für das Wetter in Deutschland Tipps.

일기예보: 오늘 중국에서 황사가 날아옵니다.
토마스: 멜라니 씨, 오늘 황사가 많이 날아온다는데 가능하면 외출을 삼가세요.
멜라니: 황사가 뭔지 몰라요.
토마스: 황사는 중국 고비 사막에서 날아오는 모래바람이에요. 마스크를 쓰세요.
멜라니: 일본 사람처럼 마스크를 쓰는 것은 싫어요. 그래도 수업에는 가야 해요.
토마스: 수업에 다녀온 후(에) 꼭 옷을 갈아 입으세요. 그리고 샤워도 해야 합니다.

단어집 Wortschatz

고비 사막	Wüste Gobi
마스크	Maske

Dialog 14
Pfarrer Kim und Professor Schmidt und Tim und Sumi unterhalten sich über diverse Personen. Beschreiben Sie selbst, nach dem Muster der beiden Dialoge, Personen, die Sie sehen bzw. Personen aus Ihrer Familie. Die Wörter im Kasten sollen Ihnen ein paar Anregungen liefern.

> 교수 Professor, 의사 Arzt, 변호사 Rechtsanwalt, 목사 Pastor, 과장 Abteilungsleiter, 사장 Firmendirektor, 오빠 älterer Bruder (von der Schwester aus gesehen), 누나 ältere Schwester (vom Bruder aus gesehen), 삼촌 Onkel (Vaters Bruder), 이모 Tante (Mutters Schwester), 형 älterer Bruder (vom Bruder aus gesehen), 운전기사 Busfahrer, 택시 기사 Taxifahrer, 조종사 Pilot

김 목사: 저 분은 뭐 하십니까?
슈미트 교수: 교수입니다.
김 목사: 교수인 저 분은 어느 나라 분이십니까?
슈미트 교수: 독일 사람입니다. 제 형님이십니다.
김 목사: 일요일인 내일 우리 교회에 두 분 초대해도 괜찮습니까?
슈미트 교수: 초청해주셔서 고맙습니다.
　　　　　　 운전기사가 집에 있으면 (자동)차로 오겠습니다.
팀: 수미 씨, 누나가 있어요?
수미: 언니와 오빠가 있어요.
　　　 팀 씨는 언니가 있어요?
팀: 나는 외아들이에요.

Dialog 15
Peter und Sibylle unterhalten sich darüber, was sie wann tun müssen. Bilden Sie nach dem Muster des Dialogs selbständig Sätze.

페터: 김 교수님을 만나기로 약속을 해서 춥지만 외출을 할 수 밖에 없어요.
시빌레: 눈이 오지만 저도 외출을 해요. 수업이 있어요.
페터: 일요일이지만 집에서 쉴 시간이 없어요.
시빌레: 즐겁게 놀다가 집에 돌아오세요.

Dialog 16   Vorschläge

Susanna und Tom trommeln ihre Freunde für einen gemeinsamen Ausflug zusammen und diskutieren über ein mögliches Ziel. Hören Sie zu. Bilden Sie nach dem Muster des Dialogs selbstständig Sätze mit Vorschlägen.

수산나:	정말 좋은 날씨예요. 놀러 가면 좋겠어요.
	바람이 살랑살랑 시원하고 덥지도 춥지도 않아요.
톰:	좋아요. 친구들 불러서 함께 갑시다.
수산나:	여기 휴대 전화기 있어요. 전화를 하시겠어요?
	안나, 토마스, 팀, 닉, 한나, 시빌레 모두 모였어요.
톰:	우리 어디로 놀러 갈까요? 북한 산성으로 가면 좋겠어요.
모두:	좋아요.
톰:	만장일치로 결정했습니다.

Dialog 17   Ordnungszahlen

Jeonga und Julia unterhalten sich und benutzen dabei zahlreiche Ausdrücke mit Ordnungszahlen. Können Sie nach dem Muster des Dialogs selbst Beispielsätze mit Ordnungszahlen bilden?

정아:	한국에 몇 번째 오셨어요?
율리아:	한국에 세번째 왔어요. 이제는 한국말을 좀 할 수 있어요.
정아:	이 호텔에서 며칠 계셨어요?
율리아:	닷새(째) 있어요.
	오늘이 며칠이에요?
정아:	오월 초하루예요. 노동절 휴일입니다.
	휴일에 한국어 몇 과를 공부했어요?
율리아:	제15과까지 공부했어요. 많이 했지요?

단어집 Wortschatz

휴일	Feiertag
노동절	Tag der Arbeiter

Dialog 18   Sobald …

Tim und Bora unterhalten sich, was sie machen, sobald …
Was machen Sie, sobald Sie diese Übung beendet haben? Bilden Sie nach dem Muster des Dialogs eigene Sätze. Die Verben im Kasten liefern Ihnen ein paar Anregungen.

가다, 도착하다, 먹다, 오다, 공부하다, 전화하다, 찾다, 읽다

보라:	팀 씨, 만나자 마자 왜 가려고 해요?
팀:	미안합니다. 막 안나한테서 전화가 왔어요.
	아파서 병원에 가야 해요.
보라:	다음에도 만나자 마자 나를 피하실거예요?
팀:	결코 그럴 일이 없어요.
보라:	교실에 학생이 없어요. 다 어디 갔어요?
팀:	비가 오자 마자 급히 집으로 갔어요.

단어집 Wortschatz	
피하다	vermeiden
결코	niemals

Dialog 19 Werden 게 되다

게 되다 drückt eine Entwicklung oder einen erreichten Zustand aus und wird oft mit *werden* übersetzt. Leider trifft diese Übersetzung nicht immer zu. Lesen Sie den Beispieldialog und versuchen Sie, eine passende Übersetzung für 게 되다 zu finden.

소라: 안나 씨, 어떻게 한국에 오게 되었어요?
안나: 교수인 아버지가 장학금을 주셨어요.
 한국어를 처음 시작할 때 힘들었지만 재미있게 되었어요.
팀: 나도 이제는 슬슬 한국어 배우는 것이 즐거워지기 시작해요.
 소라 씨도 독일어 배워요?
소라: 네, 이제 독일어를 좀 이해하기 시작했어요.
 그래서 독일어 하는 것이 즐겁게 되었어요.

Dialog 20 Gegensatzpaare

Bilden Sie nach dem Muster des Dialogs Sätze mit Gegensatzpaaren. Die Wörter im Kasten helfen Ihnen dabei.

> 크가, 작다, 많다, 적다, 있다, 없다, 웃다, 울다, 싸다, 비싸다

누가 키가 커요? 누가 안나보다 키가 작아요?
돈이 많아요? 아니요, 돈이 적어요.
이 옷이 비쌌어요? 아니요, 쌌어요.
안나가 울어요? 아니요, 안나가 기분이 좋아서 웃어요.
오늘 추워요? 아니요, 오늘 더워요. 바람이 시원해서 아주 좋아요.

단어집 Wortschatz	
기분	Laune, Stimmung, Gefühl

Dialog 21 서울역에서 Am Bahnhof in Seoul

Miseon und Conny unterhalten sich über Connys Reisepläne. Versuchen Sie selbst nach dem vorgegebenen Muster von einer Ihnen bevorstehenden Reise zu erzählen.

미선: 코니 씨, 어디 가세요?
코니: 경주에 여행 가요.
미선: KTX로 가세요? 몇 시 기차예요?
코니: KTX 오후 2시 40분 기차를 타고 가요.
미선: 호텔은 예약하셨어요?
코니: 네, 예약했어요.
미선: 경주에서 며칠 있을 예정이에요?
코니: 이틀 밤 예약을 했어요.
미선: 코니 씨, 잘 다녀오시기 바랍니다.

단어집 Wortschatz

고르다	aussuchen
아깝다	bedauerlich sein

Herzlichen Glückwunsch!

Wir sind nun am Ende des Lextra Sprachkurs Plus: Koreanisch angelangt und möchten uns an dieser Stelle für Ihre Motivation und Ihr Durchhaltevermögen bedanken.

Wir hoffen, der Kurs hat Ihnen Spaß gemacht und Ihnen dabei geholfen, der koreanischen Sprache etwas näher zu kommen.

Nun wünschen wir Ihnen viel Erfolg bei der Anwendung Ihrer bisher erlernten Sprachkenntnisse, vielleicht haben Sie sogar bald die Gelegenheit, diese im Land des Tigers und des Ginseng praktisch anzuwenden.

Sie können natürlich auch in Deutschland Ihre Kenntnisse weiter vertiefen. Schauen Sie dafür gerne auch auf unserer Webseite vorbei und machen Sie vom Extramaterial Gebrauch, das wir Ihnen dort zur Verfügung stellen.

Autoren und Redaktion

Kapitel 0

Übung zur den Grundvokalen　　ㅏ, ㅓ, ㅗ, ㅛ, ㅡ
Übung zu den Grundkonsonanten　ㄴ, ㄹ, ㅂ, ㅅ, ㅈ, ㅊ, ㅍ

1 Radio, Piano, Party, Team/Tim, Banane, Kaffee, Pizza, Coca Cola, Sofa, Asien, Hotel, Kamera, Bikini, Restaurant

3 Schleswig-Holstein 킬 *Kiel*, Mecklenburg-Vorpommern 슈베린 *Schwerin*, Hamburg 함부르크, Niedersachsen 하노버 *Hannover*, Bremen 브레멘, Sachsen-Anhalt 마그데부르크 *Magdeburg*, Brandenburg 포츠담 *Potsdam*, Berlin 베를린, Nordrhein-Westfalen 뒤셀도르프 *Düsseldorf*, Rheinland-Pfalz 마인츠 *Mainz*, Thüringen 에어푸르트 *Erfurt*, Sachsen 드레스덴 *Dresden*, Hessen 비스바덴 *Wiesbaden*, Saarland 자르브뤼켄 *Saarbrücken*, Baden-Württemberg 슈투트가르트 *Stuttgart*, Bayern 뮌헨 *München*

4 ㅇ ㅓ ㅡ ㅓ ㅁ ㅇ ㅏ ㅓ ㄱ (Musik) → 음악
　ㅅ ㅓ ㅣ ㅓ ㄴ ㅁ ㅓ ㅜ ㅓ ㄴ (Zeitung) → 신문
　ㅅ ㅓ ㅏ ㄹ ㅓ ㅏ ㅓ ㅇ (Liebe) → 사랑

6 크리스토프 Christoph, 크리스티안 Christian, 이리스 Iris, 파비안 Fabian, 율리아 Julia

크	리	스	토	프
리	도	영	율	말
스	리	이	리	러
티	사	중	아	네
안	호	파	비	안

Kapitel 1

1 **a** 안녕하십니까? **b** 안녕히 가십시오. **c** 안녕히 계십시오. **d** 안녕하세요? **e** 만나서 반갑습니다. **f** Vorname Nachname 입니다. Z. B. 토마스 랑입니다. 저는 독일사람입니다.

2 **a** 입니다. 입니까? **b** 먹습니다. 먹습니까? **c** 갑니다. 갑니까? **d** 만납니다. 만납니까?

3 **a** (저는) 한국 사람입니다. **b** (저는) 미국 사람이 아닙니다. **c** 슈테판은 독일 사람입니다. **d** 김철호는 한국 사람입니다. **e** 모리스는 프랑스 사람입니다.

4 안녕하십니까? 욕흔 슈미트입니다., 독일 사람입니다., 네, 저도 만나서 반갑습니다

5 **a** 독일 Deutschland **b** 미국 Amerika **c** 이탈리아 Italien **d** 프랑스 Frankreich **e** 한국 Korea **f** 영어 Englisch **g** 스웨덴말 Schwedisch **h** 독일어 Deutsch **i** 러시아어 Russisch **j** 프랑스말 Französisch **k** 한국 사람 Koreaner **l** 오스트리아인 Österreicher **m** 핀란드인 Finne **n** 일본인 Japaner **o** 독일 사람 Deutscher

6 만나다 treffen, sich treffen, 있다 sich befinden, vorhanden sein, 가다 gehen, 보다 sehen, lesen, 반갑다 erfreut sein, sich freuen, 돕다 helfen, 괜찮다 nichts ausmachen, keine Unannehmlichkeiten bereiten, 묻다 fragen

만	국	인	있	씁
나	합	가	다	보
다	갑	반	태	람
어	크	체	돕	다
괜	찮	다	영	물

Kapitel 2

1 a 토마스는 독일 사람이에요. **b** (저는) 한국어 선생이에요. **c** 학생이에요? 네, 학생이에요. **d** (저는) 한국말을 공부해요. **e** 영민이 한나를 사랑해요.

2 a 토마스가 한국 문화를 사랑합니다. Thomas = Subjekt, Koreanische Kultur = Objekt, Thomas liebt die koreanische Kultur. **b** 독일 사람이 한국말을 공부합니다. Der Deutsche / Die Deutsche = Subjekt, Koreanische Sprache = Objekt, Der Deutsche / Die Deutsche lernt Koreanisch. **c** 김철호가 토마스를 돕습니다. Kim Cheol-ho = Subjekt, Thomas = Objekt, Kim Cheol-ho hilft Thomas. **d** 김 선생님이 미국 사람을 만납니다. Lehrer(in) Kim = Subjekt, Amerikaner(in) = Objekt, Lehrer(in) Kim trifft einen Amerikaner / eine Amerikanerin.

3 a Guten Tag, ich bin Park Narae. Ich bin Studentin. Ich lerne Koreanisch. Ich liebe die koreanische Kultur. – Bild 3; **b** Guten Tag, ich bin Yu Mira. Ich bin Koreanerin. Ich bin Koreanischlehrerin. – Bild 1; **c** Guten Tag, ich bin Jack Jones. Ich bin Engländer. Ich bin Arzt. – Bild 2

4 a 교사 Lehrer (in einer Schule) **b** 의사 Arzt **c** 화가 Maler **d** 가수 Sänger **e** 택시기사 Taxifahrer **f** 목수 Schreiner

5 a 사요. Sie kauft. **b** 가요. Sie geht. **c** 노래해요. Sie singt. **d** 공부해요. Sie lernt. **e** 써요. Sie schreibt. **f** 주어요. Sie gibt. **g** 먹어요. Sie isst.

Kapitel 3

1 a Das Café ist der Ort, an dem eine Handlung (das Treffen) stattfindet, also wird -에서 verwendet: 카페에서 친구를 만나요. / 커피 숍에서 친구를 만나요. **b** Hier wird nur beschrieben, wo „ich" bin, keine Handlung, also wird -에 verwendet: 집에 있어요. **c** Hier wird der Ort einer Tätigkeit beschrieben, also wird -에서 verwendet: 집에서 일해요. **d** Hier wird beschrieben, wohin man geht, also wird -에 verwendet: 집에 가요. **e** Hier wird beschrieben, woher jemand kommt, also wird -에서 verwendet: 토마스는 미국에서 옵니다.

2 a 시장에 가려고 해요. **b** 집에 가고 싶어요? **c** 독일 친구가 한국에 가려고 해요. **d** 바나나를 한 개 먹고 싶어요. **e** 소라가 사과를 세 개 사고 싶어 해요.

3 a 토마스가 함부르크에서 옵니다. **b** 학교에서 공부를 합니다. **c** 서울에서 무엇을 하세요? **d** 친구가 집에서 책을 읽어요.

4 a 어디(에) 가요? **b** 친구를 어디에서 만나요? **c** 일본에 갑니까? 어디에 가려고 해요? **d** 한국에서 만나요.

5 a 맥주가 세 병 있어요. **b** 책이 두 권 있어요. **c** 커피가 두 잔 있어요. **d** 고양이 한 마리가 있어요. **e** 구두가 한 켤레 있어요. **f** 사과 두 개와 바나나 한 개가 있어요.

6 a 친구 두 명 이 커피 두 잔을 마셔요. **b** 한국어 책 세 권을 사요? **c** 여기 개 한 마리가 있어요? 아니요, 없어요. **d** 오늘 바나나 여섯 개와 사과 한 개를 삽니다. **e** 옷 한 벌, 구두 두 켤레, 맥주 3 병이 있어요. **f** 친구가 21살 입니다

Kapitel 4

1

누구	**a** 누구십니까? 누구세요? 안드레아입니다. / 안드레아예요. **b** 누구를 만납니까? 누구를 만나세요? 안드레아를 만납니다. / 안드레아를 만나요.	Wer sind Sie? Ich bin Andrea. Wen treffen Sie? Ich treffe Andrea.
누가	**c** 누가 전화를 해요? / 누가 전화를 합니까? 토마스가 전화를 합니다. / 토마스가 전화를 해요.	Wer telefoniert? Thomas ruft an.
어디(에)	**d** 책이 어디(에) 있어요? / 책이 어디 있습니까? 집에 있습니다. / 집에 있어요.	Wo befindet sich das Buch? Das Buch ist zuhause.
무엇이	**e** 무엇이 여기 있어요? / 여기 무엇이 있습니까? 책이 있습니다. / 책이 있어요.	Was gibt es hier? Es ist ein Buch.
무엇을	**f** 무엇을 찾으세요? / 무엇을 찾으십니까? 책을 찾습니다. / 책을 찾아요.	Was suchen Sie? Ich suche ein Buch.
언제	**g** 언제 시장에 가세요? / 언제 시장에 가십니까? 오후에 갑니다. / 오후에 가요.	Wann gehen Sie einkaufen? Nachmittags gehe ich einkaufen.
어떻게	**h** 어떻게 가세요? / 어떻게 가십니까?	Wie gehen Sie?
어느	**i** 어느 집에서 사세요? / 어느 집에서 사십니까?	In welchem Haus wohnen Sie?
어떤	**j** 어떤 집에서 사세요? / 어떤 집에서 사십니까?	In was für einem Haus wohnen Sie?
무슨	**k** 무슨 책을 보세요?/무슨 책을 보십니까? 한국어 책을 봅니다. / 한국어 책을봐요.	Was für ein Buch lesen Sie? Ich lese ein Koreanischbuch.
몇	**l** 사과 몇 개를 사세요? / 사과를 몇 개 사십니까? 사과를 세 개 삽니다. / 사과를 세 개 사요.	Wie viele Äpfel kaufen Sie? Ich kaufe drei Äpfel.
얼마	**m** 한국어 책이 얼마예요? / 한국어 책이 얼마입니까? 만이천원입니다. / 만이천 원이에요.	Was kostet das koreanische Buch? Es kostet 12,000 Won.

얼마나	n 한국에 얼마나 계세요? / 한국에 얼마나 계십니까? 한국에 한 달 있습니다. / 한국에 한 달 있어요.	Wie lange bleiben Sie in Korea? Ich bleibe einen Monat in Korea.
왜	o 왜 오늘 학교에 가세요? / 왜 오늘 학교에 가십니까	Warum gehen Sie heute in die Schule?
며칠	p 오늘이 며칠이에요? / 오늘이 며칠입니까? 이천십일년 4월 이십삼 일입니다. / 이천십일년 4월 이십삼 일이에요.	Was für ein Tag ist heute? Heute ist der 23. 04. 2011.

2 a (저는) 한국어 학원에 갑니다. **b** 이 학원은 이 집 4층 7호실에 있습니다. **c** 오늘 저녁에 토마스 랑 씨를 만납니다. 약속 시간은 오후 7시 35분입니다. / 오후 7시 35분에 만납니다. **d** 저는 1월에 미국에 갑니다.

3 a 여덟 시 삼십 분/반. **b** 오전 열 시 이십칠 분. **c** 오후 세 시 사십오 분. **d** 오후 일곱 시 십 분. **e** 저녁 열한 시 오 분.

4 시장에 갑니다. 그리고 오렌지 3 개와 배 한 개, 오이 한 개를 삽니다.

5 a 오후 두 시 삼십이 분 입니다. **b** 저녁 일곱 시 45 분에 만나요.

6 Die Nummer von Thomas ist: 011 4289 7356.

Wiederholungskapitel 1

Nützliche Ausdrücke 1
1c 2d 3a 4e 5b

Nützliche Ausdrücke 2
1e 2a 3b 4d 5c

Kapitel 5

1 a 무엇을 할 수 있어요? **b** 집에 가도 됩니까? **c** 시장에 가야 해요? 네. 시장에 가야 합니다. **d** 이 사과를 먹어도 좋습니까? 아니요, 안 됩니다. **e** 손야는 독일어를 잘 할 수 있어요?

2 a 함께 저기 가실까요? **b** 이 책을 읽어 보실까요? **c** 한국어 공부를 같이 하실까요? **d** 제가 이 과일을 살까요? **e** 토마스 씨가 어디 계실까요?

3 a 이 한국어 책을 사 주겠어요? **b** 길을 가르켜 드리겠습니다. **c** 읽어 주세요. **d** 한국말을 가르쳐 주세요.

4 a 이것이 무엇이에요? 그것은 책입니다. **b** 그 책이 한국어 책이에요? 네, 이 책은 한국어 책입니다. **c** 저기 누가 있어요? **d** 거기로 가시겠습니까? **e** 여기가 어디에요? **f** 여기로 오시겠어요?

5 Musterantwort: 한국말을 배우고 싶습니다. 영어는 잘 합니다. 한국어도 좀 할 수 있어요. 언제 한국에 가도 됩니까? 5월이 좋아요. 날씨가 좋습니다. 저기에 친구가 있습니다.

Kapitel 6

1 **a** 께서 **b** 께서, 에게 **c** 가, 한테 **d** 이, 에게 **e** 이, 께

2 **a** 부터, 까지 – Ist der Koreanischunterricht vormittags von 9 Uhr bis 11 Uhr?. **b** 부터, 까지 – Ich habe eine Verabredung. Und ich lerne mit Sonja von 10 bis 12 Uhr. **c** 에서. 까지 – Ich fahre mit dem KTX in 2 Stunden von Seoul nach Daegu. **d** 에서. 까지 – Von Frankfurt bis nach Seoul braucht man 10 Stunden. **e** 에서. 까지 – Wie lange braucht man von München bis nach Washington?

3 **a** 학교에 가요. 그리고 한국어를 공부해요. **b** 친구를 기다려요. 그래서 집에 있어요. **c** 공책이 있어요. 그런데 연필이 없어요. **d** 토마스가 기다려요. 그러면 가 보세요. **e** 친구를 기다려요. 그런데 / 그렇지만 친구가 안 옵니다.

4 **a** 밥을 먹고 맥주를 마십니다. **b** 책을 읽고 공부를 해요. **c** 영어를 가르치고 한국말을 배웁니다. **d** 고양이가 있고 개도 있어요. **e** 텔레비전을 보고 라디오를 듣습니다

5 **a** 이것이 → 이게; 그것이 → 그게; 저것이 → 저게 **b** 무엇이 → 뭐가, 뭣이 **c** 무엇을 → 무얼, 뭘 **d** 누구를 → 누굴 **e** 저는 → 전; 나는 → 난

Kapitel 7

1 **a** 언제 시장에 가셨어요/가셨습니까? 어제 오전에 갔어요/갔습니다. **b** 사과 두 개와 토마토를 일파운드사셨습니까/사셨어요? 아니요, 안 샀어요/샀습니다. **c** 오늘 오후에 무엇을 하셨어요? 한국어 공부를 했습니다. **d** 길에서 누구를 만나셨어요? 한나를 만났습니다.

2 **a** 비가 와서 집에서 책을 읽어요. **b** 한나를 사랑해서 한국어를 배웁니다. **c** 날씨가 좋아서 여행을 하려고 합니다. **d** 친구가 안 와서 찾으러 갑니다.

3 **a** 공부를 하고 있어요. **b** 밥을 먹고 있어요. **c** 읽고 있어요. **d** 친구를 만나고 있어요.

4 **a** 오늘 집에서 책을 안 읽어요. / 오늘 집에서 책을 읽지 않습니다. **b** 타미아가 과일을 사러 시장에 안 갑니다. / 타미아가 과일을 사러 시장에 가지 않아요. **c** 토비아스가 어제 친구를 안 만났어요. / 토비아스가 어제 친구를 만나지 않았습니다. **d** 왜 우유를 안 마셔요? / 왜 우유를 마시지 않습니까?

5 **a** 4 **b** 1

Kapitel 8

Übung mit CD

a 책이 가방 안에 있어요. **b** 구두가 있어요. **c** 곰 인형이 있어요. **d** 의자가 있어요. **e** 고양이가 있어요. **f** 토마스가 있어요. **g** 책상 위에 있어요.

1 **a** 김치찌개를 좋아해요. **b** 철호를 좋아합니다. **c** 아니요, 날씨가 좋지 않았어요./날씨가 안 좋았어요. **d** 네, 한국 문화를 좋아해요. **e** 비빔밥과 김치를 좋아합니다.

2 a 친구가 오면 맥주를 한 잔 같이 마시겠어요. **b** 비가 오면 시장에 가지 않겠어요. **c** 책방에 가면 한국어 책을 사겠어요. **d** 오늘 한국 음식/ 한식을 먹으면 꼭 비빔밥을 주문하겠어요. **e** 우리 김치찌개를 먹으러 가면 어떻겠어요?

3 a 책상 옆에 **b** 집 뒤에 **c** 집 앞에 **d** 가방 왼쪽에 나무가 (서)있어요. **e** 점심 식사 후에 맥주를 마시러 가요. **f** 한국어 수업 전에 한국어 책을 꼭 사야 해요.

4 a 미국에 비행기로 갑니다. **b** 경주에 기차로 갑니다. **c** 한국어 책으로 한국어를 배웁니다. **d** 안나가 컴퓨터로 숙제를 합니다.

Kapitel 9

1 a 보다 **b** 보다 더 **c** 보다 **d** 보다 **e** 보다

2 a 처럼 / 만큼 **b** 처럼 / 만큼 **c** 만큼 **d** 처럼 / 만큼 **e** 만큼

3 a 이 집은 그 집보다 더 커요. **b** 미리암은 필립처럼 커요. **c** 이 책이 그 책보다 훨씬 더 비싸요. **d** 이 아이는 저 남자보다 훨씬 더 젊어요 *(jung sein)*. **e** 이 자동차가 그 자동차만큼 비싸요.

4 a Der höchste Berg in Korea ist der Baekdu-san. **b** Die größte Stadt in Korea ist Seoul. **c** Der längste Fluss in Südkorea ist der Nakdonggang.

5 a Da ich gegessen habe, überfällt mich der Schlaf. **b** Da ich den Freund getroffen habe, möchte ich mit ihm zusammen Bier trinken. **c** Da ich morgen den Herrn treffen werde, treffen Sie bitte die (entsprechenden) Vorbereitungen.

6 a 5 **b** 1 **c** 4 **d** 3 **e** 2

Hinweis: Die Sätze sind alle mit einer verkürzten Variante von -(으)니까 konstruiert (siehe Grammatik, Punkt 4).

Kapitel 10

1 a Zahnschmerzen → 치과 의사에게 갑니다. **b** Durchfall → 내과 (의사)에(게) 갑니다. **c** gebrochener Arm → 정형외과에 갑니다. **d** krankes Kind → 소아과에 가요.

2 a Anna hatte Durchfall. Sie scheint zu viel gegessen zu haben. / Ich denke, sie hat zu viel gegessen. **b** Mein Mann scheint schlecht geschlafen zu haben. / Ich denke, dass mein Mann schlecht geschlafen hat. **c** Es scheint, dass Tim Sumi gestern nicht getroffen hat. / Ich denke, dass Tim Sumi gestern nicht getroffen hat. **d** Es scheint so, als ob Maria gestern gern Bibimbap essen wollte. / Ich denke, dass Maria gestern gern Bibimbap essen wollte.

3 a 먹지 말습니다 (x), 먹지 마세요 (✓), 먹지 말아요 (✓) **b** 찾지 말아요 (✓), 찾지 말습니다 (x), 찾지 마세요 (✓) **c** 옷을 걸지 마세요 (✓), 옷을 걸지 말아요 (✓), 옷을 걸지 말습니다 (x)

4 Musterantwort: 이 사과를 드십시오, 그 책을 읽으십시오, 학교에 공부하러 오십시오.

5 a 비빔밥은 맛있어요. 맛있는 비빔밥은 사람들이 다 좋아해요. (맛있다) **b** 마음이 좋은 토마스가 어디 있어요? (좋다) **c** 저기서 밥을 먹는 사람이 토마스예요? (먹다) **d** 지금 책을 읽습니다. 책을 읽고 있는/읽는 사람은 김 선생입니다. (읽다) **e** 한국을 좋아하는 손야가 한국말을 아주 잘 해요. (좋아하다)

Kapitel 11

1 a 빨간 **b** 빨강색, 노랑색, 파랑색 **c** 보라색 **d** 검정색 **e** 갈색

2 a 그의 고양이는 하얀색 / 흰색입니다. **b** 손야가 빨간색 자켓을 사고 싶어 해요. **c** 그 꽃은 프리지아입니다. **d** 들에 핀 유채꽃은 노란색이에요. **e** 벚꽃은 분홍색이에요. **f** 손야가 노란색 스웨터를 샀어요.

3 a 한나가 한국에 가기로 했어요. **b** 김창호가 내일 우리 집에 오기로 했어요. **c** 주말에 우리는 함께 등산을 가기로 했어요. **d** 토마스와 팀이 여름에 함부르크에 휴가여행을 가기로 했어요. **e** 어머니가 좋아하시는 그 책을 사서 선물로 드리기로 했어요.

4 Mögliche Antworten: **a** 피곤했기 때문에 잠을 잤어요. **b** 비가 왔기 때문에 집에서 컴퓨터 게임을 했어요. **c** 선물을 받았기 때문에 기분이 좋아요. **d** 그 책을 다 읽었기 때문에 다음 책을 살 수 있어요. **e** 돈이 없기 때문에 극장에 못 갔어요.

5 a 함께 한국어 공부를 했기 때문입니다. **b** 같이 극장에 가기로 했기 때문이에요. **c** 한나와 시장에 가서 채소를 사려고 했기 때문에 기다렸어요. **d** 함께 부산에 가려고 했기 때문이에요. **e** 생일 선물을 주려고 했기 때문에 기다렸습니다.

6 Mögliche Antworten: **a** 한국어 학원에 가다가 안나를 만났어요. **b** 백화점에 가다가 길에서 예쁜 옷을 보았어요. **c** 비가 왔다가 눈이 왔어요. **d** 어머니께서 오셨다가 가셨어요. **e** 친구를 찾다가 친구는 못 찾고 책을 샀어요.

7 a 누가 선생님을 기다리고 있어요. **b** 안나가 무엇을 찾고 있어요. **c** 저기 누가 앉아 있어요. **d** 저기에서 누군가 노래를 아주 잘 해요.

8 빨간 옷을, 노란 꽃을, 파란 물을, 파란 들을, 하얀 눈을, 하얀 옷을, 까만 구두를, 푸른 하늘을 봅니다.

9 봄 Frühling: 삼월 (März), 사월 (April), 오월 (Mai); 여름 Sommer: 유월 (Juni), 칠월 (Juli), 팔월 (August); 가을 Herbst: 구월 (September), 시월 (Oktober), 십일월 (November); 겨울 Winter: 십이월 (Dezember), 일월 (Januar), 이월 (Februar).

Kapitel 12

1 Die Partizipformen der Eigenschaftsverben

Eigenschaftsverb	-은 (bei Endung des Verbstamms auf einen Konsonanten)	-ㄴ (bei Endung des Verbstamms auf einen Vokal)	았, 었, 했던
많다 viel sein	많은 책 viele Bücher	–	많았던 책
좋다 gut sein	좋은 날씨 gutes Wetter	–	좋았던 날씨
아름답다 schön sein	아름다운 안나 schöne Anna	–	아름다웠던 안나
맵다 scharf sein	매운 김치 scharfes Gimchi	–	매웠던 김치
예쁘다 hübsch sein	–	예쁜 고양이 hübsche Katze	예뻤던 고양이

비싸다 teuer sein	–	비싼 선물 teures Geschenk	비쌌던 선물
바쁘다 beschäftigt sein	–	바쁜 선생님 beschäftigte/r Lehrer/in	바빴던 선생님
착하다 brav sein	–	착한 아이 braves Kind	착했던 아이
아프다 krank sein	–	아픈 아이 krankes Kind	아팠던 아이
고프다 hungrig sein	–	배가 고픈 친구 hungrige/r Freund/in	고팠던 친구

2 Die Partizipformen der Tätigkeitsverben.

Verben	Gegenwart	Vergangenheit	Zukunft	Beispielsatz (optionale Antwort)
자다 schlafen	자는	잔/ 잤던	잘	우리 집에서 잘 친구가 독일에서 왔어요.
먹다 essen	먹는	먹은/먹던	먹을	먹은 사과는 선물이었어요.
전화하다 telefonieren	전화하는	전화한/전화하던	전화할	전화한 사람이 친구예요.
찾다 suchen	찾는	찾은/ 찾던	찾을	어제 찾던 사람이 누구예요?
만나다 treffen	만나는	만난/ 만났던	만날	만날 선생님은 어디서 오세요?
마시다 trinken	마시는	마신/마셨던	마실	마실 물은 저기 있어요.
공부하다 lernen	공부하는	공부한/ 공부했던	공부할	함께 공부할 안나가 안 와요.
배우다 lernen	배우는	배운/배웠던	배울	내일 배울 한국어 숙제를 해요.
질문하다 Frage stellen	질문하는	질문한/질문했던	질문할	질문할 친구를 찾아요.
기다리다 warten	기다리는	기다린/기다렸던	기다릴	기다릴 친구는 안나예요.
가리키다 zeigen	가리키는	가리킨/가리키던	가리킬	그 곳을 가리키던 학생 이름이 뭐예요?
인사하다 begrüßen	인사하는	인사한/인사했던	인사할	인사하는 분이 아버지십니다.

3 a 공부를 하는데 안나가 왔어요. **b** 안나가 자고 있는데 토마스가 맥주를 함께 마시려고 왔어요. **c** 내가 자고 있는데 토마스가 왔어요. **d** 토마스가 우리에게 오는데 비가 와야 했어요?

4 a 오늘 한국어 공부를 했는데 내일은 영어 공부를 하겠어요. **b** 안나가 오늘 토마스에게 전화를 했는데 내일도 또 하려고 해요. **c** 아버지께서 매일 사과를 드셨는데 내일은 바나나를 드시려고 해요. **d** 오늘 저는 비빔밥을 주문했는데 내일도 은 김치찌개를 주문하겠어요.

5 환불하러왔습니다. 유로를 한국돈으로바꿔주세요. 여기 200유로입니다.

Kapitel 13

1 a Anna liegt im Zimmer und Thomas telefoniert gerade. **b** Auf dem Schreibtisch liegt das Koreanischbuch. **c** Wer steht hinter Sumi? Hinter Sumi steht Cheolho. **d** Wer sitzt dort? Kennen Sie ihn?

2 a Als ich gestern beim Lernen einschlief, hat es viel geregnet. **b** Als ich auf dem Markt Äpfel kaufte, hat mich jemand gegrüßt. Wer war das? **c** Wenn ich Anna treffe, kommt Yeonghui auch mit? **d** Als ich beim Gehen telefonierte, stieß ich mit jemandem zusammen.

3 Mögliche Antwort: **b** 한국에서 살아요. 그래서 한국어를 배울 수 밖에 없어요. **c** 비가 와서 집에서 책을 읽을 수 밖에 없어요. **d** 친구가 안 와서 기다릴 수 밖에 없어요. **e** 전화가 안 와서 내가 전화를 할 수 밖에 없었어요.

4 a 아니요, 한국에 간 적이 없어요. **b** 네, 안나를 만난 적이 있어요. **c** 네, 좀 공부한 적이 있어요. **d** 아니요, 영국에 가서 영어를 배운 적이 없어요. **e** 네, 피아노 연주를 한 적이 있어요. 참으로 잘 했어요.

5 Musterantwort **a**:
잠을 자면서 꿈을 꿉니다. Während des Schlafes träume ich.
밥을 먹으면서 전화를 해요. Während ich esse, telefoniere ich.
공부를 하면서 음악을 들어요. Während ich lerne, höre ich Musik.
음악을 들으면서 토마스와 이야기를 합니다. Während ich Musik höre, spreche ich mit Thomas.

Musterantwort **b**:
한국에 간 적이 아직 없어요.
Ich hatte niemals Gelegenheit nach Korea zu reisen. (Ich war niemals in Korea.)
뮐러 씨는 미국에 가신 적이 있어요?
Hatten Sie, Herr Müller, jemals die Gelegenheit nach Amerika zu reisen?
토마스 씨는 1년 전에 만난 적이 있습니다.
Ich traf Thomas vor einem Jahr.
한국 영화를 본 적이 없어요,
Ich hatte keine Gelegenheit den koreanischen Film zu sehen.
김치요? 먹어본 적이 없어요.
Gimchi? Ich hatte noch keine Gelegenheit es zu essen (auszuprobieren).

6 a 잘 **b** 아주 **c** 정말 **d** 매우,아주 **e** 대단히 **f** 너무, 몹씨

8 a 그 영화를 본 적이 있어요. / 그 영화를 본 적이 없어요. **b** 철호를 만난 적이 있어요? / 아니요, 만난 적이 없어요. **c** 한국에 간 적이 있어요? 아니요, 한국에 간 적이 없어요. **d** 그 책을 읽은 적이 있어요? 네, 그 책을 읽은 적이 있어요.

9 a (✓) **b** (x) **c** (x) **d** (✓) **e** (✓) **f** (x) **g** (✓)

Kapitel 14

1 Übersetzung:
Suyeong: Was bereiten Sie vor, bevor Sie nach Korea gehen?
Sandra: Bevor ich nach Korea gehe, muss ich zuerst ein Flugticket bestellen. Ich muss Geschenke für die Freunde suchen. Ich bereite die Kleider und Schuhe vor, die ich in Korea anziehe. Ich überlege mir vorher, welche Bücher ich dort lesen möchte, und mache eine Liste. Habe ich noch etwas vergessen?

2 a (✓) b (✗) c (✓) d (✗) e (✓)

3 a 네 b 아니요, 수미는 한국 친구예요. c 아니요, 두 사람은 호텔에서 만나요. d 네 e 아니요, 토마스가 함께 저녁을 먹으러 갑니다.

4 a Wer weiß, ob Tanja (tatsächlich) gerade Koreanisch lernt. b Ich vergewissere mich per Telefon, ob der Vater unterwegs nach Hause ist. c Ich bin neugierig, ob Lisa gut in Korea angekommen ist. d Wissen Sie, ob Stefan zum Treffpunkt kommt? e Es wäre gut, wenn ich wüsste, ob meine Mutter gegangen ist, um Freunde zu treffen. f Man kann in dem Bild nicht erkennen, ob es sich um einen Apfel oder eine Birne handelt.

5 a 아침을 빵, 우유, 계란과 잼으로 하겠습니다. b 경주에 기차로 가려고 합니다. c 김치찌개로 주문하겠어요. d 탕수육으로 주세요.

6 a 호텔에 어떻게 갑니까? b 방 있습니까? c 온돌방이 있어요? d 어디에서 아침을 먹을 수 있어요? e 한식 아침 식사가 얼마예요?

Kapitel 15

1 Draußen schneit es gerade. Heute und morgen wird es im ganzen Land viel schneien. Insbesondere auf dem Seorak-Berg und in der Gangwon-Provinz wird es zwischen 40- 50 cm schneien. Der Verkehr auf den verschneiten Straßen wird problematisch sein. Passen Sie auf den vereisten Straßen auf.
Seien Sie vorsichtig beim Ausgehen. / Bleiben Sie nach Möglichkeit zu Hause.
Lassen Sie Ihr Auto zu Hause und benutzen Sie die öffentlichen Verkehrsmittel. Das ist sicherer.
Dieser heftige Schneefall wird voraussichtlich ab morgen Abend aufhören.

2 a 아니오 b 아니오 c 네 d 아니오 e 네 f 아니오

3 a 어제는 춥지도 덥지도 않아서 이상적인 날씨였습니다. b 안나가 아픈 듯 합니다. 밥도 먹지 않고 마시지도 않아요. c 길이 꼭 막혀 차들이 앞으로 나가지도 뒤로 가지도 못합니다.

4 a 네, 안나가 첫번째 손님입니다. b 네, 오늘이 5월 초하루입니다. c 제8과와 제9과를 다 배웠어요. d 네, 대전에서 이틀 있었어요. e 네(번)째 손님입니다.

Kapitel 16

1 a Thomas hatte den Wunsch, nach Korea zu reisen und nun wird er das im nächsten Monat tun (*wörtl.*: wird er im nächsten Monat nach Korea gehen). b Anna ist glücklich, weil sie das Stipendium für England erhalten hat. c Tom, der Sybille nicht mochte, mag sie nun sehr gern. d Ist Anna Ärztin geworden? Ja, sie ist Ärztin geworden. Gratulieren Sie ihr!

2 a 누구에게서 전화가 온 줄 알아요? 네, 김 선생님에게서 왔어요. Wissen Sie, von wem das Telefonat gekommen ist? Ja, es kam von Herrn Kim. **b** 그 책을 누구한테서 받으셨어요? 안나한테서 받았어요. Von wem haben Sie das Buch erhalten? Von Anna habe ich es bekommen. **c** 토마스에게서 이메일을 받았어요? 아니요, 못 받았어요. Haben Sie von Thomas eine Email bekommen? Nein, ich bekam sie nicht. **d** 한나한테서 고양이 한 마리를 선물 받았어요. Ich bekam als Geschenk eine Katze von Hanna.

3 a 비가 와서 빨리 집에 가려던 참이었어요. **b** 비빔밥과 김치를 혼자 먹을(먹으려던) 참이었어요. **c** 한국어 숙제를 하려던 참이었어요. **d** 언제 안나를 만나려던 참이었어요? 내일 만날 참이었어요..

4 a 지금 밖에 비가 오기 시작합니다. **b** 이 책을 막 읽기 시작했어요. **c** 교실에서 지금 누가 노래하기 시작했어요? **d** 눈이 오기 시작하는데 누가 오기로 했어요?

5 a 키가 큰 토마스가 키가 작은 안나보다 빨라요. Thomas, der größer ist als Anna, ist auch schneller. **b** 한나는 우유를 싫어하지만 맥주는 좋아합니다. Hanna trinkt ungern Milch, aber gerne Bier. **c** 안나가 울어요. 그런데 아기가 웃습니다. Anna weint, aber das Kind lacht. **d** 이 자켓은 비쌌어요. 그렇지만 저 바지는 싸게 샀어요. Diese Jacke war teuer, aber jene Hose dort habe ich billig gekauft.

6

	음악을 듣다	개와 놀다	친구들과 놀러 가다	읽다	극장에 가다	외국어 배우다	여행하다
하이케				X		X	
팀		X			X		X
수미	X		X				

Übersetzung zu den Dialogen

Kapitel 5
Dialog 1

Ausländer:	Entschuldigung. Darf ich Sie nach dem Weg fragen?
Koreaner:	Was soll ich machen? Ich spreche schlecht Englisch. Können Sie Koreanisch?
Ausländer:	Ja, ich kann ein bisschen Koreanisch.
Koreaner:	Dann ist es gut. Wie kann ich Ihnen helfen?
Ausländer:	Wie komme (*wörtl.:* gehe) ich in die Dongsung-dong?
Koreaner:	Hier befinden wir uns in Jongno 2 ga. Sie steigen in der Jongno 3ga in die U-Bahn ein und steigen in der Jonggno 4 ga um.
Ausländer:	Würden Sie (bitte) langsamer sprechen. Ich kann Sie nicht gut verstehen.
Koreaner:	Ja, ich werde sehr langsam sprechen.

Dialog 2
a
Was ist das?
Das ist ein Koreanischbuch.
Ist das (bei Ihnen) ein Bild?
Nein, das ist eine Landkarte von Korea.

Was ist das da drüben?
Das da drüben ist ein Koreanischbuch.
b
Ist dieses Haus das koreanische Sprachinstitut?
Nein, das ist unser Haus.
Kommt der Freund aus Amerika?
Ja, der Freund kommt aus Amerika.
Jener dort drüben ist Deutscher?
Ja, jener da drüben ist Deutscher.
c
Wo befinden wir uns? (*wörtl.:* Wo ist hier?)
Hier ist Seoul.
Wann gehen Sie dorthin?
Ich werde heute Nachmittag um 2.30 Uhr dorthin gehen.
Wer telefoniert da drüben?
Da drüben telefoniert Philipp.
Dort drüben ist ein Audi (*wörtl.:* Audi-Auto)
Sora möchte sich das Auto da drüben kaufen.

Dialog 3

Sonja:	Wann darf ich nach Hause gehen?
Lehrerin Song:	Sie dürfen um 3.45 Uhr nachmittags gehen.
Sonja:	Was können wir tun?
Lehrerin Song:	Wir müssen das koreanische Buch lesen.
Sonja:	Was kostet dieses koreanische Buch?
Lehrerin Song:	7950 Won.
Sonja:	Warum muss ich das Buch kaufen?
Lehrerin Song:	Sie müssen Koreanisch lernen.
Sonja:	Ja, ich möchte gut Koreanisch sprechen.
Lehrerin Song:	Am Abend kommt ein Freund. Deshalb wünsche ich mir, dass mein Mann heute Abend früher nach Hause kommt. Sonja, jetzt dürfen Sie gehen.
Sonja:	Auf Wiedersehen, Frau Lehrerin. (*wörtl.:* Gehen Sie in Frieden) Ich muss nun zum Supermarkt, um Brot und Milch zu kaufen.

Kapitel 6
Dialog 1
Die Lehrerin Son Sumi wartet im Klassenzimmer auf die Studenten.

Hanna:	Besuchen Sie die Koreanischschule?
Kevin:	Ja, so ist es.
Hanna:	Wann ist (Ihr) Koreanischunterricht?
Kevin:	Von 9 bis 12 Uhr.
Hanna:	Sind in Ihrer Klasse auch viele Freunde aus anderen Ländern? (*wörtl.:* Kevins Klasse)
Kevin:	Selbstverständlich. Es gibt sehr unterschiedliche: Engländer, Chinesen, Japaner.
Hanna:	Im Klassenzimmer sind 10 Tische. Wie viele Stühle müssen da sein?
Kevin:	An einem Tisch sitzen 4 Personen. Dann sind es 40 Stühle.
Hanna:	Was machen Sie am Nachmittag?

Kevin: Ich will in der Innenstadt mit Freunden zu Mittag essen und auch ein Glas Bier trinken. Das Koreanischlernen ist schwierig und interessant. Aber ich kenne nicht viele Wörter. Das macht das Lernen noch schwieriger.

Dialog 2
Takeshima: Was macht die Lehrerin jetzt?
Maria: Sie wartet auf die Koreanischstudenten.
Takeshima: Wessen Karton ist das?
Maria: Der Karton gehört Hanna.
Takeshima: Will Hanna jemandem ein Geschenk geben?
Maria: Ja, Hanna will der Katze ein Geschenk geben. Die Katze wird ein Jahr alt.
Takeshima: Dann wird Hanna der verehrten Frau Katze etwas schenken?
(Wortspiel: Die Höflichkeitsform wird nur Menschen gegenüber verwendet, einer Katze gegenüber nicht. Diesen Scherz mit der unpassenden Höflichkeitsform kann man im Deutschen nur schwer nachmachen.)
Maria: Hahaha, Herr Takeshima, Sie scherzen gut.

Dialog 3
Sora: Wo ist Migyeong?
Tamia: Sie gibt der Katze Futter. Und auch ihrem Freund einen Apfel.
Sora: Tamia, wann ist der Koreanischunterricht?
Tamia: Heute Nachmittag um 2 Uhr.
Sora: Wie lange dauert der Unterricht?
Tamia: Von 2 bis 4 Uhr.
Sora: Wohin fahren/gehen Sie am Wochenende?
Tamia: Ich beabsichtige mit einem japanischen Freund nach Gwangju zu fahren. Und von Seoul nach Gwangju dauert es ca. 4 Stunden.
Sora: Das wird schön. Kommen Sie gut zurück.

Kapitel 7
Dialog 1
Lehrer Park: Aus welchem Land kommen Sie?
Tobias: Ich komme aus Deutschland.
Betty: Ich komme aus Amerika.
Jane: Ich komme aus England.
Minghui: Ich komme aus China.
Melissa: Ich komme aus Australien.
Peter: Ich bin aus den Niederlanden gekommen.
Lehrer Park: Peter, Sie kommen aus den Niederlanden. Warum ist die Antwort von Peter falsch? Wo ist der Fehler? Wer kann die richtige Antwort geben?

Hinweis: Hier ist die Antwort zu Lehrer Parks Frage: Der Teil des Dialogs, der zwischen Peter und dem Lehrer stattfindet, beinhaltet ein kleines Wortspiel. Peter sagt 네덜란드에서 오아요. Das ist eine wörtliche Übersetzung des deutschen Satzes *Ich komme aus den Niederlanden*. Im Koreanischen müsste er jedoch sagen 네덜란드에서 왔어요. Was so viel heißt, wie *Ich bin aus den Niederlanden gekommen*.
Im Koreanischen ist die Verwendung der Zeiten also genau anders als im Deutschen. Sind Sie gerade eben aus den Niederlanden gekommen, sagen Sie 네덜란드에서 오아요 (*wörtl.:* ich komme

aus den Niederlanden). Kommen Sie (allgemein) aus den Niederlanden, sind aber vielleicht schon in Korea, benutzen Sie 네데란드에서 왔어요 (*wörtl.:* Ich bin aus den Niederlanden gekommen).

Dialog 2
Lehrer Kim: Herr Prof. Schmidt, wo waren Sie gestern?
Professor Schmidt: Da es ein Wochenende war, habe ich Gyeongju besucht.
(Das 네 ja bedeutet hier so viel wie ja, ich habe die Frage verstanden. Im Deutschen bleibt es in diesem Kontext oft unübersetzt.)
Lehrer Kim: Ah, dann war das Wetter in Gyeongju schön?
Professor Schmidt: Ja, es war sehr gut. Da es nicht heiß war, konnten wir eine Namsan Bergwanderung genießen.
Frau Schmidt: Da Gyeongju viele historisch-kulturelle Stätten hat, hat die Zeit hat (gar) nicht gereicht. Am nächsten Wochenende wollen wir die Festung Hwaseong in Suwon und das Freilichtmuseum in Yongin besichtigen.
Lehrer Kim: Wann haben Sie geheiratet?
Frau Schmidt: Wir haben vor sieben Jahren geheiratet. Und vor einem Jahr sind wir nach Korea gekommen.

Eine Email an einen Koreanischlehrer
Glückwunschbrief zum Geburtstag

An Herrn Prof. Kim Mun-su
Guten Tag, Herr Lehrer. (*wörtl.:* befinden Sie sich in Frieden, Herr Lehrer?) Wie geht es Ihnen? Mir geht es gut. Sie haben das Winterwetter in Süddeutschland bereits erlebt. Jetzt hat es viel geschneit und es ist sehr kalt. Ich hoffe (*wörtl.:* wünsche mir), dass das Winterwetter in Korea gut ist. Gestern war Sonjas Geburtstag. Wir haben deshalb gefeiert. Sonja ist nun 23 Jahre alt.
Ist morgen nicht Ihr Geburtstag? Deshalb will ich Ihnen zum Geburtstag gratulieren. Herzlichen Glückwunsch!
Zu Sonjas Geburtstag bin ich zum Kaufhof gegangen und habe ihr eine Musik-CD gekauft.
Dann, auf Wiedersehen (*wörtl.:* bleiben Sie in Frieden)!

Dialog 3
Cheol-su: Sind Sie gestern nicht in die Schule gegangen?
Tom: Ja (, Sie haben Recht), ich bin nicht in die Schule gegangen.
Cheol-su: Warum sind Sie nicht gegangen?
Tom: Weil es Sonntag war, habe ich zu Hause ein Buch gelesen.
Anna: Tom, haben Sie sich am Wochenende mit Sonja getroffen?
Tom: Ja, ich habe Sonja getroffen. Wir haben zu Mittag gegessen und sind dann ins Kino gegangen.

Kapitel 8
Dialog 1
Tim: Wollen wir heute zum Mittagessen gehen?
Tanja: Ja, gut, wohin sollen wir gehen?
Tim: Wir sollten zum Gimchijjigaeessen gehen.
Tanja: Ich möchte Bibimbap essen. Und ich werde auch immer wieder Gimchi bestellen.
Tim: Mögen Sie koreanisches Essen?

Tanja:	Ja, sehr gern. Tim, warum essen Sie gern Gimchijjigae?
Tim:	Gimchijjiae ist sehr scharf und heiß, deswegen ist es angenehm erfrischend.
Tanja:	Welche koreanischen Gerichte haben Sie außerdem gern?
Tim:	Das sind zu viele, die kann ich nicht alle aufzählen.
Tanja:	Das ist okay. Mir geht es genauso.

Dialog 2

Angestellter:	Willkommen! Wollen Sie hier Platz nehmen?
Gäste:	Hallo, zeigen Sie uns bitte die Speisekarte.
Angestellter:	Ja, hier ist sie. Was möchten Sie essen?
Gäste:	Gibt es in diesem Restaurant Spezialitäten?
Angestellter:	Selbstverständlich. Wir empfehlen Ihnen Japchae, Tangsuyuk, Samgyeopsal-gui und Hanjeongsik.
Gäste:	Ich werde dann Bulgogi und Hanjeongsik für mich und Tangsuyuk für den Freund bestellen. Ist Tangsuyuk scharf?
Angestellter:	Nein, Tangsuyuk ist nicht scharf, eher süß. Was wollen Sie trinken (*wörtl.:* als Getränke)?
Gäste:	1 (Flasche) Bier und 1 (Flasche) Cola und 4 Gläser.
Angestellter:	Hier sind die bestellten Gerichte. Guten Appetit. Wasserflasche, Gimchi, Sojasoße und Salz sind auf dem Tisch und das Besteck ist in der Schublade unter dem Tisch.
Gäste:	*(nach dem Essen)* Was kostet alles zusammen?
Angestellter:	Alles zusammen macht 19,000 Won. Hier sind 1,000 Won Wechselgeld. Wir danken Ihnen. Kommen Sie wieder!

Wiederholungskapitel 2
Dialog 1
Mit Zeigewörtern:
A: Ist dies ein Bild?
B: Nein, das ist kein Bild. Das ist ein Foto.
A: Was ist das?
B: Das ist Kaffee.
A: Ist das dort ein Bilderbuch?
B: Ja, das Buch dort ist ein deutsches Bilderbuch.
A: Ist jener Mann dort Thomas?
B: Nein, jener Mann dort ist Herr Kim Cheolho.
A: Wer ist dieser Mann?
B: Dieser Herr ist ein Deutscher.

Fragen nach dem Ort:
A: Wo ist hier? Hier ist die Koreanisch-Sprachschule.
B: Wie kommen Sie dorthin?
A: Ist das unsere Kirche dort? Befindet sich dort die Schule, die Sprachschule, der Bahnhof?
B: Ja, dort ist die Schule, die Sprachschule, der Bahnhof.

Dialog 2
A: Was macht Anna gerade?
B: Anna lernt gerade.
A: Was isst Anna gerade?
B: Sie isst gerade einen Apfel.
A: Was macht der Lehrer / die Lehrerin gerade?
B: Er / Sie liest gerade ein Buch.

Dialog 3
A: Was macht der Großvater?
B: Der Großvater liest ein Buch.
A: Der Großvater isst eine Banane.
B: Der Großvater trifft Tim.
A: Der Großvater sucht Schuhe.
B: Der Großvater telefoniert.
A: Der Großvater nimmt einen Anruf entgegen.

Dialog 4
Sonjas Wunsch
Sonja: Tim, wollen Sie nach Korea fahren? Ich möchte auch nach Korea. Und ich möchte auch gut Koreanisch sprechen. Weil ich gerne Gimchi esse, möchte ich auch viel davon essen.

Dialog 5
Jeol Ho: Wohin wollen wir am Wochenende gehen?
Anja: Es wäre schön, wenn wir nach Gyeongju fahren. Schön wäre es, wenn wir nach Berlin fahren.

Was mag Thomas?
Thomas mag Katzen sehr.
Wer mag Anna?
Jener Mensch dort mag Anna.
Welche Musik mögen Sie?
Ich mag Klavierkonzerte von Beethoven.
Wohin möchten Sie in den Ferien gehen?

Dialog 6
Tim: Myeonghi, können Sie mir dieses Buch vorlesen?
Myeonghi: Ja, ich lese es Ihnen vor.
Tim: Myeonghi, ich habe Kopfschmerzen. Wollen Sie den Lehrer für mich anrufen?
Myeonghi: Ja, ich werde (ihn) für Sie anrufen.

Tom: Helfen Sie mir!
Sujin: Wie soll ich Ihnen helfen?
Tom: Wo kann ich ein Koreanischbuch kaufen?
Sujin: Ah, kommen Sie hier entlang.
Tom: Ich möchte mit Ihnen Kaffee trinken.
Sujin: Es tut mir leid. Ich habe keine Zeit. Ich muss zu Hause meiner Mutter helfen. Und da Thomas keine Hausaufgaben macht, bin gerade dabei, ihm zu helfen.

Dialog 7
Tina: Zu wem sind Sie gestern gegangen?
Sarah: Ich ging zu Anna.
Tina: Wen haben Sie gerade angerufen?
Sarah: Meinen Freund.
Tina: Wessen Geburtstag ist es?
Sarah: Da morgen der Geburtstag von Youngsu ist, beschloss ich, Youngsu ein Geschenk zu senden.

Dialog 8 Dativ *(honorativ)*
Was macht der Großvater?
Der Großvater liest ein Buch.
Der Großvater isst eine Banane.
Der Großvater trifft Tim.
Er sucht nach den Schuhen.
Er telefoniert.
Er nimmt einen Anruf entgegen.
Ich gebe dem Großvater Kaffee.
Dem Direktor reiche ich die Schuhe.
Ich gebe dem Direktor eine Tasse Kaffee.

Dialog 9
Peter: Woher kommen Sie, Sonja?
Sonja: Ich komme aus Deutschland. Und Sie, Peter?
Peter: Ich komme aus Washington in Amerika. Kommen Sie, Pierre, auch aus Deutschland?
Pierre: Nein, ich komme aus Frankreich. Dort, der Herr da drüben, kommt aus Italien. Und der hier aus England. Heute Nachmittag wird Masako aus Japan kommen. Aber ist der Brief aus Seoul gekommen?
Peter: Ja, sie ist aus Seoul gekommen.

Dialog 10
Tobias: Jieun, können Sie mit mir ein Buch kaufen gehen?
Jieun: Entschuldigung. Ich kann nicht mitgehen, da ich eine andere Verabredung habe.
Tobias: Also dann, darf ich im Institut auf Sie warten?
Jieun: Ja, aber wir müssen zusammen Koreanisch lernen. Heute machen Sie unbedingt die Hausaufgabe.
Tobias: Verstanden. Ich werde es tun.

Dialog 11
Tobias: Jieun, es wäre gut, wenn wir am Samstag ins Kino gehen.
Jieun: Entschuldigung. Heute habe ich eine Verabredung.
Tobias: Wie ist es morgen, am Sonntag?
Jieun: Am Sonntag muss ich in die Kirche. Nicht möglich.
Tobias: Ist es dann am nächsten Donnerstag oder Freitag möglich?
Jieun: O.K. (*wörtl.:* Ist gut.) Wir treffen uns am Freitag und gehen ins Kino.
Tobias: Ist am Mittwoch Koreanischkurs?
Jieun: Nein, am Donnerstag.
Tobias: Am Montag kommt Thomas aus Deutschland nach Korea.

Jieun: Tobias, verstehen Sie die Bedeutung der Wochentage? Der Sonntag ist der Sonnentag, Montag ist der Mondtag, Mittwoch ist der Wassertag, Donnerstag ist der Holztag, Freitag ist der Goldtag und Samstag ist der Erdetag.
Tobias: Uah, ich habe wirklich viel gelernt. Danke!

Dialog 12
Was ist auf diesem Tisch? Da ist ein Computer.
Ist unter dem Tisch eine Katze? Nein, da sind Schuhe.
Wer ist neben dem Stuhl? Tim.
Ist das Telefon hinter dem Computer? Nein, vor dem Computer.
Was ist rechts vom Schreibtisch? Die Blumen.
Ist Anna hinter dem Tisch? Nein, sie ist vor dem Tisch.
Befindet sich eine Katze im Zimmer? Ja, es gibt zwei Katzen.
Wo ist die Katze? Sie ist mitten im Zimmer.
Was ist unter dem Tisch? Da sind Schuhe.

Dialog 13
Sonja: Was wollen wir tun, wenn das Wetter schön ist?
Wenn das Wetter schön ist, gehen wir spazieren.
Wenn das Wetter schön ist, gehen wir Bier trinken.
Wenn das Wetter schön ist, gehen wir zur Stadtbesichtigung.

Tobias: Was tue ich / tun wir, wenn es regnet?
Ich trinke ein Bier. / Wir trinken ein Bier.
Ich singe. / Wir singen.
Ich treffe Freunde. / Wir treffen Freunde.
Ich schreibe zu Hause einen Brief. / Wir schreiben zu Hause einen Brief.
Zu einer Stadtbesichtigung zu gehen wäre gut.

Dialog 14
Tim: Maria, schreiben Sie gerade zu Hause einen Brief?
Maria: Nein, ich schreibe keinen Brief.
Tim: Dann lernen Sie gerade?
Maria: Nein, ich lerne nicht.
Tim: Was machen Sie dann?
Maria: Ich spiele ein Computerspiel.

Dialog 15
Warum sind Sie gestern nicht gekommen?
Ich war zu Hause, weil es geregnet hat.
Ich konnte nicht zum Unterricht kommen, weil ich eine Verabredung hatte.
Ich habe mich zu Hause ausgeruht, da ich krank war.
Ich hatte keine Kraft, weil ich nicht geschlafen hatte.

Dialog 16
Was haben Sie gemacht, Anna?
Ich bin ins Kaufhaus gegangen und habe ein Kleid gekauft.
Ich habe eine/n Freund/in getroffen und wir sind Bibimbab essen gegangen.
Ich bin zum Krankenhaus gegangen und habe den Arzt getroffen.

Ich habe eine Kamera gekauft und bin in die Stadt gegangen, um Fotos zu schießen.
Ich bin in die Bank gegangen und habe Geld geholt.

Dialog 17
Stephanie:	Wir gehen Gimchijjigae essen.
Tom:	Gimchjjigae ist zu scharf und zu heiß. Es haut einen um.
Stephanie:	Es ist scharf und heiß, aber es schmeckt gut.
Tom:	Ist Bibimbab ebenso heiß? Dann esse ich es nicht.
Tom:	Ist es heute kalt oder heiß?
Stephanie:	Gestern war es kalt. Ab heute Nachmittag ist es heiß.
Tom:	Diese Blume ist schön. Stephanie ist auch schön

Dialog 18
Tina:	Wann ist der Koreanischunterricht?
Lehrer Kim:	Mittwochs, von 9 bis 12 Uhr.
Tim:	Tina, wann sind wir verabredet (*wörtl.:* Wann ist die Verabredungszeit?)?
Tina:	Heute um 19 Uhr.
Tim:	Wie lange dauert es von Deutschland nach Seoul?
Tina:	Von Deutschland nach Seoul dauert es 10 Stunden.

Kapitel 9
Dialog 1
Passant:	Wonach suchen Sie?
Paula:	Ich suche nach einer U-Bahn-Station.
Passant:	Wohin wollen Sie fahren?
Paula:	Zum Dongdaemun-Markt.
Passant:	Hinter dem Sejong Kulturcenter am Gwanghwamun befindet sich die Station der Linie 5. Fahren Sie mit der Linie 5, steigen Sie in der Jongno 3-Station um auf die Linie 1. Und dann steigen Sie an der Dongdaemun Station aus, direkt dort beginnt der Markt.
Paula:	Ja, ich verstehe.
Passant:	Dort können Sie alles kaufen: Kleider, Stoffe, Alltagsgegenstände. Der Preis ist auch günstig. Sie können vor allem modische Kleider kaufen.
Paula:	Vielen Dank.

Dialog 2
Jutta:	Hallo, ich möchte zur Samseong-Station.
Passant:	Ja, hier befinden Sie sich am Eingang von Insa-dong, direkt auf der rechten Seite ist die Anguk-Station der Linie 3.
Jutta:	Danke, aber was kostet (eine Fahrt)?
Passant:	Circa 1000 Won. Kaufen Sie eine Gyotongcard, darin ist bereits das Pfand enthalten. Vergessen Sie nicht, das Pfandgeld (aus dem Automaten) herauszunehmen.
Jutta:	Wo kann man ein Taxi nehmen?
Passant:	Wollen Sie mit dem Taxi fahren? Von hier bis zur Samseong-Station ist die U-Bahn viel schneller als ein Taxi.

Kapitel 10
Dialog 1
Sonja: Ich hatte am gestrigen Abend starke Halsschmerzen. Ich scheine erkältet zu sein.
Akiko: Tut der Hals sehr weh?
Sonja: Ja, ich habe kaum geschlafen.
Akiko: Dann wäre es gut, wenn Sie zum Arzt gehen.
Sonja: Zu welchem Arzt soll ich gehen?
Akiko: Zum Internisten. Da gibt es einen Arzt, den ich gut kenne.
Sonja: Wollen Sie mich begleiten?
Akiko: Das ist nicht möglich, da ich Koreanischunterricht habe. Ich werde Sie telefonisch anmelden.
Sonja: Ich habe jetzt eine Verabredung. Kann ich in zwei Stunden (*wörtl.:* zwei Stunden später) gehen?

Dialog 2
Krankenschwester: Sind Sie die Patientin Sonja?
Sonja: Ja, das bin ich.
Krankenschwester: Wo tut es (Ihnen) weh?
Sonja: Der Hals tut sehr weh und ich scheine Fieber zu haben.
Krankenschwester: Warten Sie einen Augenblick in diesem Behandlungszimmer.
Arzt: Guten Tag (*wörtl.:* Befinden Sie sich in Frieden?). Ich bin (Ihr behandelnder) Arzt Kim Yeongchul.
Sonja: Guten Tag (*wörtl.:* Befinden Sie sich in Frieden?) Herr Doktor Kim, ich bin gekommen, weil ich Halsschmerzen habe.
Arzt: Sagen Sie *ah*. Er (der Hals) ist ein bisschen geschwollen. Das sieht nach einer Erkältung aus. Sie brauchen sich keine Sorgen zu machen. Lassen Sie sich von der Krankenschwester ein Rezept geben und gehen Sie in die Apotheke. Nehmen Sie das Medikament dreimal nach den Mahlzeiten ein.
Sonja: Danke, Herr Doktor. Auf Wiedersehen (*wörtl.:* Bleiben Sie in Frieden).
Arzt: Auf Wiedersehen (*wörtl.:* Gehen Sie in Frieden).

Dialog 3
Sonja: Guten Tag (*wörtl.:* Befinden Sie sich in Frieden?). Ich bin gekommen, um Medikamente zu kaufen.
Apotheker: Ja, guten Tag (*wörtl.:* Befinden Sie sich in Frieden?). Geben Sie mir das Rezept? Nehmen Sie dreimal täglich jeweils eine Tablette nach den Mahlzeiten ein. Brauchen Sie noch etwas?
Sonja: Ja, geben Sie mir bitte eine Handcreme und Augentropfen.
Apotheker: Hier sind sie. Das macht 25000 Won (*wörtl.:* Der Preis ist 25000 Won.)
Sonja: Hier sind 30000 Won.
Apotheker: Hier sind 5000 Won Wechselgeld. Auf Wiedersehen.
Sonja: Auf Wiedersehen (*wörtl.:* Bleiben Sie in Frieden).

Kapitel 11
Korea stellt sich vor
Welche Farbe hat das Blatt des Ginko-Baumes, wenn es Herbst wird?
Die Blätter des Ginko-Baumes in den Alleen sind gelb.
Die Herbstblätter in Korea sind wirklich sehr schön.
Es gibt so viele Besucher auf dem Seorak-san und dem Naejang-san.
Wenn Sie auch in Seoul rote Herbstblätter genießen wollen, gehen Sie zum Bukhan-san.
Es wird unvergesslich sein, wenn Sie den vom Schnee bedeckten Seorak-san sehen.
Im Frühling blühen rosafarbene Kirschblüten am Straßenrand.
Korea ist an drei Seiten vom Meer umgeben.
Möchten Sie das blaue Meer im Sommer sehen?

Hinweis: Die Nachsilbe *-san* bedeutet immer *Berg*. Sie wird im Deutschen manchmal direkt an den Namen des Berges angehängt, manchmal auch mit einem Bindestrich abgetrennt.

Dialog 1
Sora: Wohin reisen Sie an diesem Wochenende?
Tina: Ich habe beschlossen, nach Jeju-do zu fahren, um die gelben Rapsblumen zu sehen.
Sora: Fahren Sie nicht zum Kirschblütenfest in Gyeongju?
Tina: Ich will in diesem Frühling nur nach Jeju-do fahren.
Sora: Viel Spaß! (*wörtl.:* Kommen Sie nach vergnügter Zeit zurück.)

Hinweis: Die Nachsilbe *-do* bedeutet *Insel*. Wie im Falle von *-san Berg* wird sie im Deutschen manchmal direkt an den Namen der Insel angehängt, manchmal auch mit einem Bindestrich abgetrennt.

Dialog 2
Thomas: Sora, wohin wollen wir dieses Wochenende verreisen?
Sora: Wohin wollen Sie?
Thomas: Weil es Herbst ist, möchte ich gerne die Herbstfarben auf Seorak-san sehen.
Sora: Die Straßen sind im Herbst oft verstopft, wollen wir mit dem Zug der Gyeongchun-Linie fahren? Ich werde Zugkarten reservieren.
Thomas: Ja, das ist gut. Dann treffen wir uns am Samstag am Bahnhof Cheongnyangni.

Dialog 3
Sora: Tina, möchten Sie eine schwarze Jacke tragen?
Tina: Nein, ich möchte einen roten Pullover kaufen.
Sora: Ich möchte violette und schwarze Halstücher kaufen. Wo gehen wir hin?
Tina: Wir gehen auf den Namdaemun-Markt. Wir bummeln und suchen uns aus, was wir uns wünschen.
Thomas: Ich will auch einige Fächer kaufen. Darf ich mitgehen?

Dialog 4:
a
Abteilungsleiter Park: Sekretärin Kim, ist der Direktor da?
Sekretär Kim: Der Direktor unterhält sich mit jemandem im Büro.

b

Sonja:	Tim, dort vorne wartet gerade jemand auf Sie.
Tim:	Haben Sie Anna getroffen?
Sonja:	Ja, ich habe sie auf dem Schulweg getroffen. Sie schien mir nach irgendwas zu suchen.

Kapitel 12
Dialog 1

Tina:	Das Geld, das ich in Korea brauche, ist knapp, so dass ich Geld wechseln muss. Kennen Sie, Sumi, eine nahe gelegene Bank?
Cho Sumi:	Es gibt eine Bank auf der anderen Seite der Straße. Gehen Sie dort hin.
Tina:	Können Sie mit mir gehen?
Cho Sumi:	Ja, ich gehe mit. Wir können die Straße überqueren, sobald die Ampel an der Kreuzung grün leuchtet. Wir warten jetzt ein bisschen, da die Ampel rot ist.
Tina:	Dort geht Anna. Sollen wir sie rufen?

Dialog 2

Wachmann:	Willkommen. Womit können wir Ihnen helfen?
Kunde:	Ich möchte Euro in koreanische Won umtauschen.
Wachmann:	Ziehen Sie eine Nummer und warten Sie bitte einen Augenblick.
Angestellte:	Nummer 54!
Kunde:	Guten Tag (*wörtl.:* Befinden Sie Sich in Frieden?). Ich möchte Geld wechseln.
Angestellte:	Ja, wie viel soll ich Ihnen wechseln? Zeigen Sie mir bitte Ihren Pass.
Kunde:	Hier ist der Pass. Wechseln Sie bitte 500 Euro.
Angestellte:	Hier haben Sie das koreanische Geld. Wenn Sie eine Kreditkarte besitzen, wäre es bequemer für Sie, den Geldautomaten zu benutzen. Es gibt auch eine englischsprachige Information. Auf Wiedersehen (*wörtl.:* Gehen Sie in Frieden.).
Kunde:	Danke (*wörtl.:* ja). Auf Wiedersehen (*wörtl.:* Bleiben Sie in Frieden.).

Wiederholungskapitel 3
Dialog 1

Tom:	Nare, bin ich größer als Sie?
Nare:	Ja, so scheint es.
Tom:	Ist Deutschland kleiner als Korea?
Nare:	Nein, Korea ist viel kleiner als Deutschland.
Tom:	Dann, was ist kleiner als das Bild dort?
Nare:	Das Bild dort ist kleiner als unser Haus.
Tom:	Heute sind im Unterricht viel mehr Studenten als gestern.

Dialog 2

Sonja:	Wann werde ich so gut Koreanisch sprechen wie Sie, Sumi?
Sumi:	Keine Sorge, wenn Sie mehr lernen, werden Sie bald gut sprechen. Ich möchte auch so gut wie Sie, Sonja, Deutsch und Englisch sprechen.
Sonja:	Hohoho, wir haben den gleichen Gedanken.
Sumi:	Aber ich will so gut Deutsch sprechen wie Sie.
Sonja:	Dann werde ich wohl eines Tages so gut wie Sie Koreanisch sprechen. Und ich möchte so gut auf Koreanisch singen wie die koreanischen Sänger.

Dialog 3
Sportschuhe sind bequemer als andere Schuhe.
Ich kann besser Sport (treiben) als lernen.
Cheolho ist viel größer als Thomas.
Sumi ist hübscher als Myeonghi.
(Das Essen) schmeckt besser als im Restaurant.
Dieses Bulgogi schmeckt viel besser.
Sprechen Sie so gut Deutsch wie Thomas?
Sumi singt so gut wie Myeonghi.

Dialog 4
Tim: Stephanie, diese Bulgogi schmeckt am besten, probieren Sie mal.
Stephanie: Mein Bibimbap schmeckt viel besser. Mein Lieblingsgericht in Korea ist Bibimbap.
Tim: Was ist dann Ihr Lieblingsgetränk?
Stephanie: Am liebsten mag ich Wasser.
Tim: Ich mag Bier am liebsten.

Dialog 5
Sind die Koreaner die Besten? Dem ist nicht so.
Sind die Deutschen die Besten? Auch nicht.
Menschen welcher Nationalität lieben Sie dann? Ich weiß es nicht genau.
Wo befindet sich der höchste Berg der Welt?
Welcher See ist der größte in Deutschland?
Welcher Fluss in Deutschland ist der längste?

Dialog 6
Anna: Minyoung, können Sie Italienisch sprechen?
Minyoung: Nein, ich spreche kein Italienisch.
Anna: Kennen Sie Herrn Kim Cheolsu?
Minyoung: Ja, ich kenne ihn gut. Anna, kennen Sie den Baekdu-san?
Anna: Nein, ich kenne ihn kaum. Ich kenne Suwon Hwaseong.

Dialog 7
Ich kenne Seokguram in Gyeongju sehr gut.
Ich kenne Hwaom-sa und Tondo-sa ebenfalls. Ich habe sie bereits besucht.
Kennen Sie Direktor Choi Bok Dong? Ein bisschen.
Kennen Sie Herrn Schmidt? Ja, da er Deutschlehrer ist, kenne ich ihn gut.

Ich kann Koreanisch sprechen.
Können Sie Koreanisch sprechen?
Nein, ich kann es nicht.
Kennen Sie Thomas?
Ja, ich kenne Thomas.
Ich kenne ihn nicht.

Dialog 8
Betreten Sie den Park nicht!
Gehen Sie nicht dorthin!
Lesen Sie das Buch nicht!
Treffen Sie keine schlechten Menschen!
Treffen Sie gute Menschen!
Lesen Sie unbedingt nur gute Bücher!
Essen Sie Gimchi und Bulgogi mit Appetit!

Dialog 9
Mi Cheong:	Hanna ist heute nicht zum Unterricht erschienen. Sie scheint mir krank zu sein.
Tim:	Wirklich, ich glaube, dass sie gestern zum Arzt gegangen ist.
Mi Cheong:	Scheint das Wetter morgen gut zu werden? Ich habe eine Verabredung.
Tim:	Es scheint mir, dass es heute ein bisschen bewölkt ist. Ich habe auch eine Verabredung zu einem Spaziergang im Park, daher mache ich mir ein bisschen Sorgen.

Dialog 10
Schmidt:	Herr / Frau Lehrer/in, heute haben wir keinen Unterricht und was soll ich tun?
Lehrer Kim:	Haben Sie keine Hausaufgabe zu erledigen? Wie wäre es dann, wenn wir gemeinsam ins Kino gehen?
Schmidt:	Hervorragend. Um wie viel Uhr wollen wir gehen? Ich habe bis 14 Uhr etwas zu erledigen.
Lehrer Kim:	Dann lass uns um 15.30 Uhr den Film sehen gehen.

Dialog 11
Jan:	Anna, wohin gehen Sie?
Anna:	Wegen Kopfschmerzen gehe ich zum Arzt.
Jan:	Gehen Sie auch zum Arzt, Sonja? Wo tut es weh?
Sonja:	Wegen Bauchschmerzen gehe ich mit zum Arzt..
Jan:	Ich habe Zahnschmerzen. Wohin muss ich gehen?
Sonja:	Zur Zahnarztpraxis.

Dialog 12
Krankenschwester:	Aus welchem Grund sind Sie hier?
Patient:	Ich habe keine Kraft. Kopfschmerzen habe ich auch.
Krankenschwester:	Warten Sie einen Augenblick. Der Arzt kommt gleich.
Doktor:	Wo geht es Ihnen nicht gut?
Patient:	Ich habe Kopfschmerzen und auch keinen Appetit.
Doktor:	Haben Sie auch Bauchschmerzen?
Patient:	Nein, Bauchweh habe ich nicht.
Doktor:	Sie haben etwas erhöhte Temperatur und eine Erkältung. Nehmen Sie dieses Medikament. Sie werden bald gesund.
Patient:	Wegen Zahnschmerzen kann ich nicht schlafen.
Doktor:	Dann gehen Sie zum Zahnarzt.

Dialog 13
Sibylle:	Ist das Tom, der dort isst?
Johanna:	Das ist nicht Tom. Der, der daneben sitzt, ist Tom.
Tom:	Guten Tag! Ich freue mich, Sie hier zu sehen.
Sibylle:	Was essen Sie da? (*wörtl.*: Was ist das für ein Essen, das Sie da gerade essen?)
Tom:	Samgyeobsalgui. Wollen Sie mitessen?
Johanna:	Danke, darf ich einmal probieren?

Nach dem Essen
Tom:	Da das Wetter so schön ist, gehen viele Menschen spazieren.
Sibylle:	Es wäre gut, wenn wir auch spazieren gehen.

Dialog 14
Stephan:	Was für ein Buch ist das, das Sie gestern gekauft haben?
Sonja:	Es ist ein Koreanischbuch. Aber welchen Namen hat der Buchladen, in dem wir gestern waren?
Stephan:	Ich weiß es auch nicht genau.
Sonja:	Das Gimchijjigae, das wir gestern gegessen haben, war sehr lecker.
Stephan:	Ja, es hat so gut geschmeckt wie das Bulgogi.

Dialog 15
Sonja:	Da ich gestern zu viel gelernt habe, habe ich ein bisschen Kopfschmerzen.
Tim:	Ich habe gestern Abend zu viel Alkohol getrunken, deshalb habe ich Kopfweh.
Sonja:	Haben Sie zu viel Soju getrunken? Nehmen Sie eine Aspirin. Sie müssen '10,000 Jahre ohne Krankheit leben.
Tim:	Hahaha, gilt dieser Spruch auch für mich?

Dialog 16
Tanja:	Ich ging gestern ins Lotte-Kaufhaus und traf Anna. Und Anna und ich gingen gemeinsam in die Insa-dong, um Kaffee zu trinken.
Markus:	Ich hatte eine Verabredung mit Anna, aber wegen der Hausaufgabe vergaß ich sie. Lass uns mit Anna treffen und essen gehen.
Tanja:	Das geht nicht. Da ich zu viele Aufgaben habe, muss ich heute Abend zu Hause lernen.
Markus:	Ich gehe ins Wohnheim und trinke Bier.

Hinweis: Die *Lotte Group* ist ein multinationaler Konzern, der von dem Koreaner Shin Kyuk-ho (신격호) 1948 in Tokio gegründet wurde. Der Name ist eine Anspielung auf Goethes *Die Leiden des jungen Werther*, in dem es um die tragische Liebe Werthers zu (Char)lotte geht.

Dialog 17
Sonja:	Wo befindet sich die Bank?
Myeong Jin:	Sie ist hinter dem Gebäude da drüben.
Sonja:	Ich habe vor, zur Bank zu gehen, um Geld zu wechseln. Was muss man mitnehmen, wenn man zur Bank geht?
Myeong Jin:	Vergessen Sie den Pass nicht. Natürlich auch das Geld nicht.
Sonja:	Auf dem Weg zur Bank traf ich Anna. Weil ich in der Bank war, habe ich viel Geld. Deshalb will ich zum Markt gehen und Obst kaufen.
Myeong Jin:	Wie viel Euro haben Sie in Won getauscht? Wenn Sie viel Geld haben, können Sie am Wochenende reisen?

Dialog 19
Welche Farbe mögen Sie am liebsten?
Welche Pulloverfarbe wünschen Sie?
Welche Jackenfarbe wollen Sie kaufen?
Welche Farbe haben die Herbstblätter?
Welche Hosenfarbe mögen Sie?

Kapitel 13
Familienvorstellung
Vater, Mutter, Sohn und Tochter sind eine Familie.
Es gibt Familien mit einer Tochter.
Es gibt ebenfalls Familien mit einem Sohn.
Vater und Mutter sind ein Ehepaar.
Sohn/Söhne und Tochter/Töchter sind Geschwister.
Älterer Bruder, ältere Schwester und jüngere Geschwister sind die Bezeichnungen für die Geschwister.
Großvater und Großmutter leben heute allgemein in einem anderen Haus.

Dialog 1
Myeong Hui:	Der Mann, der dort sitzt, ist mein älterer Bruder. Ich stelle ihn Ihnen vor.
Tim:	Ah, wirklich? Wie viele Mitglieder hat Ihre Familie, Yun Hui?
Myeong Hui:	Ich habe eine ältere Schwester, einen älteren Bruder, Eltern, eine jüngere Schwester. Mit mir sind wir sechs Personen. Ich habe auch viele Verwandte, Tanten väterlicherseits, Tanten mütterlicherseits, Onkel und süße Nichten und Neffen.
	Wie groß ist Ihre Familie, Tim?
Tim:	Ich bin ein Einzelkind. Ich habe nur meine Eltern. Aus diesem Grund musste ich immer allein spielen.
Myeong Hui:	Aber Tim, Sie sprechen wirklich gut Koreanisch.

Dialog 2
Tim:	Sonja, haben Sie eine ältere Schwester? Ich habe keinen älteren Bruder.
Sonja:	Hahaha, sind Sie eine Frau, Tim?
Tim:	Warum bin ich eine Frau?
Sonja:	Lernen Sie gut und geben Sie mir dann die Antwort.

Lösung: 오빠 wird von nur von Frauen benutzt, um ihren älteren Bruder zu bezeichnen. Männer benutzen 형.

Kapitel 14
Dialog 1
Bernd:	Lisa, wann reisen Sie nach Korea?
Lisa:	Am nächsten Mittwoch (reise ich).
Bernd:	Von welchem Flughafen fliegen Sie?
Lisa:	Am Frankfurter Flughafen steige ich in die Korean Air Maschine.
Bernd:	Was hat das Ticket gekostet?
Lisa:	Ich habe ein günstiges Ticket bekommen.

Bernd: Ich wünsche Ihnen eine gute Reise.

Dialog 2
Lisa ist am Flughafen Incheon angekommen.
Stewardess: In kurzer Zeit landen wir auf dem internationalen Flughafen Incheon. Vor dem Aussteigen sehen Sie sich bitte um, ob Sie etwas vergessen haben. Nach dem Aussteigen folgen Sie dem Bodenpersonal.

Dialog 3
Lisa: Guten Tag. Ich brauche ein Hotelzimmer in Seoul.
Angestellter am Informationsschalter: Dort drüben befindet sich die Hotel-Reservierungsstelle.
Lisa: Guten Tag. Ich suche nach einem Hotelzimmer.
Reservierungsstelle: Welche Preislage wünschen Sie? Ein Deluxe-Hotel kostet ca. 200 000 Won, ein 4-Sterne-Hotel ca. 100 000 Won und ein 3-Sterne- Hotel ca. 50 000 Won.
Lisa: Ein 3-Sterne-Hotel bitte.
Reservierungsstelle: Ich buche ein 3-Sterne-Hotel in Insa-dong für Sie.

Dialog 4
Im 3-Sterne-Hotel
Lisa: Ich habe vom Flughafen Incheon aus ein Zimmer reserviert.
Rezeption: Frau Lisa Stern? Ja, Ihr Zimmer ist die Nr. 234 im 1. Stock. Hier haben Sie den Schlüssel. Der Aufzug befindet sich links. Wenn Sie etwas brauchen, sagen Sie es!
Lisa: Dankeschön.
Rezeption: Wenn sie ein Frühstück wünschen, wir haben ein koreanisches und eines im westlichen Stil. Das westliche Frühstück besteht aus Kaffee, 2-3 Stück Toast, Marmelade, 2 Scheiben Käse und einem Glas Orangensaft.
Lisa: O.K. (*wörtl.:* Ja, ich habe es verstanden.)

Hörübung
Durchsage an Board: Liebe Passagiere, wir sind gerade auf dem internationalen Flughafen Incheon gelandet. Hoffentlich hatten Sie eine angenehme Reise (*wörtl.:* War die Reise angenehm?). Vor dem Aussteigen sehen Sie sich bitte um, ob Sie etwas vergessen haben. Auf Wiedersehen (*wörtl.:* Gehen Sie in Frieden). Wir hoffen, Sie wieder an Bord begrüßen zu dürfen.
Durchsage: Die Passagiere, die in andere Länder weiterreisen, folgen Sie bitte dem Bodenpersonal. Gäste, die in Incheon/Seoul aussteigen, gehen Sie bitte nach der Passkontrolle durch den Zoll.
Verkehrsmittel: Die Buslinien nach Seoul finden Sie außerhalb des Flughafengebäudes. Und wenn Sie die Taxis nehmen wollen, gehen Sie zum Taxistand auf der anderen Straßenseite. Der Grundpreis der schwarzen Limousinen-Taxis beginnt bei 4 500 Won und der Grundpreis der gelben Taxis bei 2 500 Won. Außerdem sind günstige Flughafenbusse vom Flughafen nach vielen Orten in Seoul in Betrieb und sie sind bequem zu nutzen.

Kapitel 15
Sommerwetterbericht
Erfrischender Regen, haben Sie nicht darauf gewartet?
Morgen wird es regnen. Morgen wird es hauptsächlich im Mittelgebiet des Landes regnen und daher werden wir einen Augenblick die Saunahitze vergessen. In Seoul sowie in den Gebieten Gyeonggi und Yeongseo wird den ganzen Tag viel Regen, voraussichtlich 30–70 mm, erwartet und in den übrigen Gebieten wird es nachmittags 5–30 mm regnen. Die Wettervorhersage nach Gebieten.
Auch heute Nacht wird in Seoul tropische Hitze erwartet.
Ab morgen früh wird es in einigen Teilen der Stadt regnen und gewittern.
Die Hitze wird etwas nachlassen. Das Gebiet Yeongnam wird bedeckt und feuchtheiß werden.
Obwohl auf die Insel Jeju viele Wolken zutreiben, scheint es feuchtheiß zu werden.
Die Wahrscheinlichkeit, dass der neu entstandene Taifun 'Galmaegi' eine Auswirkung auf Korea haben wird, ist sehr gering.

Frühlingswetterbericht
Auch in dieser Woche wird es einen Alarm wegen des gelben Sandes geben. Eine große Wolke aus gelbem Sand, die im Inneren Chinas entstanden ist, kommt nun auf unser Land zu. Es ist möglich, dass dieser gelbe Sandsturm radioaktive Stoffe mit sich führt, aber in so geringer Konzentration, dass es keinen Grund zur Besorgnis gibt.
Heute herrscht in ganz Korea eine klare Wetterlage. Die Tageshöchsttemperatur in Seoul ist 17 Grad, in Daejeon 20 Grad, in Busan 18 Grad, so dass die Temperatur im Land wie gestern zwischen 14–21 Grad beträgt.
Morgen, am Sonntag, kann es in einigen Orten im mittleren Gebiet des Landes etwas regnen.

Herbstwetterbericht
Kalter Wind … im mittleren Zentralgebiet und Honamgebiete, Regentropfen
Die aktuelle Temperatur ist in Seoul auf 10,8 Grad, im Gyeongbuk Gebiet auf bis zu 4 Grad gefallen. Damit ist es (wieder) so kalt wie gestern.
Die Temperatur in Seoul wird in der Morgenfrühe, auf 8 Grad sinken und übermorgen, am Montag, wird sie auf bis zu 7 Grad fallen, so dass der kommende Montag in diesem Herbst der kühlste Tag sein wird.

Dialog 1
Am TV: Morgen wird das Wetter wunderschön.
Sonja: Wird der morgige Tag wirklich schön? Anna, Thomas, Sonja und ich haben beschlossen, auf den Bukhansan aufzusteigen.
Mjongsu: Keine Sorge, der Wetterbericht hat für morgen gutes Wetter vorausgesagt.
Sonja: Es ist (also) nicht nötig, einen Regenschirm mitzunehmen?
Mjongsu: So ist es. Wenn es regnen sollte, werde ich ein Mittagessen spendieren.
Sonja: Dann werde ich einen Regenschirm mitnehmen. Der Regen wird wohl dann die Flucht ergreifen.

Dialog 2
Eun Jeong: Das Herbstwetter ist sehr schön.
Maria: Der Wind ist angenehm und erfrischend. Er ist nicht kalt und nicht heiß, so ist es wirklich ein ideales Wetter.
Eun Jeong: Wollen wir auf den Bukhansan wandern?
Maria: Es ist schön, dass ich die Gelegenheit wahrnehmen kann, meine neu gekauften rosa Sportschuhe anzuziehen.

Dialog 3

Stephan:	Bora, Sonja, schön Sie zu sehen. Gehen Sie den Berg hinauf?
Bora, Sonja:	Guten Tag. Gehen Sie zum Bergwandern?
Stephan:	Da heute schönes Wetter ist, beabsichtige ich, nach Seunggasa zu gehen, um (Buddha) ehrerbietig zu begrüßen.
Bora:	Es ist eine gute Erfahrung, schnell hinaufzusteigen und im Tempel zu Mittag zu essen. Seunggasa ist im 6. Jahrhundert während des Silla-Königreichs erbaut worden.
Sonja	Kann man nach dem Mittagessen bis zum Daeseong-Tor hinaufsteigen?
Stephan:	Sie haben ja viel über Bukhansan gelernt, aber bis dahin ist es viel zu weit. Verzichten Sie darauf.
Sonja:	Bora, sehen Sie die hinuntergehenden Menschen? Das sind Deutsche.
Bora:	Kennen Sie sie?
Sonja:	Ja, sie lernen gemeinsam mit mir im Koreanischkurs.
Stephan:	Wollen wir langsam hinuntergehen?
Alle drei:	Kein Mensch steigt den Berg hinauf, aber viele Menschen steigen hinunter. Auf Wiedersehen! Die heutige Bergwanderung war schön.

Kapitel 16
Die Hobbys der Koreaner

Wenn man Beispiele nennen möchte, sind Sport, Bergsteigen, reisen, Bilder malen, singen und schreiben alles Hobbys. Sie sind nicht nur gut für die Gesundheit, sondern sie verleihen dem Leben Freude. Koreaner lieben besonders das Bergsteigen. Deshalb sind am Wochenende besonders die Berge mit Bergwanderern überfüllt. Koreaner machen auch Weltreisen: nach Amerika, Südostasien, Europa – es gibt keine Gegenden, in die die Koreaner nicht reisen. Es ist übrigens nicht ungewöhnlich (für sie), dass sie, sobald sie von einer solchen Weltreise zurückkommen, am nächsten Tag früh zur Arbeit gehen.

Dialog 1

Melanie:	Tim, was ist Ihr Hobby?
Tim:	Hm. Als Sport betreibe ich Tennis. Ich mag auch Bergwandern. Melanie, was für Hobbys haben Sie?
Melanie:	Ich mag Reisen am liebsten. Und Skifahren ist auch gut.
Tim:	Ist ins Kino gehen nicht Ihr Hobby?
Melanie:	Nein, aber Yutnori ist mein Hobby.
Tim:	Was für einen Sport mögen Sie gern?
Melanie:	Ich schaue sehr gerne Fußballspiele an.

Dialog 2

Tim:	Sonja, seit wann lernen Sie Koreanisch?
Sonja:	Ich bin nach Korea gereist und habe begonnen, Koreanisch zu lernen.
Tim:	Wie lange haben Sie gelernt?
Sonja:	Ich habe die Koreanisch-Sprachschule drei Monate lang besucht. Anfangs war es schwer, aber nun macht es mir Spaß, Koreanisch zu lernen.
Tim:	Ich habe einen Monat gelernt, da muss ich noch mehr lernen. Stephanie wollte auch gerade Koreanisch lernen. Wollen wir gemeinsam lernen?

Dialog 3
Tim: Sonja, morgen wird die Abschlussveranstaltung des Koreanischkurses sein, deshalb haben wir alle beschlossen, eine Abschlussparty zu veranstalten. Bitte nehmen Sie unbedingt teil!
Sonja: Ja, ich weiß. Von Hanna habe ich eine Einladung per Email erhalten.
Tim: Hanna hat bereits von Lehrerin Kim ein Geschenk bekommen.
Sonja: Als ich anfing Koreanisch zu lernen (*wörtl.*: anfangs, als ich Koreanisch lernte), war es sehr schwierig, jetzt macht es mir Spaß.
Tim: Langsam macht es mir auch Spaß, Koreanisch zu lernen.

Dialog 4
Wer ist groß und wer ist klein?
Kai ist groß und Anna ist klein.
Kai, haben Sie viel Geld in der Geldbörse? Nein, ich habe wenig darin.
Ist das Wetter heute heiß? Nein, mir ist kalt.
Lacht Anna oder weint sie? Während Anna lacht, weint sie.
Kennen Sie Tim? Nein, ich kenne ihn nicht.
Ist Tom im Auto? Nein, Tom ist nicht im Auto.
Ist jener dort sitzende Mensch ein Deutscher? Nein, der dort stehende Herr ist Deutscher.
Dieses Kleid ist teuer. Geben Sie es mir billiger!

Ein koreanisches Märchen
Fräulein Schnecke und der Junggeselle Holzfäller

Es war vor langer, langer Zeit, als die Tiger Pfeifen rauchten.
Zu jener Zeit lebte im tiefen Wald ein guter junger Holzfäller, ein Junggeselle. Er war arm und lebte einsam und allein.
Er wünschte sich, sich zu vermählen, aber es war unmöglich. Eines Tages kam der Holzfäller mit einem Haufen Brennholz auf dem Rücken nach Hause. Was war geschehen? Sein Haus war sauber aufgeräumt und sogar ein Abendessen war bereits vorbereitet. Der Holzfäller war hungrig, daher fragte er nicht viel, und aß alles mit Appetit. Nachdem er sich satt gegessen hatte, fragte er sich, wer wohl all das vorbereitet hatte. Er ging am nächsten Tag wie gewohnt zur Arbeit in den Wald, kam aber vorzeitig geräuschlos nach Hause. Er prüfte nach und beobachtete, dass eine Schnecke gekrochen kam und zu einer Frau wurde. Die Schneckenfrau säuberte dann die Räume und begann wieder zu kochen. Der Holzfäller konnte sich nun nicht mehr gedulden, packte die Schneckenfrau fest und befragte sie. Die Schneckenfrau erzählte: „Ich war eine Fee im Himmel. Ich ließ mir etwas zuschulden kommen, deshalb wurde ich zur Buße als Schnecke auf die Erde gesandt. Meine Sühnezeit dauert noch einen Monat. Warten Sie bitte noch einen Monat."
Der Holzfäller musste sich einen Monat gedulden, danach heirateten sie. Sie beide lebten glücklich. Selbstverständlich bekamen sie viele Kinder.

Wiederholungskapitel 4
Dialog 1
Kai: Darf ich Sie heute Nachmittag besuchen?
Sumi: Ja, kommen Sie.
Kai: Guten Tag, Sumi. Was machen Sie?
Sumi: Ich lese einen Roman.
Kai: Ich bin gekommen, um gerade das Buch auszuleihen. Was macht Ihre Mutter?
Sumi: Sie ist müde und liegt im Zimmer. Der Roman liegt auf dem Sofa. Nehmen Sie ihn mit.

Dialog 2
Miseon: Tom, wen haben Sie auf dem Weg zur Sprachschule getroffen?
Tom: Auf dem Weg zur Schule traf ich Changho.
Miseon: Was machen Sie gerade?
Tom: Ich lerne Koreanisch und ich telefoniere. Ich esse eine Banane und trinke Milch. Ich treffe Tim, dann gehe ich, um Anna zu treffen. Ich suche nach einem Buch und lese einen Brief. Es hat geregnet und jetzt schneit es.

Dialog 3
Andi: Wen trafen Sie, als Sie auf dem Weg in die Schule waren? – Ich traf Anna.
Sonja: Wer ist gekommen als….?
Andi: Was haben Sie getan als….? - Ich träumte.
Sonja: Wer hat angerufen als…?

Dialog 4
Thomas: Heute regnet es. Ich werde zu Hause bleiben müssen.
Myeonghui: Dann müssen wir uns einen Videofilm ansehen.
Thomas: Wir sehen keinen Videofilm an. Wir wollen Koreanisch lernen.
Myeonghui: Haben Sie jemals diesen Videofilm gesehen?
Thomas: Nein, ich habe ihn nicht gesehen. Dennoch ist das Lernen wichtiger. Ich muss dem Lehrer die Aufgabe morgen abgeben. Bitte helfen Sie mir, Myeonghi.
Myeonghui: Nun gut. Dafür laden Sie mich zum Bulgogi ein.

Dialog 5
Jeong Taejun: Julia, was machen wir, wenn das Wetter morgen schön ist?
Julia: Wir gehen in den Gyeongbok–Palast, um uns Blumen anzuschauen. Und ich möchte die historischen Relikte und die Sonderausstellung im Museum sehen.
Jeong Taejun: Wohin gehen wir, falls es morgen regnet?
Julia: Es gibt in Seoul sehr viel zu sehen. Angefangen beim Gyeongbok- Palast bis zum städtischen Museum.

Dialog 6
Melanie: Anna, ich habe Geld. Gehen wir zum Mittagessen.
Anna: Ich habe kein Geld. Ich muss Geld holen.
Melanie: Haben Sie ein Handy?
Anna: Ja, hier!
Melanie: Was haben Sie noch? Ein Buch, eine Tasche, deutsche Freunde usw. …
Anna: Ich habe noch etwas, einen festen Freund (Geliebten).

Dialog 7
Sonja: Tim, von wem kam der Brief?
Tim: Von Mama.
Sonja: Was ist das? Ein Geschenk von Thomas.
Sonja: Ein Anruf vom Freund.
Tim: Es wäre gut, wenn ich auch ein Geschenk von (meinem) Freund bekomme.

Dialog 8
Wenn es möglich ist, kommen Sie mich besuchen.
Wenn es regnet, wollen wir Kaffee trinken gehen.
Wollen wir zum Skifahren gehen, wenn es schneit?
Wenn es möglich ist, will ich Koreanisch lernen gehen.
Wenn sie Freunde treffen, was wollen Sie gemeinsam trinken?

Dialog 9
Hyeongu:	Stephanie, was brauchen Sie?
Stephanie:	Weil es gerade regnet, brauche ich einen Regenschirm. Aber wenn wir im Kaffeehaus Kaffee trinken, brauche ich keinen Regenschirm.
Hyeongu:	Dann wollen wir im Kaffeehaus sitzen.
Stephanie:	Was wollen wir bestellen? Ich bestelle einen schwarzen Tee. Hyeongu, was für ein Getränk wollen Sie trinken?
Hyeongu:	Bier wäre gut, aber da im Kaffeehaus kein Bier verkauft wird, werde ich Datteltee bestellen. Sollen wir Tina telefonisch herbestellen? *(nicht wörtlich)*

Dialog 10
Nick bereitet das Frühstück zu, bevor er in die Firma geht.

Nick:	Kommen Sie alle, das Frühstück ist fertig.
Familienmitglieder:	Danke, wir werden es uns schmecken lassen.

Nick geht in die Garage, nachdem er gefrühstückt hat, um in die Firma zu fahren.
Familienmitglieder:	Vater, kommen Sie gut zurück!

Was macht Andrea, die Ehefrau, nach dem Frühstück? Sie geht zur Arbeit, nachdem sie Simone in die Kita gebracht hat. Wo ist ihre Arbeitsstelle? Andrea ist im Schuldienst. Daher geht sie täglich in die Schule. Nicks Freund ist Arzt. Er arbeitet in der Uniklinik.

Hinweis: Im Koreanischen verwenden oft auch Familienmitglieder die informelle Form miteinander, z. B. Kinder, die ihren Eltern Respekt zollen wollen. Die informelle Form entspricht dem deutschen Sie.

Dialog 11
Ehefrau:	Vergewissern Sie sich, ob Sie etwas vergessen haben, bevor Sie in die Firma gehen.
Ehemann:	Auf Wiedersehen *(wörtl.: Ich werde gut zurückkommen)* Vergewissern Sie sich, ob Sie etwas vergessen haben, wenn Sie zur Schule gehen. Und sehen Sie auch, ob Sie etwas zu Essen dabeihaben.
Ehefrau:	Die Freundin von Tim hat heute Geburtstag. Überlegen Sie, ob Sie ein Geschenk für sie gekauft haben.
Ehemann:	Heute um 15 Uhr bin ich zur Hochzeit eines/r koreanischen Freunds/in eingeladen. Bevor ich dorthin gehe, wollte ich zum Kaufhaus gehen und ein Geschenk kaufen.
Ehefrau:	In Korea bringen Sie einen Umschlag mit Geld(inhalt) als Hochzeitsgeschenk. Daher brauchen Sie kein Geschenk auszusuchen.

Hinweis: In Korea verwenden auch Ehepartner oft die informelle Sprechstufe. Dies entspricht im Deutschen dem Sie.

Dialog 12
Thomas:	Heute ist das Wetter sehr sonnig und warm. Wohin gehen wir?
Melanie:	Bei so schönem Wetter wie heute, wird eine Bergwanderung gut sein. Es ist weder kalt noch heiß, das beste Wetter für eine Bergwanderung.
Thomas:	Aber das Wetter ist zu schade dafür. Wie wäre es, wenn wir in einem alten Palast spazieren gehen?
Melanie:	Ins Teehaus oder in die Museen gehen, geht auch bei wolkigem und grauen Wetter.

Dialog 13
Heute wird gelber Sandwind aus China zu uns wehen.

Thomas:	Melanie, heute wird gelber Sand aus China nach Korea wehen. Bitte gehen Sie nach Möglichkeit nicht aus dem Haus.
Melanie:	Ich weiß nicht, was gelber Sand ist.
Thomas:	Der gelbe Sand kommt aus der Wüste Gobi aus China. Tragen Sie eine Maske.
Melanie:	Ich hasse Masken, wie die Japaner sie tragen. Dennoch muss ich zum Unterricht gehen.
Thomas:	Wechseln Sie die Kleidung, nachdem Sie vom Unterricht zurückkommen. Und nehmen Sie eine Dusche.

Dialog 14
a
Pfarrer Kim:	Was macht jener Mensch dort drüben?
Professor Schmidt:	Er ist ein Professor.
Pfarrer Kim:	Welche Nationalität hat jener Mann, der Professor ist?
Professor Schmidt:	Er ist Deutscher. Er ist mein älterer Bruder.
Pfarrer Kim:	Darf ich Sie beide zu unserer Kirche einladen, am morgigen Tag, der ein Sonntag ist?
Professor Schmidt:	Ich danke für die Einladung. Falls unser Fahrer zu Hause ist, komme ich mit dem Auto.

b
Tim:	Sumi, haben Sie eine ältere Schwester (vom Bruder aus gesehen)?
Sumi:	Ich habe eine ältere Schwester. Auch einen älteren Bruder. Tim, haben Sie eine ältere Schwester (von der jüngeren Schwester aus gesehen)?
Tim:	Ich bin ein Einzelkind.

Dialog 15
Peter:	Ich habe eine Verabredung mit Professor Kim. Es ist kalt, aber ich muss ausgehen.
Sibylle:	Ich muss aus dem Haus gehen, auch wenn es schneit. Ich habe Unterricht.
Peter:	Es ist Sonntag, aber ich habe keine Zeit mich zu Hause auszuruhen.
Sibylle:	Verbringen Sie eine schöne Zeit und kommen Sie gut nach Hause!

Dialog 16
Susanna:	Es ist wirklich schönes Wetter. Es wäre gut, wenn wir ausgehen. Der Wind weht leicht, es ist nicht kalt und nicht heiß.
Tom:	Gut, wir trommeln alle Freunde zum gemeinsamen Ausgehen zusammen.
Susanna:	Hier haben Sie ein Handy. Wollen Sie anrufen? Anna, Thomas, Tim, Nick, Hanna und Sybille sind alle da.
Tom:	Wohin sollen wir gehen? Ich möchte zur Bukhanfestung gehen.

Alle: Gut.
Tom: Wir haben einstimmig beschlossen.

Dialog 17
Jeonga: Zum wievielten Mal sind Sie in Korea *(wörtl.:* sind Sie nach Korea gekommen)?
Julia: Ich bin zum dritten Mal in Korea. Nun spreche ich ein bisschen Koreanisch.
Jeonga: Wie viele Tage verbringen Sie in diesem Hotel?
Julia: Fünf Tage. Welcher Tag ist heute?
Jeonga: Der 1. Mai. Es ist der Tag der Arbeiter. Wie viele Kapitel haben Sie am Feiertag gelernt?
Julia: Bis Kapitel 15. Ich habe viel gelernt, nicht wahr?

Dialog 18
Bora: Tim, warum wollten Sie gehen, sobald ich gekommen bin?
Tim: Entschuldigung. Gerade kam ein Anruf von Anna. Da es mir nicht gut geht, muss ich mit ihr zum Arzt gehen.
Bora: Wollen Sie mich auch beim nächsten Mal vermeiden, wenn wir uns treffen?
Tim: Es wird nicht mehr vorkommen.
Bora: Kein Schüler ist im Klassenzimmer. Wo sind sie alle hingegangen?
Tim: Sie sind hastig nach Hause gegangen, sobald es anfing zu regnen.

Dialog 19
Sora: Anna, wie sind Sie nach Korea gekommen?
Anna: Mein Vater, der Professor ist, hat mir ein Stipendium finanziert (der Vater hat selbst finanziell unterstützt).
Es war am Anfang des Koreanischlernens schwierig, jetzt macht es mir Spaß.
Tim: Mir macht es langsam Spaß, Koreanisch zu lernen. Lernen auch Sie Deutsch, Sora?
Sora: Ja, ich fange gerade an, Deutsch zu verstehen. Daher macht es mir Freude.

Dialog 20
Wer ist groß? Wer ist kleiner als Anna?
Haben Sie viel Geld? Nein, ich habe wenig.
War dieses Kleid teuer? Nein, es war billig.
Weint Anna? Nein, Anna lacht, weil sie gut gelaunt ist.
Ist es heute kalt? Nein, es ist heiß. Es ist sehr gut, da der Wind so erfrischend weht.

Dialog 21
Miseon: Conny, wohin gehen Sie?
Conny: Ich reise nach Gyeongju.
Miseon: Fahren Sie mit dem KTX? Um wie viel Uhr fährt der Zug?
Conny: Ich fahre um 14.40 Uhr mit dem KTX.
Miseon: Haben Sie ein Hotel reserviert?
Conny: Ja, ich habe eins reserviert.
Miseon: Wie viele Tage bleiben Sie voraussichtlich?
Conny: Ich habe 2 Nächte reserviert.
Miseon: Conny, gute Reise *(wörtl.:* Kommen Sie vergnügt zurück.)!

Das koreanische Alphabet 한글

Hier finden Sie einen Überblick über das Alphabet mit den Namen der Buchstaben, ihren Lautwerten und ihren möglichen Positionen in einem Silbenblock.

	Buchstabe	Name	Lautwert als Anlaut/Auslaut	Verwendung als
1	ㄱ	Giyeok (기역)	g/k	Anlaut/Auslaut
2	ㄲ	Ssang-giyeok (쌍기역)	gg/k	Anlaut/Auslaut
3	ㄴ	Nieun (니은)	n/n	Anlaut/Auslaut
4	ㄷ	Digeut (디귿)	d/t	Anlaut/Auslaut
5	ㄸ	Ssang-digeut (쌍디귿)	dd/t	Anlaut/Auslaut
6	ㄹ	Rieul (리을)	r, l/ll	Anlaut/Auslaut
7	ㅁ	Mieum (미음)	m/mm	Anlaut/Auslaut
8	ㅂ	Bieup (비읍)	b/p	Anlaut/Auslaut
9	ㅃ	Ssang-bieup (쌍비읍)	bb/p	Anlaut/Auslaut
10	ㅅ	Siot (시옷)	s/t	Anlaut/Auslaut
11	ㅆ	Ssang-siot (쌍시옷)	ss/t	Anlaut/Auslaut
12	ㅇ	Ieung (이응)	stumm/ng	Anlaut/Auslaut
13	ㅈ	Jieut (지읒)	j/t	Anlaut/Auslaut
14	ㅉ	Ssang-jieut (쌍지읒)	jj/t	Anlaut/Auslaut
15	ㅊ	Chieut (치읓)	ch/t	Anlaut/Auslaut
16	ㅋ	Kieuk (키읔)	k/k	Anlaut/Auslaut
17	ㅌ	Tieut (티읕)	t/t	Anlaut/Auslaut
18	ㅍ	Pieup (피읖)	p/p	Anlaut/Auslaut
19	ㅎ	Hieut (히읗)	h/t	Anlaut/Auslaut
20	ㅏ	a (아)	a	Mittellaut
21	ㅓ	eo (어)	eo	Mittellaut
22	ㅗ	o (오)	o	Mittellaut
23	ㅜ	u (우)	u	Mittellaut
24	ㅡ	eu (으)	eu	Mittellaut

25	ㅣ	i (이)	*i*	Mittellaut
26	ㅐ	ae (애)	*ae*	Mittellaut
27	ㅔ	e (에)	*e*	Mittellaut
28	ㅚ	oe (외)	*oe*	Mittellaut
29	ㅟ	wi (위)	*wi*	Mittellaut
30	ㅑ	ya (야)	*ya*	Mittellaut
31	ㅕ	yeo (여)	*yeo*	Mittellaut
32	ㅛ	yo (요)	*yo*	Mittellaut
33	ㅠ	yu (유)	*yu*	Mittellaut
34	ㅒ	yae (얘)	*yae*	Mittellaut
35	ㅖ	ye (예)	*ye*	Mittellaut
36	ㅘ	wa (와)	*wa*	Mittellaut
37	ㅙ	wae (왜)	*wae*	Mittellaut
38	ㅝ	wo (워)	*wo*	Mittellaut
39	ㅞ	we (웨)	*we*	Mittellaut
40	ㅢ	ui (의)	*ui*	Mittellaut

Zusammengesetzte Konsonanten: ausschließlich als Auslaut

ㄳ, ㄵ, ㄶ, ㄺ, ㄻ, ㄼ, ㄽ, ㄿ, ㄾ, ㅀ, ㅄ

Wie schreibe ich Koreanisch mit lateinischen Schriftzeichen?

Leider gibt es mehr als eine Variante, das Koreanische mit lateinischen Schriftzeichen darzustellen.

Zahlreiche Publikationen verwenden das so genannte *McCune-Reischauer-System*, das 1937 von zwei Amerikanern entworfen wurde. Dieses System war (mit einigen Änderungen) bis im Jahr 2000 die offizielle Umschrift des Koreanischen. Seit 2000 gilt die von der Nationalen Akademie der koreanischen Sprache entwickelte *Revidierte Romanisierung des Koreanischen* (국어의 로마자 표기법). In der neueren Umschrift werden diakritische Zeichen, also Buchstaben mit Punkten oder Häkchen durch Buchstabenkombinationen ersetzt. Beide Systeme unterscheiden sich aber nicht wesentlich. Vorsicht ist nur geboten, weil sich das alte System eher an der Aussprache orientiert und das neue System eher an der Schreibung.

In diesem Lehrbuch werden die aktuellen Umschriftregeln der koreanischen Regierung verwendet. Bitte beachten Sie, dass dieses System der Umschrift nicht speziell am Deutschen orientiert ist, dass sich also zum Beispiel hinter *oe* kein deutsches *ö* verbirgt.

Überblick

Koreanisch	McCune-Reischauer-System	Revidierte Romanisierung
ㅏ	a	a
ㅓ	ŏ	eo
ㅗ	o	o
ㅜ	u	u
ㅡ	ŭ	eu
ㅣ	i	i
ㅐ	ae	ae
ㅔ	e*	e
ㅚ	oe	oe
ㅟ	wi	wi
ㅑ	ya	ya
ㅕ	yŏ	yeo
ㅛ	yo	yo
ㅠ	yu	yu
ㅒ	yae	yae
ㅖ	ye	ye
ㅘ	wa	wa
ㅙ	wae	wae
ㅝ	wŏ	wo
ㅞ	we	we
ㅢ	ŭi	ui
ㄱ	k	g/k
ㄲ	kk	kk
ㅋ	k´	k
ㄷ	t	d/
ㄸ	tt	tt

ㅌ	t´	t
ㅂ	p	b/p
ㅃ	pp	pp
ㅍ	p´	p
ㅈ	ch	j
ㅉ	tch	jj
ㅊ	ch´	ch
ㅅ	s	s
ㅆ	ss	ss
ㅎ	h	h
ㄴ	n	n
ㅁ	m	m
ㅇ	-/ng	-/ng
ㄹ	r/n/l	r/l

Lerntipps

Da Koreanisch nicht mit dem Deutschen verwandt ist, sind die Hürden beim Erlernen dieser Sprache oft höher als bei einer europäischen Sprache. Die folgenden Lerntipps sollen Ihnen helfen, diese Hürden möglichst problemlos zu meistern. Wir beginnen mit einem koreanischen Sprichwort: 시작이 반이다 *Der Beginn ist halb gewonnen!*

Übung macht den Meister

Gemäß dem koreanischen Sprichwort 서당개도 삼 년이면 풍월을 읊는다 *Der Hund der Dorfschule kann nach drei Jahren dort auch Gedichte rezitieren* ist alles lernbar, man muss nur Geduld und Fleiß mitbringen. Hören Sie deshalb nicht auf Koreanisch zu üben. Nehmen Sie sich nur kleine Schritte vor (10 Minuten am Tag bringen mehr als 2 Stunden am Stück einmal die Woche). Und vor allem: Lassen Sie Sich nicht entmutigen, wenn Erfolge einmal auf sich warten lassen. Sie werden sich bei konstantem Üben bald einstellen.

Wörter lernen

Nutzen Sie Eselsbrücken

Überlegen Sie sich Eselsbrücken zu einzelnen Wörtern oder Ausdrücken. Ein paar Beispiele: 운동 (undong), das koreanische Wort für Sport, kann man sich vielleicht besser merken, wenn Sie Sport als „Unding" betrachten. An 밑 (mit), das koreanische Wort für *unter* können Sie sich möglicherweise erinnern, wenn Sie sich vorstellen, *mit* Brad Pitt *unter* einem Tisch zu sitzen. Eselsbrücken sind oft ganz individuelle Assoziationen. Nutzen Sie ungewöhnliche Bilder und Vorstellungen und verwenden Sie auch andere Fremdsprachen oder Dialekte, um Ihre Eselsbrücken zu erschaffen.

Machen Sie Ihre Wohnung zum Wörterbuch

Sie können sich das Wort für Kühlschrank einfach nicht merken? Kleben Sie einen selbstklebenden Zettel mit der Aufschrift 냉장고 an Ihren Kühlschrank. Jedes Mal, wenn Sie den Kühlschrank öffnen, lesen und wiederholen Sie dieses Wort. Sie werden sehen, bald können Sie es sich merken. Diese Methode können Sie auch für andere Wörter benutzen: Egal ob Lampen, Türen oder Fenster, fast alles lässt sich bekleben.

Lernen Sie ganze Ausdrücke

Manchmal kann man sich einzelne Wörter nur schwer einprägen. Überlegen Sie sich einen Kontext, in dem Sie das Wort am ehesten brauchen können und prägen Sie sich den ganzen Ausdruck ein, z. B. Begrüßungsfloskeln. Später können Sie auf diese Ausdrücke zurückgreifen und sie in einzelne Wörter zerlegen.

Die Wiederholungskapitel bieten Ihnen die Möglichkeiten, anhand der Beispieldialoge genau solche Sätze oder Ausdrücke zu formulieren.

Merken Sie sich Wörter im Kontext

Lernen Sie Wörter, die zusammenpassen, gemeinsam, z. B. mithilfe von Mustersätzen wie 의사는 병원에서 일해요 *ein Arzt arbeitet im Krankenhaus* oder 선생님은 학교에서 일해요 *ein Lehrer arbeitet in der Schule*. So können Sie sich in den entsprechenden Situationen leichter an die passenden Worte erinnern.

Eine andere beliebte Methode, Wörter im Kontext zu lernen, ist ein Assoziogramm. Dafür notieren Sie sich Wörter zu einem bestimmten Thema, ähnlich wie in folgendem Beispiel:

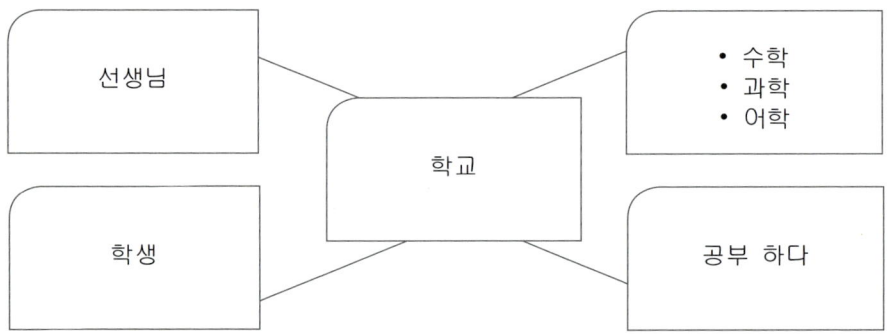

Assoziogramme können sehr komplex werden, aber scheuen Sie sich nicht davor. Sie müssen nur selbst den Überblick behalten, denn ein Assoziogramm erstellen Sie nur für sich selbst, nicht für andere, und es muss daher nur von Ihnen lesbar sein.

Grammatik lernen

Beispielsätze

Besser als eine Grammatikregel oder eine bestimmte Verbendung lassen sich Beispielsätze im Gedächtnis behalten. Prägen Sie sich für bestimmte Grammatikthemen Mustersätze ein, z. B. für die Zeiten:

어제 한국어를 공부했어요.	Gestern habe ich Koreanisch gelernt.
오늘 한국어를 공부해요.	Heute lerne ich Koreanisch.

내일 한국어를 공부하겠에요.   Morgen werde ich Koreanisch lernen.

Verstehen lernen

Verstehen lernen Sie am besten, wenn Sie immer wieder den Kontakt zur Sprache suchen.

Lesen Sie

Versuchen Sie doch mal, auch die koreanische Version eines Wikipediaartikels zu lesen, oder besuchen Sie die Seiten koreanischer Zeitungen und lesen Sie deren Artikel online. Manche koreanische Verlage bieten auch leichte Lesetexte für Anfänger an.

Hören Sie Radio und Podcasts

Hören Sie koreanisches Radio (z.B. Radio Korea International oder KBS World Radio) und koreanische Podcasts. Sie werden sehen, schon bald werden Sie immer mehr verstehen.

Sehen Sie sich koreanische Filme an

Viele DVDs mit koreanischen Filmen bieten auch die koreanische Tonspur an, zu der sich deutsche oder koreanische Untertitel dazuschalten lassen. So können Sie ruhig versuchen einen Film im Original zu sehen.

Tipp: Filme und Internetsendungen lassen sich (meist kostenlos) im Internet beim koreanischen Fernsehen herunterladen.

Sprechen lernen

Sprechen Sie mit einem Muttersprachler

Koreanische Freunde und Geschäftspartner helfen Ihnen sicher gerne beim Üben. Eine gute Möglichkeit ist auch das so genannte Tandem, eine Lernpartnerschaft, bei der die Muttersprache des einen Lernenden die Zielsprache des anderen ist und umgekehrt. Tandemvermittlungen gibt es an vielen Universitäten. Beispielsweise vermittelt die Ruhr-Universität Bochum kostenlos so genannte e-Tandems, bei denen das gemeinsame Lernen per Mail, Skype oder Chat erfolgen kann. Aber Achtung: Die normalen koreanischen Chatseiten sind aufgrund ihrer oft unverständlichen und abgekürzten Sprache nicht unbedingt zu empfehlen!

Wenden Sie Ihr Koreanisch an

Fahren Sie ins Land und versuchen Sie anzuwenden, was Sie bisher gelernt haben. Oder gönnen Sie sich eine Lernpause in einem koreanischen Restaurant und bestellen sie dort auf Koreanisch. Vor allem: Trauen Sie sich. Jeder macht Fehler, wie das koreanische Sprichwort 원숭이도 나무에서 떨어진다 *sogar Affen fallen aus Bäumen* besagt. Betrachten Sie Ihre Fehler als Chance, aus der Sie lernen können.

Singen Sie

Korea hat eine äußerst vielseitige und interessante Musikkultur. Singen Sie doch Ihre Lieblingstexte einfach mit. Wortschatz, Grammatik und Aussprache lassen sich mit einer eingängigen Melodie viel leichter lernen.

Weiterführende Literatur – eine Auswahl

Sind sie neugierig auf Korea geworden und wollen noch mehr lesen und lernen?
Hier finden Sie hilfreiche weiterführende Quellen zur koreanischen Sprache und Kultur.

Sprache

Y. J. Beckers-Kim, Helmut Hetzer: Hanja. Handbuch und Lexikon der sinokoreanischen Schriftzeichen. Mit einem neuen Glossar wichtiger Redewendungen. Hollym. 2002.

Lexikon der chinesischen Schriftzeichen (Hanja) im Koreanischen. Für fortgeschrittene Lerner.

Ho Bin Ihm, Kyung Pyo Hong, Suk In Chang: Korean Grammar for International Learners New Edition. Yonsei University Press. 2009.

Umfangreiches und übersichtliches Nachschlagewerk mit Beispielen in moderner Alltagssprache. Alle Beispiele sind übersetzt.

Kultur

Ilyeon, Y.J.Beckers-Kim (Übers.): Samguk Yusa: Legenden und Wundergeschichten aus den Drei Königreichen Koreas. Eb-Verlag. 2007.

Die Geschichte der fünf Königreiche ist der Klassiker der koreanischen Literatur und liegt erstmals in deutscher Übersetzung vor.

Won-Bok Rhie : Korea Unmasked – In Search of the Country, the Society and the People. Gimm Young International. 2002.

Ein unterhaltsamer Blick auf Korea und die Koreaner in Comicform.

Christine Liew: Reisegast in Korea. Iwanowski 2010.

Ein Kulturführer, der versucht, verschiedene Aspekte des koreanischen Alltagslebens für Europäer verständlich zu machen.

Mee-Jin Kim: Korea-Knigge: Der Türöffner für Auslandsreisende und Expatriates. Oldenbourg. 2009.

Ein kompakter Überblick über Wissenswertes zur koreanischen Geschichte, Wirtschaft und Religionen. Versucht die kulturellen Hintergründe heutiger Verhaltensweisen verständlich zu machen.

Internetquellen:

http://talktomeinkorean.com/
Sehr gute interaktive englischsprachige Seite mit koreanischen Podcasts, Grammatikerklärungen, Fragenteil und Linktipps. Kostenlos.

http://aheeyah.com/
Kostenlose Website, die die Texte zahlreicher koreanischer Lieder veröffentlicht, oft auch mit einer (englischen) Übersetzung.

http://dongsa.net/
Eine umfangreiche Seite, die Konjugationsmuster und Aussprache zahlreicher koreanischer Verben präsentiert.

www.zkorean.com/
Gutes kostenloses englisch-koreanisches, koreanisch-englisches Onlinewörterbuch mit einigen (allerdings kostenpflichtigen) Zusatzfunktionen.

www.koreanclass101.com/
Englischsprachige Seite, die koreanische Podcasts und Lektionen in Form von Radiotalkshows zur Verfügung stellt. Die aktuellen Podcasts sind kostenlos, für Zusatzfunktionen wie Skripte muss man allerdings ein Entgelt entrichten. Eine Registrierung ist notwendig.

http://seoulistic.com/
Englischsprachige Seite, die in kurzen Videoclips versucht, Besonderheiten des koreanischen Alltagslebens zu erklären.

www.lextra.de

Auf unserer Webseite stehen weitere Hilfsmittel für Sie zum Download bereit. Dort finden Sie eine Übersicht über die koreanischen Konjunktionen, Postpositionen und unregelmäßigen Verben. Außerdem können Sie sich das ausführliche Glossar Deutsch-Koreanisch herunterladen.

Grammatikalischer Index

Die Zahlen beziehen sich auf die Kapitel.

aber: die Konjunktion -는데 12
absolutes Verbot: -지 말다 10
Adverbien 13
Akkusativ: -을/-를 2, 6
Alphabet 0
anfangen/beginnen: -기 시작하다 16
Antworten auf einfache Fragen: 네/아니오 .. 5
Aufbau der Verben 1
Aussageform (formelle Sprechstufe)... 1
Aussageformen (informelle Sprechstufe) 2
Aussprache 0
Befehlsform: (으)십시오 10
Befehlsformen (informelle Sprechstufe) 2
beschließen zu tun: -기로 하다 11
Besitzangaben mit -의 6
bevor / vor: die Konjunktion -기 전에 14
da / weil: die kausale Konjunktion
-기 때문에 und -기 때문이다 11
das Lesen, das Singen: substantivierte Verben
mit -는 것 10
Dativ im Koreanischen: -에게 und -한테 6
Datumsangaben 4
der erste, der zweite: Ordnungszahlen
auf Koreanisch und Sinokoreanisch 15
der Mann, der Lehrer ist: 선생님인 15
Doppelkonsonanten................... 0
dürfen 5
Eigenschaftsverben für Geschmack 8
einen Gefallen tun: -아/-어 드리다 5
Erwartungen: -기(를) 바라다 5
Fälle................................ 6
Familienverhältnisse 13
Farben 11
formelle Verbstufe: das Suffix -시 1
formelle Verbstufe: -ㅂ니다 / -습니다 1
Frageform (formelle Sprechstufe)...... 1
Frageformen (informelle Sprechstufe) 2
Fragen nach dem Besitz: 있다 und 가지다 .. 13
Fragen nach Willen/Absicht des
Gesprächspartners 5
Fragen nach Willen/Absicht des Hörers 5
Fragen 3, 4
Fragewörter......................... 4
Gegensätze 16
Genitiv.............................. 6

gerade eben: die Verlaufsform
-아 있다/ -어 있다 13
Grundkonsonanten 0
Grundvokale 0
hier / dort / dort drüben 5
Hilfsverb 하다 2
höfliche Kasusendungen 6
höfliche Nomen 5
höfliche Verben 5
Höflichkeit 1
ich war gerade dabei ...: 참이다 16
Imperativ 10
informelle Sprechstufe: -아요 / -어요 2
instrumentale Postpositionsendung
-(으)로 8, 14
irgendwer/-wo/-wann/-was: 누가, 어디(서),
언제, 뭐(무엇) 11
ja / nein 5
jeder Einzelne: das Zähleinheitswort -씩 ... 10
jemals / niemals geschehen sein:
-ㄴ/-은 적이 있다/없다 13
Konjunktion 6
können 5
Kontraktionen im Koreanischen 6
Kontraktionen 2
koreanische Grundzahlen 3
koreanische Zähleinheitswörter 3
Laute 0
Lautmalerei (Onomatopoesie) 9
lesend, gehend: das Partizip Präsens
-는 / -은 10
Modalverben........................ 5
mögen: 좋다 und 좋아하다 8
Monate 4
müssen 5
müssen: -ㄹ/-을수 밖에 없다 13
nachdem / nach: die Konjunktionen
-ㄴ/-은 후에 und -고 나서........... 14
nachher: 후 8
Nomen 2
Nominativ: -이/-가 2, 6
notwendig / nicht notwendig sein:
필요하다/필요 없다 14
ob ... oder: -(이)나... -(이)나 9
ob: die Konjunktion -ㄴ/ -는 지 14

Grammatikalischer Index

Objektpostposition: -을/-를 2, 6
Ordnungszahlen 15
Ortsangaben 위치 8
Partizip 12
Partizip Futur: -ㄹ/-을 12
Partizip Perfekt: -ㄴ/-은/-던 12
Partizip Präsens: -는 / -은. 10
Pläne: -(으)려고 하다 und -(으)러 가다 . . . 3
Pluralbildung: das Pluralsuffix 들 6
Postposition für Ortsangaben -에 und -에서. . 3
Postposition für Richtungsangaben
-에 가다 und -에서 오다 3
Postposition: -에 3
Postpositionen 6
Relativsätze 15
Satzeinleitung 6
Satzstruktur 1
Schrift 0
sehr: die Adverbien 아주, 매우, 참(으로),
정말, 잘, 대단히, 너무, 몹시 13
sein / nicht sein: 이다 / 아니다 1
Silbenblöcke 0
sinokoreanische Zähleinheitswörter 4
sinokoreanische Zahlen 4
sobald: die Konjunktion -자 마자 16
sollen 5
sowohl … als auch: -(이)나 … -(이)나 9
Sprechstufen 1, 2
Standpunkt des Sprechers bezüglich der
Richtung: -아/-어 가다 und -아/-어 오다 . 15
Strecken und Distanzen: …-에서 … -까지. . . 6
Subjektpostposition: Unterschied
zwischen -은/-는 und -이/-가 2
Subjektpostposition: -이/-가 2, 6
Superlativ 가장, 최고로 und 제일. 9
Tageszeiten 4
Thema des Satzes: -은/-는 1
trotzdem / trotz / obwohl:
die Konjunktion -지만 15
Uhrzeiten 4
um einen Gefallen bitten: -아/-어 주다 5
und / und dann: die Konjunktion -다가 . . . 11
und: die aneinanderreihende
Konjunktion -아서/-어서 7
und: die Konjunktion -고 6
und: -와 und -과 3
unregelmäßige Verben mit ㄹ 10

unregelmäßige Verben auf -ㅂ 7
Verben 1
Vergangenheit: -았/-었 und -였/-했 7
Vergleiche mit mehr als: -보다 ,-보다 더
und 보다 훨씬 더 더 9
Vergleiche mit so viel:
die Postposition -만큼 9
Vergleiche mit so wie: -처럼 und -같이. 9
Verlaufsform: -고 있다 7
Verlaufsform: -아 있다/ -어 있다 13
Vermutungen / Annahmen: -는 듯 하다 . . 10
Verneinungsform: 안 und -지 않다 7
von … bis 6
von … nach 6
von wem?: der Dativ -에게서, -한테서 16
Vorhaben: -(으)려고 하다 und
-(으)러 가다 3
vorher: 전 8
während / als / wenn:
die Konjunktion -ㄹ/-을 때 13
während / als: die Konjunktion -(으)면서 . . 13
während / als: -는데 12
was: 무엇 3
weder … noch: -지도 … -지도 않다 15
weil / da / wegen:
die kausale Konjunktion -아서/-어서 7
weil / da:
die kausale Konjunktion -(으)니까. 9
wenn / falls: die Konjunktion -(으)면 8
werden / sich ergeben: -게 되다 16
wo: 어디 3
Wochentage 4
wollen (möchten) 3
wollen Sie? 5
Wortstellung 1
Wünsche äußern:
-고 싶다 und -고 싶어 하다 3
Wünsche: -기(를) 바라다 5
Zahlen 3
Zeigewörter: 이, 그 und 저 5
Zeitangaben 4, 8
Zeitspannen: … -부터 … 까지 6
Zukunft: Das Suffix -겠 5
Zusammengesetzte Konsonanten 0
Zusammengesetzte Vokale. 0

Glossar Koreanisch–Deutsch

ㄱ		Kapitel
가게	Geschäft	3
가격	Preis	14
가깝다	nah sein	3
가끔	ab und zu	WK 1
가난하다	arm sein	16
가능성	Möglichkeit	15
가다	gehen	1
가로수	Alleebaum	11
가르치다	unterrichten	6
가리키다	zeigen	5
가방	Tasche	0
가수	Sänger	2
가운데	mitten, in, zwischen	8
가위	Schere	0
가을	Herbst	11
가정	Familie (*Heim*)	13
가족	Familie (*Personen*)	13
가지다	haben	13
가치	Wert	0
간장	Sojasoße	8
간호사	Krankenschwester	10
갈비	marinierte, gegrillte Rinderrippen	8
갈비탕	Rinderrippensuppe	8
갈색	braun (*chin. Wort*)	11
갈아타다	umsteigen	9
감기	Erkältung	10
감기 들다/걸리다	erkältet sein	10
감기기	Erkältungssymptom	WK 3
감자	Kartoffeln	0, 3
감자전	Pfannkuchen mit Kartoffeln	8
값	Preis	0
강	Fluss	WK 3
강의실	Vorlesungsraum	6
같다	gleich sein, gleich aussehen	10
개	Hund	5
개	Zähleinheitswort für Stück (*Dinge*)	3
거스름돈	Wechselgeld, Restgeld	8
걱정하다	Sorgen haben, sich Sorgen machen	WK 3
건너다	überqueren	12
건축가	Architekt	2
걸다	(auf)hängen	10
걸리다	dauern	6

검정색	schwarze Farbe	11
것	Ding	6
게	Krebs	3
게 되다	werden, sich ergeben	16
겨울	Winter	11
결정하다	beschließen	15
결코	niemals	WK 4
결혼식	Hochzeitszeremonie	WK 4
결혼하다	heiraten	16
경기 지방	Gyeonggi-Gebiet *(Provinz im Nordwesten von Südkorea)*	15
경비원	Wachmann	12
경주	Gyeongju *(alte historische Stadt im Südosten Koreas)*	7
경찰	Polizist	0
경춘선	Gyeongchunseon, Gyeongchun-Linie *(eine Zuglinie, die Seoul mit Chuncheon (Nordosten Koreas) verbindet)*	11
경험(하다)	Erfahrung (erfahren)	7
계란	Ei	14
계속하다	fortsetzen	12
계시다	*Höflichkeitsform von* 있다	1
-고 나서	nachdem	14
-고 싶다	möchten, wollen	3
-고 싶어 하다	möchten, wollen	3
고기	Fleisch	3
고등어	Makrele	3
고등어찌개	Eintopf mit Makrelen	8
고르다	aussuchen	WK 4
고맙다	danken, bedanken *(rein koreanisch, unregelmäßiges Verb)*	1
고맙다	dankbar sein, danken	1
고모	Tante *(Vaters Schwester)*	13
고모부	Ehemann der Schwester des Vaters	13
고비 사막	Wüste Gobi	WK 4
고소하다	einen nussigen Geschmack haben	8
고양이	Katze	0, 5
고열	hohes Fieber	10
고추 가루	Chilipulver	8
곡	Melodie, Lied	WK 2
골라보다	aussuchen	11
골치	Kopf *(Umgangssprache)*	WK 3
골프	Golf	16
곬	Pfad	0
곰	Bär	2
곳	Ort	0
공부하다	lernen, studieren	2
공양	Mahlzeit *(besonderer Ausdruck für das Essen im buddh. Kloster)*	15
공원	Park	WK 3
공책	Heft	6

공책	Notizheft	WK 1
공항 건물	Flughafengebäude	14
공항버스	Airportbus	14
과	und	3
과일	Obst	3
과자	Kekse	0
광주	Gwangju *(Großstadt im Südwesten)*	6
괜찮다	nichts ausmachen, keine Unannehmlichkeiten bereiten	1
괜찮다	in Ordnung sein	8
교사	Lehrer (in einer Schule)	2
교수	Professor	2
교실	Klassenzimmer	6
교통수단	Verkehrsmittel	14
교통카드	Verkehrsnetzkarte	9
교회	Kirche	WK 2
구두	Schuhe	0
구름이 끼다	wolkig sein	WK 4
구입하다	einkaufen	9
국수전골	Nudelschmorpfanne mit Gemüse	8
국제	international	12
국제공항	internationaler Flughafen	14
굴	Austern	3
권	(gebundenes) Buch	3
귀	Ohren	10
귀엽다	niedlich, süß sein	13
그래도	trotzdem	6
그래서	deshalb, daher	3
그러나	aber	6
그러면	und dann, in diesem Fall *(Satzeinleitung)*	6
그런데	aber, dennoch	3
그럼	wenn es/dem so ist	5
그렇지만	dennoch	6
그릇	Schüssel, Gefäß	3
그리고	und	3
그림	Bild	5
극장	Kino, Theater	7
근처	in der Nähe, nahe bei	9
금	Gold, Metall	WK 2
금색	golden, goldene Farbe	11
금요일	Freitag	4
기 때문에	da, weil	11
기 시작하다	beginnen zu tun	16
기 전에	bevor	14
기내 방송	Durchsage *(an Bord)*	14
기다리다	warten, abwarten	6

기로 하다	beschließen etwas zu *(tun)*	*11*
기본요금	Grundpreis	*14*
기분	Laune, Stimmung, inneres Gefühl, Gemüt	*6*
기사	Ingenieur	*2*
기숙사	Wohnheim	*WK 3*
기어 오다	kriechen	*16*
기온	Temperatur	*15*
기운	Kraft	*WK 3*
기차	Zug	*0*
길	Weg, Straße	*5*
길 건너편	auf der anderen Straßenseite	*12*
길다	lang sein *(ㄹ unregelm. Verb)*	*WK 3*
김밥	Gimbab *(gerollter Reis in Seetang)*	*8*
김치	Gimchi *(koreanische Nationalspeise)*	*6*
김치전	Pfannkuchen mit Gimchi	*8*
김치찌개	Eintopf mit Gimchi	*8*
김치찌개	scharfer Gimchieintopf	*8*
깊다	tief sein	*4*
ㄲ		
까만	schwarz	*11*
까만색	schwarze Farbe	*11*
까맣다	schwarz sein	*11*
까치	Elster	*0*
깻잎	Wildsesamblatt	*3*
꼭	unbedingt, absolut	*9*
꽃	Blume	*0*
끓다	sieden, kochen	*0*
끝	Ende	*WK 1*
끼치다	beeinflussen	*15*
ㄴ		
나	ich *(neutral, keine Höflichkeitsform)*	*12*
(이)나 … (이)나	sowohl … als auch, ob …	*9*
나무	Baum	*0, 8*
나무	Holz	*WK 2*
나무꾼	Holzfäller	*16*
나뭇잎	Blatt	*WK 3*
나오다	serviert werden, herauskommen	*8*
날씨	Wetter	*5*
남독일	Süddeutschland	*7*
남동생	jüngerer Bruder *(vom Bruder und der Schwester aus gesehen)*	*13*
남산	Namsan *(Südberg, ein Berg in Gyeongju)*	*7*
남자	Mann	*0*
남조카	Neffe	*13*

남편	Ehemann	5
낮	tagsüber	15
낫다	heilen, geheilt sein	WK 3
내가	ich *(als Subjektform)*	WK 3
내과	Innere Abteilung/Medizin	10
내려가다	hinuntergehen	8
내륙 지방	inneres Gebiet	15
내리다	aussteigen	9
내리다	herunterkommen	12
내리다	hinuntersteigen, -fallen (z. B. Regen)	15
내일	morgen	4
내장산	Naejangsan *(ein Berg an der Grenze der Provinzen Nord-Jeolla und Süd-Jeolla)*	11
냉녹차	grüner Eistee	WK 1
냉면	kalte Nudeln in Fleischbrühe	8
냉장고	Kühlschrank	12
넋	Seele	0
네	ja *(Synonym 예)*	1
네덜란드	Niederlande	1
네덜란드 사람	Niederländer/in	1
네덜란드인	Niederländer/in	1
네덜란드말	Niederländisch	1
네덜란드어	Niederländisch	1
네비게이션	Navigationsgerät	6
넷 (네)	vier	3
년	Jahr *(sinokorean. Zähleinheitswort)*	4
노동절	Tag der Arbeiter	WK 4
노란	gelb, gelblich	11
노란색	gelbe Farbe	11
노랗다	gelb sein	11
노래	Gesang, Lied	2
노래하다	singen	2
노트북	Notebook	6
녹색	grün *(chin. Wort)*	11
녹차	grüner Tee	WK 1
녹차 라떼	kalter grüner Tee mit Milch	WK 1
놀다	spielen, Spaß haben	13
농구	Basketball	16
농담	Scherz	6
놓여 있다	liegen(d)	13
누가	wer *(Fragewort) (nur im Nominativ)*	4
누구	wer *(Fragewort)*	4
누나	ältere Schwester *(vom jüngeren Bruder aus gesehen)*	13
눈	Auge	0, 10
눈약	Augentropfen	10
눈을 감다	Augen schließen	16

는데	aber	12
는데	während, als	12
늦잠	langer Schlaf	16
늦잠꾸러기	Langschläfer	16

ㄷ		
다	alles, alle	9
다가	und, und dann	11
다니다	regelmäßig besuchen	6
다른	andere	6
다리	Bein	10
다섯	fünf	3
다양	verschieden	6
다음	nächste	7
다음	nächste	WK 2
달	Mond	WK 2
달	Monat	3
달걀	Ei	14
달다	süß sein	8
달콤하다	süßlich sein	8
닭	Hahn	9
닭고기	Hühnerfleisch	3
담배	Zigarette	16
답	Antwort	7
당근	Karotte	0, 3
대기 번호	Wartenummer	12
대단히	sehr	3
대답	Antwort	4
대답하다	antworten	6
대성문	Daeseong (Tor im Bukhansan Nationalpark)	15
대신	anstelle (von)	5
대우회사	Daewoo	WK 4
대추차	Roter Datteltee	WK 1
대학교	Universität	2
대학 병원	Uni-Klinik	WK 4
대학생	Student	6
대한민국	Republik Korea	14
대형	großes Format	15
더	mehr	12
더위	Hitze	15
덕수궁	Deoksu-Palast (ein Palast in Seoul)	WK 4
덕수행	Richtung Deoksu (ein Palast in Altstadt Seoul)	9
덥다	heiß sein	7
덴마크	Dänemark	1
덴마크 사람	Däne/-in	1

덴마크인	Däne/-in	1
덴마크말	Dänisch	1
덴마크어	Dänisch	1
도	auch	1
도	Grad, Prozent	4
도망가다	flüchten	15
도서관	Bibliothek	6
도착하다	ankommen	14
독감	Grippe	10
독일	Deutschland	1
독일 사람	Deutsche/r	1
독일인	Deutsche/r	1
독일말	Deutsch	1
독일어	Deutsch	1
돈	Geld	3
돌아오다	zurückkommen	5
돕다	helfen *(unregelmäßiges Verb)*	1
동	Straße	4
동대문시장	Dongdaemun-Markt *(in Seoul)*	9
동무	Freund	0
동숭동	Straßenname in Seoul	5
돼지	Schwein	0
돼지고기	Schweinefleisch	3
되다	werden	5
된장찌개	Eintopf mit einer Soße aus Sojabohnenpaste	8
두통	Kopfschmerzen	10
둘 (두)	zwei	3
뒤	hinter, hinten	8
드리다	geben *(höfliche Form von* 주다*)*	3
듣다	hören	6
-들	*Pluralsuffix*	6
들다	tragen, (auf)heben, nehmen	10
들르다	vorbeikommen	15
들어오다	herein-, hineinkommen	8
들어 있다	sich befinden in	8
들판	Wiese	9
듯 해요	Annahmen *(Grundform* -듯 하다*)*	10
등	Rücken	10
등산	Bergwanderung, Bergsteigen	7
디비디	DVD *(an der englischen Aussprache orientiert)*	6
디지털카메라/디카	Digitalkamera	6

ㄸ		
따라하다	nachsprechen, nachmachen	6
따르다	folgen	15

딱지	Spielkarte für ein Kinderspiel	0
딸기	Erdbeere	0
땅	Erde, Boden	0, WK 2
떡국	Reiskuchensuppe	8
떡볶이	Reiskuchen in scharfer Chilisoße	8
떨어지다	nicht bestehen *(die Prüfung)*	12
또	noch	12
또한	auch	0
뜨겁다	heiß sein	8

ㄹ		
랩톱	Laptop	6
러시아	Russland	1
러시아 사람	Russe/-in	1
러시아인	Russe/-in	1
러시아말	Russisch	1
러시아어	Russisch	1
럭비	Rugby	16
(으)려고 하다	beabsichtigen, planen	3
(으)로	woraus *(Fragewort)*	14
룩셈부르그	Luxemburg	1
룩셈부르그 사람	Luxemburger/in	1
룩셈부르그인	Luxemburger/in	1
룩셈부르그말	Luxemburgisch	1
룩셈부르그어	Luxemburgisch	1
리셉션	Rezeption	14

ㅁ		
마가린	Margarine	14
마늘	Knoblauch	3
마라톤	Marathon	16
마리	Zähleinheitswort für Tier	3
마스크	Maske	WK 4
마시다	trinken	1
마우스	Maus	6
마우스	Computermaus	WK 1
마흔	vierzig	3
막히다	verstopft sein	11
만	nur, ausschließlich	11
만나다	treffen, sich treffen, begegnen	1
만두	Mandu *(Maultaschen)*	8
만발하다	voll aufgehen, voll aufblühen	11
많다	viel sein	2
많이	viel *(Adv.)*	6
말레지아	Malaysia	1

말레지아 사람	Malaysier/in	1
말레지아 인	Malaysier/in	1
말레지아말	Malaysisch	1
말레지아어	Malaysisch	1
말씀	Sprache *(höfliche Form von 말)*	1
맞은편	gegenüber	14
매부	Ehemann der jüngeren Schwester *(vom Bruder aus gesehen)*	13
매운탕	scharfer Fischeintopf	8
매일	täglich	12
매형	Ehemann der älteren Schwester *(vom Bruder aus gesehen)*	13
맥주	Bier	0
맵다	scharf sein *(ㅂ unregelm.)*	8
머플러	Halstuch	11
먹다	essen	1
먹이	Futter	6
먼저	vorher	3
멀다	weit sein	10
메뉴	Speisekarte *(vom englischen menu)*	8
메론	Melone	3
메모리	Memory	6
며칠	was für ein Tag, wievielter Tag, welches Datum *(Fragewort)*	4
면	Seite	11
-(으)면	wenn, falls	8
명	Mensch, Leute	3
명칭	Bezeichnung, Benennung	13
몇	wie viel *(Fragewort)*	4
몇 시	wie viel Uhr *(Fragewort)*	4
모두	zusammen	3
모두	alles, alle	9
모듬전	ein Teller mit verschiedenen Pfannkuchen	8
모레	übermorgen	15
모르다	nicht wissen, nicht kennen	16
모빌폰	Mobiltelefon	6
모이다	zusammenkommen, zusammentreffen	16
모자라다	nicht ausreichend sein, wenig sein	7
목	Hals	10
목사	Pastor	2
목수	Schreiner	2
목요일	Donnerstag	4
몰려오다	aufkommen	15
몸	Körper	10
몽고	Mongolei	1
몽고 사람	Mongole/-in	1
몽고인	Mongole/-in	1
몽고말	Mongolisch	1

몽고어	Mongolisch	1
무	Rettich	3
무덥다	schwül sein	15
무릎	Knie	10
무슨	was für, welcher *(Fragewort)*	4
무엇	was *(Fragewort)*	1
무화과	Feige	3
문화	Kultur	2
묻다	fragen *(unregelmäßiges Verb)*	1
물	Wasser	4
물건	Sache, Ding	14
물론(이다)	selbstverständlich, natürlich sein	6
물리다	gebissen werden	6
물병	Wasserflasche	8
미국	Amerika	1
미국 사람	Amerikaner/in	1
미국말	Amerikanisch	1
미국인	Amerikaner/in	1
미안(하다)	sich entschuldigen *(normale Form)*	1
미열	erhöhte Temperatur	10
밑	unter, unten	8

ㅂ		
바꾸다	wechseln, tauschen, umtauschen, ändern	12
바나나	Banane	3
바다	Meer	9
바둑	Go-Spiel	16
바람	Wind	15
바로	sofort, gleich	9
바쁘다	beschäftigt sein	12
밖	außen, draußen, auswärts	8
반	Hälfte	4
반	Klasse	6
반갑다	erfreut sein, sich freuen	1
반복하다	wiederholen	6
반짝이다	funkeln	9
받다	erhalten, bekommen	16
받아쓰다	(Diktat) aufschreiben	6
발	Fuß	10
발가락	Zehe	10
발생하다	entstehen	15
밤	Nacht, nachts	4
밤색	braun, braune Farbe	11
밥	gekochter Reis, Mahlzeit	6
방	Raum, Zimmer	0

방사선과	Strahlentherapie	10
방사성 물질	radioaktive Substanzen	15
배	Birne	3
배	Bauch	10
배구	Volleyball	16
배낭	Rucksack	WK 1
배우	Schauspieler	2
배우다	lernen, studieren *(rein koreanisches Wort)*	2
배추	Chinakohl	3
배탈	Bauchschmerzen	10
배터리	Batterie *(an der englischen Aussprache orientiert)*	6
백두산	Baekdu Berg *(an der Grenze zw. Nordkorea und China)*	WK 3
백색	weiß *(chin. Wort)*	11
백설 공주	Schneewittchen	9
백화점	Kaufhaus	7
버섯	Pilz	3
버터	Butter	14
번개	Blitz	15
번지	Hausnummer	4
벌	Zähleinheitswort für Kleid *(Garnitur, Kombination)*	3
벌 받다	Strafe erhalten	16
벌써	bereits	16
벗꽃	Kirschblüte	11
베토벤	Beethoven	WK 2
벵골어	Bengali	1
변호사	Rechtsanwalt	2
별	Stern	9
별 4개	Hotel mit 4 Sternen	14
병	Flasche	3
병원	Praxis oder Krankenhaus	10
보내다	verschicken, senden	7
보다	sehen, lesen, betrachten	1
보다 (더)	mehr als	9
보라색	violett, lila, violette Farbe	11
보리	Gerste	0
보증금	Pfandgeld	9
보통	gewöhnlich	12
복숭아	Pfirsich	0, 3
복습하다	wiederholt lernen	6
복용하다	einnehmen	10
볶음밥	Gebratener Reis	8
볼펜	Kugelschreiber	WK 1
봄	Frühling	11
봉투	Briefumschlag	WK 4
뵈어요	sehen *(unregelm. Form von 뵙다)*	2

뵙다	sehen, treffen, kennenlernen	1
분	Mensch, Leute (honorativ)	3
부딪히다	stoßen, zusammenprallen	13
부르다	rufen	12
부모	Eltern	13
부부	Ehepaar	7
부산	Busan (nach Seoul die zweitgrößte Stadt Südkoreas)	6
부엌	Küche	0, 6
부자	reicher Mann	16
부채	Fächer	11
부터 ... 까지	von ... bis (zeitlich)	6
북한산	Bukhansan (Berg nördlich von Seoul, Bukhansan Nationalpark)	11
분	Minute, Bruchzahl (sinokorean. Zähleinheitswort)	4
분식	Mehlspeisen	8
분홍색	pink, pinke Farbe	11
불	Feuer	WK 2
불	Licht	12
불가능하다	unmöglich sein	16
불고기	Bulgogi (mariniertes, gegrilltes Rindfleisch, manchmal auch Schweinefleisch)	8
불다	wehen	15
붓다	anschwellen	10
붙잡다	festhalten	16
비디오 필름	Videofilm	WK 4
비빔밥	Bibimbab (Reis gemischt mit Gemüse, Kräutern und Chilipaste)	8
비상	Alarm	15
비서	Sekretär	6
비 소식	Regenerwartung	15
비싸다	teuer sein	WK 1
비행기	Flugzeug	0, 14
빈대떡	Pfannkuchen aus Mungobohnenmehl	8
빌리다	ausleihen, leihen	WK 4
빗방울	Regentropfen	15
빙판	Glatteis	15

ㅃ		
빠르다	schnell sein	9
빨간	rot	11
빨간색	rote Farbe	11
빨갛다	rot sein	11
빨리	schnell	6
빵	Brot	0, 5
뽀뽀	Kuss	0
뽑다	herausziehen	12

ㅅ		
사거리	Kreuzung	12
사과	Apfel	0, 3
사다	kaufen	0, 3
사람	Mensch, Leute	3
사랑	Liebe	2
사랑하다	lieben	1
사무실	Büro	4
사용하다	benutzen	12
사장	Firmendirektor	2
사장실	Direktorenzimmer	6
사진	Foto	0
사촌 형제	Cousins und Cousinen *(Sammelbegriff)*	13
산부인과	Gynäkologie	10
산속	in den Bergen	16
살	Zähleinheitswort für Alter	3
살구차	Pflaumentee	WK 4
살그머니	leise, ohne Geräusch, sachte	16
살다	leben, wohnen	WK 1
살펴보다	sich umsehen, nachsehen	WK 4
살피다	nachsehen	14
살피다	aufmerksam prüfen	16
삼가하다	sich zurückhalten, Rücksicht nehmen, sich mäßigen	15
삼겹살구이	marinierter, gegrillter Schweinebauch	8
삼계탕	Hühnereintopf mit Reis und Ginseng (Insam)	8
삼성	Samsung	2
삼성 회사원	Angestellter von Samsung	2
삼성역	Samseong-Station *(eine Metrostation der Linie 2 in Seoul)*	9
삼성회사	Samsung	WK 4
삼청동 거리	Samcheongdong-Strasse *(bekannt für zahlreiche Geschäfte und Galerien)*	WK 4
삼촌	Onkel *(Vaters Bruder)*	13
상담 시간	Sprechstunde	6
상인	Verkäufer	3
상자	Schachtel	6
상추	Kopfsalat	3
새	Vogel	0
새우	Garnele	3
새우볶음밥	gebratener Reis mit Krabben	8
색	Farbe	11
생각하다	denken	WK 3
생강	Ingwer	3
생강차	Ingwertee	WK 1
생선	Fisch	3
생선구이	gegrillte Fische	8
생일	Geburtstag	4

생일 축하 인사	Geburtstagsgruß	7
생활품	Lebensmittel	3
생활필수품	Waren für das Alltagsleben	9
서다	stehen	16
서른	dreißig	3
서울	Seoul *(Hauptstadt Südkoreas)*	6
서 있다	stehen(d)	8
섞이다	vermischt sein	15
선녀	Fee	16
선물	Geschenk	0
선생님	Lehrkraft	6
설렁탕	Rinderknochensuppe	8
설명(하다)	Erklärung (erklären)	13
설사	Durchfall	10
설악산	Seoraksan *(dritthöchster Berg Südkoreas)*	11
설합	Schublade	8
성형외과	plastische Chirurgie	10
세	Zähleinheitswort für Alter *(honorativ)*	4
세관	Zollstelle	14
세기	Jahrhundert	15
세상	Welt	9
세종 문화 회관	Sejong Kulturcenter *(bei Gwanghwamun, dem Haupttor des Gyeongbok-Palastes)*	9
스웨터	Pullover	11
셋 (세)	drei	3
소고기	Rindfleisch	3
소금	Salz	8
소나무	Tanne	0
소시지	Wurst	14
소아과	Kinderheilkunde	10
소원	Wunsch	WK 2
속	in, innen, drinnen	8
속이 시원하다	im Herzen erfrischend sein, wohltuend sein *(Idiom)*	8
손	Hand	10
손가락	Finger	10
손님	Gast	3
송이	Zähleinheitswort für Stück *(Blume, Weißkohl)*	3
쇼핑	Shopping, Einkauf	4
수료식	Abschlusszeremonie	16
수박	Wassermelone	3
수업	Unterricht	6
수업을 하다	Unterricht geben, unterrichten	6
수업이 있다 / 없다	Unterricht haben / keinen Unterricht haben	6
수요일	Mittwoch	4
수원 화성	Hwaseong *(alte Festung in der Stadt Suwon)*	7
수원 화성	Festung Hwaseong in Suwon *(UNESCO Kulturerbe)*	WK 3

숙제하다	Aufgaben machen	6
순두부찌개	Eintopf mit Tofu, Muscheln und Gemüse	8
순조롭다	glatt ablaufen	15
숟가락	Löffel	0
숲	Wald	9
쉬다	ausruhen	WK 2
쉰	fünfzig	3
슈퍼마켓	Supermarkt	3
스물 (스무)	zwanzig	3
스웨덴	Schweden	1
스웨덴 사람	Schwede/-in	1
스웨덴인	Schwede/-in	1
스웨덴말	Schwedisch	1
스웨덴어	Schwedisch	1
스케이트	Schlittschuh	16
스키	Ski	16
스포츠	Sport	16
슬슬	allmählich, nach und nach *(Lautmalerei für langsame Bewegung)*	16
승가사	Seungga *(buddhistisches Kloster im Bukhansan Nationalpark)*	15
승강기	Fahrstuhl, Aufzug	4
승객	Passagier	14
승무원	Stewardess	14
시	Uhrzeit, Stunde *(korean. Zähleinheitswort)*	3
시간	Stunde *(Dauer)*	3
시계	Uhr	0
시내	Innenstadt	6
시내 구경	Stadtbesichtigung	4
시다	sauer sein	8
시대	Zeitalter	15
시립 박물관	städtisches Museum	WK 4
시작하다	beginnen, anfangen	4
시장	Markt *(traditioneller Markt)*	3
시험(을)보다	prüfen, testen	6
식구	Familie *(wörtl.: essender Mund)*	WK 4
식탁	Esstisch	8
식후	nach dem Essen	10
신라 왕국	Königreich Silla *(57 v. Chr.-918 n. Chr.)*	15
신문	Zeitung	6
신부	Braut	11
신부	Priester	2
신호등	Ampel	12
싫어하다	ungern haben	16
(으)십시오	bitte (tun) Sie! *(Befehlsform)*	10
싱겁다	salzarm	8

ㅆ		
싸다	billig sein	0, WK 1
쌀	Reis	0
쌀쌀	Lautmalerei für Wind *(Kältegefühl)*	15
쌓이다	sich anhäufen	11
쑥차	Beifußtee	WK 1
쓰다	schreiben	0, 2
쓰다	verbrauchen, brauchen	12
쓰다	bitter sein	8
씨	Anredeform	2
씨디	CD *(an der englischen Aussprache orientiert)*	6
씩	je (einzeln), jeder einzelne *(Zähleinheitswort)*	10

ㅇ		
아가씨	Mädchen	16
아기	Kind	16
아깝다	bedauerlich sein	WK 4
아니다	nicht sein	1
아니요	nein	5
아래	unten	8
아름답다	schön sein	8
아메리칸 커피	amerikanischer Kaffee *(Filterkaffee)*	WK 1
아버지	Vater	6
아이스학키	Eishockey	16
아이폰	iPhone	6
아주	sehr	7
아직	noch nicht	6
아침	Morgen, morgens, Frühstück	4
아키코	Akiko *(jap. Frauenname)*	10
아프다	krank sein, wehtun	10
아홉	neun	3
아흔	neunzig	3
아흔아홉	neunundneunzig	3
안	in, innen, drinnen	8
안경	Brille	0
안과	Augenheilkunde	10
안국동	eine Straße in der Nähe von Insadong *(in Seoul)*	9
안내를 받다	Informationen bekommen, (den Weg) gezeigt bekommen	14
안내원	Personal am Informationsschalter	14
안녕	Wohlergehen, Friede	1
안녕하다	wohl sein, in Frieden sein	1
안전하다	sicher sein	15
앉다	sitzen, sich setzen	0, 6
앉아 있다	sitzen(d)	13
않다	nicht sein	0

알	Zähleinheitswort für Tabletten	10
알다	wissen, kennen	WK 2
알탕	scharfe Suppe mit Fischrogen	8
알프레드 슈미트	Alfred Schmidt	2
앞	vor, vorne	8
약속을 지키다	Versprechen halten	9
애기	Baby	0
애인	Geliebte/r	WK 4
액자	Bilderrahmen	WK 1
야구	Baseball	16
약	Medikament	5
약국	Apotheke	10
약속 시간	Verabredungszeit	4
얀	Jan	2
양배추	Weißkohl	3
양식	westliches Essen	14
양파	Zwiebel	0, 3
어깨	Schulter	10
어느	welche/r/s *(Fragewort)*	4
어디	wo *(Fragewort)*	3
어때요	wie sein *(ㅎ unregelm. Verb von 어떻다)*	WK 2
어떤	was für *(Fragewort)*	4
어떻게	wie *(Fragewort)*	4
어렵다	schwierig sein	6
어리다	jung sein	13
어제	gestern	4
어학원	Sprachschule	6
언니	ältere Schwester *(von der Schwester aus gesehen)*	13
언제	wann *(Fragewort)*	4
얼굴	Gesicht	0, 10
얼마(나)	wie viel *(Fragewort)*	4
엄마	Mama, Mutti	WK 2
없다	nicht vorhanden sein *(Gegenteil von 있다)*	5
에 가다	wohin gehen	3
에서 ... 까지	von ... bis *(räumlich)*	6
여권	Reisepass	12
여기	hier	3
여덟	acht	3
여동생	jüngere Schwester *(vom Bruder und der Schwester aus gesehen)*	13
여든	achtzig	3
여러	einige, verschiedene	11
여러번	mehrmals	8
여러분	Sie alle *(meine Damen und Herren)*	14
여름	Sommer	11
여보세요	hallo	3

여섯	sechs	3
여성	weiblich	13
여자	Frau	0
여조카	Nichte	13
여행하다	reisen	7
연어	Lachs	3
연필	Bleistift	WK 1
열	Fieber	10
열	zehn	3
열넷 (열네)	vierzehn	3
열다섯	fünfzehn	3
열대야	tropische Hitzenacht	15
열둘 (열두)	zwölf	3
열셋 (열세)	dreizehn	3
열쇠	Schlüssel	0, 16
열아홉	neunzehn	3
열여덟	achtzehn	3
열여섯	sechzehn	3
열이 나다	Fieber haben, Fieber bekommen	10
열일곱	siebzehn	3
열하나 (열한)	elf	3
영국	England	1
영국 사람	Engländer/in	1
영국인	Engländer/in	1
영남	südlicher Teil der Provinz Gyeongsang	15
영서약속시간지방	Yeongseo-Gebiet *(westlicher Teil der Provinz Gangwon)*	15
영국말	Englisch	1
영어	Englisch	1
영향	Einfluss, Beeinflussung	15
영화	Film	4
옆	neben, seitlich, bei	8
예상되다	erwarten	15
예순	sechzig	3
예약	Vorbestellung, Reservierung	10
예약하다	vorbestellen	11
옛날	alte Zeit	16
오늘	heute	4
오다	kommen	16
오렌지	Orange	3
오렌지색	orange, orange Farbe	11
오르다	(hin)aufsteigen	15
오른쪽/오른편	rechts, rechte Seite	8
오미자차	Schisandratee *(wörtl.: Fünf-Geschmäcker-Tee)*	WK 1
오빠	älterer Bruder *(von der Schwester aus gesehen)*	13
오스람	Osram	2

오스트리아 (오지리)	Österreich	1
오스트리아 약속시간 사람	Österreicher/in	1
오스트리아인	Österreicher/in	1
오이	Gurke	3
오전	Vormittag, vormittags	4
오징어	Tintenfisch	3
오후	Nachmittag, nachmittags	4
옥색	hellgrün *(chin. Wort)*	11
온라인	online	6
올가을	dieser Herbst	15
옷감	Stoffe	9
와	und	3
왜	warum, weshalb, wieso *(Fragewort)*	4
외과	Chirurgie	10
외국인	Ausländer, Fremder	1
외삼촌	Onkel *(Mutters Geschwister)*	13
외아들	einziger Sohn	13
외화	ausländische Währung	12
왼쪽/왼편	links, linke Seite	8
요일	Wochentag	4
용인 민속촌	Hanguk Minsokchon *(Volkskundliches Freilichtmuseum in der Stadt Yongin)*	7
우르두어	Urdu	1
우렁이	Schnecke	16
우리 집	unser Haus	3
우산	Regenschirm	13
우유	Milch	WK 1
운동화	Sportschuhe	WK 1
울다	weinen	16
웃다	lachen	16
원장	Institutsleiter	4
원하다	wünschen	14
월	Monat *(sinokorean. Zähleinheitswort)*	4
월요일	Montag	4
위	oben, auf	8
유로	Euro	12
유자차	Zitronentee	WK 1
유채꽃	Rapsblüte	11
유치원	Kindergarten	WK 4
유학가다	zum Studium ins Ausland gehen	16
유행하다	modisch sein	9
육개장	scharfer Eintopf mit Rindfleisch	8
윷놀이	Yutnorispiel	16
으니까	weil, da *(Konjunktion)*	9
은마 아파트	Name eines Apartments	WK 1
은색	silbern, silberne Farbe	11

은행	Bank	0, 12
은행잎	Gingkoblatt	11
읊다	(Gedichte) zitieren	0
음료수	Getränke	WK 3
음식	Speise	8
음악 카세트	Musikkassette	7
의복	Bekleidung	9
의사	Arzt	2
의자	Stuhl	0, 6
의정부행	Richtung Uijeongbu *(eine Stadt nördlich von Seoul)*	9
이나	oder	9
이다	sein	1
이름	Name	3
이메일	Email	6
이모	Tante *(Mutters Schwester)*	13
이모부	Ehemann der Schwester der Mutter	13
이비인후과	HNO	10
이용하다	benutzen	15
이제	nun, gerade, jetzt	5
이탈리아	Italien	1
이탈리아 사람	Italiener/in	1
이탈리아인	Italiener/in	1
이탈리아말	Italienisch	1
이탈리아어	Italienisch	1
이해 (하다)	Verstehen, Verständnis (verstehen)	5
인구	Einwohner, Bevölkerung	9
인도	Indien	1
인도네시아	Indonesien	1
인도네시아 사람	Indonesier/in	1
인도네시아인	Indonesier/in	1
인도네시아말	Indonesisch	1
인도네시아어	Indonesisch	1
인도 사람	Inder/in	1
인도인	Inder/in	1
인사	Gruß, Begrüßung	1
인사(하다)	Gruß, (be)grüßen	1
인사동	Insadong *(Name einer Straße im Künstlerviertel in Seoul)*	WK 1
인생	Leben	16
인체	menschlicher Körper	15
일 (하다)	Arbeit (arbeiten)	2
일 (하다)	Beschäftigung, Geschehnis, Arbeit (arbeiten, beschäftigt sein)	6
일	Tag *(sinokorean. Zähleinheitswort)*	4
일곱	sieben	3
일본	Japan	1
일본 사람	Japaner/in	1

일본인	Japaner/in	1
일본말	Japanisch	1
일본어	Japanisch	1
일요일	Sonntag	4
일찍	zeitig, früh	5
일흔	siebzig	3
읽다	lesen	0, 1
입	Mund	10
입국 수속	Passkontrolle	14
입맛	Appetit	WK 3
입사 소식	Bescheid über eine Zusage *(für eine Arbeitsstelle)*	12
있다	sich befinden, vorhanden sein	1
잉어	Karpfen	3
잊다	vergessen	11
잎	Blatt	0

ㅈ		
자 마자	sobald	16
자다	schlafen	0, 1
자동차	Auto *(allgemein)*	0, 5
자동차 길	Autostraße	11
자장면	Nudeln mit schwarzer Soße	8
자주	öfters	11
자켓	Jacke	11
작다	klein sein	WK 3
작은 아버지	Onkel *(Vaters jüngerer Bruder)*	13
작은 어머니	Ehefrau des jüngeren Bruders des Vaters	13
잔	Zähleinheitswort für Tasse, Glas, Becher	3
잔디(밭)	Gras, Wiese	10
잔뜩	voll, viel	16
잘	(sehr) gut	5
잠	Schlaf	10
잠깐	für einen kurzen Moment	15
잠수함	U-Boot	0
잠시(만)	einen Augenblick, einen Moment	12
잡채밥	Glasnudelgericht mit Reis	8
장갑	Handschuhe	0
장관	Minister	2
장급 호텔	Hotel mit 3 Sternen	14
장기	Janggi *(auch Changgi, Koreas nationale Schachvariante)*	16
장바구니	Einkaufstasche, Einkaufskorb	3
장보기	Einkauf	3
장어	Aal	3
장을 보다	einkaufen	3
장학금	Stipendium	16

재미있다	spaßig sein, interessant sein	6
저	ich *(höfliche Form)*	1
저녁	Abend, abends	4
저녁	Abendessen	4
저렴하다	günstig, billig sein	9
저자(작가)	Schriftsteller	2
적다	aufschreiben	3
적다	klein, wenig sein	16
전	vor, vorher	7
전무	Geschäftsführer	6
전부	alles, insgesamt	8
전철	U-Bahn	5
전철역	U-Bahn-Station	9
전체	alle, alles	9
전화 번호	Telefonnummer	WK 1
전화하다 / 전화를 하다	telefonieren, anrufen	WK 1
절	buddhistisches Kloster	15
젊다	jung sein	0
점심	Mittag, mittags	4
점심	Mittagessen	4
점심 시간	Mittagszeit	6
접시	Teller	3
정구	Tennis	16
정도	ungefähr	14
정도	Grad, Ausmaß	15
정신외과	Neurochirurgie	10
정오	12 Uhr	4
정형외과	Orthopädie	10
정확한	korrekt *(Adjektiv)*	7
제부	Ehemann der Schwester *(von der Schwester aus gesehen)*	13
조금	ein wenig	5
조깅	Joggen	16
조카	Nichten und Neffen *(Sammelbegriff)*	13
졸업 파티	Abschlussparty	16
좀	ein bisschen, bitte	1
종로	Jongno *(eine der größten Straßen in Seoul)*	5
종로구	Jongno-gu *(Name eines Bezirkes in Seoul)*	WK 1
종류	Art, Sorte	3
종업원	Angestellter *(in einem Restaurant)*	8
종이	Papier	3
좋다	gut sein, in Ordnung sein	5
좋다	lieb sein	8
좋아하다	gern haben, mögen, lieben	8
죄 짓다	sich etwas zuschulden kommen lassen	16
죄 풀리다	von Schuld befreit	16

죄송(하다)	sich entschuldigen *(sehr formelle Form)*	1
주다	geben	3
주로	hauptsächlich	15
주말	Wochenende	7
주문하다	bestellen	8
주차장	Garage	8
주춤하다	etwas nachlassen	15
주홍색	rotbraun *(chin. Wort)*	11
죽이다	umbringen	WK 2
준비(하다)	vorbereiten	3
중국	China	1
중국 사람	Chinese/-in	1
중국인	Chinese/-in	1
중국말	Chinesisch	1
중국어	Chinesisch	1
중등학교	Mittelschule	WK 4
중부 지방	Mittelgebiet	15
즐겁다	sich freuen, erfreut sein	16
즐기다	genießen, sich erfreuen	11
지 말다	absolutes Verbot	10
지갑	Geldbörse, Portemonnaie	0, 16
지금	jetzt	4
지다	tragen *(auf dem Rücken)*	16
지도	Landkarte	0
지만	obwohl, trotzdem	
지상	auf der Erde	16
지상 승무원	Bodenpersonal	14
지역별	gebietsweise	15
지하철	U-Bahn	9
직장인	Angestellter *(in einer Firma)*	2
진료실	Behandlungszimmer	10
진심으로	von ganzem Herzen	7
질문	Frage	4
질문하다	fragen, Fragen stellen	6
집	Haus	0, 5
짓다	bauen	15
짖다	bellen	0

ㅉ		
짜다	salzig sein	0, 8
짧다	kurz sein	0
잼	Marmelade	14
쪽	Seite	0
찍다	stempeln	0
찜통더위	Saunahitze	15

ㅊ		
차	Tee	WK 1
차고	Garage	WK 4
착하다	brav sein	12
참다	gedulden	16
참배 (하다)	Begrüßung, begrüßen *(eine religiöse Form der Begrüßung)*	15
참석	Teilnahme	16
참외	Honigmelone	3
참이다	gerade dabei sein zu tun	16
참치	Thunfisch	3
창문	Fenster	0
찾다	suchen	4
찾다	finden	16
채	Zähleinheitswort für Haus	3
채소	Gemüse	3
채팅	Chat, Chatten	6
책	Buch	0, 1
책상	Tisch, Schreibtisch	0, 6
처리하다	erledigen	12
처방 (을 받다)	Rezept erhalten	10
처음	zum ersten Mal	1
처제	jüngere Schwester der Ehefrau	13

ㅋ		
컴퓨터 게임	Computerspiel *(vom englischen computer game)*	5
켜지다	eingeschaltet sein *(Licht)*	12
켤레	Zähleinheitswort für Schuhe *(Paar)*	3
코	Nase	10
코코아	Kakao	WK 1
콩나물	Sojabohnenkeimling	3
크다	groß sein	16
크레딧카드	Kreditkarte	12
크림	Creme	10
큰아버지	Onkel *(Vaters älterer Bruder)*	13
큰어머니	Ehefrau des älteren Bruders des Vaters	13

ㅌ		
타다	einsteigen	5
탁구	Tischtennis	16
태국	Thailand	1
태국 사람	Thai(länder/in)	1
태국인	Thai(länder/in)	1
태국말	Thailändisch	1
태국어	Thailändisch	1

택시	Taxi	9
택시 기사	Taxifahrer	2
테니스	Tennis	16
토끼	Hase	0, 9
토마토	Tomate	0, 3
토사	Brechdurchfall	10
토스트	Toastbrot	14
토요일	Samstag	4
통과	Durchgang	14
특급 호텔	Deluxe-Hotel	14
특히	besonders	9
틀리다	falsch sein, nicht richtig sein	7
티셔츠	T-Shirt	WK 1

ㅍ		
파	Lauch	3
파란	blau, grün	11
파란색	blaue, grüne Farbe	11
파랗다	blau, grün sein	12
파프리카	Paprika	11
팔	Arm	10
팔각정	achteckiger Aussichtspavillon	WK 4
팔다	verkaufen	WK 4
팥죽	rote Bohnengrütze *(Nachtisch)*	WK 4
편리하다	bequem sein, nützlich sein, angenehm sein	14
편지	Brief	7
편하다	bequem sein	12
편하다	bequem sein, gemütlich sein	WK 3
포도	(Wein)Traube	0, 3
폭설	starker Schneefall, heftige Schneeschauer	15
프랑스	Frankreich	1
프랑스 사람	Franzose/Französin	1
프랑스인	Franzose/Französin	1
프랑스말	Französisch	1
프랑스어	Französisch	1
피망	Paprika	3
피아노	Klavier	WK 2
피우다	rauchen	16
피하다	vermeiden	WK 4
핀란드	Finnland	1
핀란드 사람	Finne/-in	1
핀란드인	Finne/-in	1
핀란드말	Finnisch	1
핀란드어	Finnisch	1

필리핀	Philippinen	1
필리핀 사람	Philippino/a	1
필리핀인	Philippino/a	1
필리핀말	Philippinisch	1
필리핀어	Philippinisch	1
필요 없다	nicht notwendig sein	14
필요하다	notwendig sein	WK 1
필요하다	brauchen	14
핑크색	pink, pinke Farbe	11

ㅎ		
하나 (한)	eins	3
하늘	Himmel	12
하루	ein Tag *(ganzer Tag)*	10
하얀	weiß	11
하얀색	weiße Farbe	11
하얗다	weiß sein	11
하하하	hahaha	6
학교	Schule	0
유아원	Kita	WK 4
학생	Student/in	2
학생	Schüler/in	6
학원	Lerninstitut *(Privateinrichtung)*	6
한 번	einmal *(Ordnungszahl)*	9
한국	Korea	1
한국말	Koreanisch, koreanische Sprache	2
한국말 단어장	koreanisches Vokabelheft	3
한국 사람	Koreaner/in	1
한국인	Koreaner/in	1
한국어	Koreanisch	1
한국어 교사	Koreanischlehrer	2
한국어 학원 (auch 한국어학원)	Koreanisch-Sprachschule	4
한국어 책	Koreanischbuch	WK 1
한남동	Hannamdong *(Name einer Straße)*	WK 1
한방 의원	orientalische Medizin	10
한방차	Kräutertee, Medizintee	WK 1
한식	koreanisches Frühstück	14
한정식	traditionelles koreanisches Hauptgericht *(Reis, Bulgogi, gebratener Fisch und mehrere Beilagen)*	8
할아버지	Großvater	6
핥다	lecken	0
합해서	zusammen	WK 1
해	Sonne	WK 2
해물	Meeresfrüchte	3
해물탕	scharfer Eintopf mit Meeresfrüchten *(im Schmortopf)*	8
해물파전	Pfannkuchen mit Frühlingszwiebeln und Meeresfrüchten	8

햄	Schinken	14
행복하다	glücklich sein	16
행인	Fußgänger, Passant	9
허리	Taille	10
헝가리	Ungarn	1
헝가리 사람	Ungar/in	1
헝가리인	Ungar/in	1
헝가리말	Ungarisch	1
헝가리어	Ungarisch	1
현금 인출기 (현금 지급기)	Geldautomat	12
형	älterer Bruder *(vom Bruder aus gesehen)*	13
형부	Ehemann der älteren Schwester *(von der Schwester aus gesehen)*	13
형수	Ehefrau des älteren Bruders	13
형제	Geschwister	13
호	Nummer, Heft	4
호랑이	Tiger	16
호박	Zucchini, Kürbis	3
호주	Australien	1
호주 사람	Australier/in	1
호주인	Australier/in	1
호주말	Australisch	1
호주 영어	Australisch, australisches Englisch	1
호텔 예약부(소)	Schalter für Hotelreservierungen	14
혼자	allein(e)	WK 2
혼자서	alleine	13
홍색	rot *(chin. Wort)*	11
홍차	Schwarztee	WK 1
화가	Maler	2
화요일	Dienstag	4
화장실	Toilette	WK 1
화창하다	sonniges Wetter sein	15
환승(하다)	Umsteigen, umsteigen	5
환자	Patient/in	10
한화	koreanische Währung	12
황사	gelber Sandwind *(ein Wind, der gelben Wüstensand mit sich führt)*	15
황색	gelb *(chin. Wort)*	11
회사원	Angestellter	2
회색	grau, graue Farbe	11
후	nachher	8
(-ㄴ/-은) 후에	nachdem, nach	14
훨씬 더	sehr viel mehr	9
휴대 전화	Mobiltelefon, Handy	0, WK 1
휴일	Feiertag	WK 4
흐리다	bewölkt sein	15

흑색	schwarz *(chin. Wort)*	11
힌디말	Hindi	1
힌디어	Hindi	1
힘들다	schwierig, mühsam sein	16

Bildquellenverzeichnis

Corbis (RF): S. 49 (Maler)

Cornelsen Schulverlage: Jung Do-jun: S. 8; Anita Fischer: S. 9, S. 13, S. 20, S. 21, S. 80, S. 102 (unten), S. 139, S. 158, S. 167, S. 180; Rebecca Syme: S. 51, S. 162; Young-ja Beckers-Kim: S. 116, S. 140, S. 163

Flickr: Creative Commons, GlloD, S. 62, S. 74; Leena J, S. 121; John Sie Yuen Lee, S. 203; Dom's ESL Café, S. 220

Fotolia (RF): Paul Burns, S. 25; S. 36; S. 49 (Lehrer, Taxifahrer, Schreiner); Carabay, S. 70; S. 74; S. 147 (Katze, Schwein, Vogel, Hund); Monkey Business, S. 148, S. 180; S. 184

iStockphoto (RF): Eric Honeycut, S. 27; Willie Thomas, S. 47; S .49 (Ärztin, Sängerin); S. 82; S. 96; S. 130; James Peragine, S. 188, S. 234; Huchen Lu, S. 197

Pixelio (RF): Adolf Riess, S. 147 (Hahn); Manfred Schütze, S. 157

Wikimedia, Creative Commons, ShareAlike: Attr. 3.0, Hyangwonjeong/Time3000, S. 22, S. 74; Attr. 2.0, Gaël Chardon, S. 50, S. 53, S. 74; Attr. 3.0, Kokiri, S. 60 (Spielbrett); Attr. 3.0, Archi75, S. 60 (Spielsteine und Spielstäbe); Attr. 2.0, stiickler, S. 67; Attr. 2.0, Julius Schorzmann, S. 78 (Kaffee); Attr. 3.0, Kiryaka, S. 78 (Tee); Attr. 2.0, ayustety, S. 85, S. 128 (Tteokbokki); Attr. 2.0, Kok Leng Yeo, S. 94; Attr. 3.0, Seonjong Park, S. 102 (oben); Attr. 2.0, riNux, S. 106; Attr. 2.0, Bridget Coila, S. 108, S. 130; Attr. 2.0, James and Winny Maeng, S. 114, S. 130; Attr. 3.0, John Savard, S. 115; Attr. 2.0, Hard Seat Sleeper, S. 118; Attr. 2.0, Alpha, S. 127 (Japchaebab, Doenjang-jjigae); Attr. 2.0, yearofeats, S. 127 (Yukgaejang); Attr. 2.0, titanium22, S. 127 (Sundubu-jjigae); Attr. 2.0, abex, S. 127 (Bibimbad), S. 128 (Seolleongtang); Attr. 3.0, Junho Jung, S. 128 (Bokkeumbab); Attr. 2.0, LWY, S. 128 (Godeungeo-jjigae, Maeuntang); Attr. 2.0, hellochris, S. 128 (Samgyeopsal gui), S. 238; Attr. 2.0, Jeju Si, S. 128 (Gimbab); Attr. 2.0, Woinary, S. 128 (Naengmyeon); Attr. 2.0, moriza, S. 128 (Jjajangmyeon); Attr. 2.0, karendotcom127, S. 128 (Saengseon-gui, Samgyetang); Attr. 2.0, Drag, S. 128 (Guksujeongol); Attr. 2.0, Stuart Spievack, S. 128 (Galbi-tang), S. 129 (Tteok-guk); Attr. 2.0, Yun Seon Hong, S. 129 (Galbi); Attr. 2.0, Jslander, S. 129 (Kalguksu); S. Attr. 2.0, Abby, S. 129 (Bindaetteok, Haemul pajeon); Attr. 2.0, Beng Han Ho, S. 129 (Gimchijeon); Attr. 2.5, Opencage, S. 129 (Gamjajeon); Attr. 2.0, Caspian Blue, S. 129 (Modeumjeon), S. 195; Attr. 2.0, Nate Steiner, S. 129 (Bulgogi); Attr. 3.0, Dalgial, S. 138, S. 180; Attr. 3.0, iGEL, S. 145 (unten); Attr. 3.0, Alvesgaspar, S. 168; Attr. 3.0, iTurtle, S. 170, S. 180; Bank of Korea, S. 177; Attr. 3.0, Steve46814, S. 186, S. 225, S. 236; Attr. 2.0, Bryan Rhee, S. 200, S. 234; Attr. 2.0, Jnpet, S. 201; Attr. 2.0, Moore, S. 202; Attr. 2.0, Matt & Nayoung Wilson, S. 209; Attr. 2.0, Richard Fischer, S. 211; Attr. 2.0, Stougard, S. 212, S. 234; Attr. 2.0, Taylor & Dayumi, S. 219; Attr. 3.0, Jellocube27, S. 224, S. 234; Attr. 2.0,
Joseph Steinberg, S. 232; Attr. 2.0, Danica, S. 239; Attr. 3.0, Kanchi, S. 242

Wikimedia, gemeinfrei: Brücke-Osteuropa, S. 125, S. 127 (Gimchi-jijgae), S. 128 (Mandu, Bulgogi), S. 129 (Haemultang), S. 182; S. 145 (oben); Subwaymaster1994, S. 160

Illustrationen: Christian Bartz

Notizseite

Notizseite

Notizseite

Notizseite